国家出版基金项目
NATIONAL PUBLICATION FOUNDATION

"十三五"国家重点出版物出版规划项目

知识产权经典译丛（第5辑）

国家知识产权局专利局复审和无效审理部◎组织编译

21世纪
企业知识产权运营

［美］兰宁·**G. 布莱尔**（**Lanning G. Bryer**）

［美］斯科特·**J. 莱布森**（**Scott J. Lebson**）　　◎编

［美］马修·**D. 阿斯贝尔**（**Matthew D. Asbell**）

韩　旭　方　勇　曲　丹　张华山◎译

知识产权出版社
全国百佳图书出版单位
——北京——

图书在版编目（CIP）数据

21 世纪企业知识产权运营/（美）兰宁·G. 布莱尔（Lanning G. Bryer），（美）斯科特·J. 莱布森（Scott J. Lebson），（美）马修·D. 阿斯贝尔（Matthew D. Asbell）编；韩旭等译. —北京：知识产权出版社，2020.1

书名原文：Intellectual property operations and implementation in the 21st century corporation

ISBN 978 - 7 - 5130 - 6589 - 4

Ⅰ.①2… Ⅱ.①兰…②斯…③马…④韩… Ⅲ.①企业—知识产权—运营管理—研究 Ⅳ.①D913.04

中国版本图书馆 CIP 数据核字（2019）第 276713 号

内容提要

本书系美国多名具有丰富经验的专业人士针对企业知识产权保护、许可证发放、成本控制、检索、尽职调查、政府资助、破产估值及会计核算等十多个话题，结合自身从业实践，给出的实用的案例、方法和建议，有助于企业高级决策者、律师、会计师和知识产权所有者了解影响企业知识产权所有权和经营的法律、技术、经济和文化变迁，可为知识产权运营和实施相关工作提供重要参考。

责任编辑： 卢海鹰　王祝兰		**责任校对：** 潘凤越	
封面设计： 博华创意		**责任印制：** 刘译文	

知识产权经典译丛

国家知识产权局专利局复审和无效审理部组织编译

21 世纪企业知识产权运营

[美] 兰宁·G. 布莱尔　　[美] 斯科特·J. 莱布森　　[美] 马修·D. 阿斯贝尔　编

韩　旭　方　勇　曲　丹　张华山　译

出版发行：知识产权出版社有限责任公司　　网　　址：http：//www.ipph.cn

社　　址：北京市海淀区气象路 50 号院　　邮　　编：100081

责编电话：010 - 82000860 转 8555　　责编邮箱：wzl@ cnipr.com

发行电话：010 - 82000860 转 8101/8102　　发行传真：010 - 82000893/82005070/82000270

印　　刷：三河市国英印务有限公司　　经　　销：各大网上书店、新华书店及相关专业书店

开　　本：720mm×1000mm　1/16　　印　　张：20.5

版　　次：2020 年 1 月第 1 版　　印　　次：2020 年 1 月第 1 次印刷

字　　数：400 千字　　定　　价：120.00 元

ISBN 978 -7 -5130 -6589 -4

京权图字：01 -2019 -6533

出版权专有　侵权必究

如有印装质量问题，本社负责调换。

总　序

当今世界，经济全球化不断深入，知识经济方兴未艾，创新已然成为引领经济发展和推动社会进步的重要力量，发挥着越来越关键的作用。知识产权作为激励创新的基本保障，发展的重要资源和竞争力的核心要素，受到各方越来越多的重视。

现代知识产权制度发端于西方，迄今已有几百年的历史。在这几百年的发展历程中，西方不仅构筑了坚实的理论基础，也积累了丰富的实践经验。与国外相比，知识产权制度在我国则起步较晚，直到改革开放以后才得以正式建立。尽管过去三十多年，我国知识产权事业取得了举世公认的巨大成就，已成为一个名副其实的知识产权大国。但必须清醒地看到，无论是在知识产权理论构建上，还是在实践探索上，我们与发达国家相比都存在不小的差距，需要我们为之继续付出不懈的努力和探索。

长期以来，党中央、国务院高度重视知识产权工作，特别是十八大以来，更是将知识产权工作提到了前所未有的高度，作出了一系列重大部署，确立了全新的发展目标。强调要让知识产权制度成为激励创新的基本保障，要深入实施知识产权战略，加强知识产权运用和保护，加快建设知识产权强国。结合近年来的实践和探索，我们也凝练提出了"中国特色、世界水平"的知识产权强国建设目标定位，明确了"点线面结合、局省市联动、国内外统筹"的知识产权强国建设总体思路，奋力开启了知识产权强国建设的新征程。当然，我们也深刻地认识到，建设知识产权强国对我们而言不是一件简单的事情，它既是一个理论创新，也是一个实践创新，需要秉持开放态度，积极借鉴国外成功经验和做法，实现自身更好更快的发展。

自 2011 年起，国家知识产权局专利复审委员会*携手知识产权出版社，每年有计划地从国外遴选一批知识产权经典著作，组织翻译出版了《知识产权经典译丛》。这些译著中既有涉及知识产权工作者所关注和研究的法律和理论问题，也有各个国家知识产权方面的实践经验总结，包括知识产权案

---

* 编者说明：根据 2018 年 11 月国家知识产权局机构改革方案，专利复审委员会更名为专利局复审和无效审理部。

— 1 —

件的经典判例等，具有很高的参考价值。这项工作的开展，为我们学习借鉴各国知识产权的经验做法，了解知识产权的发展历程，提供了有力支撑，受到了业界的广泛好评。如今，我们进入了建设知识产权强国新的发展阶段，这一工作的现实意义更加凸显。衷心希望专利复审委员会和知识产权出版社强强合作，各展所长，继续把这项工作做下去，并争取做得越来越好，使知识产权经典著作的翻译更加全面、更加深入、更加系统，也更有针对性、时效性和可借鉴性，促进我国的知识产权理论研究与实践探索，为知识产权强国建设作出新的更大的贡献。

当然，在翻译介绍国外知识产权经典著作的同时，也希望能够将我们国家在知识产权领域的理论研究成果和实践探索经验及时翻译推介出去，促进双向交流，努力为世界知识产权制度的发展与进步作出我们的贡献，让世界知识产权领域有越来越多的中国声音，这也是我们建设知识产权强国一个题中应有之意。

申长雨

2015 年 11 月

译者序

近年来，随着国家知识产权战略的深入实施和知识产权强国建设的推进，国家知识产权事业进入蓬勃发展阶段，专利、商标等知识产权申请量与日俱增，仅2018年上半年专利申请量就高达200多万件。伴随中国专利申请量的不断增长，包括专利在内的知识产权运营也逐渐走进了大众视野。自2013年国家启动专利运营战略以来，跨国专利运营公司对于国内市场跃跃欲试，全国各地的知识产权运营机构和运营基金也相继成立。但是，什么是知识产权运营，如何开展好知识产权运营，并且真正将知识产权成果落地实现经济效益，一直都是行业焦点。

知识产权运营在美国已经比较成熟，相继出现很多专业的商业机构，甚至不乏以知识产权运营为主业的上市公司。美国没有以政府名义成立专门的知识产权运营平台，而是以1980年通过的拜杜法案来有力地推动知识产权运营的商业化。虽然我国目前的知识产权运营机构大部分都带有政府背景，但是无论这些运营机构的背景如何，知识产权运营只有遵循市场规律，才能实现知识产权与资本和产业的完美结合。因此，美国知识产权的运营方式对于我国的知识产权运营有显著的指导意义。经过美国伊利诺伊大学芝加哥分校约翰·马歇尔法学院 Arthur Yuan 教授推荐，我们选择了《21世纪企业知识产权运营》（*Intellectual Property Operations and Implementation in the 21st Century Corporation*）一书进行翻译。本书的作者团队既有专利代理师，也有企业和行业从业人员，更包括了投资并购领域的相关专家。相信本书能为我国知识产权运营的发展起到一定的积极作用。

本书的翻译团队分工协作如下：韩旭负责翻译第一章至第四章；方勇负责翻译前言、致谢、第五章至第八章以及第十章；曲丹负责翻译编者介绍、索引以及第十三章至第十六章；张华山负责翻译扉页、版权页、第九章、第十一章和第十二章。本书主要的协调、沟通由方勇完成。

本书在翻译过程中得到了很多领导、同事和朋友的帮助与支持。感谢国家知识产权局专利局专利审查协作天津中心（以下简称"天津中心"）卜广东、付少帅等人在翻译工作前期付出辛苦工作；感谢知识产权出版社有限责任公司卢海鹰编辑和王祝兰编辑亲自赴天津中心开展交流工作，对翻译要求及出版事宜进行了细致的说明，为本书翻译的格式和内容进行了精心的审校；感谢约翰·马歇尔法学院 Arthur Yuan 教授为选择的翻译书目进行了推荐，对本书的成稿提出了宝贵意见；感谢天津中心魏保志主任为翻译工作提供的指导性意见和建议，他为本书的顺利完成给予了充分关心。所有的帮助与支持我们都铭记在心，在此致以最诚挚的谢意！

前　言

20 世纪 60 年代初，鲍勃·迪伦写的《时代在变》是一首反映那个时代的公众情绪、文化和政治的抗议歌曲。尽管有人认为这首歌因其预测的变化已发生而过时，但歌词的预言性却没有过时。在现代背景下审视迪伦的观点，他的观点可以应用到许多重要问题上，不仅影响企业为获得和保持竞争优势而采用的战略，还影响这些策略的日常实施。

例如，在要求我们"承认历史发展的潮流正向你滚滚袭来"或我们将"像顽石沉入水中"时，迪伦的歌词预示市场压力迫使现代企业成为绿色企业或至少呈现出"绿色"。更多企业投资于环保产品和工艺的研究和开发，各国政府试图进一步鼓励此类投资。同时，更多企业正在利用公众对可持续性不断增长的兴趣，对它们的产品和服务进行品牌推广和营销，而且，政府正探索如何平衡可持续性的回报与保护消费者免受虚报索赔/赔偿。

全球范围的安全问题和即时信息的可用性带来了文化变革，但在此之前 50 年左右，《时代在变》就警告政客们"外面的斗争……将……很快震动你们的门窗，震颤你们的墙壁"。它的歌词既与日本、智利和海地的地震灾民以及埃及和利比亚的革命者有关，同样也与 20 世纪 60 年代"当权派"利益和嬉皮士们有关。过去约 10 年的技术进步和随之而来的全球化导致所有战争和自然灾害离我们越来越近。在这种情况下，技术进步和全球化也改变了企业的经营方式，无论是与政府或其武装力量、外国制造商或分销商之间，还是与企业自己商店里的消费者之间。在全球经济"战壕"中，企业为了生存和繁荣需要做些什么？

迪伦认为传统必定会让位，在向上一代人建议时说道"你们走过的道路，如今已腐朽不堪"，并要求他们"既然已无能为力，请放手让新生代一搏"。随着全球化的发展，经济游戏的传统规则受到挑战，企业需要确定如何在实践中更好地实施新的策略。企业必须能够迅速适应变化，因为基于传统考虑进行决策存在隐患。而且，即使在确定总体策略之后，企业也必须谨慎而有预见性地将其付诸实施。影响前几季度和前几年财务业绩的变化可能会不同于那些影响未来财务业绩的变化。在过去，外部条件被认为是个常数，内部因素用来预测机构业绩。这不再是必然情况。即便并非致命的，但基于过去最近几年的情况来建立经济全球观也会很危险。如果不认真考虑细节，把这种观点付诸实践会更危险。

事实上，21 世纪企业不能再仅仅依赖于企业成立早，或其传统广告和营销方式的早期成功。它要么与时俱进，要么为愿意这样做的竞争对手让路。现代社会变得集中度低、层次性差、私密性差，消费者可以通过社交媒体网站与成千上万的忠实听众公开交谈并发布产品和服务的体验。现代媒体涉及范围远远超过那些地方电台的听众或地方电视台的观众，还包括在全球范围内实时观看电脑和智能手机的用户，以及随后传播给的所有熟人。对 21 世纪企业来说，当它们的秘密如此迅速且易于分享，它们的信息被如此之多又无法控制的第三方评论包围时，它们如何保护自己的知识产权和随之产生的竞争优势？

所有知识产权所有者历史上如何选择获取、开发、保护、维护、利用和实施知识产权中的有限垄断权本身就是一项研究和一本书。然而，本系列的目的是研究新世纪的重要企业知识产权所有者进行决策的过程、活动及其变化。在这种情况下，体量很重要。

为什么不研究所有知识产权所有者的决策过程和活动？虽然所有知识产权所有者之间存在明显的相似性，但具有大量投资组合的知识产权所有者在规模、投资、监督、法律和发展等方面都面临独特的问题和挑战。而且，从大型企业的经营过程和活动中可以汲取的经验教训有时被修改后可以应用于成长型企业。因此，我们在本系列两本书中探讨了知识产权的企业所有权和管理权。

本系列的第一本书即 2011 年 4 月出版❶的《21 世纪企业的知识产权战略》（*IP Strategies for the 21st Century Corporation*），聚焦于这一过程中的战略决策制定。由高级决策者、高管、法律顾问和知识产权律师从较高的角度在本系列两本书中探讨了知识产权的企业所有权和管理权。需要考虑企业知识产权所有权涉及什么样的战略、企业或税务问题？企业如何扩大市场或发展知识产权组合？企业如何在不产生非必要费用的情况下保持其知识产权渠道畅通？互联网是如何改变商业模式和活动的，相关的知识产权问题是什么？这些主题和其他主题在第一本书中探讨，详细分布如下表 1 所示。

表 1　《21 世纪企业的知识产权战略》中的主题

章节名	作者	单位
知识产权企业战略、结构和所有权	兰宁·G. 布莱尔（Lanning G. Bryer） 德皮卡·卡普尔·沃里科（Deepica Capoor Warikoo）	Ladas & Parry LLP
知识产权目标的合理估值	戴维·德鲁斯（David Drews）	IP Metrics LLC

---

❶　此处出版时间为英文版本的出版时间。

章节名	作者	单位
通过合并和收购成长	黛安娜·迈耶斯（Diane Meyers）	PPG Industries, Inc.
通过货物和商品线的扩张或者向其他地域的扩张渗透新市场	冈俊彦（Toshiya Oka）	Canon, Inc.
知识产权：从资产到资产类别	詹姆斯·马拉科夫斯基（James Malackowski）	Ocean Torno, LLC
繁荣后的战略性专利管理：管理研发和专利流水线	马克·阿德勒（Marc Adler）	Marc Adler LLC
全球盗版和知识产权再审视的财务估值	罗伯特·兰姆（Robert Lamb） 兰迪·贝丝·罗森（Randie Beth Rosen）	Stern School of Business, New York University Formerly an associate at Orrick, Herrington & Sutcliffe
何时提起诉讼：巨人的兴起	雷蒙德·迪珀纳（Raymond DiPerna） 杰克·霍博（Jack Hobaugh）	Ladas & Parry LLP Cooley LLP
用保险来管理知识产权风险	金伯利·科索恩（Kimberly Cauthorn） 莱布·杜德尔（Leib Dodell）	Duff & Phelps Think Risk Underwriting Agency, LLC
寻求可替代的争议解决方案	艾丽西亚·洛雷达（Alicia Lloreda）	Jose Lloreda Camacho & Co.
外部采购和离岸知识产权工作	奥尔加·内德尔切夫（Olga Nedeltscheff）	Limited Brands, Inc.
知识产权法律过程外部采购	玛丽莲·普里米诺（Marilyn Primiano）	Pangea3, a Division of Thomson Reuters, Legal
外部采购海外法律工作要满足道德责任	迈克尔·唐尼（Michael Downey）	Hinshaw & Culbertson LLP
Web 2.0 和 3D 互联网的勇敢新世界	史蒂夫·莫丁格（Steve Mortinger）	IBM, Inc.
管理"绿色"知识产权	拉里·格林梅尔（Larry Greenemeier）	Scientific American, a Division of Nature, Inc.
知识产权相关的财务和税务政策	霍华德·芬恩（Howard Fine） 安德鲁·罗斯（Andrew Ross）	Gettry Marcus Stern & Lehrer, CPA, PC
21世纪知识产权估值技巧和问题	戴维·布莱克本（David Blackburn） 布莱恩·雷（Bryan Ray）	NERA Economic Consulting

第二本书《21 世纪企业知识产权运营》即本书对企业知识产权的管理同样重要。第二本书充分探讨和理解了战略问题和企业制定的决策，研究企业如何有效地实施这些战略和决策。企业如何经济地获得或实施其知识产权？企业如何控制全世界范围内严重的假冒行为？什么样的技术发展过去几年不存在而如今可以获得，用以帮助管理这个过程？如何经济地进行知识产权检索和调查？企业如何利用知识产权来提高收入和利润？探讨的这些主题和其他主题如表 2 所示。

表 2　本书所探讨的主题

章节名	作者	单位
冲突：原因、预防和控制假冒	约瑟夫·C. 乔康达（Joseph C. Gioconda） 约瑟夫·M. 福希奥尔（Joseph M. Forgione）	Gioconda Law Group
知识产权案件中的电子披露	詹尼弗·R. 马丁（Jennifer R. Martin）	Symantec Corporation
控制专利成本	约翰·理查兹（John Richards）	Ladas & Parry LLP
商标成本：在汹涌的经济水域修整船帆	罗伯特·德夫勒（Robert Doerfler） 马修·D. 阿斯贝尔（Matthew D. Asbell）	SVP Worldwide
域名	丹尼斯·S. 普拉尔（Dennis S. Prahl） 埃里奥特·利普斯（Elliot lipins）	Ladas & Parry LLP
建立、完善和实施知识产权的担保权益	斯科特·J. 莱布森（Scott J. Lebson）	Ladas & Parry LLP
从战略和法律视角看专利许可	詹姆斯·马卡里安（James Markarian）	Siemens Corporation
货币化知识产权：许可与被许可	凯莉·M. 斯拉夫（Kelly M. Slavitt）	Reckitt Benckiser LLC
与政府合作	戴维·J. 里克尔（David J. Rikkers）	Raytheon Company
破产程序中的估值、货币化以及处置	费尔南德·托雷斯（Fernando Torres）	IPmetrics LLC
品牌与营销的外包	特里·赫克勒（Terry Heckler）	Heckler & Associates
商标检索	乔舒亚·布劳恩斯坦（Joshua Braunstein）	Corsearch（a Wolters Business）
调查：挑选和指导外部调查员的注意事项	耶利米·A. 帕斯特里克（Jeremiah A. Patrick）	Continental Enterprises
典型的知识产权实习项目：在劳动法范围内的实习项目	芭芭拉·科尔森（Barbara Kolsun）	Stuart Weitzman Holdings LLC

续表

章节名	作者	单位
"绿色"品牌展示最大化和漂绿看感知最小化	莫林·B. 戈尔曼（Maureen Beacom）	Marshall, Gerstein & Borun LLP
知识产权活动的财务报告影响	詹姆斯·多诺霍（James Donohue） 马克·A. 斯派克（Mark A. Spelker）	Charles River Associates, Inc. J. H. Cohn LLP

注：作者的观点与其雇主或单位无关。

　　两本书呈现知识产权决策过程中不同参与者的视角。我们有幸拥有一批受人尊敬的内部专业人员以及外部从业人员、服务提供商、顾问和学者，目的是从不同有利角度审视这些问题。例如，在知识产权外包的话题上，我们有来自企业顾问、知识产权顾问和知识产权服务提供商的观点。我们认为用广阔的视角和不同的角度来看待这一问题，可以更好地理解这个主题。在可能的情况下，我们鼓励作者从其他角度考虑问题，并推测未来可能会发生的实践和态度的改变。我们希望这种方法能够有助于更清晰、更深刻地理解在 21 世纪及以后的企业知识产权管理和所有权中发挥作用的每个人所面临的问题。

　　在《时代在变》中，迪伦恳求作家和评论家不要"太快下定论"，因为"历史的车轮还在向前"，事实上这可能比以往任何时候都要快。尽管这本书的概括性介绍，例如对企业如何管理域名，在企业正在经历的实践和政策变化的速度上可能显得模糊，但我们希望能就所有者身处何方以及他们的前进方向提供一些有益的指导。

兰宁·G. 布莱尔

斯科特·J. 莱布森

马修·D. 阿斯贝尔

原书致谢

作为本书编辑，我们在此对许多人深表感激，没有他们花费的时间和努力，这项工作将无法完成。

我们非常感谢提交众多有关章节的撰稿人，他们使这项工作得以实现。除了本书的撰稿人，我们还对姊妹篇《21世纪企业的知识产权战略》的作者作出的重大贡献表示感谢。我们更加认可撰稿人所属单位所作的牺牲，尽管本书内容并不反映他们的观点。

本书编辑对以下几位法律专业学生和应届毕业生表示衷心感谢，感谢他们在组织、研究、起草、评论和处理本书必要函件方面付出的努力：Ilaria Ferrarini女士、Ari Abramowitz 先生、Marie Flandin 女士、Caroline Camp 女士、Alex Silverman 先生、Jason Kreps 先生、Shefali Sewak 女士、Rachelle Fernandes 女士、Olivia Ruiz – Joffre 女士、Angela Lam 女士、John P. Glowatz 先生、Jennifer Baker 女士、Eric Null 先生和 John Kelly 先生。如果没有他们的能力、精力和奉献精神，本书无法得以实现。

感谢出色、专业的商贸编辑 John Wiley 父子、Susan McDermott 和 Judy Howarth，没有他们的鼓励和帮助，本书的出版也无法得以实现。

感谢我们法律伙伴和同事们的理解和克制，以及对本项目价值的信任。

最后，感谢我们的爱人和孩子，他们耐心地忍受在本书开始、撰写和出版过程中失去的夜晚和周末。

兰宁·G. 布莱尔

斯科特·J. 莱布森

马修·D. 阿斯贝尔

目　录

第一章
冲突：原因、预防和控制假冒

约瑟夫·C. 乔康达
约瑟夫·M. 福希奥尔

在过去的 10 年中，有效地解决企业架构内的品牌保护问题，对于致力于保护与其品牌商誉相关的公司，已经发展为公司的头等大事。假冒产品不再被认为仅影响纽约市运河街的奢侈品牌。事实上，假冒仿造已经发展为一个完整的行业，其为小规模的侵权人提供源源不断的收入，就像有组织犯罪甚至恐怖组织的成员一样。

假冒者滥用有价值公司的商标是实现其收入来源的一种手段，这使得假冒产品侵犯的每个品牌的整体信誉受到直接的威胁。随着仿造技术和假冒者自身变得越来越成熟，控制全球范围内仿造产业的影响愈发具有挑战性。互联网已经成为假冒者的主要途径，[1] 没有互联网，许多假冒者就不会有匿名和不负责任的避难所。企业架构迅速转向了在线反假冒执行策略，以补充品牌所有者为保护其商标而采用的传统实体保护之外的手段。为了适应反假冒文化，各公司设置了更强的屏障手段以应对在国内外经营的臭名昭著的假冒者，并以彼之道还施彼身，通过非常现代的方式认识到注重品牌保护的重要性。

本章的目的是简要地讨论假冒行业的发展如何激发企业责任，以实施现代执行策略来应对威胁到有价值品牌信誉的问题。本章将讨论关注日益增长的网上假冒问题的重要性，以及如何发展战略性的在线反假冒执法程序，以作为对传统实体实施保护的重要补充。本章还将着重介绍如何高效与外部顾问合作，以实现完整的品牌保护，并且讨论与目前用于保护品牌拥有者的知识产权权利的民事和刑事执行策略相关的益处和风险。

— 1 —

在互联网上运用的内部执行策略

一些反复受到假冒问题影响的公司选择保留全职或兼职律师、律师助理和调查人员在公司内部工作。内部的执行团队可以进行广泛的互联网搜索，并利用基于域名的研究服务（例如 WHOIS）来挖掘必要的信息，以建立假冒产品销售者的基础档案。在线调查公司在这方面也提供了额外的帮助，包括进行测试性购买、购买侵权产品、进行跟踪调查，甚至监控拍卖以进一步增补目标档案。

在选择了一个或一组对特定品牌的整体信誉构成最直接威胁的网站后，品牌所有者在寻求保护权利免受假冒者的攻击时，可以选择任何可用的执行途径。其中一些途径可以包括直接给假冒者发出勒令停止的信函，甚至执行各种通知和删除程序，从而降低在互联网上提供的假冒产品的可见性。

降低热门搜索引擎上假冒产品的可见性

根据与特定品牌相关的假冒问题的严重程度，公司通常会通过针对那些在公众面前最显眼的假冒网站来开展网上的反假冒行动。在互联网上运行的假冒网站数量庞大，而且这一情况变得更加复杂，主要是因为大多数卖家发现通过利用互联网提供的匿名性更易于完善他们的交易。假冒者扩展其业务的范围以捕获尽可能多的潜在顾客，即便意味着需要去操作多个具有不同域名和不同内容的站点，以便对公众增加产品的可见性。假冒者还利用互联网通过诸如赞助链接和比较购物网站等渠道推广他们的商品。这些网站可以在热门搜索引擎上被发现，以吸引更广泛的受众。

赞助商链接

赞助商链接是指通过购买特定搜索引擎（例如谷歌、雅虎等）的战略位置而连接到网站的链接。这些链接不仅作为容易访问特定站点的手段，而且还作为重要的搜索引擎营销服务，通过这些服务，销售者可以购买并保持其业务的高可见性。假冒者经常在热门搜索引擎提供的赞助链接上竞价，以进一步推广他们的网站，并大幅度增加他们的业务。消费者在搜索引擎上搜索特定的术语或产品时，会经常遇到这种广告——经常出现在搜索引擎的页面边界上，而假冒者利用这一促销手段来锁定特定的客户群。假冒者经常在赞助商链接的关键词上投标，推销与他们销售商品中最相关的特定商品。除了向消费者提供不合格的商品和服务之外，假冒者还滥用公司的商标，并通过公开宣传销售假冒的商品，削弱相关品牌的信誉度。

在热门搜索引擎结果页面上推广假冒网站广告的增长，促使许多品牌所有者将更多精力放在保护他们在互联网上的权利上。为了降低这些广告的可见性，品牌所有者可以选择联系搜索引擎管理员，并投诉网站上的赞助商链接广告中所宣传的侵权内容。要求移除这些链接，是品牌所有者迈向实施一系列执行策略的重要一步，用以保护他们在互联网上的重要品牌的信誉度。

比较购物网站

假冒者也利用互联网来促销他们的商品，在热门搜索引擎提供的比较购物网站上（例如谷歌产品搜索、必应购物）提供侵权产品。比较购物网站有独特的产品清单、消费者评论、商店评级和个人购物清单，为消费者在网上提供创意购物选择。与购买赞助商链接的模式类似，假冒者经常将产品清单放在比较购物网站上，以进一步推广他们的网站和增加他们的业务。在这样的情况下，假冒者在另一个重要的消费领域创造了机会，同时，通过销售具有降低正品信誉度效果的商品来威胁品牌所有者。

在比较购物网站上列出的假冒产品的增长，也使得品牌所有者更加注重保护自己在互联网上的权利。因此，品牌所有者会正式联系搜索引擎管理员，并投诉在某个比较购物网站上列出的侵权产品。通过请求删除这些列表，品牌所有者采取了另一重要步骤来控制假冒问题并保护其在互联网上的品牌价值。

搜索引擎优化

降低假冒产品在热门搜索引擎可见性的目标也促使品牌所有者参与搜索引擎优化（SEO）策略，使他们的正品网站在互联网上更引人注目。有意让自己的公司网站出现在"自然"或"有组织的"搜索结果顶部的品牌所有者，利用 SEO 作为一个途径，通过包含在早期搜索引擎列表中的手段来帮助增加网站流量。为了适当优化网站，公司会编辑包括品牌和产品的特定关键词的内容和编码，以供搜索引擎识别。无论是内部员工还是外部顾问进行的优化，都能通过提高知名搜索引擎列表的可见性，实现增加公众认可和在互联网上访问特定品牌的效果。

假冒者经常利用 SEO 创建大量的垃圾博客。这些垃圾博客是一系列具有附属的、互连的超链接等的网络日志，以便提高搜索引擎中的排名。如果有足够的侵权内容，垃圾博客就能登上搜索引擎列表的顶端，甚至超越品牌所有者合法的公司网站。专注于为其特定品牌改进 SEO 的公司可以起诉侵权行为者，如果成功的话，可以获得所有侵权网站的所有权，从而有助于降低在知名搜索引擎列表中假冒产品的可见性。

监控在线拍卖网站和互联网交易平台

各公司还开始通过监控在线拍卖网站和互联网交易平台，以及通过联系网络主机服务商和在线服务供应商来进一步打击假冒者，这进一步扩大了他们在线反假冒执行程序的覆盖面。假冒者利用互联网通过诸如在线拍卖网站（例如 eBay 和雅虎拍卖）和 B2B 互联网交易平台（例如 Tradekey、Ecplaza）等渠道推广他们的商品，以吸引更广泛的受众。虽然已有的法律判例并不能让网上市场以分担责任的理由对商标侵权行为负责，[2]但 B2C 在线拍卖和 C2C 在线拍卖可以通过不同的在线报告程序进行有效监控。由于公司商标的所有者有责任通过单独的监管和实施行为来保护商标，如 iOffer 报告和 eBay VeRO（经验证的权利所有者）程序，使品牌拥有者能够直接联系在线拍卖网站并请求移除个别侵权清单。外部律师还可为品牌所有者提供拍卖监控和报告服务的创意选项，以寻求更个性化、更有针对性地打击在在线拍卖网站和互联网交易平台上运营的假冒产品批发商。

联系网络主机服务商和在线服务供应商

尽管大多数网站所有者都是诚信的，但网络主机服务商也被许多假冒者用作寻找销售商品和推广服务的途径。网络主机服务商出售访问权并为网站所有者和管理员提供服务器上的空间，以便在互联网上设置他们的网站。虽然网络主机服务商可以根据请求发送删除通知，禁用侵权网站的 IP 地址，甚至屏蔽服务器以防止侵权行为发生，但假冒者通常会在没有通知的情况下更改 IP 地址并在主机供应商之间转移。此种行为有时使得网络主机服务商难以查明假冒者的身份，无法对他们采取适当的行动以保护受影响的品牌所有者的权利。

传统来说，虽然网络主机服务商不承担在其服务器上运营假冒网站造成侵权的法律责任，但当网络主机服务商被通知在其服务器上存在假冒网站运行的时候，网络主机服务商对其不终止侵权使用的行为最近被认定为负有责任。在美国加州北部的联邦地方法院审理的 *Louis Vuitton Malletier v. Akanoc Solutions Inc.* 案[3]中，尽管被告认为假冒者经常改变 IP 地址并在主机供应商之间转换，但陪审团认为被告负有商标和版权的侵权责任，应在原告恢复过程中给予实质性的损害赔偿。这一判决使得当品牌所有者告知互联网服务供应商在其服务器的网站上提供假冒或侵权的商品时，互联网服务供应商不采取行动或未能及时采取行动将负有新的责任。这一判决的结果让整个在线网络主机团体注意到，当假冒网站被品牌所有者通知为侵权并要求移除时，故意视而不见是不会被容忍的。

在品牌所有者通知的情况下，网络主机服务商往往对于打击假冒行为不采取相应的措施，法律的发展使得公司在禁止行动和不及时行动方面处于更有利的地位。法律上的变化在很大程度上影响了公司的行为，因为公司为保护其品牌向网络主机服务商发出的下架通知，比它们曾经拥有的控制力大得多。它还提供了潜在地将责任范围扩展到滥用其服务业务中对假冒者置之不理的服务提供者的途径，诸如域名注册商、域名服务（DNS）名称服务商，以及其他在线服务供应商。

监控社交媒体和社交网站

在寻求在线拍卖网站、互联网交易平台以及网络主机服务商和在线服务供应商的配合中，许多公司也开始监控进行假冒活动的社交媒体和社交网站。基于网络的社交网络服务提供了新的、动态的平台，让假冒者们可以跨越广阔的互联网，瞄准潜在的消费者。社交网站通常以不同的形式表现出来，但是，从根本上说，每个平台都试图服务于建立在线团体的根本目的，以便更好地扩展和完善人们之间的关系（例如 Facebook、MySpace、Twitter、LinkedIn）。

大多数网站都遵循类似的模式，为用户提供上传个人照片、列出个人信息，以及通过邀请其他成员加入他们的网络以建立更大的社交网络的选项。为了加入特定的网络，被邀请的成员必须接受网络请求，以消除两个成员之间的隔阂。一旦请求被接受，两个成员都可以访问各自的配置文件，其中通常包括每个配置文件的联系人列表，以构建更大的社交网络。个人用户并不是唯一使用社交网站扩展其网络的一方。不同的行业和企业也都在利用社交网站的优势来营销和推广它们的产品和服务，它们拥有自己独特的网络并通过其他网络分享想法和兴趣。增加的曝光不仅让知名品牌建立了声誉，也为较小的品牌提供了将它们的产品和服务介绍给庞大在线消费者群体的途径。

随着社交网站已经开始成为互联网整体结构的重要组成部分，假冒者也改变了商业策略，开始通过这些社交网站以独特而新颖的方式来推销商品。如果网站允许，假冒者利用私人团体来营销产品。会员创建群组，以便为其他成员提供会面、分享兴趣和人脉场所。虽然有些群组不能访问（除非群组管理员批准），但许多群组都是可以公开访问的，并且站点的任何成员都可以随意访问该群组的内容。由于根据主题可以容易地对群组进行搜索和归类整理，假冒者创建群组，并且不仅将其作为广泛推广产品的手段，同时也推动了许多在线假冒网站的流量。创建群组可以通过简单地在群组页面中列出假冒网站的 URL

来完成，也可以通过提供包含侵权商品网站的实际链接来完成。这些群组经常被假冒者利用来宣传"钱包派对"（Purse Parties），也就是在发起者指定的地点举行的聚会，销售、分发和购买假冒商品。有了开发的这种途径，对于品牌所有者来说，以新的和创造性的方式来监控这种途径和控制假冒是至关重要的。

虽然社交网站可以为品牌所有者提供创新的平台，使其在开始或继续推广商品或服务时使用，但对于公司来说，专注于它们所造成的潜在问题是最重要的。企业一直在适应社交网络所带来的问题，并负责监控假冒者在网站上投放广告或提供假冒产品的网站活动。为了更好地保护有价值的知识产权，各公司已开始行使它们的权利，每周，甚至每日向网站发布公告，列出广告、销售假冒商品的公开群组或个人资料。在社交网络服务供应商配合的情况下，这些程序可以非常有效地控制假冒问题，并有助于减少热门在线平台上的侵权产品的整体可见性。

与外部法律顾问的协作

通过战略性在线反假冒项目的实施，根据对不同知识产权保护方案获利以及风险情况进行的评估，品牌所有者通常会和外部法律顾问合作以达到对品牌的综合保护。在美国，品牌所有者在选择采用何种对策以应对被识别的假冒者时，往往会陷入左右为难的处境：一种对策是品牌所有者自掏腰包来发起民事诉讼，而另一种对策是尝试利用公共资源来确保其在案件中的法律利益。每种品牌保护方式都有其自身的优点及缺点，每个案件必须根据其具体事实以及特性进行独立评估。

近年来，品牌所有者成功地游说立法机构，其允许民事诉讼人针对潜在的行为采用苛刻的补救措施，包括"搜查且扣押"的手段，即通常意义上的"单方面扣押"权力。这种权力能够使得品牌所有者可以立刻阻止假冒者的不法行为。然而，虽然在字面上这些法律措施能够对假冒者给予很重的惩罚，但在实际操作中，品牌所有者在一些案件中，有碍于花销和风险，往往不能够充分使用，误解甚至是忽略这些法律措施。

外部法律顾问的一个重要作用，就是通过评估何种标的适合民事诉讼、何种标的适合刑事诉讼，给品牌拥有者以合理的建议。资深的外部法律顾问可以与检察官以及执法官员合作，在起诉前后做好针对假冒者案件的准备工作。

民事诉讼

兰哈姆法案是用于管辖民事商标假冒的最为关键联邦法。[4]兰哈姆法案第32条以及第43条允许品牌所有者向商标侵权者、假冒者提起民事诉讼。[5]兰哈姆法案为品牌所有者提供多种救济。救济包括赔偿实际或法定损失、发布初步和/或永久性的禁令、扣押和销毁假冒产品，以及报销潜在的诉讼费用。[6]在一些特定的案件中，报销律师费用也在救济的范围内。此外，通过品牌所有者发起的特定程序，无须事先告知或警告对方，联邦法院可以命令直接扣押侵权货物以及相关记录。[7]

民事诉讼的优点

民事诉讼的一个主要优点是品牌所有者能够对诉讼过程进行有效的控制。品牌所有者可以自主选择起诉哪个假冒者并且将手头资源集中在一些高优先级目标上。品牌所有者同样可以选择在何时何地起诉，也可以选择在起诉后是否进行和解。

一旦潜在的目标被确认，在发起民事诉讼之前，品牌所有者和他们的调查员有义务进行调查和证据收集。[8,9]在许多案件中，私人调查有可能发现新的目标或者对品牌拥有者负有责任的第三方。被发现的第三方在明知假冒产品的前提下为销售提供便利，或者对于假冒产品的销售"选择性忽略"。[10]此类第三方可以包括贩卖假冒产品的独立互联网站、互联网服务提供者、场地提供者和/或二手市场。在无法找到实际负责方，或者同一第三方多次涉及的前提下，向第三方进行索赔往往更加合适和有效。

发起民事诉讼在实质性索赔方面，有较强的灵活性，而这在刑事诉讼中是不存在的。例如，根据兰哈姆法案第43条（a）之规定，只有假冒者在模仿已注册商标时才能够进行刑事诉讼。[11]然而，品牌所有者无须拥有已注册的商标就可以对商标侵权者进行民事诉讼。品牌所有者同样可以对以下两种目标提起诉讼：①制造和销售假冒产品者；②山寨产品制造和销售者。假冒产品指的是那种带有与已注册商标相同标记或者与已注册商标无实质性区别的标记的产品。[12]山寨产品，指的是那种既没有使用相同标记，也没有使用相同的"商业外观"，然而在商业使用中却容易与品牌所有者产品产生混淆的产品。[13]品牌所有者可以对其商标侵权或与其产品商品包装容易产生混淆的对象发起民事诉讼，然而对于此，在刑事诉讼中则受到限制。

在民事诉讼中，品牌所有者享有两项便于成功索赔的优势。其一，品牌所有者无须证明被告蓄意假冒产品或是侵犯其知识产权，便可成功进行索赔。[14]

如果能够证明其蓄意，品牌所有者可以获得额外的救济，诸如 3 倍的损失赔偿、律师费、销毁侵权产品以及提高额度的法定损失（之后讨论）。[15]其二，在民事诉讼中，证据举证责任较低——品牌所有者必须通过证据的优势证明侵权，而不是超出合理的怀疑。[16]

民事诉讼还可以给品牌所有者提供刑事诉讼无法提供的大量灵活的救济措施。一个主要的优势就是在民事诉讼中，被告可以直接向品牌所有者支付赔偿损失的费用。相比较而言，在刑事诉讼中被告往往向政府递交罚款。[17]虽然可能能够覆盖损失赔偿，然而事实往往并非如此。

根据兰哈姆法案，品牌所有者可以对实际或者法定损失进行索赔。实际损失包括被告获利、品牌所有者遭受的损失以及诉讼所导致的费用。[18]如果侵权是蓄意的，品牌所有者可以要求对以上费用进行 3 倍赔偿，这样索赔的数额更加巨大。[19]兰哈姆法案有关法定损失的条款减轻了原告需要证明实际损失所带来的负担。每个标的的侵权所导致的法定损失最高可至 10 万美元。如果侵权属于故意行为，则每个标的的侵权所导致的法定损失可提高至 100 万美元。[20]然而，由于针对很多假冒者，无法判断其资产情况，或者其资产被隐藏，因此最重要的补救措施往往是禁令救济。[21]

对于具备大型分销机构的被告，最有利的救济措施是有权扣押假冒产品和存有制造、销售产品和收据的记录，同时扣押专用于制造假冒产品的设备。扣押有时可以采用单方面扣押的形式开展，以防止假冒者有机会销毁或隐藏证据。[22]因为单方面扣押是一种非寻常救济措施，因此获取这种救济需要满足非常严苛的条件。扣押和其他紧急救济措施（例如资产冻结）是十分有力的武器，因为其可以立即阻止侵权者的行为，还可以使得侵权者无法在别处利用新的名目来重新实施其侵权行为。这种单方面扣押往往会有执法官员的参与，因此其对于假冒者有震慑作用。

品牌所有者同样可以选择采用类似于临时禁令或初步禁令的紧急民事救济措施。这些救济措施可以使品牌所有者对假冒者采取快速而有决定性的行动，而刑事调查则常常会持久而漫长。

最后，永久禁令是针对假冒者非常有效的救济措施。如果品牌所有者针对某个目标拥有禁止其假冒其产品的永久禁令，一旦其发现目标继续其假冒行为，则假冒者会因为藐视法庭而被判处监禁以及罚款。然而在刑事程序中，品牌所有者将不得不启动另外的单独刑事诉讼程序，以阻止那些被发现承担刑事责任的目标从事未来的假冒活动。

民事诉讼的缺点

针对假冒者采用民事诉讼的主要缺点在于其费用相对于刑事诉讼程序而

言比较高昂。这是因为品牌所有者需要承担整个民事诉讼程序的费用，包括私人调查以及外部法律顾问的费用。此外，相对于刑事诉讼中可能面对的刑事处罚而言，民事诉讼所能够提供的补救措施对于潜在的假冒者威慑力不足。话虽如此，民事诉讼中异常高昂的经济赔偿款可能与刑事处罚具备相同的威慑力。

品牌所有者还应该注意到，当发起民事诉讼时，被告往往会采用反诉来应对。在民事诉讼中，反诉通常包括请求宣告品牌所有者的商标无效，理由是该商标是通过诈骗获得的，或者其为通用的，又或者其仅仅能够描述品牌所有者产品本身。[23]被告还可以起诉品牌所有者因为利用专用商标而违反反垄断法。应对反垄断法反诉会非常昂贵并且十分繁重，可能导致品牌所有者坠入无底深渊。

刑事诉讼

在商标假冒治理方面，兰哈姆法案是民事诉讼体系中最为关键的联邦法律。而刑事诉讼体系同样存在各种各样的联邦法、州法用于治理商标假冒行为。美国商标假冒法案1984[24]规定，对于"蓄意或尝试提供带有假冒商标的产品和服务"的人员将予以刑事处罚。[25]另外，值得一提的是1996年反假冒消费者保护法案。将贩卖带有假冒商标的产品及服务，贩卖带有假冒商标的录音制品、计算机程序、计算机程序文档、动态图片以及其他视频作品的包装和拷贝，都纳入反欺诈和合谋法（RICO）所管辖的范畴。[26]此外，美国的各个州都有自己相应的反假冒刑法，例如，纽约具备3套刑法对应于三级至一级责任的商标假冒行为，其中，一级责任商标假冒行为被认为是C类重罪。[27]

刑事诉讼的优点

假冒行为的刑事诉讼可以给予品牌所有者多种好处。不同于民事诉讼，在刑事诉讼体系中，如果被告被确认为有罪，除去被罚款之外，被告还会面临牢狱之灾。例如，商标假冒法案1984规定，在确定商标假冒行为的前提下，被告最多可被判处10年有期徒刑。[28]考虑到可能面临牢狱之灾如此重的判决，对于假冒者或者试图尝试类似违规行为的人员来说，监禁有非常有效的震慑作用。

进一步而言，刑事诉讼程序需要品牌所有者付出的时间和资源成本相对少一些。在一个刑事诉讼程序中，品牌所有者仅仅以证人而非当事人的身份出现。因此，在这种情况下，品牌所有者无须提交诉状、动议以及进行调查。更进一步，证据采集的过程并非通过调查来实现，而是仅仅通过执法部门可以利用的不同调查机制（例如逮捕、问讯、搜查证）来实现。正因如此，刑事诉讼过程大部分由执法部门来进行，从而大大地减轻了品牌所有者的负担。

如同毒品交易调查一样，在庞大而资源充足的假冒行为中，不太成熟的假冒者往往是一些小角色。在复杂而庞大的假冒体系中，可用通过起诉一些作为环节之一的、更容易被拘捕的小型假冒者，对其中更有经验的参与者施加压力，进而切断整个假冒体系的现金流并且分散孤立整个假冒体系。这样可以进一步识别并起诉在犯罪组织中有更大权力和威望的对象。

刑事诉讼的缺点

虽然刑事诉讼有优点，然而从品牌所有者的角度而言，以刑事诉讼来解决假冒问题有不计其数的缺点。在对刑事诉讼过程缺少控制力而显著减低负担的同时，品牌所有者也失去了其影响判决结果的权力。美国律师对于刑事调查的结果有显著的影响力，因为其最终会决定是否接受被告的请求。进一步地，美国律师甚至可以决定何时进行刑事诉讼程序。对律师环节的任何忽视，可能会导致将品牌所有者所担忧的内容仅仅变为一场诉讼。同样地，缺乏控制会，使得对于已发现的假冒者所采取的刑事行动有品牌所有者所不愿意看到的延迟。执法部门和联邦机构对于调查也缺乏足够的资源和热情。

更进一步，品牌所有者通过刑事诉讼来获取对其品牌保护的难度非常大。随之而来的举证责任也非常大。为了胜诉，政府必须证明被告违反政府法规超过了合理怀疑的范围。这样的举证标准远远高于民事诉讼中的证据标准。此外，一些刑法还需要证明犯罪意图，显然相对于兰哈姆法案来说需要更大的负担。[29]最后，在民事诉讼有利的判决中，禁令可以有效地阻止侵权者在以后再次侵犯品牌所有者的权利，而在刑事诉讼过程中，即使判决是有利的，通常也不会有禁令。相反地，如果先前被判违法的假冒者再次违法，则必须对其进行重新起诉。对于品牌所有者而言，先前的判决不会给他们带来任何保护。

刑事判决可能存在民事环境中不会出现的各种障碍。例如，执法人员可以起诉假冒伪劣商品，但不能起诉仅达到侵权程度的商品。[30]因此，尽管这些侵权商品会造成品牌所有者利益受损，但刑事司法系统并不提供保护和追索权。民事诉讼进程也可能会因同时进行的刑事诉讼而严重拖延。例如，为维护司法公正起见，法院通常会在解决刑事诉讼之后处理民事诉讼。[31]如果被告在并行刑事诉讼中针对民事诉讼中的证据披露请求援引第五修正案权利，则该民事诉讼可能会受到阻碍。

尽管监禁确实是刑事起诉的特有优势，但也会产生负面影响。刑事诉讼宣判的判决和/或监禁往往会对品牌所有者产生巨大的宣传效应。虽然良好的品牌宣传描述和推广总是受欢迎的，而许多刑事诉讼会把焦点从产品本身移开，取而代之的是品牌与刑事起诉和/或判决之间的公共关系。

最后，与民事诉讼不同，如果被指控的造假者在刑事法庭被定罪，品牌所有者将无法获得损害赔偿或律师费。尽管定罪的造假者会因其行为被处以罚款，但罚款会直接上缴政府而不是支付给品牌所有者。品牌所有者有权获得赔偿，但这种赔偿通常限于品牌所有者的调查成本（通常是最低限额，因为调查任务主要由执法人员执行）和所有销售量的实际损失。虽然该损失赔偿乍看起来很丰厚，但证明销售量的实际损失是非常困难的，尤其是与造假者打交道时，他们很可能连既定的合法商业经营中的综合会计记账系统都没有进行维护。

结 论

本章反映了近年来公司致力于控制假冒行为的变化，以及品牌所有者如何利用现代执行策略在互联网上及互联网以外保护其拥有的商标。假冒行业切实地激发出企业的责任感，使其通过内部执行和与外部经验丰富的法律顾问合作来约束侵权行为，重点打击造假对其有价值品牌信誉的威胁。品牌所有者通过纳入并执行全面的执行程序，为其品牌提供世界性抵御假冒产品增长的防护。互联网的迅速发展为造假者提供了完善贸易、扩大业务的巨大商机，远远超过其最初预期的范围。随着企业决策者认识到这些商业行为会对其品牌信誉产生不利影响，为了成功实现彻底保护品牌的目标，用以控制假冒问题的创新方法变得尤为必要。

注 释

1. 参见本书第五章"域名"。

2. 参见 *Tiffany and Company v. eBay，Inc.*，2008 U. S. Dist. （S. D. N. Y. ，2008.07.14）（仅根据市场销售造成侵权的普遍认识，认为网络市场不能承担商标侵权的责任）。

3. 参见 *Louis Vuitton Malletier，S. A. v. Akanoc Solutions，Inc. and Managed Solutions Group，Inc.* （N. D. Cal. 2007） （认为网站托管公司因未能禁用或限制客户利用网站托管服务销售假冒产品，对共同和代理商标侵权以及共同和代理版权侵权负有责任）。

4. 有许多解决商标假冒问题的州和地方法律。

5. 15 U. S. C. § § 1114，1125.

6. 15 U. S. C. § § 1114，1116 – 1118.

7. 15 U. S. C. § 1116.

8. 另见本书第十三章"调查：挑选和指导外部调查员的注意事项"。

9. 外部律师经常雇用私人调查员并监督他们的调查。

10. 参见例如 N. Y. Real Prop. §231（认为业主对明知用于非法买卖、制造、经营的出租不动产负有责任）。

11. 15 U. S. C. §112.

12. 15 U. S. C. §1116（d）.

13. 15 U. S. C. §125（a）.

14. 15 U. S. C. 1117, 1125.

15. 15 U. S. C. §1117（b）.

16. 参见例如 *Thane int'l, inc. v. Trek Bicycle Corp.*，305 F3d 894，901（9th Cir. 2002）[商标注册人根据兰哈姆法案第43条（a）提出索赔必须有证据证明被控侵权人的商标有可能造成错误或欺骗]。

17. 刑事诉讼可能会为品牌所有者提供赔偿，一般仅限于调查成本和销售损失。而销售损失很难证明。参见下文讨论。

18. 15 U. S. C. §1117（a）.

19. 15 U. S. C. §1117（b）.

20. 15 U. S. C. §1117（c）.

21. 15 U. S. C. §1116.

22. 15 U. S. C. §1117（d）.

23. 15 U. S. C. §1115（b）.

24. 15 U. S. C. §2320.

25. 15 U. S. C. §2320（a）.

26. 15 U. S. C. §1961.

27. N. Y. Penal Law §§165. 71 – 165. 73.

28. 参见 *U. S. v. Hanna*，2003 WL 22705133，在*2部分（S. D. N. Y.，2003. 11. 17）。

29. 参见 *U. S. v. Hon*，904 F. 2d 803，806（2d Cir. 1990）。

30. 例如，在 *U. S. v.* Hon 案中第二巡回法院记录：商标假冒法案1984比"兰哈姆法案规定窄，且……只禁止使用与'注册商标'相同或基本无法区别的假冒商标，而兰哈姆法案的责任不仅取决于'伪造'，而且还取决于'再版'（Reproduction）、'复制'（Copy）或'可着色模仿'（Colorable Imitation）"[904 F. 2d 803，806（2d Cir. 1990）]。

31. "当民事诉讼中的被告面临刑事指控时，地方法院可以酌情保留民事诉讼。"*U. S. ex rel. Gonzalez v. Fresenius Medical Care North America*，571 F. Supp. 2d 758，761（W. D. Tex. 2008），引用自 *United States v. Kordel*，397 U. S. 1（1970）；另见 *In re Ramu Corp.*，903 F. 2d 312，318（5th Cir. 1990）。（"悬而未决的事项通常停留在审判法院对诉讼过程广泛的自由裁量权，其中包括控制披露范围和速度的权力。"）

第二章
知识产权案件中的电子披露

詹尼弗·R. 马丁

　　企业服务器、数据库、个人电脑、备份磁盘、手持设备，以及最近的互联网"云"构成囊括各类可信证据的宝库，涉及大案、小案、刑事、民事等各类调查或诉讼事务。在诉讼过程中，信息激增和随之增长的数据处理费用，引起涉事企业、内外部律师，以及司法机关等的极大关注，他们多次召开会议，开展研讨，发表论文和立法提案，来解决电子披露的相关问题。实际上，近年来不断增长的诉讼费用，连同对当前电子证据使用效果和披露阶段双方当事人诉讼策略的关注，在这一领域推动法律发展变化，继而在规范"对抗过程"的传统观念方面产生戏剧性的模式转变。不履行披露义务会让企业，有时甚至律师因证明妨碍受到严厉制裁。适宜的做法是让律师在这方面紧跟法律发展的步伐，提高职业责任意识，承担电子披露阶段失误带来的严重后果。除熟悉诉讼义务外，当事人的明智做法还包括在诉讼开始之前战略性地思考如何最大限度地既经济又智慧地管理、存储和组织与其业务领域相关的信息。

　　本章为当事人及其律师概述电子披露程序，为诉讼的电子披露阶段提前作准备。本章所讨论的电子披露关键内容和规则适用于各种类型案件，前提是在知识产权诉讼的背景下提出这些信息。电子证据的基本概念和问题尽可能地通过重要知识产权案件讨论予以说明。还需注意，这一领域许多重要的司法内容都出现在近期的知识产权战的争议中。本章还将讨论近期旨在减轻电子披露费用增长的司法趋势。

电子披露过程

如图 2.1 所示，电子披露的生命周期开始于信息管理，从而容易确认当事人诉讼义务的触发，而本章的重点在于当事人在诉讼披露阶段的责任。如本章结尾部分所述，诸多与电子披露相关的问题和事务可以在诉讼发生之前通过智能信息管理加以简化和处理。从组织数据以便确认和收集，到销毁无业务价值或法律意义的数据，企业出于业务等目的作出的信息保留决策，将对电子披露阶段执行低成本的防御程序发挥关键作用。因此，本章最后一节会为知识产权环境下的管理信息提供相关建议。

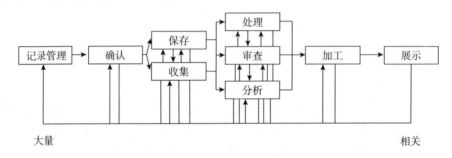

图 2.1　电子披露参考模型

日常的数据保留和销毁策略在诉讼发生时必然会发生变化。美国联邦民事诉讼规则以背景资料方式，尤其是处理电子存储信息的 2006 修正案，提供了诉讼过程中管理电子披露的基本指南。近年来，美国各法院通过若干关键判决对规则进行了补充，进一步完善了电子披露的法律框架。

触发事件：诉讼预期

虽然美国联邦民事诉讼规则没有明确规定何时会触发诉讼的电子信息保全义务，[1]而根据普通法规定，当事人被提起诉讼或"合理预见"诉讼时，就触发了保全义务。[2]除非另有说明，出现以下情形时，"证据保全"的义务即被触发："意识到有潜在权利主张存在时"，[3]"有理由认为诉讼是可以预见的"，[4]"诉讼是可能的"但"不只是可能"。[5]然而，精准确定触发的时间并不是很容易。

下面通过 Rambus 公司的案例，来说明法院在确定原告在何时合理预期诉讼方面遇到的困难。在过去的十年中，Rambus 公司向众多潜在竞争对手提出多件专利侵权诉讼。在 *Micron Technologies v. Rambus* 案中，Rambus 公司的历史及其保全义务有关做法对知识产权从业者来说极具借鉴意义。为解决动态随机存取存储器（DRAM）和微处理器间数据传输的速度问题，1990 年 Rambus 公司成立。1990 年 4 月，Rambus 公司就 RDRAM 方案提交了专利申请，希望该项技术可以获得专利授权。到 1991 年，Rambus 公司开始关注到竞争对手利用其 RDRAM 技术开发 DRAM 解决方案。到 20 世纪 90 年代中期，Rambus 公司开始与专利律师合作，通过提交专利申请为相关技术布设"专利雷区"。

1998 年 2 月，Rambus 公司开始制定诉讼战略，其中包括建立新的文件保留政策（包括清除电子邮件指令、要求定期粉碎文档），并制定 3 个月为周期的备份保留政策。这对后来针对 Rambus 公司提出的证明妨碍质疑是至关重要的。值得注意的是，Rambus 公司保留支持潜在专利主张的特定文件，并让包含有发明日期证据的备份磁盘连续记录。1999 年 4 月，Rambus 公司要求外部律师"清除"这些专利文件，仅保留官方文件，并在当年夏天持续进行"粉碎"工作以销毁文件。同时，Rambus 公司继续为诉讼作准备，尽管当时并没有针对任何一家具体公司提起诉讼。直到当年晚些时候，Rambus 公司才真正提起诉讼。1999 年秋季，Rambus 公司获得董事会批准起诉，并在 12 月提起正式诉讼。2000 年 1 月，Rambus 公司状告第一个竞争对手——日立公司专利侵权。

此后，Rambus 公司针对不同公司提起一系列专利侵权诉讼。在其中一个案件中，初审法院发现 Rambus 公司实施的保留政策与其为诉讼作准备在时间上相一致，下令要求 Rambus 公司移交这些特殊文件，包括已粉碎的文件。[6]然而，在类似案件中，初审法院认为 Rambus 公司没有通过粉碎文件构成证明妨碍，因为当时仅是可能发生诉讼，在真正起诉前还有很多准备工作要完成。[7]

但是，在最近分析 Rambus 公司诉前行为的案件中，特拉华州地区法院认定 Rambus 公司故意销毁文件。凭借此观点，法院认定 Rambus 公司至少早在 1998 年 12 月就已对诉讼有预期。作为处罚，法院判定 Rambus 公司的专利对 Micron 公司不具有排他性。

值得注意的是，初审法院承认正常情况下建立保留政策并无不妥，包括清除不必要的电子邮件和记录，还明确指出从专利相关文件中删除"所有非官方记录的材料"是一种常见做法；但同时认为 Rambus 公司一方选择 1999 年 4 月这一时机制定和执行这类政策并非善意表现，尤其认为粉碎文件可能会使 Micron 公司利益受损，因为在这个过程中会销毁有关专利滥用和不正当竞争的文件。法院进一步认为，即使在公司建立完善保留政策的情况下，一旦该公司预期诉讼，所有常规数据销毁必须暂停。[8]

在近期另一专利侵权案件 *Pbilip M. Adams E Assoc v. Dell Inc.* 案[9]中，法院

认为即使被告未预期到特定的诉讼，仍有义务予以保全。法院尤其认为，如果是针对技术问题进行的大量诉讼，包括早先的共同诉讼，被告对这些问题会足够"敏感"并在收到即时诉讼通知前对诉讼有所预期。[10]

关于何时触发诉讼相关的文件保全义务，其他情况产生的问题也同样棘手。例如，如果公司面临国际监管处罚，该公司或潜在原告是否应合理预见联邦或州的监管处罚或民事赔偿？雇员被解雇或主动离开公司到竞争对手的公司，内部律师是否应预见潜在的就业赔偿或商业秘密赔偿？著作权或商标的警告函是否会引发被控侵权方的义务？

鉴于法院对销毁电子证据实行的制裁非常严厉，并且近来法院判决要求当事人尽早协商，律师们明智的做法是告诫客户稳妥行事，并提前关注保全问题，且通常要在提起诉讼或收到传票之前。

确认关联的"电子存储信息"

美国联邦民事诉讼规则规定当事人在合理预期诉讼时具有确认、保全和公开电子信息的基本义务。尤其根据该规则第 26（b）条，当事人"应提交关联的、非特许的、可合理获取的"电子存储信息（通常被称为 ESI），"不必提交由于不应承担的责任或费用不适当而无法合理获取的"电子存储信息。[11]"关联"一般与确认数据保全时美国联邦证据规则规定的含义相同。[12]而在证明妨碍的情况下，丢失数据的"关联"可按不同标准确定："已销毁的证据或不可获取的证据具有由受影响的当事人所声称的属性。"[13]

美国联邦民事诉讼规则没有对"电子存储信息"这一术语进行定义，也没有就何种类型数据需要保全提供指导。显然，用户主动创建的文档，如 PDF 文件、Word 文档、Excel 电子表格、电子邮件及其附件，以及文本消息都是电子存储信息。[14]

在著作权方面，术语电子存储信息已得到广泛解释。例如，在 *Columbia Pictures v. Bunnell* 案[15]中，法院认为暂时存储在随机存储器（RAM）中的数据已被记录和保全，因而是美国联邦民事诉讼规则范围内的电子存储信息。*Bunnell* 案涉及 Columbia 公司针对 Bunnell 运行的点对点文件共享系统提出的著作权赔偿，在该系统中用户可以交换受著作权保护的材料。Bunnell 在荷兰运行该网站，辩称没有义务保全能够显示系统用户网络协议（IP）地址的连接日志，部分原因是日志系统没有被配置为用来保存这些记录。但是，法院认为 Bunnell 在诉讼提出时就能够而且应该进行系统配置，以保存连接日志。尽管证明妨碍的判决在上诉时被推翻，但初审法院关于日志信息构成电子存储信息的裁定没有被推翻。

Viacom v. Youtube 案[16]的著作权侵权诉讼在简易审判中被驳回，就当事人保全和提交各种电子数据义务也产生了一系列裁决。特别是，法院下令让YouTube 公司提交已向公众公开的数百万视频和 1200 万兆字节的日志信息，其中包括用户观看 YouTube 上视频的登录 ID 和 IP 地址。但是，法院驳回了Viacom 公司针对 YouTube 公司用于搜索潜在侵权视频的视频源代码，以及针对用于跟踪广告收入的 YouTube 数据库模式的披露请求。在每个案件中，法院似乎都承认这些材料构成关联电子存储信息，但最终作出裁决时仍会平衡双方当事人的利益，包括责任、需求和所有权关系。

诉讼当事双方也有义务保全特定类型的潜在数据。例如，可以确定在多数情况下与电子文档关联的底层元数据应妥善保全，并与文档一起提交。[17]元数据对于确定各类知识产权案件中的原始所有权和创作日期是至关重要的，尤其在指控侵占有价值的专利信息的案件中。

类似地，在盗窃商业秘密案件中从台式机或笔记本硬盘恢复已删除的数据是必不可少的。[18]除了被删除的可恢复数据，硬盘还可以包含与知识产权调查相关的其他用户行为记录，包括接续传输数据给别人、网页浏览行为、使用数据销毁程序，以及连接日志的记录。

确认关联电子存储信息的位置

确定保全何种数据需要一些基本常识，例如机构或个人将何种信息存储在何处，以及如何最大限度地获取和保全这些信息。一般而言，数据存在于下列内部数字媒体上：本地硬盘驱动器（台式机和笔记本电脑）、存储设备（U盘、外部硬盘驱动器、DVD）、电子邮件服务器、电子邮件档案、文件服务器、手持设备、备份磁盘和数据库。根据机构的不同，各种媒体的制作、生产商和版本有所不同，各种设置和政策也不同。由于没有两个机构拥有相同的信息技术（IT）基础架构和数据政策，律师有责任与 IT 人员等密切合作，了解每个具体案件的数字环境。[19]

此外，当事人有义务保全与第三方存储提供商和供应商共同存储的数据。实际上，当公司将电子存储信息移入"云"时，就应意识到存在复杂的法律合约问题，而这些问题又会影响其履行电子披露义务的能力。最后，关联电子存储信息也可能存在于保管人的个人设备和账户上，包括社交媒体账户。

法律顾问、人力资源和 IT 人员必须共同努力，确保遗留系统和现有系统中的信息安全，避免离职人员和在职人员接触信息。而且，如前所述，法律顾问还必须自主学习客户系统的具体技术特点、流程及默认设置，并与 IT 人员一起制订周密的保全计划，确保数据不被覆盖、自动删除或回收，确保技术保全程序能获取关联数据。[20]例如，备份磁盘循环周期必须默认为不能破坏对应关键时间段和保管人的备份磁盘，[21]电子邮件的自动删除设置一般必须关闭。[22]

诉讼保全通知

虽然就保全义务通知相关保管人的要求得到了很好的执行，但在 2010 年纽约南区著名的 *Pension Committee of the University of Montreal Pension Plan et al. v. Bank of America Securities，LLC* 案中，法院认为"不签发书面诉讼保全通知构成严重失误，因为这种失误可能导致关联信息的破坏"。[23]虽然目前尚不清楚其他司法管辖区是否会采用这一新标准，[24]但还是要提醒公司及其律师注意，要向保管人和包括指定 IT 人员在内的关键人员，就其保全义务发出明确的书面通知。此类通知应清楚地描述潜在诉讼的性质和应保留的相关文件类型（纸质和电子存储信息）。通知还应指明要按照正确的技术方式保全这些文件，并给文件贴上便于收集的标签。如果通知"不要求雇员保全所有纸质和电子的相关记录"，或者"没有创建保全记录的收集机制以便非雇佣人员可以查询"，则这样的通知存在不足。[25]诉讼保全通知必须在触发保全义务的合理时间内发出。[26]而且，必须定期发出通知，且在案件起诉过程长时间延迟之后应该再次发出通知。[27]在 *Pension Committee* 案中，原告 2003 年聘请律师，2004 年在佛罗里达州开始诉讼。虽然原告在 2003 年底开始收集文件，电子披露却因 2004 年中止生效而停止。该案于 2005 年 10 月移交至纽约，2007 年中止审理期间原告首次发出书面诉讼保全通知。纽约地区法院认为，原告未在 2005 年案件移交纽约时发出书面诉讼保全通知属于严重失误。[28]具体而言，由于早在 2004 年初纽约南区就规定了发出此类通知的义务，尽管诉讼 2005 年处于中止状态，也应在此时发出诉讼保全通知。[29]

至少在纽约南区，依靠员工的自我收集和核查本质上也属于疏忽，建议公司不要"完全依赖"员工查找负责的记录。[30]而且，律师有义务监督文件的保全和提交过程，并要求客户不得在律师充分核查和执行监督之前销毁记录。[31]

实际上，必须制订诉讼保全策略，涵盖有可能拥有信息的雇员、系统和数据来源。为起草一份适当的诉讼通知，律师有责任与 IT 人员和外部专家密切合作，以了解关联数据可能存在于何处、需要暂停何种销毁数据的默认设置，以及应防止何种备份磁盘被回收。简而言之，除了发出通知，律师不仅负有确认关联数据可能存在于何处的责任，还负有主动监督保全工作的责任。[32]

不可合理获取的电子存储信息

如前所述，当事人不必提交"由于不应承担的责任或费用而不可合理获取的"电子存储信息。[33]在许多司法管辖区，数据是否可合理获得取决于特定诉讼范围内的多种因素。而且，随着技术的发展，几年前由于费用而无法合理获取的信息现在却易于获取。

值得注意的是，即使出于搜索、核查和提交的目的认为数据"不可合理获取"，这些数据通常仍必须保全。实际上，在出现证明妨碍的案件中，这种信息的保全往往是进行补救和避免严厉制裁的关键所在。委员会对美国联邦民事诉讼规则第 26 条（b）的注解中承认有义务在第一次使用时保留"不可合理获取的数据"，并有可能在稍后的披露过程中需要使用这些数据：

> 一方当事人将电子存储信息来源认定为不可合理获取，不能免除其保留证据的普通法律或法定责任。对方当事人是否需要保全未搜索的认为是不可合理获取的潜在回复信息源，视每个案件的情况而定。在披露过程中尽早讨论这一问题对当事人通常是有利的。[34]

委员会中注解进一步阐述：

> 当事人根据美国联邦民事诉讼规则第 26 条（b）（2）认为资源不可合理获取，是否要求善意地采取措施防止资源上的信息丢失，视每个案件的情况而定。因素之一是当事人是否有理由相信这些资源上的信息可披露，且这些信息不可从合理可获取的资源获得。[35]

审理 *Zubulake I* 案的法院指出是否有合理的可获取性取决于事件中的媒体类型，[36]其他法院却认为这种判定取决于案件的性质和承担提交电子存储信息责任的当事人所掌握的资源。[37]因而，诉讼当事人不应只因特定电子存储信息存在于特定类型的媒体上而假定其不可合理获取。这种判定因管辖权和案件而异。

一般而言，对判定何种类型的电子存储信息是"不可合理获取"的质疑在强制动议的范围内得到解决，而寻求披露的当事人必须证明该信息因责任不适当或费用不适当而不可合理获取。提出权利主张的当事人必须在主张数据不可合理获取之前，对费用和负担进行合理调查。[38]单纯宣称披露负担会很重肯定是不够的。[39]

判定当事人是否已承担支持其不可获取主张的责任，取决于案件力度，包括专家证言的使用。例如，在涉及获取备份磁盘存储信息的案件中，同一法院在同一天就恢复该磁盘却得出两种不同的结论，部分原因在于在要求恢复的案件中缺少专家意见以支持费用主张。[40]

即使当事人承担举证责任证明电子存储信息不可合理获取，法院仍可以责令其进行披露，并在有"正当理由"的情况下转移费用。虽然不同的法院考虑不同的因素，但法院决定是否责令进行披露时一般包括以下因素[41]：

- 是否可以从负担更少的其他资源获取数据。
- 数据对诉讼进展的帮助是否超过举证责任，可从以下方面考虑：
  - 争议金额；
  - 双方当事人的资源；
  - 事件的重要性。
- 寻求披露的当事人为获取事件的数据是否故意拖延。

法院是否决定转移费用以减轻负担，取决于双方当事人在披露过程中的行为。当然，裁定保全不可获取数据不会解除当事人随后提交数据的义务。[42]这取决于当事人是否将要履行电子披露义务。[43]

规范电子披露阶段的其他联邦规则

律师及其客户应了解规范电子披露过程的美国联邦民事诉讼规则的所有规定。为此，本章在此对该规则的部分关键条款作简要介绍。

1. 第 26 条（f）：会晤

根据第 26 条（f）规定，诉讼当事人必须"尽快以可行的"方式会晤或协商，以"讨论所有关于保全可披露信息的问题"以及其他关键电子存储信息问题。这些问题包括提交形式、搜索原则和搜索条件，以及包括交涉补偿协议的特权主张。

鉴于法院越来越重视双方当事人的合作义务，双方应在法律上和技术上为会晤作准备，并利用此机会解决披露中遇到的难题。这的确有助于当事人提前讨论值得采取的保全策略，形成搜索条件，讨论解决技术问题的流程和如何处理困难数据。据推测，尽早就当事人义务范围和数据处理进行有诚意的讨论，会降低后续发生证明妨碍质疑的可能。早期会晤可以讨论的另一问题是哪些材料是"不可合理获取的"。

2. 第 34 条（b）：提交形式

第 34 条（b）涉及提交电子存储信息的"形式"。具体而言，在没有要求具体提交形式的情况下，应诉方必须"以其通常维护的一种或多种形式，或者以合理使用的一种或多种形式"提交信息。产生和接收的数据产品有多种格式："本地"电子文件；用于诉讼支持数据库系统的加载文件（词语索引、总结陈词）；以及加载到网络核查平台的处理文件，其通常允许以本地和图像方式进行核查。双方当事人应先明确首选格式，但无论如何应当以保全有用的元数据和文件路径信息的格式接收数据。现如今，文件打印件由于难以鉴别，无疑属于不合理的提交形式。

3. 第 37 条（f）：避风港

第 37 条（f）涉及避风港条款，但如不注意也会导致危险。第 37 条（f）规定："如非特殊情况，当事人在电子信息系统正常运行导致电子存储信息丢失的情况下无法提供电子存储信息，法院不得依据这些条款对当事人实施制裁。"所应用的系统包括电子邮件自动删除功能、备份磁盘循环周期以及电脑常规使用造成的正常数据丢失。

尽管构成一种例外，但如果这样破坏了与诉讼有关的信息，该条款也不允许当事人继续照常运行。当事人会因未暂停自动化系统导致删除受到过失裁决和制裁。[44]而且，在当事人知道相关信息将会丢失的情况下，故意不干预常规信息系统以防止删除的行为不具有"善意"，因此会受到严厉制裁。

证明妨碍

证明妨碍是在未决的或可合理预期的诉讼中，破坏或篡改证据，或未能保全他人作为证据的财产。[45]一般而言，对证明妨碍的制裁因管辖区不同而不同，这取决于被指控证明妨碍一方的意图和另一方受到的损害。[46]制裁包括成本转移、不利推论和缺席审判。基本上，第五、第七、第八、第十、第十一和华盛顿哥伦比亚特区巡回法院要求对恶意行为实施不利推论；第一、第四和第九巡回法院要求"严重违规"；第二巡回法院对"过失性证据破坏"施以不利推论的制裁；第三巡回法院会权衡过错和违规的程度。[47]

法院以证明妨碍罪名制裁当事人的权力来自其固有权力，以及美国联邦民事诉讼规则第 37 条规定的"在披露阶段不公开或不合作：制裁"。人们普遍认为，"法院应始终施加能够提供适当补救措施的最轻度制裁"。[58]人们还普遍认为，只有在最严重的情况下，缺席审判才是合理的。[59]不考虑管辖权，证明妨碍造成的损害也是巨大的：在 *Zubulake V* 案中，陪审团在裁定不利推论后支持原告，并判给她 2900 万美元的补偿性和惩罚性赔偿；在 *Morgan Stanley* 案中，陪审团判给 Coleman Holdings 公司 6.04 亿美元的赔偿金，在缺席审判后又判以 8.5 亿美元惩罚性损害赔偿（尽管该案被推翻，证明妨碍的裁定却未推翻）；在高通公司案中，法院认定高通公司的专利无效，并判高通公司支付被告博通公司（Broadcom）诉讼全过程的律师费和费用，金额合计约 850 万美元。

虽然对证明妨碍进行全面讨论超出本章范围，但为获得证明妨碍主张的胜诉，当事人必须证明以下内容：

■ 在数据丢失时存在证据保全义务；[48]

■ 数据丢失；

■ 负有责任；

■ 丢失的数据是相关的并造成损害，尽管证明存在损害的责任只有在过错低于严重失误或故意的某一标准时适用，具体取决于司法管辖区。

保全责任通常取决于当事人在数据丢失时是否会"预期诉讼"，而证明妨碍主张的其他因素往往需要通过司法鉴定来证明。例如，虽然可以根据确凿证据或通信系统对破坏信息定罪，却往往依赖于间接的司法证据。使用擦除工具和重装操作系统的行为可以作为故意破坏的有力司法证据，[49]而更细致的数据破坏形式才会导致制裁。例如，在 *Arista Records v. Tscbirbar* 案[50]中，司法鉴定在诉讼中确定碎片整理程序不是例行程序，而是关键时刻运行，随后法院裁定缺席判决。同样，在 *Minnesota Mining E Mfg. v. Pribyl* 案[51]中，上诉法院对被告在应移交笔记本电脑的前一晚下载 6G 字节音乐进而删除文件的行为，裁定不利推论。

过错程度对于是否承担证明关联性和损害的责任，以及哪方当事人承担该责任都至关重要。如前所述，在证明妨碍中，"如果数据丢失的性质如受其破坏影响的当事人所说的那样"，丢失的数据则是"关联"的。[52]多数法院对故意破坏不要求提供损害证据。[53]若破坏是失误导致的，寻求制裁的当事人一般必须证明损害。[54]在 *Pension Committee* 案中，法院判定因严重失误导致数据破坏，推定关联和损害。[55]至于什么构成失误，则依靠普通判例确定。然而在 *Pension Committee* 案中，Scheindlin 法官明确设定界限规则在纽约南区应用，包括：

■ 严重失误：未出具书面诉讼保全通知；

■ 失误：自主收集和核查；

■ 失误：未图形化（"所有步骤都需要"）；

■ 严重失误：任意电子邮件的丢失。

关联性和损害在需要时尤其难以证明。证明妨碍可以一定程度上通过其他来源得到弥补，损害也可以在一定程度上减轻。但在 *Harkabi v. SanDisk Corp.* 案中，尽管法院认为证明妨碍已通过其他来源基本成功得到弥补，但仍因证明妨碍导致延迟、缺少律师监督并且若非原告坚持不懈，则被告的证明妨碍行为将不会被披露的事实，下令对其制裁。[56]

弥补性来源通常包括备份磁盘、其他不可获取的数据存储、从复制有电子邮件的非保管人处收集数据和从第三方收集。如果弥补不彻底，有时可以通过其他电子邮件上下文推断电子邮件内容的方式来证明关联性和损害。[57]如果丢失大量的数据而不是部分电子邮件，就不太可能采用这种办法。在这种情况下，对电子邮件丢失的统计分析可以显示弥补不全导致的损失程度。一般通过比较诉讼前后电子邮件的行为和数量进行分析。但对其他类型数据的丢失，这种统计分析并不可行，需要更直接的丢失证据。

电子披露的最新趋势

考虑到如今披露过程中需要保全、搜索、核查和提交的数据量巨大，以及上述操作不符合规定会被施以严厉制裁，法律专业界、司法界、学术界和电子披露提供者正在寻求法律和技术手段，以解决费用增加、耗时延长和司法资源使用增多的问题。在过去几年中，出现了一些戏剧性趋势，可能会明显改变诉讼进程。

1. 合作

越来越多的法院要求当事双方在披露阶段进行合作。许多律师可能会惊讶地发现，披露过程不再是对抗过程的一部分，他们应该意识到这种合作不仅是法院提出的，而且是法律规定的。根据美国联邦民事诉讼规则和《塞多纳会议合作宣言》，部分法院认为电子披露是一项法律规定的"合作项目"。[60]

在 *Seroquel* 产品责任案中，法院裁定证明妨碍，不是因为电子存储信息丢失，而是因为 AstraZeneca 自主选择的托管人在提交过程中"有目的地行动迟缓"。[61] 在对披露滥用的制裁中，法院指出："双方就［关联数据库的确认和提交］问题表现出的装模作样和小题大做，明显背离妥善处理案件所需的专业精神。"[62] 法院还指出 AstraZeneca 未能使当事双方及个人间进行沟通以用技术手段解决这些问题，实属"对美国联邦民事诉讼规则第 26 条规定难以理解的违背"。[63]

总之，虽然强制合作会让许多经验丰富的律师感到意外，但这有助于律师认真思考对方律师的要求，及时进行回应，并为证实己方的法律和技术主张做好准备。

2. 高级搜索和核查方法

法院也开始明确质疑传统的布尔关键字搜索的可靠性。[64] 在 2008 年开始的三大著名判决中，法院认定技术和语言的复杂性与准确过滤大量的数据有关，要求当事双方保证其所选检索方法的可靠性。[65] 更准确地说，如 Grimm 法官在 *Victor Stanley* 案中所指出的：

> 虽然关键字搜索长期以来被认为适合且有助于电子存储信息搜索和检索，但是与其相关的局限性和风险是众所周知的，正确选择和实施很明显即使不涉及科学知识，也涉及技术知识。[66]

为此，电子披露提供者和企业客户正努力开发和使用新技术，并采用抽样方法，以一种可靠性强、成本效益好的方式自动进行搜索和核查。[67]

3. 比例原则

在审理 *Pension Committee* 案的法院制定界限规则帮助当事人应对电子披露

棘手问题的同时，其他法院承认美国联邦民事诉讼规则的"比例原则"要求。尤其是，第 26 条（b）中包含比例原则，法院应根据该原则对下列情形限制披露的方法和范围：①披露的来源是累积或重复的或者可以从更方便、负担更少或费用更低的来源获得；②寻求披露的当事人已有充足的机会获得信息；或者③披露的负担或费用超过其带来的好处，包括案件需要、争议金额、双方当事人的资源、事件的重要性及为解决这些问题提出披露的重要性。[68]

因此，"案件中保全或披露的行为是否可接受，取决于什么是合理的，而这又取决于那些已做的或未做的是否适合该案，是否与明确制定的适用标准一致"。[69]相对而言，成熟的大公司预计会积极履行其义务，一定程度上与它们所拥有的诉讼经验和资源相符。[70]

4. 对律师的制裁

法院不仅对当事人越来越愿意实施证明妨碍制裁，对他们的律师未能积极监控保全过程也是如此。如前所述，在电子披露阶段描述律师作用的重大案件中，审理 *Zubulake* 案的法院作出这样的解释，律师的职责不以发出诉讼通知为结束标志。[71]Scheindlin 法官甚至提出如下警告：

> 仅向所有雇员发出诉讼保全的通知，并期望当事人随后保留和提交所有的关联信息是不够的。律师必须采取积极措施，监控所有有效信息源的确认和搜索。[72]

必须合理地设计这些步骤，以保证确认和保全所有关联信息的来源。[73]

而且，第 26 条（g）要求律师保证答复披露的完整性和准确性。[74]顾问委员会进一步指出："如果律师在没有充足理由的情况下作出错误证明，法院必须对律师、当事人或两者进行制裁。"[75]律师还负有补充回复的责任，并一直负有定期再次核查所有质疑和详细检查所有新信息的责任。[76]

法院也越来越不容忍律师的指责和抱怨，尤其在技术问题方面。如前所述，律师有责任了解产生披露的 IT 基础架构和为其决定提供实质论据，必要时这些决定由技术专家和适当的 IT 证人提供支持。在这方面，2008 年 *Qualcomm Inc. v. Broadcom Corp.* 案[77]的判决令人印象深刻。

虽然对外部律师的制裁最终被推翻，因为法院发现他们没有恶意行事，但 *Qualcomm* 案判决因对律师实施了严厉制裁，宣判时在法律界引起广泛议论。虽然判例法中有很多当事人因电子披露滥用和证明妨碍而遭受严厉制裁的案例，[78]但直到 *Qualcomm* 案判决为止，对律师进行制裁似乎只是一种威胁。

Qualcomm 案中的基本诉讼涉及高通公司对博通公司专利侵权的指控。该案件的关键问题在于高通公司是否在 2002 年和 2003 年加入一个视频编码标准

设定机构（联合视频编码组，JVT）。尽管事实上无论是内部律师还是外部律师，都未搜查过宣誓作证的公司证人的计算机，高通公司仍通过证人一再表示高通公司在这一期限内未加入 JVT。

但是，在审判准备阶段，高通公司的一位律师发现了一封 2002 年发给高通证人的电子邮件，在关联时间段内建议在一定程度地加入 JVT。随后对该证人的电脑进行搜查，显示从 2002 年开始的 21 封电子邮件未在披露程序中提交。尽管如此，高通公司诉讼团队既没有提交这些电子邮件，也没有搜索其他关联电子邮件。事实上，高通公司的一名律师还向法院宣称没有这样的电子邮件。在盘问过程中，该证人接受提问时承认 2002 年接收过 JVT 有关的电子邮件。高通公司随后提交了这 21 封电子邮件。

2007 年 1 月 26 日，陪审团一致同意博通公司在基本专利侵权案中胜诉。判决之后，高通公司搜查 21 名员工的电子邮件档案，发现有超过 46000 份答复文件在披露过程中未提交。博通公司随后要求制裁，包括承担律师费。

地区法院认为高通公司的"律师参与有组织的诉讼安排，包括在披露阶段、审判阶段和新律师 2007 年 4 月 27 日接管该案之前的审判后阶段存在不当行为和隐瞒"，裁定博通公司获得超过 800 万美元的律师费赔偿金，并将高通公司律师团队中的 6 人提交加利福尼亚州律师协会接受制裁。

尽管发回重审时法院的确注意到"难以置信的沟通障碍"和未妥善监督该过程，但仍拒绝制裁外部律师。由于高通公司员工"难以置信地缺乏能力"，法院裁定外部律师没有"恶意"行为。

最近，在 *Green v. McClendona* 案[79]中，法院认定被告及律师因重装操作系统而存在过失。这导致硬盘数据擦除和关联证据破坏，未能在该过程的早期提交关联文件。法庭裁定被告及其辩护律师共同承担诉讼费和律师费。

总之，最近的案件清楚显示，律师最终可能亲自负责，确保他们的客户如实、准确地履行电子披露义务，因而建议监测和审核电子披露过程的有关决策。

诉讼中的知识产权保护

许多公司都关注到回复电子披露请求的文件是高度机密的，特别是在知识产权方面。有几种机制广为法院和律师所使用，以在诉讼中保护这些信息的机密性。例如，当事人之间的保密协议和在提交过程中"仅律师可见"的表述是司空见惯的。另外，鼓励当事人起草并从法院获得保护令。

从技术和方法的角度看，可以在核查过程中限制访问敏感文件，如确保电脑不连接互联网。实际上，在线核查平台越来越多地用于根据访问证书隔离文

21 世纪企业知识产权运营

件，使多人在不同访问控制下核查文件。

此外，第三方供应商经常被当作敏感文件的中间人或代管人，并在有质疑的情况下协助进行不公开审查（in camera view）●。电子服务供应商经常在"反向取证"情形中发挥关键作用，这在知识产权方面经常发生。

第34条（a）对反向取证作出如下规定：

一方当事人可以向另一方送达提交请求，允许请求方或其代理人在应诉方占有、监管或控制下，检查、复制、测试或取样下列项目。

以任何媒体形式存储的任何指定文件或电子存储信息，信息可从该媒体直接获得，或者必要时由应诉方转换成合理可用的格式后获得。[80]

第34条（a）不产生"直接访问当事人电子信息系统的常规权利，尽管在某些情况下这种访问可能是正当的"。[81]当事人寻求反向取证命令时通常要提供一些证据，表明对方当事人在披露过程中的陈述存在误导或不准确。[82]

一般情况下，裁定反向取证的案件中：①应诉方的披露回复存在差异或不一致，证明当事方允许专家创建并检查硬盘镜像的请求是合理的；或者②所提及的电脑被用于犯所涉及的错误。[83]盗窃商业秘密或其他知识产权常常需要中立专家对在公司基础框架中传播被盗信息进行分析。[84]

在 *Quotient Inc. v. Toon* 案[85]中，即使没有隐瞒或破坏数据的指控，法院也会指派一名专家在涉及盗窃商业秘密的合同事项中对被告电脑进行镜像处理。根据塞多纳原则（The Sedona Principles），法院认定仅被告使用电脑的正常程序，不考虑其意图和动机，就已存在"实质的可能性使当事人不能获取"关联数据。法院还进一步指出，"关联证据的非故意破坏应以最轻微侵入的方式加以制止，且请求方愿意承担该过程的全部费用"。[86]

一般情况下，反向取证命令由中立方或请求方专家作为电脑取证专家对目标电脑和可移动媒体进行镜像处理，并根据需要保全服务器数据和其他证据。通常，法院下发协议要求专家签署保密令，并赋予提交方先行核查的权利。该核查确保特许权等机密信息在可披露的电子存储数据提供给回复方之前受到保护。为此，任何关于特许权或机密表述的质疑都可以进行法庭辩论和不公开审查。

信息管理

最后，本章以电子披露过程的起点——信息管理结束。几乎所有与电子披

● in camera review：法官在私人办公室内对机密的文件或可能具有机密性质的文件进行审查，以决定文件是否具有机密性，不对外界公开。——译者注

露过程有关的问题，从为确定关联信息源到为避免证明妨碍质疑而搜索大量数据，通过全面及时的信息管理操作至少可以部分避免。内部律师应与 IT 部门、外部供应商、人力资源部门和业务部门合作，为不可避免的诉讼制定计划和做好准备。无论出于业务目的，还是法律授权，机构必须保存正常业务过程的记录。这些记录应以易于识别、访问和查询的方式确认、组织和存储。市场上有许多解决方案，包括集中文档存储和归档、贴标签和作标记，以及转库搜索。

通常，比智能架构和存储必要信息更重要的是，删除那些不太可能出于业务或历史目的而需要的数据，原因可能是时间、内容，也可能只是复制到多个其他位置。例如，如果旧电子邮件被保存在归档服务器上，一般不鼓励员工将其归档到本地硬盘。除法律规定外，灾难恢复所需的备份磁盘不必保存多年。出于安全和管理的考虑，数据应在必要条件下可访问，并且应实施电脑使用策略和技术解决方案，以防止敏感数据被复制到外部存储设备、家用电脑和个人电子邮件账户，或通过这些方式复制。

越来越多的公司采取积极措施限制数据的体量和复制，尤其是电子邮件通信。其中一些措施涉及技术解决方案，如实施邮箱容量或年限限制，以及使用自动删除来执行这些策略。公司还限制 U 盘和其他存储介质的使用，以防止数据的传播和敏感信息的潜在泄露。其他公司还采用主动教育策略，包括对电子邮件的使用和语言进行定期培训，进行抽查以使员工清楚认识通信的性质。

特别是关于知识产权，公司应与外部知识产权律师商讨，了解何种信息是证明或反驳知识产权权利要求所需要的。例如在商业秘密诉讼中，商业秘密所有者对概念、流程或其他敏感信息进行保密，任何显示保密程度的文件都是关联的。这些材料包括的文件和日志，与"必要条件"的访问限制、劳动合同、电子邮件、涉及顶尖/核心业务的公共信息有关。商业秘密也必须具有与其保密相关的价值。因而，任何关于竞争或市场的财务预测或讨论都可能是相关的，应予以保留。

同样，是否采取措施保护版权，可能与版权质疑的发起或防卫有关，如 *Viacom v. YouTube* 案中的情形。专利案件高度取决于发明是如何和何时创造的。因此，例如对构思的系统记录和讨论都可能是非常相关的。然而，如 *Micron* 案中所指出的那样，在不起诉的情况下，从诉讼档案中删除"所有不属于官方记录的材料"是很常见的做法。

总之，企业应该将其保留内容限制在开展业务、保护关键资产、迎接挑战捍卫权利所需的项目上。为达到依靠电子通信开展业务的程度，应教授员工良好的电子邮件管理操作方式，并告诫他们电子邮件和包括上网习惯在内的其他记录不属于个人，在诉讼中会受到严密审查。企业应意识到，要花费大量的人力物力收集、搜索和核查大量数据，而其中大部分很可能已在日常业务中被随意丢弃。

结　论

　　电子披露是诉讼过程中耗时长、花费多的部分，而管理不善往往会给当事人及其律师带来灾难性的后果。因此，适宜的做法是，即使当事人和律师来自不同的专业领域，所有人都应及时掌握法律和技术日新月异的变化。尤其在预期的诉讼之前，当事人应认真研究电子披露的行动计划并制定周密的数据管理流程。

注　释

　　1. 管制行业，如医疗和金融机构，需要在特定时间段内保留特定类型的数据。在本章中使用保全术语是指非管制和管制行业在诉讼背景下保留数据的义务。

　　2. *Zubulake v. UBS Warburg LLC*，220 F. R. D. 212, 216（S. D. N. Y. 2003）（"Zubulake IV"，另见 Fed. R. Civ. P. 37（f），Fed. R. Civ. P. 37（f）的顾问委员会记录。

　　3. *Winters v. Textron. Inc.*，187 F. R. D. 518（M. D. Pa. 1999）。

　　4. *Micron Technologies v. Rambus*，2009 WL 54887（D. Del. 2009）。

　　5. *Hynix Semiconductor Inc. v. Rambus, Inc.*，591 F. Supp. 2d 1038, 1061（N. D. Cal. 2006）。

　　6. *Rambus Inc. v. Infineon Technologies AG*，222 F. R. D.（E. D. Va. 2004）。

　　7. *Hynix Semiconductor Inc. v. Rambus Inc.*，591 F. Supp. 2d 1038, 1061（N. D. Cal. 2006）。

　　8. 另见 *Mosaid Technologies Inc. v. Samsung Electronics Co.*，348 F. Supp. 2d 332, 335（D. N. J. 2004）。

　　9. 2009 WL 910801（D. Utah 2009）.

　　10. 同上。

　　11. Fed. R. Civ. P. 26（b）.

　　12. Fed. R. Evid. 401（"相关"信息是指具有"使存在的事实或结果或多或少决定行动的倾向"）。

　　13. *Pension Committee of the University of Montreal Pension Plan, et al. v. Banc of America Securities, LLC*，2010 WL. 184312 at ＊5（S. D. N. Y. 2010）.

　　14. *PSEG Power NY, Inc. v. Alberid Constructors, Inc.*，2007 WL 2687670（N. D. N. Y.

Sept. 7，2007）（电子邮件和附件）；*Flagg v. City of Detroit*，2008 WL 787061（E. D. Mich.，Mar. 20，2008）（文本消息）。

15. 245 F. R. D. 443（C. D. Cal，2007. 08. 24）。

16. Nos. 07 – Civ – 2103（LLS），07 – Civ – 3582（LLS）。

17. 参见例如 *Williams v. Sprint/United Mgmt Co.*，230 F. R. D. 640（D. Kan. 2005）。

18. *Ameriwood Ind.，Inc v. Liberman*，2006 WL 3835391（E. D. Mo.，Dec. 27，2006）（"人们普遍认为删除的计算机文件是可披露的"），另见 *Gates Rubber Co. v. Bando Chemical Indus. Ltd.*，167 F. R. D. 90（D. Col. 1996）（认为应该对整个计算机驱动器进行镜像以保全所有可恢复的数据）。

19. *Zubulake v. UBS Warburg LLC*，229 F. R. D 422（S. D. N. Y. 2004）（律师有义务了解技术环境并确保遵守披露义务）。

20. 参见 *Harkabi v. SanDisk Corp.*，2010 WL 3377388（S. D. N. Y. 2010）（在确定过错时，法院注意到，在收集过程的"关键时刻明显缺少"内部律师）。

21. *Zubulake v. UBS Warburg*，220 F. R. D. 212（"*Zubulake IV*"）（S. D. N. Y. 2003）。

22. *Mosaid Technologies inc. v. Samsung Electronics Co.*，348 F. Supp. 2d 332，335（D. N. J. 2004）。

23. *Pension Committee of the University of Montreal Pension Plan，et al. v. Banc of America Securities LLC*，2010 WL 184312 at ∗3（S. D. N. Y. 2010）。

24. 参见 *Adorno v. Port Auth. Of NY & NJ*，258 F. R. D. 217，228 – 29（S. D. N. Y. 2009）（认为被告只在设立有限诉讼的某种形式方面存在疏忽）。

25. 同上。

26. *Pension Committee*，在 ∗3 部分。

27. 同上。

28. 同上，在 ∗10 部分。

29. 同上。

30. 同上。

31. 同上。

32. 参见 *Harkabi v. SanDisk Corp.*，2010 WL 3377388（S. D. N. Y. 2010）（在确定过错时，法院注意到，在收集过程的"关键时刻明显缺少"内部律师）。

33. Fed R. Civ. P. 26（b）.

34. Fed R. Civ. P. 26（b）的顾问委员会记录（着重添加）。

35. Fed R. Civ. P. 37（f）的顾问委员会记录（着重添加）。

36. *Zubulake v. UBS Warburg LLC*，217 F. R. D. 309，318（S. D. N. Y. 2003）（"*Zubulake I*"）（认为备份磁带不可访问）。

37. 比较例如 *Ameriwood Industres，Inc. v. Liberman*（E. D. Mo. 2006）（认为镜像硬盘和恢复删除的数据构成"不当负担和成本"，其中被告是个人，且提交描述费用的宣誓书）与 *Mikron Ind，Inc. v. Hurd Windows & Doors*（W. D. Wash.，Apr. 21，2008）（硬盘驱动器

和主动电子邮件服务器被假定为"可合理获取"的电子存储信息)。

38. *Kelly v. Montgomery Lynch & Assoc.*，2007 WL4412572（N. D. Ohio，Dec. 13，2007）。

39. *City of Seattle v. Prof'l Basketball Club*，2008 WL539809（W. D. Wash.，Feb. 25，2008）；另见 *Auto Club Family Ins. Co. v. Ahner*，2007 WL2480322（E. D. La.，Aug. 29，2007）（仅是律师的陈述不足以证明请求的电子存储信息不能合理获取）。

40. 比较 *Bank of Amer. Corp v. SR Int'l Bus. Ins. Co.*（N. C. Super. 2006）（在专家称这样的恢复将花费 1400 万美元后，法院拒绝从非当事人持有的 400 个备份磁带强迫生成删除的电子邮件）与 *Analog Devices Inc. v. Micbalsl*（N. N. Super. 2006）（得知披露成本是未知的，法院命令从原告持有的 400 多份备份磁带中生成电子邮件，并由当事人双方分摊成本）。

41. 参见：Fed R. Civ. Proc. 26（b）（2）（C）（iii）；*Zubulake v. UBS Warburg LLC*，217 F. R. D. 309（S. D. N. Y. 2003）（"*Zubulake I*"）。

42. 参见 *Quinby v. WestLB*（S. D. N. Y. Sept. 5，2006）（尽管认为生成方不具有以可获得的形式保全证据的义务，然而法院拒绝转移生成不可获取数据的成本，因为被告在合理预期诉讼之后将数据转换为不可获取格式）；*Farmers Ins. Co. v. Peterson*，81 P. 3d 659（Okla. 2003）（"不能独自片面决定如何存储信息，是将可披露事务置于披露范围之外的充分理由"）。

43. 参见例如 *Coleman（Parent）Holdings, Inc. v. Morgan Stanley & Co.*，2005 WL679071（Fla. Cir. Ct.）。

44. 参见 *Mosaid Technologies v. Samsung Electronics*（D. N. J. Sept. 2004）（在一个专利案件中，法院发现当事人因未关闭电子邮件自动删除存在疏忽与偏见，批准不利推论制裁）。

45. *Kounelis v. Sherrer*，529 F. Supp. 2d 503，519（D. N. J. 2008）（引用 *Mosaid Tech. Inc. v. Samsung Elec., Co.*，348 F. Supp. 2d 332，335 D. N. J. 2004）。

46. 参见 *Monsanto. Co v. Ralph*，382 F. 3d 1374，1380（Fed. Cir. 2004）（在专利案件中，对证明妨碍的强制性制裁由区巡回法院管制）。

47. 参见 *Rimkus Consulting Group Inc. v. Cammarata*，688 F. Supp. 2d. 598，614（S. D. Tex. Feb. 19，2010）。

48. *Kounelis v. Sherrer*，529 F. Supp. 2d 503 at 518 - 19（当一方故意或疏忽违反其保全潜在可披露证据的义务时发生证明妨碍，在没有这种义务的情况下不会发生）。

49. 参见例如：*AdvantaCare Health Partners, LP v. Access IV, Inc.*，2005 WL 1398641（N. D. Cal.，June 14，2005）；*Anderson v. Crossroads Capital Partners*，2004 WL 256512（D Minn.，Feb. 12，2004）。

50. 2006 WL2728927（W. D. Tex.，Aug. 23，2006）。

51. 259 F. 3d 587（7th Cir. 2001）。

52. *Pension Committee*，在 *5 部分。

53. 参见例如 *Micron v. Rambus*，2009 WL 5488（D. Del. 2009）（证据被故意破坏的情况下以低负担证明损害）；*Arista Records, Inc. v. Sakfield Holding Co SL*，314 F. Supp. 2d 27

（D. D. C. 2004）（在著作权侵权案中，法院认为"证据的破坏提出披露材料会造成损害的假定"）；但参见 *Condrey v. SunTrust Bank of Ga*，431 F. 3d 191，203 & n. 8（5th Cir. 2005）（即使显示出恶意，不利推论指令也不适用于无法表明丢失数据是相关的情况）。

54. *Zubulake IV*.

55. 同上，在 ＊5 部分。

56. Harkabi，2010WL3377388（S. D. N. Y. Aug. 23，2010）。

57. 参见例如 *Zubulake V*。

58. *Pension Committee*，在 ＊6 部分。

59. 同上。

60. *In re Seroquel Products Liability Litigation*，2007 U. S. Dist. LEXIS 61287（M. D. Fla.，2007. 08. 21）（"确认相关记录和制定记录生成的技术方法要协同操作，而不是相互对抗"）*Mancia v. Mayflower Textile Servs. Co.*，Civ. No. 1：08 − CV − 00237 − CCB（D. Md. Oct. 15，2008）（J. Grimm）；*Qualcomm Inc. v. Broadcom Corp.*，2008 WL 66932（S. D. Cal. Jan. 7，2008），部分被取消，*Qualcomm，Inc. v. Broadcom Corp.*，2008 WI 638108（S. D. Cal. Mar. 5，2008）（对于目前能在电子时代发挥作用的"诚信"披露系统，律师和客户必须共同努力，以确保双方都了解电子文件、记录和电子邮件是如何和在何处被维护的，并确定如何最好地定位、核查和生成回复文件）。另见 *The Sedona Principles*，*Second Editon*：*Best Practices*，*Recommendations &Principles for Addressing Electronic Document Discover*，Principle 3（塞多纳会议工作组系列，2007）。

61. *In re Seroquel Products Liability Litigation*，2007 U. S. Dist. LEXIS 61287 at XX.

62. 同上。

63. 同上。

64. 在 1985 年的一项研究中，首次对法律环境中使用传统布尔搜索的可靠性的关注提出质疑，无论是过检索还是欠检索。在该试验中，律师及其助手被要求采用关键词搜索大约 40000 份与事故相关的材料。虽然律师估计他们已经使用这种传统的搜索方法发现了大约 75% 的相关文件，研究表明他们的关键字搜索事实上只识别了文档样本中相关材料的 20%。参见：BLAIR D C，MARON M E. An Evaluation of Retrieval of Effectiveness for a Full − Text Document. Retrieval System［J］. Communications of the ACM，1985，28（3）：289. 最近，这项研究已经由 TREC Legal Track 进行，部分由美国国家标准与技术研究所（NIST）资助，以评估在电子披露背景下的搜索方法论。

65. *William A. Gross Construction v. American Manufacturers Mutual Insurance Co.*，256 F. R. D. at 134（S. D. N. Y. 2009）；*Victor Stanley Inc. v. Creative Pipe，Inc.*，250 F. R. D. 251，260，262（D. Md. May 29，2008）；*United States v. O260，2*，537 F. Supp. 2d 14，24（D. D. C. 2008）.

66. *Victor Stanley*，250 F. R. D. at 19。另见 *William A. Gross Construction*，256 F. R. D. 第 134 部分（"该判定警示该地区律师在设计用于生成电子邮件或其他电子存储信息的搜索词或关键字方面要仔细考虑、质量控制、测试，以及与对方律师合作"）。

67. 法官 Facciola 和 Jonathan Redgrave 提出突破性新模式，为诉讼各方保留特权要求，而不必执行逐个文件审查和记录。参见：JOHN H，FACCIOLA M，REDGRAVE J M. Asserting and Challenging Privilege Claims in Modern Litigation：The facciola‐redgrave Framework［J］. The Federal Courts Law Review，2009，4（1）（November，2009）（以下称为"Facciola‐Redgrave Framework"）。

68. Fed. R. Ciy. Proc. 26（b）（2）（C）.

69. *Rimkus v. Cammarata*，07‐cv‐00405（S. D. Tex.，Feb. 19，2010），J. Rosenthal.

70. 参见 *Magana v. Hyundai Motor*，167 W. 2d 570（Wash. Sup. Ct. 2009）（法院对蓄意和故意披露违规行为进行 800 万美元的违约判决，部分原因是 Hyundai 公司没有维持足够的文件检索系统来回复披露请求）。

71. *Zubulake v. UBS Warburg LLC*，229 F. R. D. 422（S. D. N. Y. 2004）.

72. 同上。

73. 同上。

74. Fed. R. Civ. Proc. 26（g）（1）.

75. Fed. R. Civ. Proc. 26（g）的顾问委员会记录。

76. Fed. R. Civ. Proc. 26（e）和 Fed. R. Civ. Proc. 26（e）1966 年的顾问委员会记录。

77. 2008 WL 66932（S. D. Cal.，Jan 7. 2008），部分被取消；*Qualcomm，Inc. v. Broadcom Corp.*，2008 WL 638108（S. D. Cal.，March 5，2008）。

78. 参见例如：*Coleman（Parent）Holdings，Inc. v. Morgan Stanley & Co.，Inc.*，2005 WL 679071（Fla. Cir. Ct. 2005）；*Mosaid Technologies，Inc. v. Samsung Electronics Co.，Ltd.*，2004 U. S. Dist. LEXIS 23596（D. N. J. July 7，2004）；*Zubulake v. UBS Warburg*，2004 WL 1620866（S. D. N. Y. July 20，2004）。

79. 2009 WL 2496275（S. D. N. Y. Aug. 13，2009）.

80. Fed. R. Civ. Proc. 34（a）.

81. 美国联邦民事诉讼规则第 34 条的顾问委员会记录。参见 *Calyon v. Mizuho Securities USA，Inc.*，2007 WL 1468889（S. D. N. Y. May 19，2007）（发现直接访问"不正当"）。

82. *Williams v. Mass. Mut. Life Ins. Co.*，226 FRD 144（D. Mass. 2005）. *Scotts Co. LLC v. Liberty Mut. Ins. Co.*，2007 WL 1723509（S. D. Ohio，June 12，2007）（仅仅怀疑当事人隐瞒可披露信息不足以支持不利检查）。

83. *Ameriwood Industries，Inc. v. Liberman*，2006 WL 3825291（E. D. Mo.，Dec. 27，2006）.

84. *Cenveo Corp. v. Slater*，2007 WL 442387（E. D. Pa.，Jan. 31，2007）（由于"原告的要求与被告的计算机设备关系密切"，尽管被告愿意自己进行检查和生成，仍然允许在滥用案件中对前雇员的硬盘驱动器进行检查"）；*Experian Info. Solutions，Inc. v. I‐Centrix，LLC*（N. D. Ill. 2005）（在侵吞案件中，法院命令"独立的专家"对镜像驱动的比特流拷贝并审查与原告披露请求相关的上下文信息和元数据）。

85. 2005 WL 4006493（Md. Cir. Ct. Dec. 23，2005）.

86. 同上，在 * 3 部分。参见例如 *Keithley v. The Home Store. com*, *Inc.*, 2008 U. S. Dist. LEXIS 61741（N. D. Ca. 2008）（认为解雇是故意的；不利指令不需要恶意；迟来的服从不排除会受到制裁）。

第三章
控制专利成本

约翰·理查兹

现在比以往任何时候都更需要确保创建和维护专利布局的经济价值，不仅因为预算减少或停滞不前，而且因为需要考虑的国家数目正在增加。除了传统的北美自由贸易协定国家如日本、欧洲专利局（EPO）和韩国，如今谁也无法承担忽视巴西、俄罗斯、印度和中国（"金砖四国"）所存在的潜在风险。

实现这一目标的关键步骤具体如下：

（1）清楚地认识到注意力要集中在富有成效的目标上；

（2）提前准备适当费用；

（3）避免重复劳动；

（4）目标无法实现又无其他理由继续时，果断削减成本。

本章仅讨论如何实施这些步骤，不涉及专利诉讼的费用。尽管这也是需要考虑的因素，但由于人们不必真正起诉就可以从一项专利获得利益，因此这些费用通常属于立案起诉阶段的次要因素。

明确目标

需要尽早评估专利保护的潜在利益。[1]并非每一项发明都具有许可或交叉许可的潜力，也不是每一项受专利保护的发明都是平等的。人们尽最大努力争取尽可能宽的权利要求保护范围。在其他情况下，具体实施例所限定相对窄的权利要求范围对于实现申请人的目标是必需的，例如，当申请人已经有相关发明的专利保护时。需要在早期就研究、财务和市场管理进行适当评估，以便作出这样的决定。

在进行这种评估时，应当牢记专利的主要价值是排除他人使用专利保护的技术。作为必然结果，这赋予权利人许可他人使用专利技术并向他们收取使用费的权利。在这两种情况下，为达到预期的控制程度，明确需要专利保护的实际活动是很重要的。这并不意味必须使计划售出的产品的每个特征都获得专利保护。如果产品中有一个关键特征是不可或缺的，保证这一特征获得专利保护就足够了。但在决定这样做之前，稳妥的做法是先向专家咨询在任何给定国家最可能获得什么样的保护。要获得宽泛的保护，一些司法管辖区的要求比其他地区更详细。因而在早期阶段，对关注的国家作出初步决定也是有帮助的。

在某些情况下，人们可能会寻求专利保护，目的不是保护自己的投资，而是为交叉许可交易提供谈判筹码。在这种情况下可以进行类似分析，但人们要找出竞争对手产品中存在的关键因素。

大学和非营利的研究组织可能要注意其他因素，例如，需要通过确保某领域的专利保护在该领域建立声誉，以及建立可获许可的投资组合。

在其他情况下，寻求在某国家保护发明的动力与其说是为了排除他人使用的合法权利，不如说是出于其他因素考虑。例如，市场营销方面希望有锚定专有技术的法定知识产权或咨询协议。在某些情况下，诸如实用新型、外观设计甚至版权保护等更为廉价的保护形式就足够了。

适当评估这些因素也将有助于确定在提交申请前是否需要额外的实验工作。在许多国家，化学和生化领域的保护范围取决于申请中记载的实验数据，人们可以振振有词地说类似内容发挥作用的方式与人们在专利中举例说明的内容发挥作用的方式相同。如果权利要求保护范围宽泛，申请会因未进行充分的实验论证而不被允许或完善。在原始实验的基础上仅提出保护范围窄的申请，然后在得到进一步实验结果时提出扩大保护范围的后续申请，如果只对像美国和日本这样防止"自我冲突"的国家感兴趣，那么这不失为一种可行的选择。然而，如果考虑包括欧洲或中国在内的国家或地区，这没有帮助，因为如果可引用在先申请使得后续申请无效，缺少防止"自我冲突"的保护会妨碍后续申请。因此，这种做法可能会浪费金钱。

如前所述，某些情况下保护范围窄的权利要求与保护范围宽的权利要求具有相同的价值。这时可能就不需要进一步的实验工作。在任何情况下，无论是否考虑额外的实验工作，最好尽快评估所需要的权利要求的保护范围。遗憾的是，在专利保护方面，人们往往愿意花费大量财力追求更宽泛的保护范围，尽管实际上窄的保护范围就已符合要求且花费成本更低。尽早确定所需的保护范围是必要的，因为这将影响到申请的撰写方式。

另一情况是人们可能希望推迟递交申请直至实验完成，因为发明是否具有授权前景取决于其相对于现有技术所具有的优势。多数国家允许随后通过对比数据证明这一点。但是，也有一些国家尤其是日本，在专利申请时就将这些信息记载在申请文件中。这是由于日本实践中非常强调克服显而易见性缺陷，递交申请时就提供这些信息可大大简化以后的起诉。而且，申请人必须能够向日本审查员表明提出的申请已经解决相关技术问题。在没有对比数据时，做到这一点有时存在困难，特别是生化领域。

决定申请地域

专利申请决定的作出取决于发明性质、竞争地点、产品市场，也可能取决于在哪里生产产品。如果在所在国家有自然垄断地位，那么在该地区进行专利保护的需求少于试图进入市场的需求。所有这些都需要在早期阶段有清晰的认识。

在考虑专利申请的地域时，首要考虑的总是竞争者和潜在竞争者的地域分布。

决定申请什么和在哪里申请是成本控制的一个关键因素。如果要在目标国家获得专利，图 3.1 所示决策树列出了一些需要考虑的因素。如果担心根据某国法律特定的发明能否获得专利，则需要额外考虑其他因素，例如，商业方法和软件相关的发明在美国、澳大利亚和日本比在欧洲专利局或中国更容易获得专利。

图 3.1 中所示的决策树可能有助于确定发明专利申请时需要评估的问题。工艺发明的评估内容是相似的，但也需要考虑他人专利侵权的难易问题。在德国和日本等没有有效手段进行侵权判断的国家，这是很困难的。

还需要考虑且更难以量化的因素，是该国专利制度的整体状况，包括诸如审查质量和效率、法院的公正性及其对专利的态度，以及一些无形因素。遗憾的是，随着时间的推移这些因素会发生变化，因此，当专利在审查周期长的国家或专利需要被强制实施时，情况会如何变化是很难预测的。

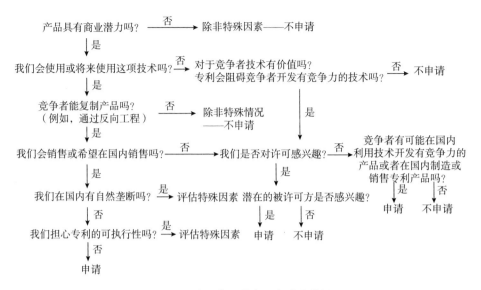

图 3.1　产品专利的专利申请决策树

来源：Ladas & Parry LLP.（所有权利保留）

　　然而，付出能带来什么回报总是值得期待的。根据表3.1列出的信息，普遍情况下可以帮助决定在何处提交申请。该表提供了二十国集团（G20）和一些其他经常申请专利的国家的相关信息。从该信息中演绎出两个需要注意的普遍因素：①以国内生产总值（GDP）衡量国家的经济规模；和②以提交的美国申请数量衡量国家的创新能力。在该国没有遇到严重诉讼困难的前提下，我们还将获得专利权并维持 20 年所需的有效总成本估计与 GDP 进行比较。通过比较，我们得到了一个比率，该比率可显示出那些以最低成本提供最大经济保护的国家（比例越高，货币价值越高）。美国的提交数据为预测哪些国家未来可能成为竞争对手提供了依据，因而也希望在那些国家获得专利保护。[2]

表 3.1　提交美国申请的数据

国家或地区	2009 年 GDP/亿美元	在美国申请专利数量/件	大概总成本/亿美元	比率（GDP：成本）
阿根廷	3070	146	185	16.6
澳大利亚	9240	3699	270	34.2
巴西	15940	464	315	50.6
加拿大	13360	10309	210	63.6
智利	1630	66	105	15.5

国家或地区	2009 年 GDP/亿美元	在美国申请专利数量/件	大概总成本/亿美元	比率（GDP：成本）
中国	49850	6879	275	181.3
法国	26490	9311	270	98.1
德国	33300	25163	390	85.4
印度	13770	3110	170	81
印度尼西亚	5400	18	285	18.9
以色列	1950	4727	135	14.4
意大利	21120	3940	290	72.8
日本	50680	81982	345	146.9
韩国	8320	23950	315	26.4
墨西哥	8740	220	180	48.5
荷兰	7920	4203	345	23
俄罗斯	12310	552	255	48.3
沙特阿拉伯	3750	147	490	7.6
新加坡	1820	1225	200	9.1
南非	2850	318	120	23.7
西班牙	14600	1162	270	54.1
瑞典	4060	3515	285	14.2
瑞士	4920	3508	245	20.1
土耳其	6140	85	330	18.6
英国	21740	10568	230	94.5
美国	141190	224912	250	564.8
欧盟	163780	67578		

延误成本

在本国提交一个"临时性"申请作为控制手段，在国外递交申请时再进行评估。然而，即便临时性申请也要求使用在其他区域有效应用的办法，既然要让临时申请满足适于"日期持有"的目的，就必须充分描述该发明，为日后要求优先权提供依据。[3]另一方面，如果发明仍继续改进，用临时申请可让申请人确保一个较早的申请日，同时避免需要一年以后确定申请的最终形式，从而允许包含随后的改进而不必单独提交申请。[4]但这需要涉及的专利代理人密切关注改进情况，以确保没有任何遗漏。在适当情况下，可基于不同临时申请组合提交国外申请，只要后续的国家申请或指定感兴趣国家的《专利合作条约》（PCT）申请在提交首次申请后的一年内提交即可。[5]

保护替代手段

值得注意的是，在评估递交申请的内容和区域时，在一些国家可以通过实用新型、注册外观设计或版权保护来获得部分类型发明的低成本保护。此外，在许多国家，这些类型的保护创造性要求比专利低，审查也更简单。但应注意，包括加拿大、英国和美国在内的一些国家不提供实用新型专利保护。表3.2列出了可获得实用新型专利保护的国家。

表 3.2 提供实用新型专利保护的国家

国家	新颖性要求	保护主题	期限
安第斯共同体（哥伦比亚、厄瓜多尔、秘鲁）	同发明专利	装置、工具、器具、机构或其他物体及部件等	10 年
澳大利亚	同发明专利	同发明专利	8 年
奥地利	6 个月宽限期	产品、设备、机械、工艺和程序逻辑、动物治疗	10 年
比利时	同发明专利	同发明专利	6 年
巴西	同发明专利	工具、加工仪器、器具等	10 年
保加利亚	同发明专利	产品、工具、设备等的形状等	10 年
智利	同发明专利	仪器、设备、工具、零部件	10 年
中国	同发明专利	产品的形状或结构	10 年
捷克共和国	本人出版物6个月宽限期	包括化学品的所有实物	10 年
丹麦	同发明专利	包括化学品的所有实物	10 年
芬兰	同发明专利	设备的形状或设计	10 年
法国	同发明专利	同发明专利	6 年
德国	德国以外的使用不构成妨碍，6个月宽限期	除了工艺和方法以外的所有发明（注意包含新用途）	10 年
希腊	同发明专利	具有确定形状或形式的立体物体	7 年
危地马拉	同发明专利	设备、工具、器具和装置	10 年

国家	新颖性要求	保护主题	期限
匈牙利	匈牙利以外的使用不构成妨碍	物体的形式、结构等	10 年
印度尼西亚	同发明专利	同发明专利	5 年
爱尔兰	同发明专利	同发明专利	10 年
意大利	同发明专利	机械、机械结构、工具等	10 年
日本	同发明专利	物体的形状、构造等	10 年
韩国	同发明专利	物体的形状、构造等	10 年
马来西亚	同发明专利	同发明专利	15 年
墨西哥	同发明专利	物体、器具、设备或工具	10 年
荷兰	同发明专利	同发明专利	6 年
菲律宾	仅需满足当地新颖性	不具备创造性的新的工具或产品	15 年
波兰	同发明专利	物体的形状、构造等	10 年
葡萄牙	同发明专利	工具、器具、容器等	15 年
俄罗斯	俄罗斯以外的使用不构成妨碍	制造方法或商品的构造	8 年
斯洛伐克	本人出版物 6 个月宽限期	包括化学品的所有实物	10 年
西班牙	与发明专利不同，仅需满足当地新颖性	物体、器具、设备等	10 年
泰国	同发明专利	同发明专利	10 年
土耳其	12 个月宽限期	除了工艺和化学品以外的其他可授权客体	10 年
乌克兰	同发明专利	设备	8 年
越南	同发明专利	任何可授予专利的客体	10 年

在专利诈骗较多的国家申请实用新型有利于避免后续业务中断。所以，早期申请实用新型保护可以避免未来不必要的损失。在仅能于专利局的程序中提出专利权无效的国家，如典型的俄罗斯和中国，不法商人通过在其他国家获得产品的实用新型保护，扰乱合法货物的进口。这样的商人依靠先用原则拖延诉讼并通过合法使用延迟外国产品进入市场。如果我们先用自己的实用新型或外观设计进行保护，就很容易避免这种情况的发生。

大多数国家有外观设计保护，而有些国家或地区，如欧盟（一次注册覆盖整个欧盟），允许在一件申请包含 100 项外观设计，但每项外观设计都要收取额外费用。大多数国家现在为外观设计提供至少 15 年的保护期限，欧洲标准是 25 年。许多国家，但不是所有国家，允许对物品的某个部分进行外观设计保护。一般来说，对于用功能限定的结构不能获得外观设计保护。在一些国家，其中最自由的是法国和荷兰，版权保护可以为有技术含量的文章提供有价值的保护，而对《伯尔尼公约》的成员国而言，这种保护容易获得是因为其伴随作品的创作而产生，不需要进行任何类型登记或额外费用。但在如美国的一些国家，需要强制执行登记后才能获得保护。

适当准备

适当准备是控制专利成本的关键。获得有效专利保护的最重要因素是，专利申请的撰写人对发明是什么以及如何将其与现有技术区别开来有很好的理解。撰写人对发明有了大概了解后，有必要对现有技术进行适当检索，以发现最初的理解是否存在偏差。这种检索不仅要包括美国和欧洲的现有技术，还要包括东亚和俄罗斯以及其他国家的现有技术。[6]有时在提交申请前不进行检索也有好处，这样可以避免向美国专利商标局（USPTO）和其他专利局提供有关检索结果。[7]这是在赌专利局不会发现涉及的现有技术。如果在美国申请审批期间真的发现了现有技术，则必须予以公开；如果显示现有技术与该申请相关，则希望说明书中有体现该申请具有创造性的内容。若递交申请前对此有所了解，则可事先突出该申请的技术贡献点。

如果就发明的本质而言，不同的国家有不同的专利标准，则需要适当评估在所有目标国家可授权专利的标准是什么。[8]这也需要在国内进行充分调查，以发现是否有发明、外部测试或提供销售等形式的公开。这些会影响在一个或多个目标国家获得专利。[9]此外，如果打算在任何专利申请中都要包含实施发明的最佳方法的国家提交申请，[10]也需要收集这方面的信息。

一旦完成这些步骤，就可以开始撰写。减少获得一项专利的总成本，最重要的一步开始于良好的权利要求设置。对专利申请费用的考虑过于集中在专利申请的成本，而不是获得专利保护的总体成本。在多数国家，专利诉讼成本超过申请费用。避免巨额诉讼成本的关键在于尽量减少审查员提出反对意见。首要任务是要确保权利要求避开所有可获得的现有技术。

"全球专利申请"这一概念对于在任何区域提交申请都是完美的，但是难以实现。陈述有益效果在日本可能是有利的，在澳大利亚或美国以"目的"从句的方式陈述会产生问题。[11]在向 EPO 提交的申请中，通过讨论现有技术不足确定要解决的问题和随后的有益效果会很有用，但在美国申请中如此做会有出乎意料的限制作用。[12]这可能意味着，在某些情况下美国申请使用的说明书最好与世界上其他国家的说明书不同。这可以通过在美国提交单独申请或通过 PCT 进入美国国家阶段作为继续或部分继续申请来实现。

然而，有许多可采取的普遍适用于好专利申请的措施。以满足一定要求的方式撰写说明书和权利要求书可以节省费用，甚至可以成为确保有效保护范围的关键。用发明的宽泛定义来撰写申请文件，也许是以功能术语定义的一些技术特征，然后直接得出具体实施例，常常会带来问题。特别是像 EPO 和日本这样的司法管辖区，在诉讼过程中的修改有严格的规则。进行中间概括的几段话，有时具有宝贵价值。如果在功能上限定发明，就应注意包括日本和 EPO 在内的许多国家和地区不愿意接受功能限定，除非没有其他方式来限定发明。如果允许使用这样的词语，其仅具有通常意义。因此，有必要在权利要求书中描述执行该功能的结构，不仅是为了满足美国法典第 35 编第 12 条（6）的要求，[13]而且如果发现已经存在落入广义功能限定范围的情况，还可以在其他国家提供退路。

在日本或韩国提交医药用途发明的申请时（在这些国家这些发明通常保护有限药物组合物的使用），不包括数据可能完全是浪费金钱。应考虑这些因素，平衡前面的情况，并听取专业建议。

在多国申请中，翻译成本占了申请成本的很大一部分。在本章导言中提到的国家中提交申请，只需将其译成日语、韩语、西班牙语（针对墨西哥）、葡萄牙语（针对巴西）、俄语和汉语。翻译人员按字收费，所以撰写人员应严格精简不必要的文字。没有必要在整个通知书中重复定义和/或描述。过于详尽描述超出理解本发明所需范围的现有技术没有任何意义。同样，听取有经验的专业人士的建议有助于决定什么该保留，什么该舍弃。

其他方法的降低成本包括，适当使用国际单位制（SI），并限制权利要求的数量或类型，以避免在部分国家或地区缴纳权利要求附加费，例如澳大利亚、巴西、EPO、日本、俄罗斯、韩国和美国（在日本和韩国，这种费用不仅影响审查费和授权费，也影响维持成本）。

此外，EPO 在 2010 年 4 月 1 日生效的新规则使得在申请时对权利要求适当地准备比以往更为重要。在进入 EPO 之前（无论是直接申请还是通过 PCT），最好确保权利要求不超过 15 项，[14]除非在以下有限的情况下，才可多于 15 项：当专利申请各种权利要求类型中只包含一项独立权利要求时；[15]当确认最终权利要求设置所需内容在原始提交的权利要求中出现时。[16]

同样地，如果选择通过外观设计专利注册获得保护，适当准备可以在一些国家节省后续费用。如美国和日本，允许使用虚线放弃保护外观设计的非本质特征；而其他国家，如中国，则不允许。在某些国家，如以色列，整个图形必须用实线描绘，但用新颖性声明进行放弃。包括中国在内的国家，按照 2009 年法律修订，❶ 外观设计同时需要书面说明和图形描绘。[17] 在递交申请之前处理这些问题可以在短期和长期内节省成本。

然而，适当的准备工作并不局限于说明书撰写。还应该检查确保申请人和发明人正确，因为这种错误随后会带来严重问题并增加费用，[18] 在共同所有权情况下尤其如此。在大多数国家，专利的共同所有者使用专利发明本身时不需考虑其他所有者，但许可发明则需要经共同所有者同意。[19] 在中国或美国有所不同，在这两个国家共同所有者可以自己使用专利，也可以不经同意将专利许可给他人，但侵权阶段共同所有者必须都参与。而在中国，共同所有者必须分享收益。[20]

申请保障

撰写好说明书和一组或多组权利要求后，问题就变成是选择 PCT 或还是非 PCT 申请？还需要作出其他保障性选择，特别是是否利用现有的各种可用区域专利系统。这些系统包括 EPO、非洲知识产权组织（按其法文首字母称为 OAPI）、非洲地区知识产权组织（ARIPO）、《欧亚专利公约》，以及海湾合作委员会（GCC）。[21]

EPO 总部设在德国慕尼黑，对专利申请进行审查并在所有成员国获得专利保护。[22] EPO 认为申请可授权后，就转变成每个国家的单独专利权，需要分别办理手续和支付费用。

OAPI 最初创建接管之前属于法兰西联邦的知识产权事务责任，当各国独立后终止向法国申请专利。与欧洲体系不同，它规定了一个在所有成员国都有效的统一权利，且没有附加手续。该组织总部在喀麦隆的雅温得。

ARIPO 是在津巴布韦的哈拉雷创建的一个共同专利局，代表其成员国进行专利审查。与欧洲体系不同的是，ARIPO 系统允许成员国在完成审查后 6 个月期限内确定该申请不符合自己的法律规定，例如有关于药品保护。而与欧洲体系相同的是，授权后保留有国家权利，申请人可以选择希望进行保护的国家。

《欧亚专利公约》在苏联解体后设立，为许多苏联成员共和国进行知识产权保护提供共同手段。在许多方面以《欧洲专利公约》为蓝本，位于莫斯科的欧亚专利局审查欧亚专利申请并可在所有成员国生效。与《欧洲专利公约》

---

❶ 《中华人民共和国专利法》第三次修正案于 2008 年 12 月 27 日通过，自 2009 年 10 月 1 日起施行。——译者注

不同的是，不需要将授权专利翻译成任何其他语言（但最初提交的文件必须使用俄文），而且在所有成员国中都不需要办理国家专利手续。但是，在专利权授予后，专利权人有权声明不再对最初涵盖的一个或多个国家保护感兴趣，并停止在该国支付专利维护费。

GCC 在沙特阿拉伯的利雅得设立专利局。不同于其他地区专利局，GCC 目前不进行实质性的专利审查。该工作通常是外包给欧洲国家的专利局，如奥地利。一旦获得授权，GCC 专利在整个 GCC 区域生效且无须附加手续。

此外，仍然有几个国家可以简单地登记已在其他地方授权的专利。

有关专利的各种协议的成员国在以下网站列出：http：//www. ladas. com/Patents/Treaties. html。

近年来，使用 PCT 可以推迟交费，因此大多数对国际申请感兴趣的申请者将其作为确保在所有国家保护的正常做法，但仍有少数国家不是 PCT 的成员国，如科威特、沙特阿拉伯和阿根廷，以及南美洲的其他几个国家。这会成为不知情的人的陷阱，因为人们倾向于在最后一分钟提交 PCT 申请，延迟国外申请决定和仅将相应的国内申请文件作为 PCT 文件提交。遗憾的是，如果没有考虑到需要进行保护国家的具体要求，那么对所有国家的申请都会锁定在该文本中。而根据 PCT，在一些国家只对第一项独立权利要求的检索不需要支付附加费，这就使得获得最佳性价比的权利要求请求显得至关重要。如果费用延迟不是问题，而且对检索结果足够自信，那么直接提交国际申请可以加快某些司法管辖区的专利授权速度，并降低成本。

相反，如果对检索结果缺乏信心，PCT 检索就有助于避免递交不符合预期目标的专利申请而浪费金钱。在这种情况下，需要决定在何处进行国际检索。这将取决于不同国家提供给申请者的选择，[23] 如果获得欧洲专利是目标之一，大多数国家可以选择在 EPO 进行检索，并获得 EPO 检索费退款往往是最佳的方式。[24] 然而，如果直接控制成本是首要目标，获得韩国[25]、美国[26]或澳大利亚[27]作出的国际检索更为合适。PCT 检索的价值在今后会随补充国际检索[28]选择次数的增加而增加。[29]

PCT 程序优势

PCT 的一大优势是可以根据《PCT 实施细则》第 51 条之二第 2 款递交声明。该声明后续在向国家专利局提交 PCT 请求时需要，可以避免重复劳动并节约成本。根据规定允许的声明包括：

■ 发明人身份；

■ 申请人递交专利申请的资格；

■ 申请人要求在先申请优先权的资格；

■ 申请人要求发明权的资格；[30]

■ 无损声明或缺乏新颖性的例外。

应当注意不使用规定的措辞来声明，可能导致进入国家阶段时需要进一步的手续。从要求的优先权日起 16 个月内，可以更正该声明。

利用这种方式不仅可以降低进入国家阶段时可能漏掉发明者的风险，还意味着处理这些问题的文书工作人员不必再加快速度。这在控制成本方面很有效。

PCT 程序的另一个有用方面是根据《PCT 实施细则》第 92 条之二可以很容易地作出正式更正。根据这一规则，许多更正可以通过向国际局提交一封信来确定所需的更正。如果需要，国家专利局可以随后要求更详细的信息，但实际上很少会这么做。

如果对欧洲保护感兴趣的话，还需要注意 EPO 实行的《欧洲专利公约》与各 EPO 成员国专利局实行的国家法律的方式之间存在的细微差别。因此，在哪里会有显而易见性的问题或在哪里怀疑起诉时需要进行明显修改，需要考虑例如德国和英国的国家申请是否优于 EPO 申请。如果对申请而言，由 EPO 之前/在先向申请人提出的大量质疑是适用的，会出现类似的问题。这样的问题要么不存在，要么在如英国、德国、法国和意大利等专利局很容易处理，因而通过在诉讼期间降低成本可以抵消申请的附加费用。这将导致专利更侧重于申请人的商业目标。这种战略的问题是，对于法国和意大利，如果采用 PCT 就必须通过 EPO。因此，对这些国家使用国家申请方式，需要及早作出决定而不依靠 PCT 来推迟。但对意大利，该问题可在一定程度上通过在圣马力诺提交 PCT 申请回避，其已与意大利有相互执行对方专利的协议。

对于寻求美国以外国家专利保护而言，还是需要作出是否使用 PCT 的决定。有许多需要考虑的因素：

■ 如果 PCT 进入国家阶段，则锁定在 PCT 申请文本中（除非以部分继续申请进入美国国家阶段），而如果要进行修改且仅对 PCT 申请记载内容要求优先权，仅要求《巴黎公约》优先权的国外申请可以进行修改。

■ 如果 PCT 申请以非英文的语言公开，根据美国法典第 35 编第 102 条（e）其公开文本不可作为有效现有技术反对其他发明。但进入国家阶段后，该申请将根据美国联邦法规第 37 编第 1.211 条（b）再次公开。从逻辑上讲，似乎发生再次公开，就可作为参考文献被引用。但美国专利审查程序手册（MPEP）持相反观点，到目前为止没有判例法解决这一问题。迄今为止，根据美国法典第 35 编第 102 条（e）［R-5］项与应用参考文献相关的 MPEP 的第 706. 02 条（f）（1）部分在第 2 款示例 5，内容如下：

> 基于 2000 年 11 月 29 日或之后提交的国际申请国家阶段（美国法典第 35 编第 371 条）且未根据 PCT 第 21 条第 2 款规定以英文出版的参考文献：

> 所有的参考文献，无论是 WIPO 公开、美国专利申请公开或自 2000 年 11 月 29 日或之后提交的美国专利且根据 PCT 第 21 条第 2 款非英文公开的国际申请（IA），根本不具有美国法典第 35 编第 102 条（e）规定的现有技术日期。根据 PCT 第 21 条第 2 款如果国际申请以非英文的语言公开，无论国际申请是否进入国家阶段，根据美国法典第 35 编第 102 条（e），国际申请日（任何未早于国际申请的美国提交日期）不利于作为美国法典第 35 编第 102 条（e）项下的现有技术。这样参考文献可根据美国法典第 35 编第 102 条（a）或（b）提供公开日期，但不能根据美国法典第 35 编第 102 条（e）。[31]

■ USPTO 通常只在要求优先权日后 30 个月着手处理国家阶段的 PCT 申请。如果需要，可以请求更早处理。

避免重复劳动

每次不同的人在面对同样的任务时，无论专利局方面还是申请人/律师方面，会有重复劳动并导致成本增加。如前所述，避免重复劳动开始于撰写阶段。避免重复的其他方法是只处理一次手续问题，例如利用之前提到的 PCT 简化手续。

在专利局方面，已经采取了一些措施，为申请人降低诉讼成本打开了大门。这些包括所谓的专利审查高速路（PPHs）、新渠道，以及专利局之间的三方合作。另一种降低申请人费用的专利局合作是美国、日本、韩国和 EPO 在提供公约文件方面的合作。如果需要，它们彼此通过电子方式获得这些文件，而不是要求申请人在所有情况下都提交文件副本。

专利局之间建立的 PPHs 如表 3.3 所列。

表 3.3　截至 2010 年 9 月 30 日参与专利审查高速路的国家或地区

	AT	AU	CA	DE	DK	EP	FI	GB	HU	JP	KR	RU	SG	US
AT									×	×				
AU														×
CA					×					×	×			×

续表

	AT	AU	CA	DE	DK	EP	FI	GB	HU	JP	KR	RU	SG	US
DE										×				×
DK			×							×	×			×
EP										×				×
FI							×	×		×			×	
GB										×	×			×
HU	×						×			×	×			×
JP	×		×	×	×	×	×	×	×		×	×		×
KR			×		×		×			×		×		
RU										×	×			×
SG										×				×
US		×	×	×	×	×	×	×	×	×	×	×	×	

如果申请人已从结成高速路对中的某专利局接收到通知，至少一项权利要求可以获得授权，则可以要求高速路另一端的专利局加快对应权利要求的审查。[32]PPH 延伸至国际检索当局或国际初步审查机构的 PCT 国家专利局。[33]希望这不仅能加快起诉，还能降低诉讼成本。[34]

在申请人方面，可以通过协调起诉来避免重复工作，以便让一个掌握所有相关法律的人在决定适当的总体战略时能够考虑所有问题。在一个国家发生的事情可能会，也可能不会影响到其他地方可以完成的事情，因为不同地方的法律存在差异。因此，现有技术在 EPO 是高度相关的，因为它是同一发明人在提交相应的美国、澳大利亚或韩国申请前 1 年内公开出版的，与美国、澳大利亚或韩国无关。

诉讼问题

除了目前的证据表明使用 PPHs 会降低诉讼成本，虽然后面国家或地区开始审查的前提是前面国家或地区认为可以接受，但是许多国家或地区准许申请人延期审查，从而可以延迟缴纳费用。当然，这会延误专利权的授予，但在资本投资成本高的技术领域，竞争对手可能会将已公布的专利申请[35]视为有效的"不动产"标志；只要他们认为专利最终是可以授权的，就不需要加快审查。以下情况可以延期审查：

■ 巴　西　申请日起 5 年；

■ 加拿大　申请日起 5 年；

■ 中　　国　优先权日起 3 年；

■ 日　　本　申请日起 3 年；

■ 韩　　国　申请日起 5 年；

■ 俄罗斯　申请日起 3 年；

■ 中国台湾　申请日起 3 年。

其他控制诉讼成本的方式，包括审查员表示允许修改时申请人愿意接受比最初提出的有更多限制的权利要求，或者如以色列和新加坡等国家使用改进后的审查方式，即如果专利已经在美国或欧洲获得授权，则接受权利要求。

美国的特殊问题

在美国，审查员通常允许申请中存在多个不同发明的权利要求。如果提出限制要求，选择最容易起诉的主题（通常是方法权利要求），而不是最广泛的主题，可以作为首件申请接近授权前推迟成本的一种方法。然后，可以就较难的主题提交分案申请。

通常情况下，由 USPTO 颁发的第二次审查意见通知书意味着"最终"的决定。发出这样的驳回决定意味着审查员不需要看到任何能引起新问题的意见，除非申请人支付继续审查的请求费用。如果这样，申请人通常会收到更"普通"的官方意见。如果对该官方意见的答复没有使得申请通过，那么将是"最终驳回"。根据现有规定，申请人可以按其希望多次提出继续审查请求，只要针对官方意见提交的答复表明申请人针对提出的问题作出适当的答复。然而，这种一再请求继续审查的要求会很昂贵。USPTO 最新信息表明，平均每个授权专利至少要提交一次这样的继续审查请求。如果申请不需要宽泛的保护，在答复审查员第一次审查意见时作出一些让步，与至少争取一次更宽保护范围的传统观点相比，是达到自身目标更经济的方法。在最终驳回决定后可能有实质性对话的一定时间内，这可能是明智的；而如今通过答复驳回决定而使专利授权已属罕见（据说部分业内人士放弃答复驳回决定）。实际上，在请求继续审查之前只有一次让审查员接受的机会。

EPO 的特殊问题

在 EPO 的诉讼存在两大问题，都与权利要求的修改有关。

第一个问题是 EPO 严格的修改方法。判例法表明修改必须直接和明确地来自原文。遗憾的是，许多审查员认为这意味着修改中使用的语言必须与原文相同。此外，审查员通常不允许从一个实施例或示例中提取技术特征并试图以更普遍的方式在权利要求中描述该特征，除非原始文本表明该特征具有普遍适用性。在说服审查员不应在任何情况下使用这些规则时会浪费大量的时间和精力，也很少会成功。避免这些问题的方法是用适当的语言撰写申请，如果宽泛的权利要求不能获权，那么可以为中间概括提供基础。

第二个问题在于新规定于 2010 年 4 月 1 日生效。根据这些规定，除非权利要求是针对以下情况，每种类别只允许有一项独立权利要求：

（1）多个相关产品；

（2）产品或器具的不同用途；或

（3）针对特定问题的替代解决方案，且不适合用一项权利要求覆盖所有替代解决方案。[36]

继 2010 年 4 月 1 日规定修改之后，除上述提到的特例以外，EPO 将只对每类中一项独立权利要求进行检索（申请人可进行选择，但不能在这一点上修改权利要求的表述），不允许修改之后在权利要求中引入未检索的主题。这意味着，在进入 EPO 之前必须确保权利要求的安排最佳。无论如何，允许主动修改的最后期限是请求进行实质审查之前。在提交分案申请方面设有限制使情况进一步复杂化。在大多数情况下，必须在任何申请的第一次审查意见发出后 24 个月内提出分案申请。如果检索结果表明该申请重新分案是应该的，那么会对申请轻易重新分案的能力造成相当大的限制。因此，在提交申请或根据 PCT 进入国家阶段之前确保权利要求以最佳形式存在很重要。

如前所述，使用 EPO 申请并不是在欧洲取得专利保护的专有方式，在各国家单独申请仍然可行。然而，传统上一直认为，当申请人寻求两个或三个以上国家保护时，单独申请的成本超过 EPO 申请，这取决于在哪些国家申请和是否有翻译费用。然而，由于在 EPO 申请越来越困难，申请人绕过 EPO 直接向如英国、德国和法国提交申请的情况数量逐渐增长，[37]因而作为对最初的申请成本增加的回馈，诉讼成本通常较低。

日本的特殊问题

日本的做法是禁止在权利要求中使用功能性限定。如果在开始审查之前用具体描述取代，则更容易被质疑。日本也采取了紧凑程序，一般在第二次审查意见通知书中即可作出驳回决定。在收到第二次审查意见后，不能扩大或改变权利要求的保护范围[38]。与美国不同的是，日本不能提交继续审查请求，但是申诉失败后可以提交分案申请保留权利。在申诉期间只有申诉委员会同意时，才可进行修改。因此，这些规定的作用与美国一样，不妨在答复第一次审查意见时向审查员妥协。因为如果不这样做，费用就会迅速增加。在这样的情况下，应该注意面对显而易见性的问题，日本审查员往往是不太被基于改进动机的争辩打动，而会被显示区别于现有技术并具有现实优势的数据说服。

压缩系列申请

对系列申请中每项专利和专利申请的当前和潜在价值，进行定期核查以避免浪费是可取的。当这样做时应该注意，同族的专利可能有不同的价值，这取决于它们所在的国家。还应注意在一些国家，[39]如果在审查员开始审查之前主动放弃案件，至少可以退还部分费用。

图 3.2 中所示的专利续展决策树可能有助于决定在哪里维持特定专利。

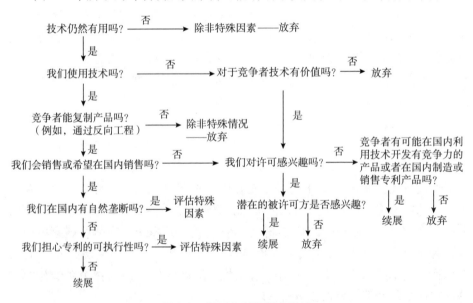

图 3.2　授权专利续展决策树

来源：Ladas & Parry LLP.（所有权利保留）

权利许可

如果在既定国家不亲自实施发明但愿意许可授权，许多欧洲国家允许通过同一专利开放权利许可使维持费减半。英国专利法第 46 条就是典型的例子，其规定：

> 任何人应有权在登记后的任何时间根据以下条件获得专利许可：通过协议条件或在没有协议的情况下由审查员根据专利所有权人或许可请求人的申请规定。

英国专利法第 47 条允许专利所有权人在减免此类费用的年份内付清全部年费后取消背书。例如，德国和西班牙的法律也有类似规定，以至于适用该规定，可以在这些国家在暂时以较低的成本维持专利并且之后没有许可证发放的情况下恢复所有权利。

结 论

最重要的是要确保撰写人明确最重要内容是什么，且在撰写专利申请之前掌握发明和现有技术之间的关系。如果不能实现期望目标，要果断减少损失。如果有疑问，要及早寻求帮助。

注 释

1. 参见本书第七章"从战略和法律视角看专利许可"。

2. 有关技术领域的发明来源地的详细资料参见以下网址：www. uspto. gov/web/offices/ac/ido/oeip/taf/tecstc/clstc_gd. htm。未来趋势的另一个指标是国家或地区研发在 GDP 中所占的百分比。目前处于领先地位的是以色列、瑞典、芬兰、日本、韩国、瑞士、美国、德国、中国台湾、丹麦。

3. 使用"临时类型"或其他国内优先权申请有助于延迟任何授权专利的保护期限，但也不可避免地使专利授权延误 1 年，这种延迟对某些行业是很重要的。此类申请不必称为临时申请。许多国家现在都有本国优先权的规定，只要在本国专利申请提出 1 年内，在后申请可以要求在先申请的本国优先权。

4. 这样做时应当注意，只有原始申请文件中公开时才可以享有优先权，并应注意确保最终申请中包括权利要求时，该最终申请享有临时申请的申请日。如果要求多项优先权，那么基于每件在先申请的权利要求在最终文本中必须包含所有支持各在先申请的适当文字描述。

5. 《巴黎公约》第 4F 条。值得注意的是，《巴黎公约》第 4C 条（4）实际上将申请要求《巴黎公约》优先权的时间限制在该发明的首次申请提交日起 1 年内，除非第一件申请完全消失，且在被真正要求优先权的申请递交之前没有被要求过优先权。

6. 在传统检索公司、印度企业家，甚至丹麦专利局之间，检索市场的竞争不断增多。因此，近年来有效检索的价格不断下降。

7. 加拿大和以色列都有这样的要求。它在 2011 年成为 EPO 的要求。

8. 例如，如果要在 EPO 申请，就必须解决一个技术问题。如果要在日本或韩国保护发明涉及的药物组合物或用途，就必须有数据。对于要在加拿大保护的这种类型的发明，必须确保提出该发明的数据合理或说理充分，以满足"合理预测"的要求。

9. 这包括检查自身公开可以获得的宽限期。虽然在欧洲没有宽限期的规定，但例如德国可以提交实用新型的宽限期。有宽限期的国家包括澳大利亚、加拿大、巴西、日本、韩国、墨西哥和安第斯共同体国家。然而各司法管辖区的要求有所不同；例如，公开后 6 个月内尽快提交，或专利出版物被排除在获得宽限期的出版物类型之外。而且，其中一些国家要求提交申请后立即提交出版物的详细资料。

10. 这些国家包括阿根廷、澳大利亚、巴西、中国、印度、墨西哥、新西兰、美国，以及安第斯共同体国家。

11. 参见具有负面作用的目的从句的案例，如 *On Demand Machine Corp. v. Ingram industries Inc.*，78 USPQ2d 1428（Fed. Cir. 2006）。

12. 除了 *On Demand* 案判决书注解 010 所提及的，美国联邦巡回法院的部分判决书的导言部分使用声明赋予权利要求意想不到的含义，参见：*Edwards Lifesciences LLC v. Cook Inc.*，92 USPQ2d 1599（Fed. Cir. 2009）；*Alza Corp. v. Mylan Laboratories Inc.*，73 USPQ2d 1161（Fed. Cir. 2004）；*Honeywell International Inc. v. ITT Industries Inc.*，79 USPQ2d 1294（Fed. Cir. 2000）。

13. 该规定允许使用"手段加功能"的语言来限定美国权利要求的元素，但要求这种语言被解释为仅限于说明书中定义的结构，用于执行该功能及其"等效"功能。

14. 目前的费用是 15 项权利要求以上每项 210 欧元，50 项权利要求以上每项 525 欧元。

15. EPC 实施细则第 43 条。

16. EPC 实施细则第 137 条（5）规定权利要求在包含未检索主题的诉讼期间不得修改。可以通过提交分案申请来解决这个问题，但这比较昂贵。根据新 PCT 实施细则第 36 条，自主分案必须在希望分案的或已从其分案出来的更早欧洲申请的第一次审查意见发出的 2 年内提交。

17.《中华人民共和国专利法》第 59 条。

18. 在某些国家，甚至可以在授权后进行调解。例如奥地利 *Davies Shephard Pty Ltd v. Stack*，51 IPR 153（2001）案的决定。

19. 参见德国民法典第 743 ~ 745 条、日本专利法第 73 条（3）和英国专利法第 36 条（3）。

20.《中华人民共和国专利法》第 15 条。

21. 目前，作为海湾合作委员会成员的科威特和沙特阿拉伯不是 PCT 的成员❶，这可能会增加决定使用哪种申请方式的复杂性。卡塔尔于 2011 年 8 月 3 日加入 PCT。

22. 但应指出，EPO 没有审查这些国家专利申请的专有权；国家专利局仍然存在于所有这些国家。

23. 具有良好检索能力的专利局可以由世界知识产权组织（WIPO）授权为国际检索局（ISAs）。授权后，专利局将在规模和语言能力方面考虑其能力，并与其他国家达成协议，检索该国国民或居民的专利申请。结果是在哪里可以申请检索取决于申请人或发明者的国籍或居住地。

24. 截至 2010 年 4 月 1 日，EPO 的国际检索费用为 1785 欧元。虽然 EPO 的检索费高于其他 ISAs 的检索费用，应注意如果国际检索由 EPO 进行，进入区域阶段后不要求 EPO 的检索费。如果国际检索由奥地利专利局、芬兰专利局、北欧专利研究所、西班牙专利局或瑞典专利局进行，那么 EPO 检索费将减少 940 欧元。如果国际检索由 USPTO 或其他国际检索局进行，欧洲检索费用减少 190 欧元。需要注意根据 2010 年 4 月 1 日生效的 EPO 规则［新规则第 70 条（2）］，如果 EPO 进行国际检索，可以要求申请人以原本需要时间更短的速度就如何处理引用的现有技术作出最终决定。

25. 韩国国际检索成本目前是 1092 美元。❷ 美国提交的 PCT 申请的韩国国际检索成本目前是 1157 美元。

26. 美国国际检索成本目前是 2080 美元。美国提交的 PCT 申请的美国国际检索成本目前是 2680 美元。

27. 美国提交的 PCT 申请的澳大利亚国际检索成本目前是 1837 美元。

28. 美国以外国家的申请人可根据其国家专利局与 WIPO 的约定选择其他方式。

29. 在 2009 年 1 月 1 日实施时，只能在俄罗斯、瑞典和北欧检索单位进行补充检索。2010 年 7 月 1 日以后可在 EPO 进行，2010 年 8 月 1 日以后可在奥地利专利局进行。

30. 当意图在美国寻求保护时，这一点尤其重要。在美国，发明人签署的正确形式的声明是非常重要的。但应指出，即使利用 PCT 规则在程序早期进行声明，仍然需要提交一份授权委托书，以便使律师能够在 USPTO 对申请提出诉讼。

31. 在最初采用时，PPH 的使用依赖在首次申请国家权利要求获得批准，存在这样的担心，基于在第一个国家程序期间可能已受限制的权利要求，可能在第二个国家面临不利的审查。在 2011 年 7 月通过的修改中，一些国家同意根据首次审查国家的意见而不是首次提交国家的意见使用 PPH。由于一些国家比其他国家进行审查更迅速，这一变化会使申请 PPH 处理的申请数量比原来多。然而，在某些技术领域仍然存在担忧，即为满足一国要求对权利要求作出的修改可能会导致第二个国家要求对权利要求进行不必要的限制。PPH 在计算机和电信行业应用最为广泛，那些使用 PPH 的申请人已发现，PPH 的确能加快程序，

---

❶ PCT 已于 2016 年 9 月 9 日在科威特生效，于 2013 年 8 月 3 日在沙特阿拉伯生效。——译者注
❷ 书中列出的相关费用系原版书出版当时的标准。读者如需了解相关费用最新标准，请查阅各相关机构官方文件。——译者注

并且很有可能得到更快的处理。

32. 最初存在这样的担心，根据在第一个国家程序期间已经被限制的权利要求，可能在第二个国家面临不利的审查。仍有担心存在于一些技术领域。PPH 在计算机和电信行业应用最为广泛，那些使用 PPH 的申请人已发现，PPH 的确能加快程序，并且在第二国家获得授权的权利要求很可能与第一个国家允许的相似。美国、欧洲、日本和韩国的专利局之间根据 PCT 在国际检索期间形成的工作成果方面的协议，也增加了至少在这些专利局之间的 PPH 使用。

33. 目前检索和/或审查结果被日本认可为 PPH 处理的 PCT 国家和地区包括：美国、EPO、芬兰、西班牙、瑞典和墨西哥。目前检索和/或审查结果被美国认可为 PPH 处理的 PCT 国家和地区包括：澳大利亚、EPO、芬兰、日本、韩国、俄罗斯和西班牙。

34. 例如，使用英国或丹麦专利局作为首次申请局会获得快速和便宜的初步检索和审查，随后可以用作在日本和美国加快程序的基础。

35. 不仅 PCT 申请在优先日起 18 个月公布，而且在大多数国家的其他申请也是如此。

36. EPC 实施细则第 43 条（2）。

37. 如果希望在法国以这种方式获得保护，就不能将 PCT 用于法国申请。

38. 根据日本专利法第 17 条之二第 4 款，在这一阶段的修改限制为：取消或限定一项或多项权利要求（只要不改变本申请声称解决问题的性质）、改正和澄清审查员在审查意见通知书中指出的说明书错误和歧义。

39. 包括美国、欧洲和日本的专利局。

第四章
商标成本：在汹涌的经济水域修整船帆[1]

罗伯特·德夫勒
马修·D. 阿斯贝尔

在经济困难时期，企业通常必须对它们的商标组合作出重大决定。在长期保持企业生存能力的同时，依据利润优先原则作出决定。对内部法务部门来说，"最佳实践"的标准将受限于经济疲软所带来的有限即时资源。任意商标组合的技巧都不在于削减多少，而在于无论光景好坏都要对资源保持警惕。危急关头，品牌资产会是你全部所有。对许多公司而言，品牌资产是公司的主要资产，尤其在经济不景气时可以帮助其渡过难关。品牌是一个商标或者是一个商标族，影响消费者的选择，并使你独特的业务有别于竞争对手。

当与公司商标和其他知识产权有关的信誉在市场提供竞争优势时，公司价值得以最大化。当得到有效维护和运用时，商标组合是产生品牌价值的主要资产。这是以顾客对品牌的承诺能产生可开发营销资产的假设为基础。品牌价值通过巧妙地利用商标定义消费者心目中的产品而发展，商标在市场中的成功定位进一步增强这种价值。与其他类型的知识产权不同，如果持续使用或维持，商标权将一直存续。为了从商标组合中获益，其权属必须详细记录和充分保护。

商标权可以通过使用（"先使用"）或申请（"先申请"）建立，这取决于寻求保护的国家。虽然一些司法管辖区，如美国，基于独特商标的使用提供普通法权利，但大多数国家需要提交商标申请并随后注册来获得商标权。这些"先申请"的国家经常被视为商标诉讼战的发源地，竞争对手、造假者和无良商业伙伴提交的恶意商标申请为"战争"提供素材，所有这些人在争夺商标局的保护中都会打败客户。[2]而且，你通常无法预见无辜侵权：独立地采用相同或相似的商标，特别是所选标识只是一个常用术语或其变形。[3]

注册证实或者提供与商标使用有关的特定专有权。它们为这些无形产权的界限提供比较清晰的描述，否则会难以确认这些权利。它们主要从地域和实质条件方面确定主题的参数。在许多国家，商标注册是实施的前提。

商标注册有两个主要目的，一是为注册人提供商标权的证据，[4]二是向第三方提供现有权利的提醒。商标注册将在商标保护中节省大量费用和时间，因为它作为商标权的标志，在许可注册的管辖区域领土内用于注册中所列的具体商品。否则，很可能当时间紧张且存在影响采取有效行动保护品牌时，要耗费大量的资源向官方证明商标权。例如，当中国海关截留可疑集装箱，并需要确认潜在假冒商品的真实性时，而该集装箱只能保留有限时间，缺少商标权的书面证明材料可能会使海关失去没收假冒货物的合法权力。在这里，会错过阻止销售贴附公司品牌商品的机会窗口，还会影响本公司的市场。此外，作为对第三方的通知，商标注册向全世界宣布权利人对特定商标的权利主张。这允许致力于筛选自己商标开发的第三方能够识别他们希望避免的潜在风险，从而减少与商标相关的诉讼。在某些普通法管辖范围内，如果原商标所有人能够证明，第三方知道存在有效的商标注册仍采用与现有注册商标相同或非常相似的标识，则注册商标在诉讼中会得到额外的损害赔偿。[5]

缺乏开发和管理商标正式程序的公司无法充分获取和利用其知识资产的价值。销售团队每天都在创造新的方法来推销他们的产品或服务。其中许多想法是独特的，并且在市场中被采用和发展的概念常会产生适宜感。然而，如果没有程序监督商标的采用、注册、使用和维护，知识产权的价值很容易丧失。这些公司可能会错过重要商机，并面临意料之外的诉讼或其他高昂的法律债务。

本章将通过以下方面讨论商标管理中有用的成本节约技术：①评估和组织商标组合；②新商标的选择和清查（clearing）；③商标注册的申请和续展；以及④商标权的使用、监控和实施。[6]

评估和组织商标组合

下面讨论节省成本的商标组合管理策略，包括清点库存的重要性、评估现有品牌的重要性、注册维持的优先级，以及组织商标记录。

清点库存

由于疏忽而没有制定适当政策或长期丧失权利的公司，可以通过清点库存开始或重新控制权利，并从中节省开支甚至获利。对现有的商标权进行清点，确认公司拥有的资产并编制目录是必不可少的第一步。这需要在全球范围内对公司或其下属公司拥有的注册商标进行清点，并由知识产权专家对市场资料和产品包装进行核查。这些专家能够识别现有的未注册商标，调查商标的使用历史并协助注册。进一步，在产品开发和营销过程中聘请商标专家建立主动程序，以清理和记录商标权。企业不能有效地开发或保护自己没有意识到所拥有的东西，执法人员和法院也不能有效地协助保护模糊、无书面记录的商标权。而且，任何实施这种权利的尝试所花费的费用都要比已注册并维持商标要付出的代价要大。

重要性评估

许多公司都有商标注册过剩的情况，或者是由于曾经炙手可热但上市前被弃之如履的项目、打入市场后发现自己不再感兴趣的产品，或者是由于企业并购、在某时刻被追捧和保护的商标可能未使用或对公司并不重要。在经济低迷时期，公司应该核查现有因某项目获得但未使用的商标申请和注册，确定是否要放弃或取消一部分以节省维护它们的成本，并且考虑是否重新使用旧品牌而不是开发新品牌。如本章后面讨论的内容，维护一个系统性的商标电子数据库，包括可重复使用的商标，可以促进新产品的品牌选择和采用，并在清理和注册方面节省开支。重复利用这些商标可以为公司节省开支。在经济低迷时期，核查公司现有因不同项目获得而未使用的商标组合。在候选商标的新列表生成之前对可用商标列表进行审核。

商标优先分级

在全球范围内拥有成百上千项商标的大公司应该考虑一个以较少的预算对其商标维护进行优先分级的策略。将商标和市场按重要性分为主要、次要、第三级有助于确定优先次序，并有助于基于每个类别确定注册和实施策略。[7]例如，在初级市场上侵犯初级商标肯定需要采取行动，但必须平衡在高级市场保护高级商标的成本。定期核查现有全球商标申请和注册可防止过度保护（包括同一商标多次注册）或保护不足（战略商标在关键市场或适当商品/服务范围内还未要求保护）的情况发生。通常，公司会为使用时间相对较短的商标提交商标申请。在商标申请过程需要数年的国家，公司可能会正在对不再使用的商标提起诉讼。在其他情况下，注册中确认的商品/服务范围或涵盖的种类数量会过度或不足。定期核查现有商标组合标识，确认并减少多余成本。

经历公司成长历程、了解多年品牌趋势的经验丰富的律师和营销部门，可以洞察启动商标注册的策略；然而，随着资产重组，参与原始产品开发的人几年后会离开该岗位，但商标申请的进行和维护仍在继续。当商标申请和注册是中级的、高级的或者其保护的产品不再处于公司商业模式核心地位时，营销和销售的主要成员应审查和影响维持这些申请和注册的决策过程。许多人员参与商标权保护工作，并且必须与关键管理人员合作以便在商标预算用尽前评估使用商标预算的优先级别。

规划组合

管理知识产权组合需要对信息进行组织。投资数据库管理系统和适当的人力支持，以保存商标组合基本信息的准确记录，可以在错过期限和迟延缴费、重复注册、未使用商标维护，以及为起诉或诉讼收集简单而重要证据的时间花费方面为公司节省大量的资金。[8]除了创建列出正确状态标识的最新时间表，注册号，申请日期和注册日期，货物、服务和分类标记，以及标识在全球范围首次使用日期，数据库还可以帮助组织过去侵权者、其他冲突、许可委托、即将进行的商标更新和当前使用方面的信息。对于创建包括许可协议的时间表，当面临申请或注册异议，或面临迫在眉睫的商标侵权或假冒行为威胁时，准确获取最新信息的能力最节省成本（且承受压力最小）。例如，支持申请人申请时使用商标的真实意图的文件，如报告和预算建议，对于防止第三方无效注册是有帮助的或者必要的。为了确定侵权造成的损失，需要知晓广告和销售数额。

中央记录数据库比任何雇员都能更好地维护历史记录。造假者经常是惯犯或过去的业务伙伴。例如，公司收到报警发现可疑假冒货物在南非过境，调查者能够确认出口商的商品来自中国，出口商恰好是之前原始设备制造商（OEM）的供应商，5 年前合同到期前其继续生产带有公司品牌的产品。快速将出口以前的 OEM 关系联系起来，以及有效地获取相关协议和文件，将加强对制造商故意侵权的索赔，并可能增加公司的优势或侵权人的损害赔偿责任。

可检索的行动数据库也将有助于支持其他地区的行动。了解到在捷克共和国的未决商标申请涉及第三方对公司品牌的注册，具体仅通过在商标起始处加上"超级"字样而对公司品牌作微小变动，从而得到的商标为"超级名牌"。公司开始在捷克共和国采取行动反对未决商标申请"超级品牌"。4 个月后，公司在加拿大的销售团队报告其境内销售"超级品牌"产品的证据。6 周后，中国海关扣留一集装箱带有"超级品牌"商标的货物。公司可以把所有事件联系起来，但每次行动的当地律师需要被告知其他地区发生的行动，并且有必要采取激励策略来遏制货物的进一步分销和对知识产权的侵犯。阻止这种侵权行为蔓延所需的信息组织，决定了公司反应的速度和成本。

管理良好的数据库也将在案卷报告的具体截止期限前对到期日进行组织。核查案卷报告的准则可减少因错过最后期限或在最后一分钟匆忙处理而犯下的代价昂贵的错误，例如可以减少非必要续展请求或请求恢复废弃申请方面的花费。而且，了解公司在各司法管辖区的现有注册可为单个低成本注册代替多国注册留有余地。[9]

当要求驰名商标的地位时，容易获得信息也是有帮助的。在《巴黎公约》的成员国[10]中，如果可以认定商标是驰名商标，商标所有者就有资格对其商标要求额外保护。支持认定驰名地位所需的信息量令人却步且成本高昂（许多外国律师事务所组织论证支持认定驰名地位所需的信息量时，会要求额外费用），但如果成功，提供给驰名商标的额外保护会显著增加品牌资产的价值。当寻求驰名商标保护时，保持组织信息，建立首次使用日期，并经常更新包含其他知名法院的裁决、杂志和报纸文章、照片、广告、博客和显示商标名声的公众采访等方式进行的声明，在诉讼迫切需要时将降低公司迅速组织信息的成本。驰名商标认定需要历史、成本和市场信息方面的重要证据。积极地收集和组织每个司法管辖区相关的且易于获取的信息并确立公众认可，可以节省时间和金钱。

新商标的选择与清查

正如适当管理公司的现有组合可以节省大量成本，新商标的选择和清查效率也可以节省短期和长期资金。通过教育包括选择过程中的律师在内的员工并采取适当的策略，可以实现按预算开发新商标。

教育员工

可以培训营销人员、销售人员和产品开发人员，以协助确认、清查和保护商标权，应定期开设培训班，以使这些决策者心中对主题保持新鲜感。在对应当如何开展获得商标保护程序缺少共同理解的情况下，如果未采取简单、适当、低廉的步骤清查和保护商标权，公司的商标组合会遭受损失。商标注册的个体费用微不足道，但是当总量达到在多个国家横跨多个产品类别时，成本会累加，因此精心构建策略和定期审查商标组合能够确保有限的资源不被浪费。

内部和外部法律顾问的主要职能是教导企业的管理和营销团队，重视正确选择、清查和归档商标注册以及避免代价昂贵错误的价值。虽然商标顾问或商标专家对市场资料的核查看似过于费时，但通过在营销材料印刷出来供公众使用之前进行商标专业核查以发现并避免问题可以节省成本。核查营销材料还有助于捕获在创建营销材料时意外开发的商标权。核查过程应包括向营销人员和管理团队反馈，这些团队以通俗易懂的语言为改进建议进行解释。这一解释将提高非商标专家对商标原则的理解，并将培养团队成员对商标问题的敏感性。一些内部法律顾问还强调应与关键营销人员定期会面，以确保公开和方便的沟通并减少人们对法律部门故意阻挠的误解。

在选择过程中，交流和揭开品牌的神秘面纱有助于营销部门学会采用更强有力的商标。商标并非生而平等。更强的商标在法律上享有更强的保护。商标越独特，可获得的保护力度越大，注册和执行起来就越容易，与他人权利冲突的可能性也就越小。因此，越有特色的商标花费越少，尤其是在申请中。在美国商标法中，我们发现有三种仅在商标使用时才享有保护的商标强度。这三个类别按强度从小到大分别是："提示性的""独到的"和"虚构的"标记。

其他类别即使可以保护，在可保护性方面也是有限的。通用术语本身不能作为商标注册。例如，通用标记 Mattress.com 用作"床垫、床和床上用品领域的在线零售商店服务"的服务标识，通用标记 Tires Tires Tires 用作"轮胎零售商店"的服务标识，描述了与标记使用关联的货物或服务的所有类别，因此不能在美国注册。[11]

被归为描述类的商标直到达到引申含义水平或在许多领域中使用时"获得独特性"时，才能自动获得商标保护。Ice – Pak 作为"ice – pack"的同音词被认为仅是冷冻包的描述，如无证据表明其已获得引申义，则不能在美国注册。[12]同样地，数字 1000 在欧共体被认为对于特别是包含填字游戏的期刊而言缺乏明显特征，因为消费者会将标记视为包含 1000 个谜题的指示。[13]有时用描述性标记、常用姓氏、已知地理名词、产品包装和其他形式的商业外观在不与其他事物结合时也会被认为是不具特色的。[14]

相比之下，Soft Punch 被认为是非碳酸饮料的一种提示，而不仅仅是描述性的，因为它"在措辞上有一定程度的独创性，该措辞明显展现双关含义"。[15]非描述性标记的其他例子包括英语中表示"寡妇"的 Veuve，因其用于香槟酒和起泡酒而被认为很独到，因为它作为已知词汇以意想不到的或不常见的方式使用；[16]又如"柯达"，对胶片而言是虚构的，因为它在任何语言中都不作为具有意义的词汇而存在。[17]市场营销或产品开发团队越了解商标的相对强度，他们就越有可能选择强度级别更高的商标。因此，进行对应商标注册申请会节省开支，因为需要回答有关描述性的问题或异议数量较少，并且会减少与共存标识的潜在冲突。更强的商标也会更容易和更经济地实施。

开发新商标

潜在商标的创造过程可以由营销部门完成或外包给品牌代理机构完成。[18]任意一种情况下，在头脑风暴过程中聘请法律顾问成为一种趋势，代替仅为单独、特定任务才使用商标律师的传统做法（例如，清理和注册申请），让他们参与最初讨论和业务流程。在咨询法律顾问之前不要提交潜在标识，更具成本效益的策略是在开发潜在商标的早期与他们合作，然后提供期望商标的优先顺序列表。通过商标代理人根据情形评估潜在商标，优先列表可以单独作为一份分析报告，比较采用各种感兴趣的新标识会涉及的风险。这样的比较分析报告通常远低于多个单独报告的总成本。值得强调的是，在开始新商标的选择之前，应该考虑采用公司已停止使用或已获得的任何旧标志的可能性。[19]

在新品牌包含徽标（Logo）设计或其他事项时，公司应采取预防措施以确保在清理这些标志并用于使用或注册之前拥有任何相应的版权，因为版权侵权、商标注册无效和产品品牌重塑相关的成本是非常巨大的。[20]

有时，最好能够获得商标或其他知识产权保护形式，但寻求法律建议对创意或营销人员来说还不够明显。例如，一个不同寻常的产品形状、包装，甚至独特的建筑或其他设计是可保护的，且值得按照商业外观或其他设计进行保护。可以通过市场营销创意人员和内部法律部门之间的定期会议辨识此类情况。

检　索

在候选商标列表制订中或确立后，可以进行检索。在一个国家使用或注册新商标或产品名称之前，公司应确定新产品预期销售的国家，并建立预期提供新产品的时间表。检索一般应在本年度内投放产品的国家开始，或按避免与在先权利所有者发生纠纷而产生潜在实质性成本的业务优先顺序进行。一般而言，在产品制造地或原始材料来源地进行检索也是不错的主意。如果冲突标识被公开，检索过程有时需要重新开始，因此如果在开始时提供标识的优先列表，则可以简化清理检索过程。将检索限制到商定列表上的潜在标识是管理开发新商标资源的有效方式。此外，向法律顾问提供大量至少与候选商标、具有商业利益的特定国家和商业发布时间表有关的主要商品和服务的确切性质信息，会有助于确定工作优先级，也会促进授权律师提供更有意义和更及时的结果。这些信息通常有助于最小化检索成本，将备案和注册过程的成本分摊到几年的时间内。这也将降低项目中止时的成本。[21]

初步检索

在聘请法律顾问进行检索成本过高且公司规避风险度不高的情况下，营销部门或品牌代理机构最初可能决定对相同标记进行粗略的互联网关键词检索、域名和社交媒体用户名检查，甚至在自己的商标官方数据库检索。所有这些都可以帮助在动用大量人力物力使用商标之前避免代价高昂的问题。[22]

然而，应提醒员工这样的检索并不完善，而且公司不能依靠仅注册可用域名作为公司要求商标权的基础。现阶段，利用法律专业知识进行传统初步检索的好处不容忽视。商标清理检索普遍受限于许多法律顾问了解的固有局限，包括商标法的相对主观性和可能会被混淆的商标类型、检索到各国官方记录的准确性和完整性、现有商标没有全进行注册的事实，以及使用所产生的普通法权利（即使申请被废除或注册被取消）。因此，即使营销部门或品牌代理机构已经进行了检索，商标律师应至少对候选商标列表进行初步检索，并对潜在标识的相对强度和可注册性进行简要分析。

在这个早期筛选过程中，律师将检索感兴趣地区是否存在与相关商标注册相同和高度相似的商标。检索有时可以在网上进行，通常可以登录各国家商标注册处网站免费检索。然而，每个商标注册处都有自己的检索格式和协议。考虑到结果局限于各地区，这一过程可能耗时较长且需要大量对比来产生准确结果。[23]近年来，许多提供全面检索的供应商也开发了能够同时在多个司法管辖区中进行初步检索的在线界面。[24]有些供应商免费提供这些服务，而另一些供应商则根据记录或订阅收费。通过汇集多个商标注册处的数据，供应商提供的检索界面改变了各种检索选项的性质，在多个地区创建统一的检索协议。例如，商标律师可以同时检索 USPTO 及部分州、加拿大、墨西哥、欧洲共同体商标局［内部市场协调局（OHIM）❶］，以及欧洲共同体 27 个成员国中 24 个国家的商标注册处。

在某些情况下，检索报告会立即明确告知公司潜在商标注册不会成功。其他时候，失败概率不能肯定但比较高。一些企业在初步检索后，甚至仅在粗略检索，并在解决异议和其他障碍之后成功地注册了商标，但会为此花费大量资源。因此，有成本效益的商标的最佳候选项很可能通过全面检索的结果成功确

---

❶ 根据 2016 年生效的欧盟商标条例［Regulation（EU）2015/2424］，自 2016 年 3 月 23 日起，原欧洲内部市场协调局（OHIM）已更名为"欧盟知识产权局"（EUIPO）。——译者注

定，但需要考虑获得同样结果的成本较高。

值得注意的是，技术和经济因素使近年来各种检索选项之间的界限变得模糊。在过去，美国传统初步检索通常只限于联邦注册处披露的相同标识。但是州注册处在线访问的可用性以及寻找语音相似标记的算法，增加了律师进行检索的复杂性。跨越众多注册处和网站访问域名和社交媒体用户名，促进了更广泛的初步检索。这类检索开始与下面要讨论的传统的全面检索相媲美。因此，一些风险厌恶程度较低的公司选择在没有获得全面检索的情况下继续申请商标注册。

全面检索

即使在法律顾问的帮助下，仅基于初步检索得出一个商标是明确可用的结论仍然可能是代价昂贵的错误。这可以通过至少在普通法辖区范围进行全面检索来预防。虽然国内和国际的全面检索都有较高成本，但通过确认可避免的冲突，两者都能为公司节省大量资金和避免巨大风险，尤其是在大量支出用于生产或销售使用商标的货物或服务的情况下。美国的全面检索通常比初步检索涵盖更多的变型和相似标识。而且，它通常构建广泛的检索网，不仅包括检索国家注册机构，而且还包括检索州注册处，以及在期刊和其他出版物、互联网站点、域名、商号和其他地方发现的普通法用途。全面检索是由检索公司收费进行，检索公司传统上以精装书册形式提供检索结果。通常，律师会通过将彩色标签粘贴在含有关注标识的页面上来审阅书册的副本。然后，他们会参考相关页面起草一封信函给客户，并附上一本未贴标签的书册。这些可以直接由公司获得，而外部律师可以按交易量与供应商的关系折价获得。今天，大多数供应商有在线服务或可下载的软件，以便在需要时对结果进行高效无纸化审查。然而，全面检索会花费时间：取决于具体要求检索的范围和性质，完成时间可以长达两周。当然，如果需要紧急清理，可以在一天内进行检索，费用通常为正常费用的两到三倍。

传统上，进行全面检索的公司遵循一种极端保守的检索过程，有时包括雇用多个独立检索供应商在同一司法管辖区研究相同标志。就国内检索而言，许多较小的公司现在只依赖于法律顾问稍加扩展的初步检索，就着手申请注册，并承担由此产生的风险。然而，在优先级较高的标识（有时仅初步明确）确定之后，通过全面检索进行清理的做法效果很好。一种节省成本的方法是将全面检索的要求限制在一个或两个初步明确的标记上。

关于国际检索，成本超过 1 万 ~ 2 万美元的全球检索似乎越来越不常见，出现了更多"外科手术式的"跨市场淘汰检索（CMKOS）其仅用部分成本提供当地律师认为的在全球 50 多个关键经济体和市场中最接近的结果。在初步明确标记后,聘请法律顾问协助在美国全面检索并结合 CMKO,成本效益更高,并且可能是清理标识的充分策略。品牌重塑是一项代价高昂的尝试,全面检索或多或少是必不可少的。

商标注册的申请和办理

本节讨论在商标注册时要考虑的各种递交系统和策略,以及它们各自的优点和局限性。

未经注册而使用的商标

在美国,商标所有者可以通过联邦注册、州注册或根据普通法享有保护。优先考虑成本和权利的一个因素是决定仅靠普通法保护而使用商标,还是为获得联邦(或州)注册提交申请。对于第三级商标,依靠普通法上的权利就足够。一家公司如何保护第三级商标,尤其在经济低迷时期,可以证明仅依靠普通法保护权利是有道理的,只要公司了解这种权利的局限性和由此带来的风险。建议选择只使用第三级商标的企业安排定期审查商标使用并重新评估是否申请注册。

国家提交与条约提交对比

当在产品待销售地区进行商标注册时,优先考虑成本和权利的另一个因素是决定在国内申请,还是使用基于国际条约的注册制度。商标保护历来通过本国商标申请进行保护,在各国申请中的每一步都会遇到障碍和付出意外成本。商标所有者在每个所关注的国家雇用商标律师代理人,尽管"主要"律师(通常在所有者的本国)可以管理其他国家的当地律师。商标法的地域性要求当地法律顾问处理复杂事务,商标注册机构通常只与当地律师或代理人对接商标注册事务。所有人或主要律师与当地律师或代理人通信,以提供备案所需的材料。在控制成本方面比较成功的新兴做法是任用主要律师,不是作为公司和当地律师的中间人(曾经一直如此),而是作为国内和国外商标问题的战略顾问。这些问题由当地律师直接向主要律师和公司内部律师同时报告。

个体商标注册过程可能会受到多种困扰,包括通信和翻译问题、商标局的大量积压、过时的在线数据库,以及来自各种货币的进货发票和从工作完成时间到收到发票时间汇率变化产生的困难。此外,为了维护、更新或记录所有权、名称或地址的变化,对每个国家的每项商标注册都重复该程序。撇开问题不谈，逐个国家处理的做法仍然普遍用于确保外国的保护，在一些国家可能是唯一或者最终是花费最少的选择。

　　然而，一些根据条约的制度，如欧共体商标（CTM）❶注册[25]和马德里体系，[26]允许单一商标注册同时扩展到多个国家，这至少降低了与商标权注册和维护有关的初始成本。CTM注册人可在欧盟所有成员国确立商标权。马德里体系下的国际注册将申请保护扩展到申请人指定并在国际注册中接受的每个成员国。两种制度都提供了将先前存在的国家商标注册在各自的注册制度下合并到单一商标注册中的手段，前提是：①国家注册商标与CTM或国际注册相同；②受影响的注册所有者相同；③国家注册的货物和/或服务被CTM或国际注册覆盖。

　　例如，涉及CTM注册处允许来自任何或全部欧盟国家预先存在的国家级商标注册的"先前权声明"（Seniority Claim）。假设公司20世纪50年代以来在德国、意大利、波兰、瑞典和英国都有商标注册，各注册有关的权利仅限于每个国家的各自领土。CTM注册处为所有欧盟成员国提供保护，包括上述5个国家。因此，公司可为其主要商标获得单一CTM注册（目前CTM提供横跨27个国家的保护）[27]，然后根据现有国家注册申请提交先前权声明。另一种选择是，可以在提交CTM申请时提出先前权声明，而不是在审查过程中。一旦先前权声明被接受，国家商标注册就视为放弃；先前权声明允许CTM享有商标权的期限，追溯到在各区域内较早的国家注册的提交日期。单一CTM以较低成本提供跨越较大范围的保护。

　　例如，涉及缝纫机和相关产品的Singer商标从20世纪初就已在欧洲许多国家注册。2007年，胜家有限公司（The Singer Company Limited）为Singer商标注册CTM，随后对39个先前存在的国家商标注册递交先前权声明。[28]所有先前权声明均被接受，现在允许注册人为Singer终止39个国家注册，替代为单一CTM注册，从而显著降低了商标组合的维护和管理成本。免除每10年进行39次续展，胜家有限公司在放弃国家注册后只需要续展CTM一个，并且在放弃国家注册之后，单一CTM转让给后续所有者需要的成本显著低于转让所有39个国家注册的成本。

　　同样，马德里体系按照国际注册提供国家商标权的"置换"。然而，马德里体系并没有要求正式申请或接受置换权，而是在各国家给予国际注册保护时自动进行替换。因这一制度缺乏对置换权的文件审批，并且国家法院选择不在

❶　自2016年3月23日起，"欧共体商标"（CTM）更名为"欧盟商标"（EUTM）。为与原书保持一致，翻译时未作处理。——译者注

诉讼中适用替代条款导致马德里置换制度执行性差而受到了批评。[29]

马德里体系受两个条约约束：《商标国际注册马德里协定》（以下简称《马德里协定》）[30]和《关于马德里协定的议定书》（以下简称《马德里议定书》）[31]。利用马德里体系下，许多商标所有者可以选择通过一个程序获得和维护外国商标保护。该程序旨在使申请和注册后程序更容易且更具成本效益。[32]马德里体系下的国际注册以申请人的国内注册为基础，并要求申请人所属国是马德里体系成员。例如，美国商标申请人可以向 USPTO 提交单一商标申请，并将该申请作为国际注册的基础（称为"基础商标"），可将同样的货物和服务扩展至申请人指定的其他马德里体系成员。最初选择通过 WIPO 提交一项申请并不会使商标更容易注册，因为马德里体系下商标注册申请的实质性审查通常与在各成员的单个国家申请相同。实现商标所有者同时向多个司法管辖区申请注册，并通过 WIPO 更新和维持随后的注册，是在国际上利用马德里体系保护商标的主要优点。

马德里体系的另一优点是它对审查过程施加时间限制，以加快申请。指定国家有 12 个月的时间拒绝注册或注册商标；否则，马德里体系下的申请被认为注册成功。在一些国家，国家商标申请注册用时超过 3 年，马德里体系从根本上为获得地区保护加快了程序。

然而，马德里体系有其局限性。第一，最初 5 年对作为国际注册提交基础的基础申请或登记的任何变更，同样也会修改相应的国际注册和相应的外国保护延伸（国际注册产生的申请和注册）。按照这一程序，国际注册可能面临风险，因为第三方可能，通过攻击作为国际注册提交基础的本地原始注册对所有者的注册提出异议。在国际注册第五周年之前基础申请或注册受到异议时，请求认定整个国际注册（"中央打击"）无效的策略会成功。这是在制定新商标的国际保护战略时要考虑的重要风险。如果国际注册切实遭受中央打击策略的异议，马德里体系提供一项程序来在指定国家继续进行相应的国家申请。然而，当将国际注册转为国家申请时，费用会有所提高，且审理程序会从头开始。

第二，USPTO 对货物和服务规格的限制性做法可能对希望通过马德里体系延伸海外保护的美国实体不利。由于在注册美国商标时必须使用较窄的货物和服务说明，因此在美国注册的基础上获得相应国际注册在其保护方面同样受到限制。例如，USPTO 要求将"服装"变窄，以描述要保护哪些特定类型的服装。相比之下，CTM 注册可以覆盖整个分类标题。利用马德里体系的美国商标注册人可能受到美国基础商标注册特殊性的限制，无法在许多外国司法管辖区获得期望的保护范围。

第三，副簿注册（Supplemental Register）是 USPTO 允许不明显标识保留权利并随时间推移获得独特性的手段。对于希望通过马德里体系扩大美国保护的外国实体来说，副簿注册是不可用的。因此，除非该标识根据主簿注册（Principal Refister）可注册，否则注册将被拒绝。[33]这包括试图登记仅是描述性的姓氏和标记，该情况下对获得独特性的要求缺乏足够支持。当外国公司寻求在美国对产品包装设计或其他商业外观扩大国际注册保护时，也会产生该问题。

在并购和私募股权盛行的当今世界里，申请策略的一项重要考虑是商标的转让性。[34]在马德里体系下的国际注册在转让方面有其优点和缺点。最大的优点是可以通过集中且低成本的程序转让影响多个地区注册的单个国际注册。根据逐国提交策略，在每个注册中心当地都要进行转让程序。然而，在国际注册中，商标权转让中接受方的原属国家必须是马德里体系的成员，以便取得马德里体系下提交的现有国际注册的所有权。[35]

在决定提交新商标申请的最佳成本效益策略时，应考虑商标使用的时间长度、所有权信息变化的可能性、商标的可能变化及其在其他国家的使用。虽然公司通过使用马德里体系代替单独的国家申请来申请保护，在程序开始时可以节省资金，但在续展或转让国际注册之前，无法通过马德里体系节省更多资金。因此，如果商标使用期限长于续展期限，需要支付国际注册续展费，而不是单个国家的续展费，马德里体系对成本的节省更值得注意。同样地，通过马德里体系可以更容易、更迅速、更经济地更新所有权信息。因此，如果商标所有者知道在不久的将来商标所有权会转移给在马德里体系成员居住的新所有者、变更名称或者变更地址，这个制度比国家申请更可取。

然而，如果可能会对商标进行修改，或者商标在国外的使用略有不同，或者如果商标的长期前景不确定，提交国家申请可能是更好的选择。许多商标从一个国家到另一个国家会略有不同，以适应语言或文化的差异。部分国家允许所有者对注册商标进行无关紧要的修改，[36]而马德里体系不允许有这些变化（无论差别有多小）。单个国际注册申请必须在所有指定的司法管辖区中呈现完全相同的标识。

在确定商品和服务的正确描述和分类时，要紧的是意识到美国和国外商标操作的差异。USPTO在审查货物和服务描述时遵循如上所述比较严格的方法，而许多其他国家的商标局更愿意接受更宽泛的描述，例如国际分类的整个标题。例如，一个CTM申请可以覆盖第25类中的"服装、鞋类、头饰"，[37]而USPTO肯定会反对这种不确定的描述，并要求进一步说明。USPTO也可能因为特定形式规则反对如"包括衬衫（上衣）在内的服装"的申请。相反，在美国的恰当描述是"衣服，即T恤衫、衬衫、帽子、裤子；和鞋，即皮靴、跑鞋"。[38]经验丰富的商标律师在操作中会意识到这些细微差别，从而节省在以后对货物和服务的描述进行修改时所涉及的费用。

类似地，司法管辖区之间的实践差异对复杂企业结构所期望的注册商标权的最终成本具有重大影响。例如，当一家公司试图以相关实体的名义拥有相似标识的商标注册时，这样做的策略可能会因国家而异。USPTO 允许相关实体在统一控制下进行注册，[39]而墨西哥商标局通常认为相关公司是完全不同的实体。因此公司的早先商标可能成为姊妹公司提交类似商标的潜在障碍，相关公司之间的同意书并不总被接受。[40]因此，以一个实体的名义向墨西哥申请类似商标，在注册后再向适当所有者转让商标，可能更具成本效益。

无论采用哪种制度提交新申请，通常应该在个别国家检索以寻求商标的可用性。当地律师提出的意见在决定是否进行商标注册时可能是非常宝贵的。简单地提交全球保护，而不事先掌握潜在的冲突可能会造成高代价错误，影响整个投资组合。例如，如果对主要商标进行国际注册，然后日本的商标审查员发现冲突，该商标可能在该地区无法注册。虽然一些冲突可以通过诉讼、"稻草人行动"或金钱来解决，但其代价很高。如果在提交国际注册前通过检索发现先前标记，通常可以避免这样的冲突并在全世界范围内保持一致。不进行本地检索带来的另一高代价弊端是缺少当地律师对市场气候和负面文化内涵的了解。

值得注意的是，正提议的马德里制度的某些变化也会影响寻求国际保护的决定和相应的费用。[41]提议修改包括彻底删除"基础商标"要求，这将消除"5年依赖"特征和"中央打击"特征。从美国的角度来看，消除基础商标要求意味着美国商标所有者可能在国际上不再受如前面所讨论的严格美国规范要求的约束。此外，拥有本国以外市场的品牌所有者更倾向选择使用马德里体系。如果没有基础标识要求，则在国内市场取消基础注册将使得无效下游注册的风险不复存在。[42]

我们肯定会看到更多的国家加入马德里体系。2010 年，苏丹、以色列和哈萨克斯坦作为缔约成员加入《马德里协定》。[43]然而，目前该体系缺乏来自关键区域的成员，包括中美洲和南美洲的成员。[44]墨西哥和加拿大也未包括在内（加拿大也不是一个货物/服务尼斯分类体系的成员）。但落实并不容易，特别是对加拿大来说，尼斯分类体系的使用需求具有挑战性。虽然美国能够将落实纳入马德里体系以适应其使用要求，但加拿大制度需要自身的程序性方法来满足其独特的法定使用要求。

了解潜在市场

在制定商标注册和实施计划时，市场影响战略。识别关键的区域市场和制造地点是基本的要求，但货物作为水货的意外分销和侵权行为的潜在分销，迫使知识产权持有者将注册策略的重点扩大到国际贸易枢纽国家。公司商品和市场有哪些可能的国际贸易路线？由于允许货物在区域内自由流动，因此自由贸易区不容忽视。欧盟或许是显而易见的，但存在许多其他自由贸易区，例如南美洲的安第斯国家（包括哥伦比亚、厄瓜多尔、秘鲁和玻利维亚）和南非发展共同体（包括南非、莱索托、斯威士兰、纳米比亚和博茨瓦纳）。欧盟简化了对自由贸易区的担忧，并通过 CTM 注册处为国家注册提供了经济的替代方式。相反，在安第斯山脉和南部非洲国家，单个国家注册或在国际注册的成员指定对提供完整保护都是必要的。

诉讼并不便宜，且如果市场产生大量的假冒伪劣商品，恶意或善意侵犯公司知识产权，诉讼会产生意想不到的预算费用。它们会耗费时间和金钱。现代技术和通信可以很容易地把国内的小问题一夜之间变成错综复杂的国际问题。一些公司通过联合使用商标、版权和其他手段，创造性地解决灰色市场商品的问题。[45]

要求优先权

许多公司利用《巴黎公约》的规定，首次在本国提交商标注册申请后，在外国管辖区提交相同的商标申请。凭借该公约中的本国和国外管辖权的成员资格，公司在首次申请后 6 个月内提交的外国申请可以要求原申请递交日的优先权。虽然这一程序使公司能够推迟外国申请费用的缴纳，有时还可进入下一预算周期，但由于优先权必须遵守的众多手续，实际上可能会增加成本。这些成本包括在本国取得原始注册证书、公证、合法化和/或翻译的成本。因此，除非推迟申请成本所带来的好处大于要求优先权有关的附加成本，而且需要优先权要求以避免驳回或异议，则同时提交国外申请与本国申请，或者之后提交而不要求优先权，并承担他人在此期间提交的申请妨碍外国管辖范围注册的风险。这样更具成本效益。

避免域名与社交媒体用户名冲突

传统上，公司认为域名与商标组合没有关系。有些公司冒险在确定和寻求相应的商标注册之前已经注册域名。然而，随着通用代码和国家代码顶级域名数量的增加以及在未来可预见的"虚夸"的顶级域名的预期可用性，[46]与新商标同时注册域名可能更具成本效益，可避免由第三方在日后对此类注册进行异议的潜在费用。供用户使用用户名、句柄或页面标题的社交网站不断增加，在多个社交媒体网站上检索和注册域名越来越容易，在第三方已经注册的情况下很难获得这些域名。这表明在重要的社交媒体网站上将注册商标作为一个用户名，同时寻求各商标局和域名注册机构的注册更具成本效益。

避免自助服务

许多没有经验的公司在申请和注册时选择不借助经验丰富的商标专业人员提交申请。这是一种高成本方式。例如，尽管自助服务网站可能表面上似乎提供了申请商标权花费不高的替代方式，但使用它们可能会导致长期成本的大幅增加。虽然自助可最初通过降低进入门槛而降低有限成本，但这样做是目光短浅的行为。这种自助行为可能会伴随着一些陷阱，包括专利商标局的退回或完全驳回、遗漏可能会使申请遭到驳回的信息，或随后因欺诈或其他原因取消注册。通过研究详细情况和调查商标使用，经验丰富的商标专业人员从一开始就可以以较低成本确定克服专利商标局反对意见的手段。如果没有法律建议，则很难克服这些反对意见，从而抵销了自助方式的经济效益。一个经验丰富的商标律师无论是在公司内部还是作为外部律师，都可以通过在申请提交之前和之后复杂问题产生时及时解决来使获得成功的机会最大化。

支持使用注册

对于在美国申请的商标，重要的是要确保商标实质上用于无论是提交文件时还是使用时所列的每项货物和服务。在美国商标申请中确认的货物和服务应尽可能准确并广泛地描述，以预见今后标志随市场使用的变化，但在使用时不能包括没有实际商业使用而仅保留公司未来权利的货物或服务。例如，声称与"葡萄酒"有关的使用，这是一个按照 USPTO 可接受的商品和服务分类手册（*ID Manual*）[47]可接受的描述，比声称"葡萄酒，即白葡萄酒和红葡萄酒"更安全。尽管开始可能有这样的意图，如果商标只用于白葡萄酒，注册可能被认为欺诈而容易被取消。[48]虽然基于欺诈的无效通常仅限于发生欺诈的商品和服务类别，但仍有一些主张反对在美国提交多类别申请。[49]这些人可能会选择为每个类别的商品和服务提交单独的商标申请，自己提交申请时在成本上没有差别。尽管外部律师对他们的服务收取不同费用，但官方申请费用都一样。

在单独申请中分离类别的好处是，在评估特定分类时审查员不太可能受其他分类提交材料的影响。例如，在涵盖两个类别商品和服务的多类别申请中，审查员会根据另一个类别中的商品或服务考虑一个类别中的使用样本，并以服务"只是偶然"为理由拒绝该申请。[50]类似地，当两个单类别申请不是同日提交时，两者不会都因与第三方的先前标记混淆而被拒绝。由于美国的多类别申请通常由一名审查员审查，所以他或她可能更容易了解多个类别中的所有货物/服务，从而拒绝覆盖所有类别的商标。然而，每个类别的商品和服务都进行单独申请会比较烦琐，而且管理和维护成本更高。

关于美国的使用意图申请，在提交使用说明时，必须确认货物和服务是准确的，并且该标识确实用于所有确定的货物和服务。同样重要的是，申请中列出的每类商品和服务的首次使用日期都是正确的。[51]最后，要确保任何和所有使用样品准确地反映标识的使用。应该注意的是，多类别申请的可用性和显示使用的必要性在实践中需体现出细微差别且因管辖区不同而不同。

商标权的使用、监控和实施

本节讨论运用商标准则和策略来进行与商标申请和使用有关的尽职调查。

品牌准则

品牌准则鼓励正确使用商标和与之相关联的商业外观。它们通过为机构内的许多团体使用商标提供连续、详细的指南，来强化商标相关的权利，既包括在注册人和相关实体范围内的内部使用，也包括在使用商标的被许可人范围内的外部使用。保持品牌准则更新可以防止内部人员滥用商标或进行不一致的使用，这会削弱商标强度或使其受损。此类准则还包括在销售材料和产品包装上使用"TM"和"®"符号以及知识产权属性声明的标记要求。新兴做法是员工和被许可人在社交媒体网站上制定和发布关于使用商标的政策和指南。[52]

尽职调查

行使商标权的成本会变得很高，特别是如果不在早期加以解决的话。关于积极参与正在进行商标使用有关的尽职调查的商标所有者，同样重要的是，在成为商标审判和上诉委员会的当事人之前，要对注册进行核查，以确定可能受到异议之前的任何潜在问题。积极主动地阻止他人申请类似商标并迅速切断假冒业务的公司可以节省大量的法律预算。[53]这些积极做法包括：①使用监视服务，其通过在世界范围迅速识别潜在的冲突申请以帮助减少费用；②海关备案；③引导海关官员；④引导和动员消费者和公众适当查询商标，识别和防止侵权行为；⑤参与基于供应商的通知服务（例如易趣网的VeRO程序）；⑥通过适当媒体宣布采取行动以体现公司的注意力和反应性来警告其他各方。通过学习早期的潜在冲突，公司有可能更深入地调查业务，以更好地了解是否值得提起诉讼。最终，尽职调查将确保商标权牢固。

结　论

无论是公司在管理现有的权利，还是在选择、清理、注册和使用新权利，商标的成本之高足以诱使决策者忽视这些事项或在经济困难时期简化程序以削减开支。但是公司应该认识到商标不仅仅是账簿债务栏中的费用。更确切地说，如果得到适当维护，它们是具有实质价值的资产。因此，企业不应在困难时期随意削减商标预算或压缩商标组合。相反，它们应该对所拥有的商标进行核查和优先排序，并在采用新品牌之前作出谨慎的战略决定，以维护和有效利用它们的重要资产。

注　释

1. 笔者感谢 Jason Kreps 和 Angela Lam 在准备本章中所作的辛勤努力。

2. 例如，在泰国（"先申请"制国家），一家泰国的摩托车滚子链制造商在 1997 年得知其两个泰国本地经销商在自己国家将它的商标提交注册申请时无疑会感到惊讶。泰国滚子链工业有限公司（以下简称"泰国滚子链"），自 1970 起使用与其产品相关的商标 DAI。可能是出于恶意，泰国滚子链的两家经销商都未通知商标所有者而提交了商标申请。泰国滚子链与一个经销商协商得以解决，但另一个经销商决定保持对 DAI 商标的所有权。在商标注册且商标委员会按照"先申请"规则支持经销商之后，泰国滚子链向泰国专门的知识产权与国际贸易法院提起民事诉讼，法院再次肯定了经销商对 DAI 商标的所有权。仅在它们把案件递交到泰国最高法院后，泰国滚子链才成功地确保自己拥有 DAI 商标权。如果早先提交商标申请泰国滚子链将节省多年的诉讼费用。完整案例的研究参见：www. illekeandgibbins. com/publications/event_articles/IP_NOV05/trademark_hijacking. pdf.

3. 参见下文关于商标选择的内容。

4. Lanham Act §7（b），15 U. S. C. A. 5 1057（b）；Lanham Act §33（a），15 U. S. C. A. §1115（a）. 参见 *J. C. Hall Co. v. Hallmark Cards, Inc.*，310 F. 2d 960，144 U. S. P. Q. 435（C. C. P. A. 1965）（主登记簿上注册是连续使用该标记的初步证据，可追溯到申请注册递交的日期）。

5. 参见 15 U. S. C. §1117（a）。

6. 为进一步探讨商标注册过程中控制成本的方法，参见：PILSON A S, RESO S L, ASBELL M D. Tips on acquisition and enforcement of trademark rights on a tight budget［EB/OL］.（2019 – 05 – 04）. www. monda. com/unitedstates/article. asp? articleid = 79550.

7. 例如，主要商标可以是公司名称、标识，以及在全球范围内跨实体、部门、机构分支或市场使用的其他标志。次要商标是在某些使用领域由于实际或市场原因替代初级标记的标记。第三级商标是指限于特定市场或短期使用的产品标记。

8. 这样的数据库管理系统可以通过开发或购买用于内部使用（例如，专有软件或购买软件）来实现，通过法律事务所或知识产权服务供应商或利用第三方基于 Web 的数据库服务器（例如，trademarkia. Com，但有一定的局限性）进行外包。

9. 参见后文"国家提交与条约提交对比"。

10. 《巴黎公约》缔约方可从以下网址获得：www. wipo. int/teaties/en/ShowResults. jsp? lang = en&treaty_id = 2.

11. *In re 1800 Mattress. com IP，LLC*，586 F. 3d 1359（Fed. Cir. 2009）；*In re Tires，Tires，Tires，Inc.*，94 U. S. P. Q. 2d 1153（T. T. A. B. 2009）.

12. *In re Stanbel Inc.*，16 U. S. P. Q. 2d 1469（T. T. A. B. 1990）.

13. *Agencja Wydawnicza Technopol sp. z o. o. v. Office for Harmonisation in the internal Market*，E. C. J. Case C – 51/10 P.，March 10，2011〔EB/OL〕. http：//eur – lex. europa. eu/LexUriServ/LexUriServ. do? uri = CELEX：62010J00 51：EN：NOT.

14. 参见：*In re P. J. Fitzpatrick，Inc.*，2010 WL 2513861（T. T. A. B. 2010）.

15. *In re Delaware Punch Co.*，186 U. S. P. Q. 63（T. T. A. B. 1975）.

16. 参见：*Palm Bay Imports，Inc. v. Veuve Clicquot Ponsardin Maison Fondee En 1772*，396 F. 3d 1369，1372（Fed. Cir. 2005）.

17. TMEP §1209. 01（a）.

18. 关于外包到品牌代理机构的讨论，参见本书第十一章"品牌与营销的外包"。

19. 参见 15 U. S. C. §1127（"如果该商标已连续 3 年未被使用，且所有者没有试图重新使用该商标，商标局可能会认为所有者放弃该商标"）；另见：DENNISTON M S. Residual Goodwill in Unused marks – The Case Against Abandonment〔J〕. Trademark Reporer，2000（90）：615.

20. 参见：ASBELL M D，KOLSUN B. Back to the drawing board：how your graphic designer's ignorane of the law may cost your company〔J〕. ACC Docket，2011，9.

21. 关于从供应商角度看寻找外包的讨论，参见本书第十二章"商标检索"。

22. 参见 KnowEm. com（关于有用的社交媒体网站检索服务）。

23. 而且，鉴于语言、文化意义和商标法实践的不同，一个司法管辖区的律师可能无法识别在其他司法管辖区中被认为是有问题的商标。

24. 参见前注 20。

25. 该注册处由内部市场协调局（OHIM）管理。

26. 商标国际注册制度由 WIPO 管理。

27. 欧盟成员国可以从以下网址获得：http：//europa. eu/abc/european _ countries/eu_ members/index_en. htm.

28. CTM Reg. No. 005867759.

29. HINES P J, WEINSTEIN J S. Using the Madrid Protocol after U. S. Accession [J]. The Trademark Reporter, 2003, 93 (5): 1023 – 1024.

30.《马德里协定》, April 14, 1891, 828 U. N. T. S. 389, 1 Basic Docs. International Econ. L. 781 (CCH 1994) (《马德里协定》于 1891 年在《巴黎公约》范围内作为一项特别安排而启动, 只有《巴黎公约》的缔约国可以加入该协定)。

31.《马德里议定书》; 15 U. S. C. § 1141a (b) (2004). [《马德里议定书》于 1996 年创立, 以解决许多之前拒绝加入《马德里协定》的国家(包括美国)因程序提出的问题。2003 年,《马德里议定书》在美国生效]。

32. 超过 80 个国家参加马德里体系, 成为《马德里协定》《马德里议定书》或两者兼而有之的成员。

33. 参见 TMEP § 1904. 02 (f)。

34. 关于并购中知识产权考虑的讨论, 参见: MEYERS D. Growth through Acquisition or Merger [M] //BRYEY L G, LEBSON S J, ASBELL M D. IP Strategies for the 21st Century Corporation. Hoboken: John Wiley & Sons, Inc. , 2011.

35. 如果受让方国籍所属国是《马德里协定》的成员而不是《马德里议定书》的成员, 则只能在《马德里议定书》注册指定的那些属于《马德里协定》成员的地区转让注册。例如, 加拿大不是《马德里议定书》成员。如果加拿大公司想获取拥有国际注册的美国实体的商标组合, 则美国公司无法备案将国际注册转让给加拿大公司。由于加拿大不是《马德里议定书》的成员, 因此不能转让国际注册。

36. 参见 TMEP § 807. 13。

37. 参见 EUROACE (http://oami. europa. eu/euroace/euroaceserv? Action = search& langid = en), 此为 OHIM 提供的在线搜索引擎服务, 申请人可以对商品、服务描述和对应分类号进行检索。

38. 参见 TMEP § 1402. 04; 参见美国《可接受商品和服务分类手册》(http://tess2. uspto. gov/netahtml/tidm. html): 第 25 类。

39. 参见 TMEP § 1201. 03。

40. 2010 年 8 月 23 日来自墨西哥法律顾问的电子邮件函件。

41. 马德里体系修正提议的描述, 可以在以下网址获得: www. uspto. gov/trademarks/notices/Madrid_feedback. jsp。

42. 另一个修正提议是, 如果 "基础商标" 的要求仍然存在, 国际商标所有者在 5 年的依赖期届满后, 可以指定自己所属国的官方机构。

43. 参见: Madrid Agreement Concerning the International Registration of Marks and Protocol Relating to the Madrid Agreement Concerning the International Registration of Marks Status on March 17, 2011 [EB/OL]. www. wipo. int/export/sites/www/treaties/enDocuments/pdf/madrid_marks. pdf.

44. 然而, 截至 2011 年 5 月 31 日, 哥伦比亚国会批准了一项法案, 要求该国加入马德里体系。截至本章最后一次编辑日期, 该法案正在等待总统批准和宪法法院批准。参见: Colombian Congress Approves Madrid Protocol [EB/OL]. NTA Bulletin, 2011, 66 (11).

(2011 - 06 - 15). www. nta. org/INTABulletin/Pages/Colombian% 20 congress% 20approves920 madrid% 20protocol. aspx.

45. 参见：*Omega S. A. v. Costco wholesale Corp.*，541 F. 3d 982（9th Cir, 2008），*affirmed by* U. S.（Dec. 13, 2010），Case No. 08 - 1423.

46. 参见本书第五章"域名"。

47. 可在以下网址获得：http：//tess2. uspto. gov/netahtml/tidm html.

48. 参见：*In ne Bose Corp.*，580 F. 3d 1240, 1245（Fed. Cir. 2009）（"我们认为，只有当申请人或注册人故意以欺诈专利商标局为目的作出虚假、实质性陈述时，才有欺诈行为。主观的欺诈意图，无论多么难以证明，都是分析中不可或缺的因素。"）（强调是后加的）。

49. 参见：J. Thomas McCarthy 所著 *McCarthy on Trademarks and Unfair Competition* 一书 §31：73（2010 年第 6 版）（"我们发现，在审查欺诈问题时，必须单独考虑多类别注册中的每一类货物或服务，而在欺诈基础上对一个类别的判断本身并不要求取消注册中所有类别。"）［援引：*G&W Laboratories*，*Inc. v. G W Pharma Limited*，89 U. S. P. Q. 2d 1571, 1574（T. T. A. B. 2009）］。

50. 参见 TMEP §1301（a）。

51. 参见 J. Thomas McCarthy 所著 *McCarthy on Trademarks and Unfair Competition* 一书 §31：74（2010 年第 6 版）（"商标委员会多次申明，对于基础申请，首次使用的日期错误不构成欺诈，只要在申请之前有效使用商标"）。

52. Matthew D. Asbell 和 Christopher Lick 的文章："在社交媒体网站上使用商标的介绍"（Benjamin N. Cardozo School of Law，2011 年 03 月 17 日）。虽然条款可能因公司不同而有所不同，对于任何协议的政策，都应咨询熟悉商标和社交媒体营销问题的律师。这些政策的一些关键条款可能包括：（1）要求获得批准被许可人的社会媒体网站就业政策；（2）要求许可证必须在社交媒体网站使用期间有效，并且必须在许可不更新或终止时删除该页；（3）要求许可规定的许可费和其他款项不得逾期交付许可方；（4）要求商标用语可用作形容词，大写，并紧跟其后的是适当的符号®或™；（5）要求社交媒体站点上的任何页面都必须包含归属声明；以及（6）要求社交媒体页面上包含对应许可者的网站/页面的超链接。

53. 关于运用私人调查保护知识产权，参见本书第十三章"调查：挑选和指导外部调查员的注意事项"。

第五章
域　名

丹尼斯·S. 普拉尔
埃利奥特·利普斯

　　从 20 世纪末起，互联网和域名成为商标保护中最大的挑战。对于每一个商标所有者而言，了解域名的属性、域名对于商标的威胁以及可用来阻止和对抗他人滥用的措施是非常重要的。

互联网概述

　　互联网是一个由分布在全球的大量彼此互相连接的电脑构成的网络，能够集中地向网络上的用户提供海量的信息。2009 年底，估计有 18 亿人在使用互联网。[1]万维网（World Wide Web）特指一个用户可以通过个人电脑上的互联网浏览器进入的超链接文本网络。互联网，特别是其中最显著的万维网已经变得非常流行，并给予公司巨大的机遇来树立并扩张它们的品牌。互联网和万维网同样也为第三方的商标侵权和滥用提供了投机的平台。

　　互联网同样为品牌所有者和公司带来了内部挑战，迫使法律、市场、通信以及信息技术部门的资源集中化。这个领域中最成功的公司是那些已经认识到这种集中化，并为这些内部部门中的战略、预算和通信建立了协议的公司。这些公司在面对这种挑战并将机会转化为资本中抢占了先机。其他那些仅仅将其作为临时性和不持续手段的公司，在通信的效率、有效的法律策略甚至最好的 IT 实践上都没有收获。不管怎样，品牌所有者不得不将更多人力和物力投入能够获得最大成本收益的这三个关键部门的互联网战略和协作中。

对互联网的基本了解和对互联网上公司商标的监控是必需的。这有助于建立和维持公司商标的有效策略、商誉和价值。

域 名

品牌持有人需要了解域名的功能，以及它们如何被分配和使用，以便把握它们给品牌带来的风险。

域名的功能

由大量计算机网络组织形成的互联网在很大程度上依赖于互联网协议（IP）地址系统。在 IP 地址系统下，互联网的每一个网络被指定一个唯一的以 32 位数字形式的 IP 地址，或者是一个类似于电话号码一样，例如 123. 234. 345. 456 的字符串。计算机通过网络上的 IP 地址来识别并连接到网络上的特定网址。

域名提供了一种与 IP 地址相关的简化命名系统，使得用户不用记住那么长的字符串。域名是一个用来指定特定的 32 位互联网协议网络地址的文字识别符。使用有意义且包含信息的语言将用户引导到一个特定的域名让定位特定网址这一任务大大简化。域名中语言的使用也允许域名拥有者能够以一定的形式来定义网址，也有助于用户找到和记住该域名。例如，Ladas Domains, LLC 被注册为 Ladasdomains. com，以提供其服务的信息和商业网址。这样用户可以简单地在互联网浏览器地址栏输入 www. Ladasdomains. com，就可以找到这个网址，而不用输入用来指定同样网址的 IP 地址 69. 20. 67. 17。

域名服务器（DNS）将特定的数字 IP 地址与相应的域名相关联，并提供域名服务能够正常运转的技术框架。域名服务器确保了一个互联网用户在互联网浏览器中输入了某个域名后，能被路由到正确的 IP 地址。值得注意的是，域名服务器还允许域名持有者随时修改域名和 IP 地址之间的对应关系。这样，如果域名持有者的服务器或者服务器位置变化，域名持有者或者他的网络管理员可以在域名服务器上更新 IP 地址，互联网用户在输入域名时将被无缝引导到新的位置或者服务器。对于域名持有者而言，域名作为一个不变的指引符可以允许服务器物理位置的变化，即便是变化到对于网页的访问者而言是不认识的位置。

域名的解析

例如 http：//www. internet. com 的网址包括好几个部分。域名中对于知识产权权利人最相关的部分是跟在 www 后面的部分，其中紧跟在最右边点号的部分称作顶级域名（TLD）。顶级域名限定了将域名名称列出的注册方，并且具有好几个法律分支。这部分内容在本章稍后详细讨论。

顶级域名的左部，即最右边点号的前面被称作二级域名。这部分地址由一串文字字符组成并表达出网址。这部分与品牌持有人的知识产权最为相关，因为在域名争议中，往往都是源于第三方主张二级域名的文字内容侵犯了其商标权。域名还可以有三级域名，作为一组附加的字符串紧紧位于二级域名点号的前面。在网址 www. my. internet. com 中，"internet" 是二级域名，而 "my" 是三级域名。

域名最左边的部分主要是技术术语，其与知识产权事务相关度较小。最左边的部分通常包括 "http://" 或者 "https://"。这些标识规定了互联网浏览器在获取请求的信息时所采用的通信协议。"http：//" 表示应该采用超文本传输协议；"https://" 表示使用超文本安全传输协议，其在一个不安全的网络中创建一个安全通道，通常被用于敏感交易，例如在线支付。

前缀 "www" 指代万维网。根据服务器所提供的服务，这个前缀主要是根据已有的域名命名惯例放在域名内，对于互联网浏览器而言不构成一个指令。当用户在输入二级或者三级域名时，许多互联网浏览器自动加入 "www"。

顶级域名

有两种顶级域名：国家或地区代码顶级域名（ccTLDs）和通用顶级域名（gTLDs）。

国家或地区代码顶级域名

国家或地区代码顶级域名由两个字母组成，可代表国家或地区。每个特定的国家或地区代码顶级域名对应每个国家或地区的缩写。除了少数历史因素以外，国家或地区代码对应于国际标准化组织（ISO – 3066）中每个国家或地区的缩写。

截至 2010 年 6 月，一共有 248 个国家或地区代码顶级域名。最常见的 10 个国家或地区国家或地区代码顶级域名是：中国（. cn）、德国（. de）、英国（. uk）、荷兰（. nl）、欧盟（. eu）、俄罗斯（. ru）、巴西（. br）、托克劳群岛（. tk）、意大利（. it）和波兰（. pl）。[2]

许多国家或地区代码顶级域名已经引入子域名，以便在域名功能系统内分配额外的空间。例如，如果在 . uk 域名下的注册空间不够，则可以替代地以 . co. uk 子域名来申请注册一个商业域名，以 . ac. uk 作为一个学术域名，以．gov．uk 作为一个政府域名等。

有一些国家或地区代码顶级域名不再与相应国家或地区的国家代码根节点有任何关联，例如．tv（图瓦卢）、．co（哥伦比亚）、．me（马其顿），它们已经被作为商业实体的代表并且向所有用户开放。

国际化域名

传统上，国家或地区代码顶级域名都被限定采用国际标准化组织中两位字母的国家或地区代码拉丁字母。然而，最近在域名系统显现出的一个领域，特别是对国家或地区代码顶级域名有影响的，是引入非拉丁字母域名。用于在计算机中表示文本的字符编码被称为美国信息交换标准代码（ASCII），其是以英语字母表为基础。国际化域名（IDN）采用当地语言文字被引入，从而形成非 ASCII 文本，例如汉语、阿拉伯语和斯拉夫语。这种域名的应用从 2009 年 11 月开始被接受。在 2010 年 4 月，互联网名称与数字地址分配机构（ICANN）委员会接受了埃及、俄罗斯、阿拉伯联合酋长国和沙特阿拉伯[3]有关国际化域名的请求。对于 16 亿互联网用户中超过一半的母语中都采用非拉丁字母的互联网用户，国际化域名的应用使得域名更加便捷。

尽管这种发展为成千上万预备进入特定语言市场的新域名提供了机会，但其同样也为那些抢注域名的获利者和在这些域名中的商标侵权者提供了额外的机会。在商标侵权领域中常见的是，一个可能的侵权者会使用和/或注册当地语言翻译或音译的国外品牌名。国际化域名的引入使得这种将品牌翻译或音译的做法扩展到互联网。

通用顶级域名

通用顶级域名是采用三个或者更多字母的顶级域名，且不特指国家或地区。通用顶级域名包括非赞助顶级域名（sTLDs）和受赞助顶级域名。非赞助通用顶级域名包括受限制的和非受限制的域名，而受赞助顶级域名通常都是受限制的。任何个人和企业都可以任何目的注册非限制的域名。当前非赞助通用顶级域名有．biz、．com、．info、．name、．net、．pro 和．org。[4]值得注意的是，在非赞助通用顶级域名中，只有．info 没有被设计为具有特定用途的通用顶级域名。．com、．net 和 org 最初分别被专门设计用于商业实体、网络技术组织和非营利组织。然而，大量超出这些原定用途范围的顶级域名的广泛注册已经使得这些域名被视作不受限的域名。

当前受限制的非赞助顶级域名是．biz、．name 和．pro。[5] ．biz 域名仅用于商业，并且必须是"真实的生意或者商业用途"；．name 域名仅用于个人，并且必须包含他们的法定名称或昵称；．pro 域名仅用于持有执照的自由职业者用以推广他们的服务。

受赞助顶级域名是一些由私人机构或者组织为了特定目的而赞助的专业的域名，其用途一般限定在特定团体。当前受赞助顶级域名如下 . aero、. asia、. cat、. coop、. edu、. gov、. int、. jobs、. mil、. mobi、. museum、. tel、. travel。[6]作为受赞助顶级域名服务团体的一个例子，. aero 域名由国际航空电讯协会（SITA）运营，并由航空领域的公司和个人使用。其他更为人所知的受赞助域名包括 . edu（由美国教育部所认可的学术机构赞助并使用）、. gov（由作为美国政府代表的美国总务署所赞助，供美国政府使用）。

在 2011 年 3 月 18 日，受赞助域名 . xxx 被 ICANN 批准通过并用于成人娱乐产业。. xxx 受赞助域名预计在 2011 年晚些发布。❶

通用顶级域名扩展计划

在 2008 年 6 月，ICANN 宣布准备扩大已有的开放和受赞助的顶级域名的数量。根据在 2011 年 6 月 20 日被 ICANN 执行委员会批准的计划，一家公司可以大概 185000 美元的申请费买入自己的通用顶级域名，这家公司随后就必须负责这个域名的注册，并管理和监控所注册的域名。到 2010 年 8 月，有传言已经有多达 113 个新的顶级域名将可能被提交，[7]包括地理域名例如 . nyc 和 . berlin，[8]以及关键词域名例如 . shop 和 . eco。

通用顶级域名扩展以覆盖公司品牌名为品牌所有者带来了过多的潜在收益和问题。一个以品牌命名的通用顶级域名可能会给予一家公司所需的资本和巨大的机会来做好在线品牌营销、组建公司品牌社区并进一步保障其在线品牌的安全。但是，申请与运营一个通用顶级域名所带来的相关高成本也会使那些没有通用顶级域名资源的小公司处于不利地位。另外，可能还会有在不同领域具有相同商标的公司想寻求同一个特定的通用顶级域名，但是只有一个公司能得到的情形。还有一些描述性和通用的术语，例如 . shop 就会成为非常有价值的域名，因为会有很多公司有兴趣得到一个通用或者描述性的通用顶级域名，而且也仅有一个公司能得到它。

域名的分配

互联网数字分配机构（IANA）负责构造和指定顶级域名。IANA 负责处理多个用来保证互联网高效运行的重要技术需求，包括分配国家或地区代码顶级域名和通用顶级域名、维护多个不同 IP 协议下的数字和编码、协调 IP 地址

---

❶ 原版书成书于 2011 年，故此处反映的是当时的情形。——译者注

系统。

从 1998 年起，IANA 已经成为 ICANN 的一个职能机构，[9]在顶级域名的构造被批准后，IANA 的职责就是为顶级域名指定一个执行机构。[10]域名注册的执行机构也被称作网络信息中心（NIC），负责处理域名的分配，并维护所有该顶级域名下注册的所有域名。IANA 除了构造顶级域名和为顶级域名分配一个有能力的执行机构以外，其在顶级域名的管理中并不是一个主动的角色。

域名的注册

一家公司可以注册一个域名。其给予它在一定时间段内排他使用该域名的权利，但是并没有实际的所有权。域名持有者通常有权利将域名转让给另外一家公司。

域名的销售由注册商负责，销售原则采用先到先得原则。每个被出售的域名都有一定的年限，并且每次注册都需要交纳年费。申请注册域名通常需要提供以下信息：管理联系人、技术联系人、缴费联系人和域名服务器。必须准确提供这些信息。部分或者全部注册信息在公共的"whois"数据库中都可以获取，域名持有人也可以采用"whois"数据库中的隐私服务。其仅仅提供一般信息从而能够在一个面向公众的公共数据库中保护域名持有人的身份。绝大多数通用顶级域名都可以采用隐私服务，但是对于绝大多数国家或地区代码顶级域名不适用。

由 ICANN 授权的独立注册商可以销售各种不同的顶级域名。对于注册商，当前没有销售某特定顶级域名的限定，域名申请人通过注册商购买一个域名，注册商通知执行机构该顶级域名已经被注册并将注册费用转交。执行机构随后将域名和新的持有者的映射关系进行注册更新。到 2011 年 4 月，有近 1000 个注册商获得 ICANN 授权。

非受限的域名可以由任何个人或公司购买，但是受限制的通用顶级域名必须满足特定的条件，绝大多数国家或地区代码顶级域名也必须满足特定的条件。例如，如果想购买澳大利亚的 . com. au 域名，申请人必须是一家澳大利亚的公司，或者在澳大利亚有注册的商业名称或者协会，域名也必须精确匹配这家公司的商业名称、缩写、首字母缩写，或者与该公司的生意有紧密且隐含的关系。[11]类似地，如果想注册一个域名 . ac. uk，申请人必须在英国具有一个实体，并且具有中央政府资助以提供高等教育；或者其部分核心活动是公共资助的学术研究，其中合理比例的成果放在英国公共领域；或者主要目的是向与高等教育组织一起工作的组织提供支持；或者具备学术组织的状态，其存在是为了推动一门学科或一组学科。[12]法国具有子域名 . tm. fr，要求经营者有证据证明其具有相应的商标申请或者有效登记。[13]

在同意登记注册之前，注册商通常都会仔细核查是否满足注册的要求，但是即便没有满足所有的条件，注册商通常也会将该域名登记注册。然而，如果域名受到第三方异议，没有满足注册要求的注册者也面临丧失域名的风险。

域名争议的管理

所有通用顶级域名和国家或地区代码顶级域名在其顶级域名内都有一项适当的政策来管理域名的争议。国家或地区代码顶级域名在其覆盖的国家或地区内有与其地域相关的特殊政策。例如，在 . us 域名下的争议都由 usTLD 争议解决规则来管辖。[14]

相反的是，绝大多数通用顶级域名（包括所有的开放式通用顶级域名）都由 ICANN 的统一域名争议解决政策（UDRP）来统一管辖。UDRP 目前适用于具有以下顶级域名的域名争议，包括：. com、. net、. asia、. biz、. cat、. coop、. info、. jobs、. mobi、. museum、. name、. pro、. travel 和 . tel[15]。有些国家或地区将 UDRP 的规则直接用于解决本国或地区的代码顶级域名的域名争议，这些国家或地区包括亚美尼亚[16]、百慕大群岛[17]、哥伦比亚[18]、厄瓜多尔[19]、巴基斯坦[20]、波多黎各[21]、罗马尼亚[22] 和委内瑞拉。

统一域名争议解决政策（UDRP）

1999 年，ICANN 开始采用 UDRP，以便提供统一的流程和一套规则来保护商标权利人以防止其商标被滥用注册。[23]

域名的注册者在购买域名时，就默认自动同意 UDRP 的术语和条款并受其约束。销售域名的注册商也被要求必须同意 UDRP 中的条款。这种让域名销售注册商和注册者都强制同意 UDRP 的条款，能够在其管辖范围内将 UDRP 的条款应用并与顶级域名的争议绑定。

UDRP 规定，在 UDRP 管辖范围内的域名所有者必须向经其认可的行政争议解决服务提供商提交投诉，启动一个行政程序。[24]由 UDRP 指定的仲裁听证意在为域名争议提供一个节约成本且高效的解决方案。

当前，基于 UDRP 的投诉方可以将其投诉向经过 ICAA 认可的服务提供商提出。这些服务商包括 WIPO 仲裁调停中心、美国国家仲裁法庭（NAF）、亚洲域名争议解决中心（ADNDRC）、捷克仲裁法庭（CAC）[25]。UDRP 规则建立了程序的规则。[26]另外，每个行政争议解决服务提供方有一些补充的规则，例如，ADNDRC 遵守 ICANN 的统一域名争议解决规则和相应补充规则。[27]NAF 遵守 ICANN 的统一域名争议解决规则，[28]WIPO 针对统一域名争议解决规则有自己的补充规则，[29]CAC 遵守捷克仲裁法庭有关 UDRP 的补充规则。[30]

　　UDRP 需要在程序开始后 2 个月内作出决定。[31]投诉方在投诉时需要填一份投诉书并缴纳请求费，被投诉方在一定期限内提交答复，双方随后还可以提交一次附加材料，但是需要附加费。由一或三名成员（视当事方的要求而定）组成的专家组随后根据此前的记录作出决定。

　　在 UDRP 程序中，对于投诉方来说唯一的救济就是取消这个域名，或者将该域名转让给投诉方。在专家组作出决定后，如果决定是将域名取消或者转让给投诉方，注册商将收到通知并强制将该域名转移给投诉方或者取消该域名登记，除非败诉的一方在决定作出 10 日之内起提供对该决定着手进行诉讼的证据。类似诉讼的提起必须在规定的共同管辖区内，通常来说可以在注册商主要的办公场所（如果域名持有者在注册协议中提交了相应的管辖条款），或者在投诉方提交请求的时候域名持有者在注册商那里登记的"whois"数据库中所留存的登记信息中的地址。[32]

　　在 UDRP 下的争议中，投诉方需要作出以下声明：

　　（1）争议的域名与投诉方所拥有的商标或者服务标记相同或者相似以致容易混淆；

　　（2）域名所有者与所注册的域名之间没有权利或者合法的利益；

　　（3）域名被域名所有者恶意注册且使用。[33]

　　如果域名争议没有满足上述任一条件，将认为争议不在 UDRP 的管辖范围。然而，商标所有者的一个有价值的域名被第三方恶意抢注时，如果是属于 UDPR 规定的被恶意抢注的那些情况，UDRP 也会帮助商标所有者。非受限域名仍然是基于先到先得原则，许多域名争议也都不属于那些专门抢注企业/名人域名，再高价卖给该企业/名人赚取暴利的类型，UDRP 也会试图去进行救济。

　　在 UDRP 下，专家组认为下面三种情况构成恶意注册和使用：

　　（1）有情况表明，域名所有者注册或者获得该域名的主要目的是销售、出租或者将该域名的注册转让给拥有相应商标或者服务标记的投诉方，或者投诉方的竞争方，以获取与该域名相关且明显超出有记录的支出的价值；

　　（2）域名所有者注册该域名的主要目的是阻止商标或者服务标记的拥有者将该商标或者服务标记与域名关联起来，且域名持有者开始类似仿造的行为；

　　（3）域名所有者注册该域名的主要目的是干扰竞争者的生意；或者

　　（4）通过使用域名，域名所有者为了商业上的利益，有意将互联网用户引导到一个网址，并造成一种与投诉方标记在网址的来源、赞助商、从属关系和背书的混淆，或者是地址或者网站上商品或者服务的混淆。[34]

UDRP 规定，对于被投诉的被投诉方，可以通过证明以下情形之一来表明对该域名的权利和合法利益：

（1）在域名所有者接收到任何争议通知之前，域名所有者已经在真实的商品或者服务中使用，或者可证明做好准备去使用这个域名，或者与该域名对应的名字；

（2）域名所有者通过这个域名已经被广泛知晓，即便它没有获得任何商标或者服务标记的权利；或者

（3）域名所有者出于正当的非商业目的或者合理使用这个域名，没有获得商业利益的意图并误导广大消费者，或者败坏商标或者服务标记的名誉。[35]

当争议落入 UDRP 的范围时，通常通过一个行政程序来解决。但是 UDRP 也允许任一方当事人在提起行政程序后或者在决定作出后 10 个工作日内向法院提起诉讼。[36]

反域名抢注消费者保护法案

在美国，域名争议的诉讼由在 1999 年生效的联邦法令来管辖。该法令被称作反域名抢注消费者保护法案（ACPA）[37]。依据 ACPA，商标所有者可以在联邦法院向域名注册者提起诉讼。

ACPA 在相关部分规定，如果某人注册、买卖或者使用一个域名并且恶意从这个标记获取利益，而且这个域名在该域名被注册时与某特色商标相同或者相似以致容易混淆或者在该域名被注册时与某个著名商标相同或者相似以致容易混淆或者弱化该著名商标，则此人应该对于在网络上侵犯商标权利人的恶意抢注承担法律责任。

在判断一个域名是否满足恶意方面，ACPA 列出了以下的因素：

（1）域名所有者是否具有用于该域名的商标或者其他知识产权；

（2）域名的含义是否包含了可以识别域名所有者依法登记的名字或者通常使用的名字；

（3）域名所有者是否拥有与真实产品或者服务相关域名的先用权；

（4）域名所有者是否使用与非商业或合理使用商标相关的域名；

（5）域名所有者为了获取商业利益或者有意玷污或者毁谤该商标，是否有意通过在网站的来源、赞助商、从属关系或背书方面造成混淆可能性从而将消费者从商标所有者的在线网址引导到该域名下的一个网址，而该网址可能会损害该商标的声誉；

（6）域名所有者是否许诺转移、销售或者将域名转让给商标所有者或者任何第三方以获取利益，并且该域名所有者并没有使用或者有意将该域名用于

真实的商品或者服务，或者域名所有者之前的行为表明其有上述倾向行为；

（7）域名所有者在申请注册登记域名时，是否提供材料和误导的错误联系方式，故意不提供准确的联系方式，或者域名所有者之前的行为表明其有上述倾向行为；

（8）域名所有者在注册或者获取多个域名时，是否知道这些域名在注册时与某些特色商标相同或者相近似以致混淆；或者弱化了某著名商标；

（9）在子章节（c）❶的含义内，与该域名对应的商标是否达到了显著或者著名商标的程度。

ACPA 还进一步规定，如果法庭认为域名注册者"相信或者有合理的理由相信使用该域名是一种合理使用或者法律许可的使用"，则不能认定为"恶意"。

虽然 ACPA 实质上与 UDRP 相同，但是与 UDRP 相比，ACPA 还是有一些重要的不同点。最重要的一点就是，除了转移或者取消域名注册之外，ACPA 还为原告提供损害赔偿金形式的救济，[38]在 ACPA 下的原告可以弥补实际损失[39]。作为一种选择，原告可以选择以法定赔偿金来代替赔偿实际损失。针对每个域名，法院可以在 1000～10000 美元的范围内自由裁量。[40]合理支出和律师费同样也能够得到 ACPA 的支持。[41]

然而，对于包含在世者姓名的域名，损害赔偿金是受限的，对于域名中包含有在世者姓名的财产损害，原告能够获取的仅仅是律师费和合理支出。[42]

如果找不到域名注册者（这种情况发生在域名注册登记时提供了错误的信息），ACPA 规定原告可以请求"物权"（in rem）程序。[43]"物权"程序的审判位于注册或者转让该域名的域名登记员、域名登记处或者其他域名职权方所在地。在该程序中，原告也得不到损害赔偿金，原告所能获得的救济仅限于域名的转让或者取消。[44]

根据辩护的力度，ACPA 下的诉讼通常要比 UDRP 程序下的诉讼流程要长，而且也更昂贵。然而，由于能够获得财产损害赔偿，对于原告来说，ACPA 程序更有吸引力。此外，一方可能更愿意采用这种程序，因为相对于精简的 UDRP 程序，ACPA 下的诉讼更广泛，而且也可能获得更公平的决定，特别是对于一些复杂、事实繁杂的案件。然而，在 ACPA 程序下，在采取行动时，拖延是一个问题，在这个程序中可能要承受拖延和默认的公平考虑。[45]这样即便原则性规定区别不大，也使得 ACPA 吸引力下降。因为 UDPR 的第 4 段（c）没有提到被投诉方在辩护时可以采用拖延或者默认，绝大多数专家组成

---

❶　经核对美国反域名抢注消费者保护法案原文，应为美国 1946 年商标法第 43 条第（c）（1）款。——译者注

员也认为在 UDRP 程序中不能利用这些理由。[46]

对于向美国境外的、身份和区域能够被确定的域名持有者所采取的行动，投诉方不希望，或者不能采用 UDRP，因为根据当地的商标侵权、假冒和不公平竞争法，这会将司法行动管辖权限制在域名持有者所在的地区。

知识产权域名的监控/执行

滥用域名注册是对商标权的严重威胁，但是品牌所有者也可以采取多种行动和策略来降低损害。

滥用注册

为了保护公司有价值的商标，需要持续对那些包含与公司知识产权相关术语的域名注册进行监控，也包括这些域名的动向。

有许多不同类型的、有问题的域名注册可能会侵犯、淡化或以其他方式不当使用一家公司的商标。域名侵权者或者抢注者通常都会寻求一个与公司注册商标相似的域名，要么是在域名的二级、三级或者四级域名中包含公司的商标名，要么是将公司的商标名排错。例如拥有二级域名的域名本身就是公司的商标，而该公司没有去注册域名。这种情况通常发生在一家公司专注于特定的顶级域名，而将有价值的顶级域名留给了别人去注册。此外，有时候一家公司无意中让域名失效。"域名抢注"（Domain Sniping）服务的存在也允许第三方在域名过期后能够迅速自动注册该域名。

通常，域名抢注者会注册一个域名，其中包含公司的商标，并与该公司的商品或者服务的通用性或者描述性措辞相结合。这些组合域名的注册可能特别有价值，因为它们在互联网检索引擎的检索结果中占据了很高的位置。

公司商标的错误拼写也是域名抢注者通常注册的另一种主要名称。例如，一个域名抢注者可能会试图注册域名 wwwgoogle. com 或者 gooogle. com 以将本来搜索 google. com 却不小心漏掉了 www 后面点号或者在 google 这个二级域名中多加了字母 o 的用户转移到这些网址。

哥伦比亚的 . co 国家或地区代码顶级域名最近向所有注册人开放。许多公司担心这个国家或地区代码顶级域名会被域名抢注者利用，以吸引那些在. com 顶级域名中漏掉了字母 m 的客户，因此，. co 这个国家或地区代码顶级域名吸引了那些在哥伦比亚很少或者根本没有商业利益的公司的兴趣，并被认为是这些公司某些活动的温床。

域名抢注者在将消费者吸引到一个侵权域名的网站后，会有不同的行为模式。很多时候，域名抢注者会给电子商务网站提供大量的链接，这些网站通常与商标所有者的商品和/或服务相关。这些链接通常有自动化的服务提供，例如谷歌的 Adsense。域名抢注者为访问网站上提供的链接和购买商品的互联网用户提供点击费。其他时候，域名抢注者注册域名的目的仅仅是转卖域名以获得一大笔钱。与域名相关的网站可能会显示一个驻留页面，并包含一个链接到拍卖网站的网址，以允许用户竞价该域名。

当侵权域名具有一个电子商务网站，并提供竞争者的商品或者伪劣商品时，被认定为严重的滥用。这种类型的滥用需要采取快速行动。

另一种非常关键的滥用是域名所有者将一个伪装的网址放在该域名下，并且看起来像是公司的真实网站。通常这种伪装的网站用来获取互联网用户的机密信息，包括信用卡卡号、社保号码、用户名和密码（也被称为"网络钓鱼"）。如果公司没有意识到"钓鱼"网站，被这种网站欺骗的客户会失去对公司的忠诚和信任。因此，这是另外一种必须采取快速行动的情形。

保护商标的策略

商标所有者可以采取以下几个步骤来减少其需要面对的域名侵权数量。首先，当采用一个商标时，公司应该进行全面的域名检索，以了解有多少与该商标相关的域名已经被注册。包含与这个商标相关术语的可用域名数量越少，这个商标的潜在价值就会被显著地削弱。

在推出商标之前或者商标被采用后的尽可能短的时间内，商标所有者就应该实施一个适当的计划，以购买以下包含该商标的域名：①所有可用的通用顶级域名；②商标所有者符合条件的行业类别顶级域名；③极容易被抢注的国家或地区代码顶级域名（包括 .cn、.com.cn、.tv 等）；④与商标的商业计划匹配的国家或地区代码顶级域名（销售国家和所关注国家的国家或地区代码顶级域名）。当考虑到美国以外国家的消费者通常首先在本国的国家或地区代码顶级域名网站上寻找商标所有人的网站时，这一点也很重要。因此，公司应该尝试在公司目前正在运营业务或者未来打算开展业务的国家/地区注册国家或地区代码顶级域名。

一些公司对域名的注册并不是特别感兴趣，但是其想要的是防止被域名抢注者抢注。这种被称为"防御性注册"。主动购买那些域名抢注者可能会去抢注的拼写错误或者组合域名是一种谨慎的策略。因为一个通用顶级域名注册的费用为每年 10～30 美元，在 UDRP 下的一个侵权行为就会导致更大的成本。因此，即便是一家公司购买的防御性域名数量非常大，相比将域名留给他人注册，这个策略通常也是一个更划算的解决方案，而且增强了公司后续相对于第三方注册的知识产权的对抗能力。

一旦一个与商标相关的域名组合被启动，那么每周或者定期对所有包含公司商标的新域名注册进行全面检索的域名监控服务，将是检测潜在冲突注册的无价工具。互联网如此之大，大多数公司都不可能以一种低成本、高效的方式在互联网上检索有问题的域名。一开始就应该采取执行政策，以便应对各种类型的域名，使用这种检测并确保对它们采取适当并具有成本效益的行动。

商标所有者也要谨慎地维护其注册的域名。这需要内部正确的管理程序，以确保收到通知。域名续订以及域名注册所提供的注册信息要准确并保证可用。这同样也意味着在投资组合中域名是用来解析商标所有者的网址，而不是域名注册商的驻留或者搜索引擎页面的优化，这些会将流量引向其他地方。

商标所有者在意识到滥用注册时应迅速采取行动以保护其商标权。需要对每个域名分析其涉及的冲突程度、被使用的严重性、域名所有者的概况以及可用的权利和补救措施。一个典型的初始步骤是发送一封律师信，要求域名所有者停止使用该域名，并将该域名转让给商标所有者。如果域名所有者不遵守要求，或者不太可能达到预期的遵守程度，商标所有者可能会考虑采取有效的行政措施。例如在通用顶级域名的情况下启动 UDRP 程序。基于相关法律（例如美国的 ACPA）提起诉讼，也是一个可行的选择。许多人认为，ACPA 诉讼比 UDRP 程序对潜在的域名抢注情形有更大的震慑作用。

或者，商标所有者也可以考虑尝试从域名持有者那里购买冲突域名，但可能希望能够通过无关第三方使用伪装，以获得一个合理的报价。

如果商标所有者怀疑域名所有者创建了一个钓鱼网站，则应该联系美国联邦贸易委员会。除了其他强制措施以外，还可以对该域名所有者提出刑事指控。

尽管 UDRP 适用于那些将 UDRP 作为自己政策的通用顶级域名和许多的国家或地区代码顶级域名，例如塞浦路斯（.cy）[49]、摩尔多瓦共和国（.md）[50]和伯利兹（.bz）[51]，但是某些顶级域名注册中心有自己的争议解决政策，例如在英国[52]、中国[53]和加拿大[54]的国家或地区代码顶级域名注册中心。它们中的每一个都有不同的规则、场所和程序，适用于各自的国家或地区代码顶级域名，并作为商标所有者武器库中的另外的武器来对抗域名抢注者。遗憾的是，更多的国家或地区代码顶级域名没有解决域名争议的政策和程序。比如俄罗斯，商标所有者只能留待通过初等法庭来维护其对滥用域名注册的权利。

新通用顶级域名计划实施后的维权

许多商标所有者都担心通用顶级域名的扩展[55]，其预计会大大增加新的顶级域名数量，同样会极大地加剧网络上的侵权问题并且提高保护商标的成本。

每个新的通用顶级域名都会给公司带来许多新的有问题注册的风险。一家试图购买每个新的通用顶级域名防御性注册来减少域名抢注的公司，有可能有数千个新域名需要购买。此外，公司也担心新的通用顶级域名注册商可能会收取过高的域名注册费用。

为了减少众多商标所有者对于新的通用顶级域名引入后互联网上侵权问题升级的担忧，ICANN 任命了一个执行推荐团队。[56]其提交设计了一个新的系统来阻止恶意注册并使知识产权的维权更为容易。某些提议已经在新的通用顶级域名程序中正式采用，并有可能极大地改变互联网的知识产权保护和维权。

ICANN 的执行推荐团队[57]提出的机制包括一个知识产权清算所，[58]其作为一个数据库，包含世界范围内生效的普通法和注册商标权。此外，一个全球受保护的标记清单[59]也曾被考虑在内，但是 ICANN 以著名商标很容易在全球范围内被大量注册并成为域名抢注者的最大目标为由被驳回。

新的通用顶级域名程序已经将知识产权清算所纳入，商标所有者可以将其商标权利证据存放在清算所。如果所注册的域名与存放的商标相同，新的通用顶级域名会通知商标所有者和域名注册商。此外，每个新的通用顶级域名都需要具有一个优先期，这样在先注册商标的所有者有优先注册相应域名的权利。

UDRP 的另一个补充程序是统一快速中止系统（URS）[60]。只要商标所有者有清晰和有说服力的证据表明这是一个滥用域名注册，URS 就允许商标所有者将域名注册程序迅速中止，在域名注册期间的中止会删除所有与该域名相关的网址，并在本质上作为一种禁令来阻止商标所有者在域名注册中受到进一步损害。被中止域名的权利在 UDRP 程序或诉讼程序中可以受到异议，以使得该域名被转让或者取消。另有一个附加的系统以确保注册商和注册操作者在运营通用顶级域名时不会侵犯公司的商标权，而且新的通用顶级域名的注册商提供的数据库也提供了足够的信息。

保护商标所有者的最终机制是后委托争议解决程序（PDDRP）。即商标所有者可以向域名注册商提出投诉，指出其涉及了一种恶意开发域名的模式，并与权利人的商标产生冲突。PDDRP 可能会暂停注册商的业务。

采用新的通用顶级域名意味着商标所有者需要重新审查其注册、防御性注册和维持措施，也包括其维权政策，以确保其政策能够跟上变化，希望新的通用顶级域名中加入的附加系统能够对商标所有者有用。

结 论

互联网在现代商业中的重要性意味着域名是知识产权的一个组成部分，应该得到保护和防护。互联网使用量的增加，加上即将到来的顶级域名的爆炸式增长意味着成功的品牌所有者需要跨营销、法律和技术部门实施政策，以从域名中获利，同时也保护其域名免受当前域名的威胁。

注 释

1. 参见：www. internetworldstats. com/stats. htm，www. internetworldstats. com，Copyright © 2000 – 2010，Miniwstts Marketing Group.

2. DomainesInfo. World Statistics on Domain Names［EB/OL］.［2010 – 08 – 31］. www. domainesinfo. fr/statistiques. php.

3. DAM T. IDN ccTLD Delegations Approved by the ICANN Board［EB/OL］. ICANN Blog. (2010 – 04 – 17)［2010 – 08 – 10］. http：//blog. icann. org/2010/04/idn – cctld – delegations – approved – by – the – icann – board/. 当前状态参见 www. icann. org/en/toptics/idn/.

4. ICANN. About gTLDs［EB/OL］.［2010 – 08 – 12］. www. icann. org//en/registries/about. htm.

5. ICANN. Business Constituency Position Paper［EB/OL］.［2010 – 08 – 12］. http：//forum. icann. org/gtld – plan – comments/general/pdf0000. pdf.

6. IANA. Root Zone Database［EB/OL］.［2010 – 08 – 09］. www. iana. org/domains/root/db/.

7. newTLDs. New TLDs［EB/OL］.［2010 – 08 – 09］. www. newtlds. tv/newtlds/.

8. COUVERING A V. What Cost New gTLD Trademark Infringement to Brand［EB/OL］. (2010 – 02 – 17)［2010 – 08 – 10］. www. mindsandmachines. com/2010/02/what – cost – new – gtld – trademark – infringements – to – brands/.

9. IANA. Introducing IANA：Baltic Region and Eastern European International Seminar［EB/OL］.［2010 – 08 – 09］. www. iana. org/about/presentations/save – cctld – best – prac. pdf.

10. VOCEA S. ccTLD Best Practices & Considerations［EB/OL］. (2008 – 06 – 30)［2010 – 08 – 09］. www. pacong. org/pacnog4/presentations/save – cctld – best – prac. pdf.

11. The Australian Domain Names Administrator. Domain Names Eligibility and Allocation Policy Rules for Open 2LDS：Policy No. 2008 – 05［EB/OL］. (2008 – 05 – 30)［2010 – 08 – 09］. www. auda. org. au/policies/auda – 2008 – 05/.

12. JANET. Eligibility Guidelines for a Names under aac. uk［EB/OL］.［2010 – 08 – 09］. www. ja. net/services/domain – domain – names – registration/register. ac. uk/eligibility – ac. html.

13. AFNIC. Naming Policy for . fr Registration：Rules for . fr Domain Names，Version in Force Starting March 16，2010［EB/OL］.［2010 – 08 – 31］. www. afnic. fr/data/charters/charter – fr – 2010 – 03 – 16. pdf.

14. usTLD Dispute Resolution Policy［EB/OL］.［2010 – 08 – 31］. www. nic. us/policies/

docs/usdrp. pdf.

15. ICANN. Uniform Domain Resolution Policy ［EB/OL］. ［2010 – 08 – 09］. www. icann. org/en/udrp/.

16. Armenia Network Information Center. Application Form for Non – Residents ［EB/OL］. ［2010 – 08 – 09］. www. amnic. net/register/.

17. The Bermuda Network Information Center. Domain Name Dispute Resolution Policy ［EB/OL］. ［2010 – 08 – 09］. www. bermudanic. bm/.

18. CO Internet S. A. S. CO Lauch and Registration Rules for Grandfathering, Sunrise and Landrush ［EB/OL］. ［2010 – 08 – 09］. www. cointernet. co/sites/default/files/documents/CO_Sunrise_Launch%26Registration_1. 4. pdf.

19. Domain Registry EC – Ecuador. Dispute Resolution Policy ［EB/OL］. ［2010 – 08 – 09］. www. nic. ec/info/eng/resolution. htm.

20. PKNIC. Internet Domain Registration Policy ［EB/OL］. ［2010 – 08 – 10］. http：//pk5. pknic. net. pk/pk5/pgPolicy. PK.

21. PR Puerto Rico Top Level Domain. PR Domain Name Registration Agreement ［EB/OL］. ［2010 – 08 – 09］. www. nic. pr/registration_agreement. asp.

22. Romania Top Level Domain. Registration Agreement ［EB/OL］. ［2010 – 08 – 09］. http：//portal. rotld. ro/pages/en/1/.

23. ICANN. Special Meeting of the Initial Board Minutes October 24 ［EB/OL］. ［2010 – 08 – 09］. www. icann. org/en/minutes/minutes – 24oct99. htm#99. 112.

24. ICANN. Uniform Domain Name Resolution Policy ［EB/OL］. ［2010 – 08 – 09］. www. icann. org/en/dndr/udrp/policy. htm.

25. ICANN. List of Approved Dispute Resolution Service Providers ［EB/OL］. ［2010 – 08 – 09］. www. icann. org/en/dndr/udrp/approved – providers. htm.

26. ICANN. Rules for Uniform Domain Names Resolution Policy ［EB/OL］. ［2010 – 08 – 09］. www. icann. org/en/dndr/udrp/uniform – rules. htm.

27. ADNDRC. Asian Domain Names Resolution Center Supplemental Rules to the Internet Corporation for Assigned Names and Numbers Uniform Domain Name Dispute Resolution Policy and the Rules for the Uniform Domain Name Dispute Resolution Policy ［EB/OL］. ［2010 – 08 – 09］. www. adndrc. org/hk_supplemental_rules. html.

28. NAF. Dispute Resolution for Domain Names, Supplemental Rules ［EB/OL］. ［2010 – 08 – 09］. http：//domains. adrforum. com/users/icann/resources/udrp% 20supplemental% 20Rules% 20eff% 20March% 201% 202010. pdf.

29. WIPO. Supplemental Rules for Uniform Domain Names Resolution Policy ［EB/OL］. ［2010 – 08 – 09］. www. wipo. int/amc/en/domains/supplemental/eudrp/.

30. Arbitration Center for Internet Disputes. UDRP's Supplemental Rules of the Czech Arbitration Court ［EB/OL］. ［2010 – 08 – 09］. www. adr. eu/arbitration _ platform/udrp _ supplemental _

rules. php%20.

31. WIPO Arbitration and Mediation Center. Guide to WIPO Domain Name Dispute Resolution [EB/OL]. [2010 – 08 – 09]. www. wipo. int/freepublications/arbitration/892/wipo_pub_892. pdf.

32. ICANN. Rules for Uniform Domain Names Resolution Policy: Paragraph 4 (k) [EB/OL]. [2010 – 08 – 09]. www. icann. org/en/dndr/udrp/policy. htm.

33. ICANN. Uniform Domain Names Resolution Policy [EB/OL]. [2010 – 08 – 09]. www. icann. org/en/dndr/udrp/policy. htm.

34. 同上。

35. 同上。

36. 同上。

37. 15 U. S. C. 1125 (d).

38. 15 U. S. C. 1117 (d).

39. 15 U. S. C. 1117 (a).

40. 15 U. S. C. 1117 (d).

41. 15 U. S. C. 1117 (a) and (b).

42. 15 U. S. C. 1129 (2).

43. 15 U. S. C. 1125 (D) (d) 2 (A) & (C).

44. 15 U. S. C. 1125 (D) (d) 2 (D).

45. *Southern Grouts & Mortars*, Inc. , S. D. Fla, No 0: 07 – cv – 61388 (Sept. 19, 2008), *Flentye v. Kathrein*, 485 F. Supp. 2d 903, 916 (N. D. III. 2007), *Ford Motor Co. v. Catalanotte*, 342 F. 3d 543, 550 (6th Cir. 2003).

46. *Tropicana Products*, *Inc. v. Dunne*, FA0811001235498 (NAF Jan. 13, 2009).

47. CO Internet S. A. S. CO Launch and Registration Rules for Grandfathering, Sunrise and Landrush [EB/OL]. [2010 – 08 – 09]. www. cointernet. co/sites/default/files/documents/CO_Sunrise_Launch%26Registration_1. 4. pdf.

48. 15 U. S. C. 45 (b).

49. Country Code TLD Registrar for . CY. Domain Name Registration Agreement [EB/OL]. [2010 – 08 – 09]. www. nic. cy/rulesreg. htm.

50. Registration under. MD Top Level Domain. Domain Name Registration Agreement [EB/OL]. [2010 – 08 – 09]. www. register. md/terms. php.

51. Dot BZ. Registration Guideline [EB/OL]. [2010 – 08 – 09]. www. belizenic. bz/index. php/home/regguidelines.

52. NOMINET. Dispute Resolution Service Policy [EB/OL]. [2010 – 08 – 10]. www. nic. uk/disputes/drs/? contentID = 5239.

53. CNNIC. Rules for CNNIC Domain Name Dispute Resolution Policy [EB/OL]. [2010 – 08 – 10]. www. cnnic. net. cn/html/dir/2006/03/15/3655. htm.

54. Canadian Internet Registration Authority (CIRA) . CIRA Domain Name Dispute Resolu-

tion Policy［EB/OL］．［2010 – 08 – 10］． www. cira. ca/assets/Documents/legal/dispute/cdrp-policy. pdf.

55. ICANN. New gTLD Program，Draft Applicant Guidebook. Version 4［EB/OL］．［2010 – 08 – 10］． www. icann. org/en/topics/new – gtlds/draft – frp – clean – 28may10 – en. pdf.

56. http：//iccan. org/en/announcements/announcement – 6 – 06 – mar09 – en. htm.

57. ICANN. Introduction：Implementation Recommendation Team（IRT）［EB/OL］．［2010 – 08 – 10］. www. icann. org/en/topics/new – gtlds/irt – draft – report – trademark – protection – 24apr 09 – en. pdf.

58. ICANN. IRT Recommendation for an IP Clearinghouse，a Globally Protected Masks List，and Other Top and Second-Level Rights Protection Mechanisms［EB/OL］．［2010 – 08 – 10］． www. icann. org/en/topics/new – gtlds/irt – draft – report – trademark – protection – 24apr09 – en. pdf.

59. 同上。

60. ICANN. Draft Uniform Rapid Suspension System（URS）［EB/OL］．［2010 – 08 – 10］． www. icann. org/en/topics/new – gtld/irt – draft – report – trademark – protection – 24apr09 – en. pdf.

第六章
创设、完善和实施知识产权的担保权益

斯科特·J. 莱布森

2006 年 11 月，福特汽车公司在许多主流报纸的商业板块和金融媒体上占据了重要位置，因为该公司使用几乎所有的国内资产作为抵押，以换取180 亿美元的担保贷款。[1]这次再融资的关键资产包括福特的所有专利权和商标权。预见到未来的艰难时期，福特战略性地充分利用知识产权的全部价值作为整体抵押品的一部分。由此产生的流动性使福特得以安然度过全球经济衰退的高峰，并成为美国唯一一家没有在 2009 年宣布破产的大型汽车公司。[2]福特首席执行官 Alan Mullaly 说："在三四十年来最严重的经济衰退中，得益于我们几年前制定的计划，我们不仅能够生存，而且为现在的盈利增长打下了基础。"[3]毋庸置疑，福特的品牌和技术是这一成功再融资战略的关键组成部分。

福特的例子表明，知识产权不仅涉及发明、品牌和其他无形资产的保护，而且已经成为商业交易中的一个动态和主导的因素。事实上，可以认为，在过去 20 年里，大多数并购交易背后的驱动力是收购方希望获得目标知识产权资产。投资界的借贷者[4]和其他专业人士已经开始意识到，一家公司的知识产权可能是它最宝贵的资产。担保交易[5]是获取知识产权真正价值的理想方法。本章将讨论在美国和世界范围内担保权益的建立、完善和实施。

美国知识产权证券化

在美国和大多数其他国家，在证券化过程中必须考虑到三个独立的、不同的法律组成部分：

（1）创设；

（2）完善；

（3）实施/发布。

法律渊源：统一商法典第 9 篇的适用[6]

在美国创设的大多数知识产权，特别是专利、商标和版权，都是联邦法律的产物，是由美国宪法或联邦立法赋予的权力派生出来的。[7]然而，知识产权担保权益的创设是由各州的法律来决定的，这通常是在各州的主要商业法规框架即统一商法典（UCC）中规定的。UCC 的第 9 篇规制担保交易，明确规定它适用于任何以个人担保为目的的交易，无论其形式如何。[8]更具体地说，UCC 第 9 篇规定了"一般无形资产"的担保权益，[9]而一般无形资产在 UCC 中被解释为私人资产。[10]需要注意的是，在第 9 - 102 条中没有特别提及专利、商标和版权。然而在对该篇进行更深入的审阅之后，正式评注将"知识产权"这一总称性术语作为一般无形资产的例子，[11]并且将专利、商标和版权归入知识产权。[12]

联邦法与州法：联邦知识产权法何时优先于州法？

如前所述，关于在知识产权中创设担保权益的法律完全受州法律管辖，而且在 50 个州各自版本的 UCC 下相当一致。[13]但是在完善知识产权的担保权益方面（例如备案和记录），州法律并不完全控制。根据被证券化的知识产权的类型，被担保方在寻求完善他们的留置权以获得优先权，并在不可避免丧失抵押品赎回权情况下确保他们的权利是受保护和可执行的时，可能会遇到联邦法的优先适用。对借款人、借贷人/被担保方以及他们各自的顾问来说，了解目前在美国知识产权证券化时存在的一些潜在缺陷是至关重要的。

UCC 第 9 - 109 条（c）（1）规定：

> 本篇不适用于以下情况：美国的法规、条例或条约优先适用本篇。[15]

对于仅受州法律规制的知识产权，如在州内商业和商业秘密中适用的普通法商标，第 9 篇明确规定，不需要遵守任何联邦规则，也不需要提交联邦文件。在普通法财产中，创设、完善和实施知识产权的担保权益是受州法律规制的。当讨论由联邦法管辖的知识产权（如专利、版权和联邦注册商标）的完善时，这个问题就变得不那么清晰了。除非有联邦法规来规制知识产权的担保权益，否则受担保协议约束的知识产权类型将决定在何处进行完善。[16]

根据州法律适当地创设担保权益

UCC 明确要求以书面文件的形式创设担保权益，至少在担保包括知识产权在内的特定财产方面需要如此。具体的法律来源可以从 UCC 第 9 – 201 条（a）中找到：

> 除本章规定的情形外，根据当事人之间的条款担保协议对担保物的买方和债权人有效。

此外，第 9 篇规定了必须满足的某些基本要求，以创设有效的担保权益。第 9 – 203 条规定：

> 担保权益附加于抵押物上，除非一份协议明示推迟了抵押的期限，否则该担保权益可对债务人强制执行。[17]

抵押

抵押通常意味着"可对债务人强制执行"。[18] 为了对债务人强制执行，UCC 第 9 篇规定了三项基本要求，以创设可执行的担保权益。第 9 – 203 条（b）规定：

> 除非另有规定……担保权益只有在以下情况下才可强制执行：
> ☆ 对价已被支付；
> ☆ 债务人对抵押物享有权利，或者有权将抵押物的权利转移给被担保方；
> ☆ 债务人已确认担保协议，该担保协议中提供了对担保物的描述。

对个人或不动产的描述，无论是否具体，只要能合理地确定所描述的内容，[19] 就被认为是充分的。当上述三个要素都存在时，即价值、债务人在担保物中的权利、签署的具有证明要求的协议（描述），双方之间就产生了有效的担保权益，并附加到担保物上。[20]

完善美国的担保权益

在合理创设知识产权担保权益的前提下，被担保方采取适当的措施将留置权公示于世是至关重要的。完善是至关重要的，因为担保物权完善的被担保方比不完善的被担保方或无担保方享有更大的权利。[21] 在破产的情况下尤其如此。为了"完善"担保权益，被担保方必须通过向适用的地方、州或联邦机构提交留置权通知，就该权益的存在向公众发出通知。关于知识产权，适用的司法管辖权和法律取决于涉及的知识产权的类型。

根据国家法律完善知识产权（UCC 备案）

为了在 UCC 的基础上适当地完善担保物权，被担保方必须首先确定：①在何处完善；②如何进行完善。

在哪里完善

UCC 中讨论了应在何处完善的一般规则，第 9 - 301 条规定：

> 除另有规定外，当债务人位于某司法管辖区时，该司法管辖区的当地法律调整担保权益的完善、完善或不完善的效力以及担保权益的优先权。[22]

债务人所在地法律规定的备案是完善有形担保权益和无形担保权益的一般规定。当然，这也包括针对特定类型知识产权的担保权益。[23]如果债务人拥有一个以上的"经营场所"，[24]为了达到完善的目的，其营业场所应被视为其首席执行官办公室。[25]如果债务人的住所地发生变化，担保权益在 4 个月内被视为完善，期满后，必须在债务人的新住所地提交一份新的融资声明。[26]申请通常在债务人所在地的州秘书长办公室或县长办公室进行。[27]在某些州，可能需要在州和县提出双重申报。

如何完善

一般无形资产，不能自动地进行完善，例如通过"定金担保"[28]或者简单地移交所有权来实现。相反，完善一般无形资产的担保权益，必须通过提交所谓的"融资声明"来实现。[29]融资声明必须充分描述留置权标的抵押物。[30]如果只有特定的知识产权作为抵押物，那么必须单独标识该抵押物。[31]然而，如果所有一般无形资产都作为抵押物，UCC 没有要求它们被单独标识。[32]"债务人目前拥有的或即将获得的所有一般无形资产"的效力通常被认为是充分的陈述。[33]

然而有这样的案例，例如 *In re 199Z Inc.*，加州破产法庭认为，在知识产权和担保权益没有被完善的情况下，仅仅将担保物描述为"一般无形资产"是不够的。[34]遗憾的是，在该案中，债权人试图向 USPTO 进行完善的努力也被认为是不够的，因此被降级为无担保债权人。[35]

正如下文将更详细地讨论的那样，在 UCC 中，通过申请来完成完善是有一些例外的。最显著的涉及知识产权的例外在 UCC 第 9 - 310 条（b）（3）和第 9 - 311 条（a）（1）中有所体现：

> 对于美国联邦法规、条例或者条约中有关财产的条款，相对于财产先占权的第 9 - 310 条（a），提交融资声明并不是完成担保权益所必需的，

这些条款要求担保权益获得优先于留置权债权人的权利。

该款不适用第 9 篇的备案规定，即根据联邦法律已建立联邦备案制度的情况。该款明确指出，当存在这种制度时，只有通过遵守该联邦制度才能实现相关担保物权的完善。也就是说，不允许根据第 9 篇进行申请。[36]

美国商标担保权益的完善

为了考虑如何完善商标的担保权益，首先必须讨论商标转让的某些限制。这对担保权益的产生具有次要影响。

转让的局限性和与完善的相关性

与包括专利和版权在内的大多数资产不同，商标转让的形式存在特殊的法定限制。[37]美国法典第 15 编第 1060 条中规定：

> 注册的商标或已经提交注册申请的商标应当连同使用该商标商誉，或者连同与该商标的使用有关并由该商标象征的商誉部分一并转让。[38]

商标的作用是识别和区分所有者的商品和其他人的商品，并标识这些商品的来源。[39]因此，它们不可能跟与其关联的正在进行业务分开而单独存在。[40]如果商标与该业务分离，就不能再识别所附商品的来源，因此将不再是商标。[41]要避免的情况是，在转让商标后商品或服务的性质和质量突然发生根本变化所导致的客户欺骗。[42]

仅仅持有担保权益本身并不会违反整体转让或无商誉转让的规则，因为担保权益本身不转让。[43]但是，如果债务人违约，债权人试图根据担保协议取得该商标的所有权，则可能触犯禁止内部转让的禁令。[44]因此，在没有相关商誉的情况下获得商标的担保权益会造成以下后果，即若后续的转让没有连同商誉，则丧失抵押品赎回权时，商标将被取消。[45]为了避免这种结果，建议被担保方留置与该商标销售的产品相关的其他资产，如随附的商业外观，从而确保在丧失抵押物赎回权的情况下，单纯转让行为本身并不会破坏抵押物的价值。[46]被担保方只需要获得必要的资产，以确保商标将继续与其有关联的产品保持实质上的联系即可。[47]

UCC 备案要求

关于商标，无论是注册的还是未注册的，一般规则是根据 UCC 第 9 篇的规定，商标担保权益的完善作为一般无形物来实现。尽管 UCC 规定，任何联邦备案计划都将优先于其条款，但联邦兰哈姆法案第 1060 条只涉及商标转让问题，而不涉及联邦注册商标留置权问题。[48]在美国联邦商标法中，没有特别提及抵押、质押、担保或任何其他与担保权益相关的同义词。*In re 199Z，Inc.* 案强化了转让和担保物权之间的区别。在该案件中，被告/债权人主张其担保物权在 UCC 下的州一级以及 USPTO 下的联邦一级得到了适当的完善。[49]破产法庭讨论了，商标转让是将商标的全部权利、所有权和利益的绝对转让，担保权益的授予不是全部转让。[50]法院总结道，担保权益仅仅是这个术语所暗示的，即一种确保债务安全的手段，并且是只有在债务人违约时才能转让的协议。因为商标担保权益不等同于转让，担保权益的备案不是由兰哈姆法案所覆盖的。[51]令债权人沮丧的是，法院还认为，由于担保物的描述不足，担保权益在 UCC 下没有得到适当的完善。[52]这个案例说明不当的备案可能会使担保债权人陷入困境。

以下的破产案进一步描述了与商标权担保权益相关的美国联邦法与州法之间的关系。在 *Trimarchi v. Together Development Corp.* 案中，马萨诸塞州的一家破产法院驳回了兰哈姆法案根据至上条款规定对州和地方申请要求的豁免，也没有优先考虑 UCC 的备案要求以完善担保物权。[54]此外，备案担保权益并不等于转让，兰哈姆法案在其备案法令中没有具体提到担保权益。[55]人们一再认为，要使联邦法律取代 UCC，联邦法令本身必须提供一种方法来完善担保权益。[56]

双重备案建议

尽管美国现行法律规定，完善商标担保权益应在州一级妥善备案和记录，但 USPTO 仍将接收并记录商标担保权益。因此被担保方向 USPTO 备案和记录此类担保权益已成为一种共识。反过来，这也导致了一种常见的误解，即在 USPTO进行记录就足够了。这种误解使有担保的各方感到困惑，他们认为其已经采取了适当的方式来适当保护利益。一些法院已经注意到这一法律领域发展的两面性，一位法官将其称为不谨慎的陷阱。[57]

尽管有上述的情况，且向 USPTO 提交的备案本身没有法律效力，但提交备案仍然是被提倡的。虽然向 USPTO 提交备案不会完善留置权，但该申请将会被作为购买者的通知，买方在随后尽职调查的过程中，会被建议在USPTO的记录中寻找担保权益记录。任何收到未完善留置权通知的买方，都将取得该留置权下的财产。[58]

意图使用（ITU）的申请

美国商标法规定商标应被使用以维持有效性并且保持继续注册的权利。一般来说，商标所有者在根据联邦法律对该商标进行注册之前，就已经获得了该商标的普通法权利。然而，允许"意图使用"（ITU）的商标在 USPTO 申请注册。因此，商标所有者可以在通过实际使用获得普通法权利之前在 USPTO 中"保持一席之地"。[59]然而，这只是一个意图使用的申请，并不授予商标所有者UCC 第 9 篇所要求的充分担保权利，以适当地创设担保权益。事实上，联邦兰哈姆法案第 10 条规定，ITU 申请不得在提交宣称使用的修正案或者经核实的使用说明之前转让，除非受让人继承转让人全部或部分的业务。[60]

在 *Clorox v. Chemical Bank* 一案中，商标评审与上诉委员会裁定，禁止将ITU 申请作为担保协议的一部分在使用前直接转让给出借方。[61]该委员会随后宣告债务人的商标无效。[62]但是，该委员会指出，仅仅是第 9 篇的商标担保权益的许可并不能被视为转让，也不会对商标贩卖进行惩罚。[63]他们没有就州法律是否创设了适当的担保权益发表意见。但是，商标所有者如果不使用商标，将无法获得足够的担保权利。担保交易的当事人应该警惕的是，如果考虑采用ITU，作为担保物的商标权可能会受到损害，对商标权人和被担保方都造成损失。ITU 商标是否能够被转让给债权人，将取决于是否已经进行了商业化使用。

美国专利担保权益的完善

关于专利一般规则是担保权益的完善应作为一般无形资产依据 UCC 第 9 篇完成。类似于兰哈姆法案，联邦专利法的相关转让条款并没有明确规定专利担保权益的完善问题。[64]

UCC 备案要求

历史上，专利留置权都登记在 USPTO。这种做法起源于美国联邦最高法院审理的 *Waterman v. MckKenzie* 一案[65]。法庭在该案中认为，对专利的登记留置权等同于交付所有权，从而允许被担保方起诉侵权。法院认为：

> 专利权是无形财产，不受实际交付或者占有的影响，在专利局的抵押权备案，相当于交付占有，并使抵押权人的权利完整地向其他所有人以及抵押人转让。[67]

当然，虽然 Waterman 认为在 USPTO 下的完善是恰当的，但并不能明确排除 UCC 的完善方法，因为 UCC 在 19 世纪 90 年代并不存在。在 *Waterman* 案以后，随着 UCC 的出现，关于 UCC 的完善方法是否适当在下级法院出现了分歧，导致这种分歧的是来自破产法庭的案件。在 *In re Cybernetic*, *Inc.* 案中，美国联邦第九巡回上诉法院认为，专利法关于转让的第 261 条并没有取代州 UCC 的备案要求，专利法中没有明确提到担保权益，因此，USPTO 下的登记也不是适当完善所必需的[68]。因此，破产托管人作为假定留置权的债权人，无法避免对专利的留置权，该专利已根据 UCC 进行完善，但未提交联邦备案。[69] 在 *In re Transportation Design* 案中，美国加利福尼亚州南区的破产法院受理了仅提交 UCC – 1 融资声明是否足以完善专利担保权益的问题。

在发现 USPTO 备案不是必需的情况下，法院认为随着 UCC 的出现，不再需要通过转让或转移所有权来提供担保权益。[70]

总之，根据 UCC 提交申请是正确的，随后在 USPTO 进行备案是明智的。

美国版权担保权益的完善

在考虑版权担保权益的完善中，重要的是要认识到登记与否决定了证券化的正确方式。

联邦注册版权

在三种主流的知识产权类型，也就是专利、商标和版权中，只有版权法规定了联邦完善计划。美国版权法第 205 条规定：

> 任何版权所有权的转让或者与版权有关的其他文件都应该在版权局备案，备案文件需要具有执行该转让的人员的真实签名，或者附有一份宣誓或者官方证书以证明这是一份原始签名文件的真实副本。[71]

表面上，美国版权法第 205 条似乎没有以任何方式讨论版权的证券化。然而，在对版权法进行更为正式的审阅时，"版权所有权的转移" 在第 101 条下定义为：

> 版权的转让、抵押、独家许可或者任何其他转让、让渡或质押，或者包含在版权中任何其他专有的权利，无论是否在生效的时间或者地点方面受到限制，但不包括非独家的许可。[72]

该条下的判例法，包括这个领域的主要案例。在 *Peregrine Entertainment* 案中，已经明确地驳斥，任何关于联邦注册版权在 UCC 下得到适当完善，或者 UCC 备案是一种可接受的替代方法的观点[73]。*Peregrine* 案的法庭认为，即便没有明确的语言表示，如果联邦法如此普遍以至于能够表明国会没有留下任何补充州法规的余地，联邦法也会优先于州法。[74]考虑到版权法备案条款的具体范围，以及它们所涉及独特的联邦利益，*Peregrine* 案的法庭认为，联邦法在注册版权的范围内优先于州法。因此，目前的法律规定，对于注册的版权，应该通过在美国版权局备案来完善。

未注册的版权

尽管注册版权的担保权益只能通过在美国版权局备案来实现适当的完善，在包括诸如 *World Auxilary Power Co.* 等案例中，银行依据 UCC 第 9 篇规定对于未注册版权的担保权益进行适当的完善，因为担保债权人没有其他方式来保障未注册版权的优先权。[75]美国版权局没有办法对未注册的版权作索引，在 *World Auxilary Power Co.* 案中，美国联邦第九巡回上诉法院驳回了 *Peregrine* 案可以扩展到未注册版权的观点。法院声明，这种扩展的效果将使版权注册成为完善担保权益的必要先决条件。[76]法院认为，这一要求将有效地减少未注册版权作为担保物的使用，这不是立法的本意。[77]然而，在 *Peregrine* 案以后裁决的其他案例中，已经将 *Peregrine* 案裁定延伸到未注册的版权，发现只有向版权局提交联邦申请才是合适的方法，如果需要注册，那么这才是进行完善的必要先决条件。[78]在 *AEG Acquisition Corp.* 和 *Avalon Software，Inc.* 案中，两个法庭都认为只有首先通过版权注册，并随后在版权局进行担保权益的备案，才能获得适当的完善。谨慎的债权人/被担保方可能希望坚持在联邦一级进行注册和备案，同时在 UCC 一级登记任何未注册的权利。

域名担保权益的完善

域名虽然不再是一种新的知识产权类型，但已经很快成为任何知识产权组合的重要组成部分。域名[79]的注册和/或获取不仅可以出于商业目的，也可以出于防御目的，因为它关系公司整体的商标保护和战略执行。因此，企业域名的组合可以在短时间内变得相当大，并产生与公司业务相关的商誉价值。因此，域名通常被包含在知识产权证券化交易中。

UCC 备案要求

迄今为止，没有任何法律、法规或者判例法表明，域名担保权益的创设和完善应该以任何其他方式进行，而非在 UCC 规定的州一级以一般无形资产规定的方式进行。提交一份融资声明，引出要作担保的域名说明，应该会确保适当的完善。

域名是财产吗?

在一些法律学者和从业者中，有少数人认为域名实际上是一种财产。一些人认为域名不是财产，域名注册人在注册期间仅仅获得了排他地将域名与所登记的术语相关联的有条件的合同权利。[80]在少数人看来，域名注册人不应通过其与注册中心签订的合同，获得任何相对于其他人的权利，但在注册期间不能使用相同的域名而导致的排他性除外。[81]可见，这种观点将域名的法律状态与电话号码的法律地位进行了类比。[82]

在美国，ACPA 即反域名抢注消费者保护法案授权对域名提起民事诉讼。这表明域名确实是无形资产的一种形式，特别是因为在物权诉讼中，起诉是专门针对财产的。[83]ACPA 判决的案例表明，美国国会意图将域名视为财产，至少从 ACPA 看来如此。[84]尽管存在少数派的观点，但域名仍经常被视为财产，并受到 UCC 创设和完善的担保权益的制约。

尝试协调完善美国知识产权相关法律

随着知识产权的采用、保护和执行已经逐渐演变成为代表公司整体资产组合的关键方面，懂得如何挖掘它们的财务潜力非常重要。认识到这一事实，在过去 10 年中，美国国会通过了几项法案，旨在协调美国关于知识产权证券化的州法和联邦法。这些议案包括知识产权担保权益协调法案和知识产权证券化法案。这两项法案很相似，因为均认识到了现行制度的缺点，认识到这一领域法律的不确定性。笔者认为，在联邦层面上，对于知识产权担保权益的处理具有可预见性和一致性，能够最小化借贷方的风险，同时为知识产权所有者，尤其是初创企业创造更大的资本获取渠道。遗憾的是，上面讨论的法案没有获得通过，商业交易的各方应继续着眼于当前法律状态以寻求知识产权融资和证券化的指导。

违　约

借款人违约将对证券化交易的各方产生重大影响。当事各方特别是担保方所提起的诉讼，通常受到担保协议的规制和州法的管辖。美国联邦破产法在确定如何处理有担保财产方面也发挥重要作用。

违约事项

违约事项通常在双方之间建立，并在担保协议中记录。违约事项可以包括但不限于以下内容：

- 付款违约；
- 履行违约；
- 未能妥善维护（放弃）或执行（侵犯）知识产权。

违约的救济

UCC 提供了一些不同的方式，来对担保方的违约进行救济。

在没有司法干预下的收回

在 UCC 第 9 篇的州法下规定了对于违约的救济。通常来说，第 9 篇允许"收回"（而不是止赎）知识产权担保物。如果双方同意，不必诉诸法律或者衡平法庭。[86]因此，例如，借款人在违约时同意将证券化的知识产权转让给贷款方，那么可能不必在传统的法院启动止赎程序。[87]在某些情况下，被担保方可以通过"转让声明"的方式单方面实现知识产权担保物所有权的转让。[88]在这方面，担保协议所规定的授权委托书可能会有帮助，被担保方可能需按照 UCC 进一步的要求，以商业上合理的方式来处理担保物。[89]

止赎和可用的司法程序

除了非司法的救济以外，UCC 第 9 篇允许被担保方可以诉诸任何可用的司法程序。[90]这可以包括获取法院的判决和执行令。[91]其他的救济措施可能包括请求返还非法侵占的动产令、扣押令或者衡平法的诉状。[92]根据担保权益所想要执行的具体州，也可以采取其他的救济措施。这方面应咨询顾问的意见。

担保权益的国际创设和完善

伴随着全球化发展，知识产权在全球的价值也得以提升，要求企业继续重视对这些权利的保护和运用。拥有大量国际知识产权投资组合的公司处于独特地位，不仅能够将其国内的知识产权作为担保，而且更多地能够将其国际权利作为一种担保。

识别市场

对于这些交易的借款方/被担保方来说，重要的是在世界主要市场的相关知识产权注册机构寻求这些担保物权的完善。当然，不是所有司法管辖区都承认对知识产权创设担保权益，因此，在很多情况下，完善变得不可能或者不可操作。有些司法管辖区可能承认将知识产权证券化为个人财产的概念，但是在相关知识产权注册机构没有提供完善知识产权证券化的机制。因此，在分析和确定全球知识产权完善计划的成本、市场和具体程序时，应咨询熟悉知识产权国际证券化的知识产权顾问。

充足的文档

在确认了哪些司法管辖区提供完善知识产权担保权益之后，关键是要确定地方当局是否会接受用来备案的担保协议。许多主要市场的司法管辖区会接受标准的商业担保协议，前提是双方不介意披露监管规定的敏感财务信息或其他保密条款。在某些情况下，可能需要对担保协议进行修改，以便根据当地法律创设有效的担保权益。这方面常见的做法是将"适用的法律"的规定修改为所寻求完善的司法管辖区的规定。在有些情况下，双方需要执行一个专门为在某些司法管辖区创设和完善留置权而制定的全新担保协议。这种简短的协议通常省略了敏感的财务和/或其他保密条款。可能需要聘请当地律师，以确定这种简短的担保协议是否足以根据当地法律创设和完善有效知识产权担保权益。

当地法律顾问的意见

为了确保被担保方不盲目地实施完善担保权益的行为，可能需要获得当地律师正式的律师意见书，讨论以下部分或者全部问题：

- 是否记录了任何先前的留置权或抵押权；
- 基于当地法律，担保协议是否创设了有效的担保权益；
- 在地方专利和商标局担保权益是否能够被完善；和/或
- 担保权益是否能够针对第三方实施。

成本评估

除了简单地确定哪些地区承认担保权益的完善，以及确认需要哪些补充文件（例如授权委托书），不同司法管辖区域的完善成本分析也是值得的。例如，在与知识产权相关产品的销售是名义上的或者不存在的司法管辖区内，完善担保权益可能是不值得的。需要考虑的因素如下：

- 受担保权益约束的未决或者注册知识产权的数量；
- 完善担保权益的政府费用，通常按单位收取；
- 为准备一份修订或者全新的担保协议、提供补充文件（例如授权委托书)、律师意见书（根据要求提供）和申请担保权益文件所产生的当地律师费；

■ 由产品的知名度和/或销售额决定的权利的价值；
■ 某些司法管辖区法律的复杂性；
■ 其他确定知识产权价值的其他标准估价基准。

时间的考虑

除了成本因素以外，时间也是在考虑国际担保权益时的一个因素。虽然某些司法管辖区通常可以在 3 ~ 6 个月内完成向相关注册机构进行担保权益备案，但是仍然有许多司法管辖区（例如意大利）正式的备案注册登记通常需要数年。因此，就通知第三方来获取完善的利益而言，在某些司法管辖区进行法律程序可能不符合当事人的利益。

主要市场

根据司法管辖区的不同，知识产权担保权益的备案（或者尝试备案）的难度也不同。[93]一些主要市场国家承认知识产权担保权益的概念，也提供快速有效的机制来进行备案，例如澳大利亚、加拿大、德国、墨西哥、英国。还有一些国家留置权的备案会更具难度，但是从被担保方的角度来说仍然是可取的。这些国家包括奥地利、巴西、中国、印度、意大利、日本、韩国、西班牙。其他国家需要根据具体情况来考虑。

《马德里协定》和议定书

将其国际注册作为担保的注册人可以通知相关管辖区的国家商标局来通知WIPO，或直接通知 WIPO，其将在 WIPO 登记册中备案担保权益。但是，需要注意的是，即使 WIPO 记录的担保权益对所有司法管辖区有效，某些国际注册已扩展到的国家辖区的法律也可能不承认商标的担保权益。[94]因此，应审查国际注册扩展到的特定司法管辖区的国家法律。[95]同样重要的是需要考虑到，在WIPO 提交文件可能会无意中将担保权益在指定的延伸国家进行备案，而这些国家可能不是想要得到保护的目标国家。当事人在向国际注册备案担保权益时应该慎重，并提前咨询商标律师。

EPO

尽管 EPO 接受并登记在审欧洲专利申请的担保权益，当事人也应该谨慎行事，以避免此类权利在那些无意进行完善的司法管辖区进入国家阶段时受到阻碍。

违　约

在发生违约的情况下，担保方应该了解在当地可能需要采取哪些方法（如果有），以执行知识产权的担保权益和止赎。如果违约方对违约时权利的丧失提出异议，那么理论上（尽管不太可能）被担保方有可能需要根据当地商业法律在相关的司法管辖区内提起诉讼。

结　论

在当今瞬息万变的全球经济中，知识产权在商业贷款交易中扮演着新的、充满活力的角色。知识产权证券化的不确定性可能导致这些权利未被充分利用，因此知识产权所有者和出借人都将受益于美国联邦法和州法的统一，受益于全球范围内对于知识产权资产证券化相关完善机制的认可。没有这些，知识产权所有者和出借人将继续消化不必要的高交易成本。

注　释

1. BUNKLEY N. Ford Pledges Major Assets in Financing［N］. New York Times, 2006 - 11 - 28.

2. CARTY S S. Ford Earns ＄2.7 Billion in 2009, First Profit in Four Years［N］. USA Today, 2010 - 08 - 28. 也可参见本书第十章 "破产中的估值、货币化以及处置"。

3. 同上。

4. 另见：MEYERS D. Growth throuth acquisition or merger［M］//Intellectual Property Strategies for the 21st Century Corporation.

5. 另见：CAUTHORN K K, DODELL L. Using insurance to manage intellectual property risk［M］//Intellectual Property Strategies for the 21st Century Corporation.

6. 所有对 UCC 的引用都是由纽约州制定的版本，这是 50 个州中大多数州的典型 UCC 条款。

7. 有些知识产权权利，比如普通法的商标和商业秘密，是国家法的产物。

8. UCC 第 9 - 109 条（a）（1）。"除……另有规定者外，本文适用于：1）通过合同形式对个人财产或固定财产设立担保权益的交易，无论何种形式的交易……"

9. UCC 第 9 - 102 条（42）。

10. UCC 第 9 - 102 条（42）规定了一般无形资产为 "任何个人财产，包括除了账户、动产票据、商业侵权索赔、存款账户、文件、货物、工具、投资财产、信用证权利、货币和石油、天然气或其他提取前的矿物之外的所有法律上的产权"。该术语包括无形资产和软件。

11. 正式评注，第 9 - 102 条（d）假设 "一般无形资产" 是不被包括在其他定义的担保物中的个人财产的剩余类别，其包括法律上的产权。例如，知识产权的各种类别和贷款的支付权都没有通过动产或票据来证明。正如在一般无形资产的定义中所使用的，"法律上的产权"包括在知识产权许可下产生的权利，该权利包括在不承担责任的情况下利用知识产权的权利。

12. 参见本书第十章"破产中的估值、货币化以及处置"。破产法案在对知识产权的定义中不包括商标。

13. Karl Llewellyn 在 20 世纪 30 年代和 40 年代主导了 UCC 的发展。国会在 1952 年正式制定并通过了 UCC。此后，UCC 被 50 个州和哥伦比亚特区采用，并经历了多次修订。在纽约和其他几个州，对第 9 条的最新修订于 2001 年 7 月 1 日生效。

14. 在美国，完善是一种法律术语，通常指在适当的政府办公室对某种特定形式的担保物的担保权益进行备案和登记，从而使之成为公共记录并向第三方提供这种留置权存在的建设性通知。

15. 正式评注〔第 9 - 109 条（c）（1），正式评注 8〕规定（c）（1）明确承认当联邦法律优先时，该条必须遵从联邦法律。

16. UCC 第 9 - 201 条（a）。

17. UCC 第 9 - 203 条（a）（着重强调）。

18. 同上。

19. UCC 第 9 - 108 条（a）。参见第 9 - 108 条（b）关于被认为是合理识别的具体例子。

20. UCC 第 9 - 203 条，正式评注。

21. CELEDONIA B H. Intellectual Property in Secured Transactions〔C〕. Trademarks in Business Transactions Forum，2002：108.

22. 参见 UCC 第 9 - 301 条（a）。

23. 参见 UCC 第 9 - 301 条，正式评注（4）。

24. UCC 第 9 - 307 条（a），其中商业场所被定义为"债务人处理事务的地方"。

25. UCC 第 9 - 307 条（b）（3）。

26. UCC 第 9 - 316 条（a）（2）。

27. UCC 第 9 - 501 条。

28. "购买定金担保权"通常与零售层面销售的消费品相关。

29. UCC 第 9 - 310 条（a）。

30. UCC 第 9 - 502 条（a）（3）。参见：CELEDONIA B H. Intellectual Property in Secured Transactions〔C〕. Trademarks in Business Transactions Forum，2002：109.

31. CELEDONIA B H. Intellectual Property in Secured Transactions〔C〕. Trademarks in Business Transactions Forum，2002：109.

32. 同上。

33. 同上。

34. *In re 199Z*，*Inc. v. Valencia*，*Inc.*，137 B. R. 778（C. D. Cal. 1992）。

35. 同上。商标在 USPTO 中并没有得到适当的完善，但这样的登记可能会有好处。

36. UCC 第 9 - 311 条（a）（1）；正式评注（2）。

37. RIBACK S M. Trademark Issues in Bankruptcy［J］. The Trademark Reporter, 2003, 93 (4)．

38. 15 U. S. C. § 1060.

39. SIMENSKY M, GOOTKIN H A. Liberating Untapped Millions for Investment Collateral：the Arrival of Security Interests in Intangible Assets［M］//SIMENSKY M, BRYER L. Intellectual Property in the Global Marketplace. New York：John Wiley & Sons, 1999：29. 25.

40. 同上。

41. 同上。参见：MCCARTHY J T. Trademarks and Unfair Competition：Vol. 1［M］. New York：Clark Boardman Callaghan, 1995：18 - 5.

42. 同上, 18 - 16。另见：SIMENSKY M, GOOTKIN H A. Liberating Untapped Millions for Investment Collateral：the Arrival of Security Interests in Intangible Assets［M］//SIMENSKY M, BRYER L. Intellectual Property in the Global Marketplace. New York：John Wiley & Sons, 1999：29. 25.

43. 同上。

44. 参见例如 *Haymaker Sports, Inc. v. Turian*, 581 F. 2d. 257（C. C. P. A. 1978）。美国国家海关和专利上诉法院（现称为美国联邦巡回上诉法院）指出，受让人从未在转让人的业务中发挥积极作用，从未使用商标，也未获得转让人的任何有形资产或商誉，因此，法院的结论是，一项毛转让是无效的。

45. 参见：*Marsbak v. Green* 746 F. 2d 927（2d Cir. 1984）；*Clark & Freeman Corp. v. Heartland Co. Ltd.*, 811 F. Supp. 137（S. D. N. Y. 1993）。

46. Riback, 2000, p. 16. 参见 *Matter of Roman Cleanser Co.*, 802 F. 2d（6th Cir. 1986）。

47. SIMENSKY M, GOOTKIN H A. Liberating Untapped Millions for Investment Collateral：the Arrival of Security Interests in Intangible Assets［M］//SIMENSKY M, BRYER L. Intellectual Property in the Global Marketplace. New York：John Wiley & Sons, 1999：29. 25.

48. 参见：*Matter of Roman Cleanser Co.* 43 B. R. 940（Bankr. E. D. Mich. 1984）aff'd, 802 F. 2d 207（6th Cir. 1986）；*In re Together Dev. Corp.*, 227 B. R. 439, 441（D. Mass. 1998）；*In re 199Z, Inc.*, 137 B. R. 778（Bankr. C. D. Cal. 1992）。兰哈姆法案 § 1060 规定：除非在转让之日起 3 个月内或者在转让前已向 USPTO 备案的，在未通知后续购买者的情况下，转让无效。

49. *In re 199Z, Inc.*, 137 B. R. 778, 782.

50. 同上。

51. 同上。

52. 同上。

53. U. S. Const. Art. VI., cl. 2.

54. *Trimarcbi v. Together Development Corp.*, 255 B. R. 606（D. Mass. 2000）.

55. 同上。

56. *In re America's Hobby Center v. Hudson United Bank*，223 S. D. N. Y. 275，286（1998）. 另见 *Roman Cleanser v. National Acceptance*，43 B. R. 940，944（E. D. Mich. 1984）（发现国会制定兰哈姆法案的目的或意图并非完善商标、商品名称或注册申请的担保权益）。

57. *In re Together Dev. Corp.*，supra，227 B. R. at 439.

58. UCC 第 9－301 条（1）（d）。

59. 15 U. S. C § 1051（b）. 另见：Intellectual Property as Collateral［J］. IDEA：Journal of Law and Technology（Franklin Pierce Law Center），2002，41：481. "inchoate"一词通常指的是公正或不完全的权利。例如，在专利法中，发明人的权利在其专利申请悬而未决的时候是不完全的权利，直到其专利事项和权利成熟为完整的产权。参见 *Mullins Mfg. Co. v. Booth*，125 F. 2d 660，664（6th Cir. 1942）。

60. 同上。另见 15 U. S. C. § 1060。

61. 40 U. S. P. Q. 2d 1098（1996）.

62. 同上。

63. 同上。

64. 美国专利法第 261 条规定："根据本条的规定，专利具有私有财产属性。专利申请、专利或其中的任何利益，在法律上均可通过书面文书转让。"

65. *Waterman v. McKenzie*，138 U. S. 252（1891）.

66. 同上。

67. 同上。

68. *In re Cybernetic Services，Inc.*，252 F. 3d 1039（9th Cir. 2001），*cert. denied*，534 U. S. 1130（U. S. 2002）. 另见 *In re Pasteurized Eggs Corp.*，296 B. R. 283（Bankr. D. N. H. 2003）（认为"专利法不包含任何关于担保物权的规定，因此不优先于州法律。因此，对一项专利担保物权的完善需要按照州法律备案。与美国专利商标局签订担保协议并不能完善担保物权"）。

69. 参见 *In re Cybernetic Services，Inc.*，252 F. 3d 1039（9th Cir. 2001），*cert. denied*，534 U. S. 1130（U. S. 2002）；另见：*In re Transportation Design & Tech.*，Inc. 48 B. R. 635（Bankr. S. D. Cal. 1985）；*City bank & Trust v. Otto Fabric，Inc.* 83 B. R. 780（D. Kan. 1988）。

70. *In re Transportation Design*，48 B. R. at 639.

71. 17 U. S. C. § 205.

72. 17 U. S. C. § 101.

73. *In re Peregrine Entertainment，Ltd.*，116 B. R. 194（C. D. Cal. 1990）.

74. 同上，199。另见 *Hillsborough County v. Automated Medical Laboratories，Inc.*，471 U. S. 707（U. S. 1985）。

75. *In re World Auxilary Power Co.*，303 F. 3d 1120，1128（9th Cir. 2002）.

76. 同上，1130。

77. 同上。

78. 参见 *AEG Acquisition Corp.* 127 B. R. 34（Bankr. C. D. Cal. 1991），aff'd 161 B. R. 50（9th Cir. BAP 1993）；*In re Avalon*，209 B. R. 517（Bankr. D. Ariz. 1997）。

79. 另见本书第五章"域名"。

80. BURSHTEIN S. A Domain Name Is Not Intellectual Property［J］. World E – Commerce & IP Report，2002（12）：9. 另见 *Dorer v. Arel*，60 F. Supp. 2d 558（E. D. Va. 1999）。

81. 同上，9。

82. 同上。

83. 同上，10，另见 15 U. S. C. §1125（d）。

84. BURSHTEIN S. A Domain Name Is Not Intellectual Property［J］. World E – Commerce & IP Report，2002（12）：10. 另见 *Porsche Cars North America v. Porsche. Net*，302 F. 3d 248（4th Cir. 2002）。

85. 参见本书第十章"破产中的估值、货币化以及处置"。

86. UCC 第 9 – 609 条。

87. UCC 还规定了其他非司法救济措施，如接受债务的抵押物或应收账款的收取等。参见 UCC 第 9 – 608 条至第 9 – 622 条。

88. UCC 第 9 – 619 条。

89. UCC 第 9 – 620 条至第 9 – 622 条。

90. UCC 第 9 – 601 条（规定被担保方可以"减少他对判决的要求，取消或以其他方式强制执行任何司法程序的担保物权"）。

91. WARD T M. Intellectual Property in Commerce［M］. Eagan, MN：WEST（Belmont, Thomson/West），2004：3：37.

92. 同上，3：40。

93. 这一讨论不应被视为对商业和知识产权法的详尽论述，因为它涉及证券化和完善知识产权。在需要的时候，应在特定的司法管辖区咨询法律顾问。

94. KAUFMAN I J, BRYER L G. Worldwide Trademark Transfers［M］//MONTGOMERY S B, TAYLOR R I. Worldwide Trademark Transfers.［S. l.］：Clark Boardman Callaghan, 2002：Ⅲ. D. 8.

95. 同上。

第七章
从战略和法律视角看专利许可

詹姆斯·马卡里安

    过去 20 多年间，许多公司都积极推进自己的知识产权部门通过专利许可来获取收益，专利许可费收入也随之飞速增长。在过去 10 年里，随着Rivette 和 Kline 的著作《阁楼上的伦勃朗：解锁专利的隐藏价值》（*Rembrandts in the Attic：Unlocking the Hidden Value of Patents*）的公开发行，这一趋势更是呈现加速状态，而更多企业高管也意识到了专利许可的重要性。[1]最近一段时间，随着许多以获取专利许可费为唯一目的的实体（"流氓"或"非运营实体"）[2]越来越多，许可行为呈现进一步加速趋势。学术界采取更激进的方式，通过建立、扩建大学技术转让办公室（TTO）来许可其专利。

    在当前严峻的经济形势下，企业知识产权部门想要从企业资产中获取额外的收入，比以往更有紧迫感和压力。企业利用这些收入来抵销其核心业务的低迷，或试图转型到更有利可图的领域。[3]除了创收之外，企业知识产权部门还负责处理被许可活动，将支出限制在向正在寻求许可自己专利的第三方，如其他公司、大学、TTO 或 NPE。然而，从法庭的一些反应来看，法庭方面希望延缓专利许可快速增长的行为。因此，过去几年，法庭的一些裁决使得许可专利变得更加困难，也给许可方带来更大的风险。相反，这些最近的法庭裁决通过为被许可方提供更多的抗辩事由与手段来规避许可方，使得最终裁决更利于被许可方。这些裁决也反映在美国国会目前悬而未决的美国发明法中。[4]

    这一章将从前沿视角来探讨专利许可的实践策略和最佳实践，来帮助企业知识产权部门实现专利许可收入的最大化，同时控制风险。还讨论如何处理并尽可能降低被要求许可的可能性。

术 语

在进一步探讨许可和被许可的实践和建议之前，我们可以回顾一下该领域的一些术语，例如，什么是许可，什么是不同类型的许可？

■ 专利许可仅仅是专利的拥有者或持有者与想要获得专利权利的第三方之间的契约。由于专利给予所有者或持有者（许可方）排除他人使用已授权的技术方案的权利，专利许可可以理解为专利所有者或持有者不会针对已经获得其专利权的第三方（被许可方）主张维护其排他权。根据许可方和被许可方之间的谈判结果，许可方可以向被许可方授予制造、使用和/或销售其专利设备、制品、工艺和/或方法的权利，并可能受使用地域或使用领域的限制。

■ 许可方是指转让或转移其部分或全部专利权的个人、公司或实体。

■ 被许可方是获得许可方部分或全部专利权的第三方。

■ 再许可是指许可方授予被许可方的权利，允许被许可方转移部分或全部被许可的权利至另一人、公司或实体（分被许可方）。许可时必须明确说明是否授予被许可方再许可的权利。

■ 机会或外展是指有可能成为被许可方的单个个人、公司或实体正在或即将就寻求单个专利或具有相同技术主题的专利群的许可进行沟通。这种个人、公司或实体被称为潜在被许可方。

■ 项目是指机会或外展的集合，两个或多个个人、公司或实体，正在或即将就寻求单件专利或具有相同技术主题的专利群的许可进行沟通。

■ 专利权使用费审计是指由许可方雇用或为许可方工作的个人或实体审查被许可方的记录，以确保他们支付许可下的欠款。

■ 专利许可有三种类型：独占许可、非独占许可和交叉许可。

　　■ 独占许可是指许可方就某一特定技术同意许可给单一被许可方的一种许可类型。在独占许可中，被许可方有权起诉侵犯其被许可专利的第三方，并有权根据独占许可条款对他人进行再许可。被许可方只有在获得许可方转移的许可专利中"所有实质性权利"时，才有权提起诉讼。这本质上意味着，转移必须等同于转让。[5]

　　■ 非独占许可是指许可方可以就相同的技术签订多个许可协议的一种许可方式。

　　■ 交叉许可是指两个公司互为许可方和被许可方，这样双方都可以获得另一方的专利许可。交叉许可协议通常由特定领域的竞争方达成，这样各方都有自由实施专利，而无须在法庭上就侵权问题进行诉讼辩护。通常情况下，交叉许可协议双方不需要支付对方报酬，但当一方在专利方面拥有质量或数量优势时，或者一方的财务风险或侵权风险大于另一方时，具有专利优势或较小财务风险的一方可以在协议中要求另一方支付专利使用费，同时通过交叉许可保护自己免受另一方专利主张的影响。

■ 专利流氓，或者用准确的术语来说，非运营实体（NPEs），是指通过许可或购买获取专利权的公司、个人或其他实体，其唯一目的是创收，并且现在不会、未来也不会使用它们要进行许可的技术。

■ 专利并购者是非运营实体的另一变型，它们从各种渠道获取某些相同技术领域专利权，然后将这些专利权组合，以便后续进行出售或强制实施。

■ "威逼"许可机会是指专利权人或独占被许可方（拥有分许可的权利），或其代表，宣称潜在被许可方正在侵犯专利权人或独占被许可方的专利的情况。这意味着潜在被许可方的产品，或制品、工艺或方法中，能够找得到该专利权利要求中的每个要素。

■ "利诱"许可机会是指目前不存在侵权的情况，但是有个人、公司或实体可能会通过使用专利权人或独占被许可方的专利获利。"威逼"许可通常比"利诱"许可要高效。二者存在区别的原因之一就是如果专利权正在被侵犯，潜在被许可方会注意到可能存在的财务风险，也有可能被卷入诉讼（会分散公司注意力，很昂贵，且结果也不确定），所以就必须有避免诉讼的紧迫感。但"利诱"许可一般以改进产品为目的，因而其中的教义和技术与潜在被许可方具有重大意义的业务和生产线息息相关。所以，不像"威逼"许可一样需要迅速反应，潜在许可方不急于对"利诱"许可作出回应，除非这些技术是开创性的，例如，在系列电影《回到未来》中的"聚变能源反应堆"技术，就可以容易并且不花大代价地纳入潜在被许可方的业务中去。相比之下，"利诱"许可在商标业务中异常有效。[6]

■ 运营实体是指在业务和/或制造过程中实施或实施过自己专利的公司、个人或实体。

■ 专利持有公司是一家独立的公司，通常由运营实体设立，旨在持有、许可或实施母公司的专利，但持有公司本身并不实施专利技术，因为母公司在持续实施其专利。专利持有公司可以为母公司大量专利许可费收入避税提供保护，也可以作为独立的、只进行专利许可的业务实体，这样就可以作为母公司在专利诉讼中的保护伞。专利持有公司的问题之一是，它们通常不被视作运营实体，在现有的判例法下不能被赋予它们正在实施的专利的禁令救济权利。因此，许多运营实体将最有价值的专利保留，而不是把它们放在专利持有公司，这样它们可以获得禁令救济权来制止潜在的专利侵权。在这种混合配置下，运营实体将不太重要的专利放在专利持有公司中，通过专利持有公司许可专利来产生许可收入。

法律情况

在过去几年，美国联邦最高法院和联邦巡回上诉法院（CAFC）作出的判决使得许可专利难度越来越大，风险也越来越高；反过来，被许可方就许可请求进行辩护或对现有的专利许可提出异议越来越简单。过去 10 年中，许多法律的修改似乎是对越来越多的专利流氓或非运营实体的成功作出的反应。从 1995～2001 年（就在 Rivette 和 Kline 出书前后），非运营实体和运营实体在专利侵权案中损害赔偿的中位数几乎相等，都是 500 多万美元。然而，从 2002～2008 年，差距拉大了，非运营实体案件的损害赔偿中位数为 1200 万美元，而运营实体只有 340 万美元（见图 7.1）。[7]

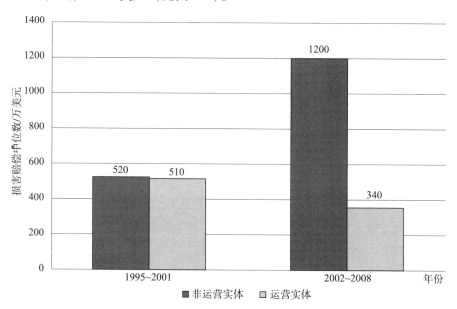

图 7.1 专利侵权案件不同实体损害赔偿

这一时期，美国联邦最高法院审理的一些对专利许可有重要影响的关键案件包括 *e Bay, In. v. MercExchange LLC* 案（使得专利权人更难获取禁令）[8]、*Medimmune, Inc. v. Genentech* 案（允许被许可方在被许可情况下质疑专利的有效性）[9]、*KSR Int'l Co. v. Teleflex Inc.*（更容易以渐进式改进不能被授予专利权为理由请求宣告专利无效）[10]、*Quanta Computer, Inc. v. LG Electronics, Inc.*（更容易寻求专利权用尽）[11]。CAFC 也作出了许多影响专利许可的决定，包括 *SanDisk v. STMcroelectronics*（更容易让潜在被许可方提出确认之诉）[12]；*In re Seagate Tech，LLC*（使得证明故意侵权和获取更多损害赔偿更大困难，因为专利持有者不仅仅需要证明侵权者过失，还需要证明间接故意）[13]；*Hewlett-Packard Co. v. Acceleron，LLC* 案中（特别是针对非运营实体，通过使潜在被许可方更容易找到提起确认性判决的依据，从而扩大 SanDisk 案的影响。这样一来，收到非运营实体提供专利许可的任何回应都可以作为潜在被许可方提起确认性判决的依据）[14]。如何驾驭这一新的法律环境的策略将在本章后续讨论。

专利许可的基本原则

在专利（或任意一种知识产权）许可过程中，不管是许可或被许可，有 6 个对许可方和潜在被许可方都有帮助的最重要的原则。这些原则如下：①作尽职调查；②做好准备工作；③热忱代表你的客户或公司，坚信你的立场；④基于现实不断评估自己的立场；⑤知道各方的平衡点；⑥表现专业，以文明行为方式做事。那么这到底是什么意思呢？

第一个原则，从许可方和潜在被许可方双方的角度作尽职调查，包括让许可方和被许可方独立确认即将被许可的专利是否是有效并且可实施的，是否存在侵权行为。应当采用一些实用的步骤以确保所有维持费用有效，权利的分配或转让符合法律程序。这样许可方知道他拥有寻求转移的权利，也知道专利文件中没有任何会给许可造成灾难的东西。从许可方的角度，如果有任何问题，这些问题应该在将专利拿出去许可之前解决。许可方可以使用的两种工具是 USPTO 的重新申请和复审程序。从潜在被许可方的角度，找到任何此类缺陷都可以成为拒绝扩大许可范围或提供谈判中更有利条件的理由。

尽职调查还包括花费一定时间去了解对方的业务。这不仅对于谈判有帮助，也能确保自己的行为不会伤害自己公司的利益。例如，一个潜在被许可方有一系列专利可以防御许可方，并且许可方受影响的销售量要大于潜在被许可方的销售量。这种情况下接触潜在被许可方是不明智的。此外，如果潜在许可的销售额较小，假设是 1 万美元，则试图许可给这种公司同样是不明智的，因为许可方付出的成本会超过许可所带来的收益。

尽职调查进一步还包括了解您的谈判方。例如，了解对方的教育或工作背景，作为谈判突破口是比较实用的。对方在之前传达的信息也要做好备忘。这对于谈判中有准备地提出与对方之前矛盾的陈述或立场有所帮助。记住，尽管是公司之间的谈判，但您最终面对的还是谈判的个人。

下一个原则就是做好准备工作。在许可条文上作准备工作有许多种形式。其中一方面是，在电话会议或会面之前，预测对方的立场，然后作出回应，提出自己的立场。准备工作的另一方面就是知道您所在公司的业务目标是什么，以及许可如何帮助实现这些目标。例如，对于许可方来说，确保这些行为是可以提高而非损害其商业利益是非常重要的。运营实体的首要考虑是商业运营和盈利能力，而非许可行为，这与非运营实体主要的业务是许可和售卖资产不同。因此，许可方不应采取任何可能危及公司业务的措施，将其公司置于潜在被许可方的专利风险中，或采取激进的许可方式破坏现有或潜在业务关系。从潜在被许可方的角度来看，尝试避免支付任何许可费用是非常重要的。如果最终支付了任何费用，最好也最大限度减少这些支出。通过准备工作，潜在被许可方有可能发现许可方论点中的缺陷，从而利用这些缺陷来获取更有利的条款，或者避免不得不接受许可的境地。

就像诉讼一样，许可也涉及说服力，但不是说服法庭或陪审团相信一个人的立场，而是许可方或潜在被许可方试图说服对方自己的立场更有价值。对于许可方和潜在被许可方来说，双方都需要有足够的说服力来说服对方接受许可（许可方的目标），或者放弃许可的要求或最小化专利许可费用（潜在被许可方的目标）。这与在诉讼上花费财力、精力和不确定性相比是更好的解决方式。同样重要的是对自己立场有信念，积极地坚持自己的立场并说服对方。这种信念、信心和热忱来源于尽职调查和准备工作。

在谈判或诉讼过程中，会出现不同的情况。在这种情况下会接收到不利于自己立场的信息或导致谈判陷入僵局。就是在谈判中的这些阶段，许可方和潜在被许可方要根据对方所提供的观点和信息重新评估他们的立场。在评估自己的立场时，对于己方和对方的需求，实事求是是非常重要的。当各方不能找到比较合适的解决方案时，最好在评估中考虑到诉讼的费用。通过重新评估自己的立场，就可以选择更好的行动方针。

有时候，潜在被许可方向许可方提供不必要进行许可的充分理由。这个时候，许可方可以决定放弃许可，降低使用费，或者将其他专利加入许可谈判中。另外，有时候，许可方的论据似乎是无懈可击的，这时候潜在许可方可通过协商有利的条款，或试图获得"最惠国待遇"来减轻其风险。这样就不会比其他被许可方支付更多的许可费。潜在被许可方的另一个选择是寻求可能与许可方存在的业务联系，并尝试通过这些关系来获得更有利的条件。

了解双方的平衡点也很重要。这意味着在每一次谈判中事实和情况往往偏向于其中某一方。例如，如果许可方有特别强力的证据表明潜在被许可方正在侵犯其专利，而潜在被许可方却没有强有力的证据证明专利无效，不存在侵权或专利不可实施，那么许可方就有资格指定许可的条款和条件。然而，许可方对于自己的立场越质疑，潜在被许可方的辩解越强烈，潜在被许可方就越有可能抵制许可方的条款，并坚持对被许可方更有利的条款。掌握这些平衡点来源于尽职调查和准备工作，然后积极利用这些平衡点来论证自己的立场。

最后一个原则就是，无论对方采取什么行为，都要以文明的方式表现出自己的专业。记住，许可的群体很小，人们持续换着工作。某天您可能在和一个人就许可进行谈判，几个月后您可能和他们作为同组成员与他人讨论许可事宜，或者您在和他们一起面试您的下一份工作。另外，名声传播也很快。所以，要想被尊重，建议以文明且专业的方式行事。记住，许可是业务的最终目的，不应当成为个人决定或宿怨。记住电影《教父》里面的台词："这不是私人行为，……是严格的生意行为。"

如何做专利许可，还有什么战略思考？

将专利许可出去的行为可以有多种形式。其中一种方式就是，公司知识产权部门直接许可或出售专利。有时候，像之前提到的，公司可以成立独立的专利持有公司用以将专利变现。另一种方式就是公司或知识产权部门与外部律师事务所或第三方实体（如非运营实体或专利并购者）构建契约关系。这些公司或第三方实体本身许可或出售公司的专利。通过第三方的问题是，公司失去了对整个过程的控制，造成自己的专利有被宣告无效、无法实施或以低价卖出的风险。另一个问题就是第三方需要从许可或出售专利的费用中按百分比提成，造成公司收入的减少。

不管使用什么方法，许可或出售公司专利的第一步都是接触相关商业人士，他们有权利允许公司的资产许可或出售，支持货币化这些资产，并提供足够的资源（财力和人力）来实现货币化。商业人士也必须明白，对于侵权、无效或可执行性存在被反诉的风险，如果谈判陷入僵局，公司将不得不提起诉讼。此外，商业人士必须明白，专利货币化是一个过程——通常需要超过一年的时间。另外，需要现实地对待成功的渴望以及货币化带来的收入。如果没有上述认知，公司的支持可能会随着时间减弱，导致糟糕的结果。

如果专利的货币化是在公司内部完成的，那么下一步就是找出适合许可或出售的专利。这时候公司的支持是至关重要的。因为找出可货币化的资产，以及寻求这些资产的目标的最佳方式，就是组建一支由业务人员和法务人员组成的团队，来审查公司的专利组合。从业务角度来说，团队应当包括对即将许可或出售的技术有全面了解的技术顾问，以及了解或能够发现该技术相关的财务信息（包括潜在被许可方的信息）的金融分析师。法务人员应该包括专利律师（负责对专利的范围进行审查和确认），以及许可律师（或许可专家，负责协调所有资源、指导战略，并进行谈判）。如果得到授权，许可律师还可以起草协议。当需要时，团队还可以包括但不限于交易律师、税收顾问、外部律师事务所人员、会计、技术专家、损失鉴定专家和政府合约专家。

团队首先应该尝试发掘那些未经加工的专利。这些专利有相对较宽的保护范围，可以用以对付许多潜在的被许可方。另外，最好是有一系列的专利用以许可或出售，而不是许可或出售单件专利。因此，团队应当把一系列相似的专利组合在一起。专利律师努力使专利获得更宽的保护范围（甚至超出公司核心产品）对公司是非常有帮助的。这些专利在后续的许可中非常有用。

团队的下一步工作就是查看系列专利，找出正在侵犯公司专利权的潜在被许可方。如果潜在被许可方是实体经营的直接竞争对手，那么诉讼律师应当立即介入，采取诉讼手段获取禁令。这要比许可专利给直接竞争对手要更加合理。最佳的潜在被许可方就是非直接竞争对手，其具有足够的营业额来支付许可使用费，并且自己没有规模可观的专利组合来对抗许可方。将专利货币化就是为了赚钱，所以如果潜在的许可费很低或者在与对方的专利诉讼中败诉的风险比较高，那么就不值得花费努力与对方接洽了。这又回到应当作尽职调查的原则上了。另外，如果可能的话，运营实体应当寻求建立一个许可计划，尽可能多地联系潜在被许可方，从而使收益最大化。

有许多服务或软件可以帮助公司来评估它们的专利组合。[15]例如，通过对比专利的引用树和被引用树之间的关系是有帮助的。如果一件专利的被引用量多，引用量少，那么暗示这件专利有比较宽的保护范围，就可以从引用该专利的专利权人中寻找潜在被许可方。[16]对比与技术相关的国际专利分类号（IPCs），也是评估专利系列之间稳定性高低的有效手段（见图7.2）。

尽管这些工具很有帮助，有经验的专利专家也必须研究潜在被许可方的专利权利要求、专利文档和产品，以确认对方是否存在侵权行为。

为了评估许可程序可能产生的收益，许可方必须作初始分析。有三种典型的评估许可收益的方法——市场法、成本法和收益法。

使用市场法，需要看相似的技术最近许可的情况。通过书籍、文章、专利组织、网站等手段可以查询专利许可费用，例如查询许可管理协会（LES）、大学技术管理协会（AUTM）、报道的案例解决情况等。一般来说，市场法是最可靠的，因为其考虑的是类似的谈判或处理方式，但是难点在于寻找类似的情况。第二种方法就是成本法，即许可方考虑自己在开发专利技术过程中的成本和费用，再确定一个可以收回这些成本，同时获得合理利润的提成率。这种

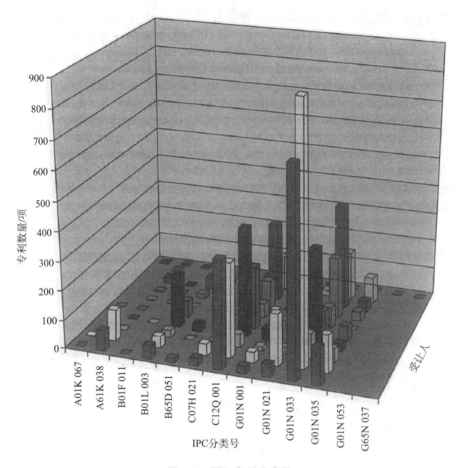

图 7.2 国际专利分类号

方法的好处就是许可方在接触潜在被许可方之前就已经知道了成本信息。然而，这种方法会使得许可方低估自己的专利许可费，因为许可产生的最终价值可能远远大于获得专利技术的成本。最后一种方法是收益法，即许可方确定潜在被许可方通过许可的专利产品、方法或工艺获得的收益，获得总收益的合理百分比。关于使用收益法，法院和当事人过去有时候会使用所谓的 25% 规则来确定专利使用费的合理百分比，这涉及潜在被许可方利润的 25% 作为专利使用费。使用这种方法，许可方需要知道或准确估计潜在被许可方的利润情况。尽管在 2011 年，CAFC 认为在专家证词中使用 25% 规则是不允许的，但是现在很多许可案例中，人们仍然在许可谈判中使用 25% 规则，并且视该规则是可行的方法。[17]

完成了尽职调查之后，许可方会知道经营历史没有任何灾难性缺陷，在专利所有权方面没有实质性争议，维持费用也是最新的。所以，在将待许可的专利组合在一起并确定许可项目的被许可方之后，下一步就是准备待许可专利的专利权项表和潜在被许可方的产品。在准备专利权项表时需要非常注意，因为专利权项表必须足够有说服力以使潜在被许可方接受许可。如果许可谈判失败，专利权项表也会在各方的诉讼过程中涉及。所以必须制作高质量的专利权项表，以在专利诉讼中使用。

在这些基础性的工作完成之后，权利要求对照表也制作完成，就是专利权人确定联系哪个潜在许可方的时候了。如果许可方正在进行一项许可项目，那么考虑联系潜在被许可方的顺序是非常重要的。例如，侵权产品可能既在原始设备制造商中存在，也在零售商中存在。如果许可方先针对原始设备制造商进行许可，基于用尽原则，就不能向零售商再收取使用费。另一个考虑因素就是许可时机，是否能够利用一个或多个被许可方作为撬动更多潜在被许可方的杠杆。所以许可方可能会首先考虑选择一个比较容易的潜在被许可方来进行许可，在完成一系列许可之前，不再进一步联系其他许可方认为有难度或有风险的潜在被许可方。没有标准的方法，但是通过作尽职调查，许可方可以对不同潜在被许可方之间的平衡点有更好的理解，也能在不同情况下选择最好的许可策略。

随着谈判前准备工作的完成，在起草与潜在被许可方的初步联系时必须谨慎。在之前提到的 *Hewlett – Packard* 案的判决使得在许可方主动联系潜在被许可方时，潜在被许可方更容易找到提出确认之诉的基础。看起来在 *Hewlett – Packard* 案中，非运营实体的任何接触都可以使得潜在被许可方提出确认之诉，而运营实体与潜在被许可方的接触，可能除了进行交叉许可的提议之外，都有可能导致确认之诉。也就是说，事实上，如果运营实体联系的潜在被许可方并非直接的竞争对手，那么对方提出确认之诉的风险较小。公司一般都尽量避免风险和诉讼，所以它们不倾向于提起诉讼，因为这样也有被反诉的风险。然而，如果一个实体运营许可方联系一个直接竞争者，那么很有可能会被提起确认之诉，因为在这种情况下风险要高得多。一种减少确认之诉的可能方式就是在联系直接竞争者时，提出交叉许可，然后在谈判中尽量争取许可方的经济利益。

Hewlett – Packard 判决的另一个潜在后果就是，即使许可方与潜在被许可方的联系有可能足以触发确认之诉，但是还不足以触发美国专利法第287条规定的侵权法定通知。这个通知非常重要。因为涉及装置权利要求的专利侵权诉讼中，如果产品没有专利标记的话，计算损害赔偿的时间期限是从涉嫌侵权人收到通知信才开始。[18]为了满足第287条的要求，许可方在联系潜在被许可方之

前，至少需要确定寻求许可哪些专利。建议初次联系信函应当包含一份签署保密协议（Nondisclosure Agreement，NDA）的邀约，保密协议应与初次联系信函一起提供给潜在被许可方。在对方签署保密协议之前不应该向潜在被许可方提供专利权项表和报价。在这个阶段，许可方应当已经起草了一份许可协议，当保密协议签署之后，就可以将许可协议提供给潜在被许可方。

那么这份初次联系信函应当发送给谁？这取决于公司的类型和规模，例如，上市公司、控股公司、合伙制公司、小公司、大公司等。一般而言，如果公司有首席知识产权律师，那么他就是那个应该首先联系的人，因为他要么可以自己处理这些业务，要么转交给负责这些业务的人来处理。首席知识产权律师的名单来源于美国知识产权法协会（AIPLA）、许可管理协会、美国律师协会（ABA）和企业专利顾问协会（ACPC）的成员名录。如果无法联系到首席知识产权律师，那么下一个联系的人应该是公司的总法律顾问。对于上市公司来说，你可以在公司的季报和年报以及外汇交易委员会（SEC）文档中找到总法律顾问的名字。对于外国公司，建议许可方联系公司在美国的最高代表；对于小公司来说，许可方最好是联系公司的 CEO。

专利许可方需要考虑的法律因素

联系潜在被许可方之后，双方也已经在谈判推进许可，在起草许可协议的时候需要考虑一些法律因素。首先，许可期限不能超过被许可专利的有效期；否则，该许可就会违反美国反垄断法。因此，如果许可方想要在专利条款之外扩展许可，解决方案就是在许可中加入其他知识产权，例如专有技术或商标。但如果许可方使用这种方法，专利权到期时，专利使用费就需要相应降低。

许可方需要考虑的另一法律因素就是在许可协议中加入所谓的 "*Medimmune* 辩护"。正如前面所提到的，允许被许可方在被许可情况下质疑专利的有效性。其中一些 *Medimmune* 辩护包括：

■ 在许可协议中，如果被许可方未能成功质疑许可专利的有效性，则加速或增加专利使用费支付的条款。

■ 预付专利使用费，而不是分期付款，或者在许可期较早阶段要求更多专利使用费。

■ 如果被许可方质疑专利有效性，则立即终止许可协议有关的条款。

■ 对许可方有利的法律适用地和法律选择条款。

关于 *Medimmune* 辩护的进一步列表，以及潜在被许可方的行动方针，建议许可方和潜在被许可方都阅读 2008 年 5 月 Michael J. Cavaretta 和 Howard Zaharoff 发表的《*Medimmune* 案后的专利许可策略》（Patent Licensing Strategies after *Medimmune*）一文，刊登在 Morse，Barnes‐Brown & Pendleton，PC 公司的知识产权新闻公报上。[19]

许可方在与任何潜在被许可方签订许可协议时，还应该考虑争取回授许可。这会涵盖在许可期限内被许可方拥有的技术，也有可能涵盖许可方许可的技术相关的产品。通过回授许可，许可方保护自己不受被许可方日后就同一技术的许可进行接触的影响。对于许可方来说，对被许可方违反许可协议或被许可方的控制权发生变更有强有力的终止条款，以及对许可协议的可转让性有严格的限制，也是很重要的。另外，许可方应该根据许可产品的总价格而不是净价来计算使用费，并尽量避免许多抵销。本章的最后是可以帮助许可方和被许可方关注许可协议中涉及的一些法律问题的清单。

专利被许可方需要考虑的策略和法律因素

潜在被许可方的首要目标就是避免支付任何许可使用费。如果这不可避免，那么也要争取最优的交易条件。因此，对于潜在被许可方来说，作尽职调查、试图提出无效、证明不侵权行为或宣告专利不可实施，都是至关重要的。此外，潜在被许可方应该要求许可方证明，许可方也必须向法官或陪审团证明，潜在被许可方的产品侵犯了许可方的专利权。

潜在被许可方也应当审查自己的专利组合，看是否有可以对许可方进行许可的专利。如果有，则可以推动双方达成无费用交叉许可协议，或者可能从许可方获取比许可方试图向潜在被许可方收取的更多的费用。另外，如果潜在被许可方和许可方有任何其他的业务往来，那么潜在被许可方应当利用这些业务来给许可方就许可费用施加压力，因为如果许可方不同意，则会损害现有和未来的业务关系。

如果潜在被许可方不能使许可方专利被认定无效，或证明不侵权或宣告专利不可实施，或找到其他业务关系来对抗许可方，而许可方也有足够的证据证明侵权行为，潜在被许可方还是可以在许可协议中争取"最惠国待遇"。这样支付的使用费就不会比其他被许可方多。"最惠国待遇"条款最有可能发生在如下情况：潜在被许可方是第一批被许可方，并且许可方想要与更多的被许可方签约以获取更丰厚的报酬。

潜在被许可方也应该推动许可方对专利所有权的担保，并试图协商对己有利的地点和法律条款的选择。当潜在被许可方作为原始设备供应商时，潜在被许可方应当尽可能争取自己有再许可的权利，并确保许可协议可转让。如果许可协议是独占许可，潜在被许可方必须保证像之前讨论的一样，"所有实体权利"都已经转移至潜在被许可方。另外，如果可能的话，被许可方应当尝试从初始的专利使用费中抵销一部分使用费（例如返还、运费或税金）。潜在被许可方还需要注意许可方利用 *Medimmune* 辩护产生的费用，避免烦琐的报告和使用费审计条款。

使用费审计

在许可谈判中和在获得许可之后，使用费审计条款往往被忽略。一旦获得许可，许可方常常会忽略被许可方支付的使用费。问题不在于被许可方故意不交使用费（尽管这常会发生），而在于对哪些产品或产品组合需要交纳使用费存在误解，并且对许可的范围有可能存在误解。此外，被许可方也有可能有一些简单的计算错误。

这就是为什么对于任何许可方来说，在许可协议中加入稳妥的、有关使用费的审计条款是非常重要的。它监控着使用费收入的巨大偏差，并且在许可早期，通过审计以确保被许可方支付适当的使用费。第一次审计通常可以确定对方未及时报告的大量额外使用费。如果没有积极的合同管理程序，则将会忽略这部分使用费。其他积极的管理合同程序带来的益处还有，经审计后，被许可方在未来计算使用费时就会更小心；并且给其他被许可方发出信号，在报告中对于使用费的计算要准确，如果存在漏报，可以使得许可方有理由因为被许可方不遵守协议而终止现有的协议。

在许可协议中加入使用费审计条款时，许可方加入可分割条款是非常重要的。因为典型的审计条款包括漏报时应当支付一定的罚金，但是在不同的司法管辖区，对于罚金的多少有不同的标准。从被许可方的角度来说，限制一年最多可以进行的审计次数，并确保审计人有义务将有关信息进行保密是非常重要的。和其他事项一样，各方利益的平衡点影响着，许可方的需求或者潜在被许可方反击最终将在关于使用费审计条款和条件的谈判中占据上风的程度。

结　论

本章为许可方和潜在被许可方提供了有关许可专利过程中涉及的基本路线图以及一些最佳的实践案例。许可方和潜在被许可方双方最好遵守本章描述的基本原则，也就是：①作尽职调查；②做好准备工作；③热忱代表你的客户或公司，坚信你的立场；④基于现实不断评估自己的立场；⑤知道各方的平衡点；⑥表现专业，以文明方式做事。遵守这些原则可以帮助许可方和被许可方双方在许可谈判中尽可能成功。

专利许可协议清单的重要法律考虑

（1）许可（授权）：

a. 独占与非独占（独占许可会根据产品、技术领域、地域、时间而不同）；

b. 可转移与不可转移的；

c. 可撤销与不可撤销的；

d. 特许权使用费负担与全额支付；

e. 使用费基数（例如系统、许可的产品、特定部分、实现方法）；

f. 销售和制造地域以及使用区域限制；

g. 时间期限（协议时效、保密和授权的期限）；

h. 许可的技术；

i. 回授；

j. 市场（许可的可使用的技术领域或许可程序）；

k. 有权利（原始设备制造商）；

l. 选择（扩大协议、维持独占性、限制许可领域）；

m. 许可方的改进权利——新产品；

n. 继承权（独占性的丧失、许可范围缩小）；

o. 分许可权利。

（2）专利和/或专有数据权利：

a. 侵权；

b. 赔偿；

c. 保证；

d. 免责声明；

e. 保密；

f. 美国政府要求（无限责任、政府权利、选择权）；

g. 代表；

h. 标记。

（3）补偿：

a. 一次性付款（初始付款、额外付款、分期付款）；

b. 预付款（针对未来使用费、产品采购与开发费用）；

c. 固定或可变使用费（百分比、特定总价）；

d. 从许可方购买；

e. 股票；

f. 最低限额和最高限额（按年、协议期限、销售量、产品数量）；

g. 使用费补偿（例如返还、运费或税金）。

（4）制造权利：

a. 所有与部分；

b. 配套元件组装。

（5）技术转移和技术支持：

a. 技术数据包（完整的、独占的）；

b. 时间；

c. 持续的支持（时间、地点、级别）；

d. 更新、配置控制。

（6）使用费支付与制造价格考虑：

a. 美元；

b. 汇率波动；

c. 审计——使用费、价格、报告；

d. 合理的、有竞争力的；

e. 报价、发票价或 NTE（不超过）价格；

f. 最佳和最终报价（例如前端投资）之间的价格选择技巧和理解。

（7）协议期限：

a. 年限；

b. 项目周期；

c. 协议中特定理由的时间期限（违约、失去控制、破产）；

d. 权利终止后；

e. 许可专利的有效期。

（8）维修、维护和产品支持问题。

（9）政府合同条款——强制流动条款（如专利、数据、审计、对限制性标志的挑战和认证）。

（10）出口管制法律（硬件、软件、技术数据、技术支持协议、制造许可）：

a. 贸易；

b. 报告。

（11）反垄断法考虑。

（12）审判地或管辖法律。

（13）知识产权或共同诉讼的实施。

（14）杂项条款——转让、放弃、终止。

（15）其他类型的协议：

a. 团队合作；

b. 制造、使用和销售许可；

c. 联合开发；

d. 分包合同；

e. 合资企业；

f. 技术支持；

g. 合作生产；

h. 咨询；

i. 研究；

j. 分销、销售或采购；

k. 服务；

l. 选择；

m. 专有信息；

n. 托管；

o. 软件；

p. 交叉许可；

q. 以上的组合。

注　释

1. RIVETTE K G，KLINE D. Rembrandts in the Attic：Unlocking the Hidden Value of Patents［M］. Boston：Harvard Business Press，2000.

2. 也可以参见 DIPERNA R，HOBAUGH J. When to Litigate：Rise of the Trolls［M］//Intellectual Property Strategies for the 21st Century Corporations：143 – 158.

3. 柯达公司是一个这样的例子：通过许可收入帮助公司抵销其核心业务的下降，并帮助公司将业务转移到看似更有利可图的领域。2010 年 6 月 25 日，《华尔街日报》刊登了一篇标题为《柯达首席执行官佩雷斯计划减少专利诉讼》（Kodak Chief Perez Plans to Curtail Patent Lawsuits）（作者 Dana Mattioli）的文章。文章引用了文中援引柯达 CEO 安东尼奥·佩雷斯的话："我们此时此刻需要专利提供现金流，因为我们在拓展新业务时投入太多资金。"但是柯达的经验也提供了一个警示：由于采取了激进的诉讼方式进行许可，柯达正在疏远潜在的商业伙伴，因此柯达想要减少通过诉讼的方式进行许可。正如在同一篇文章引用的佩雷斯的话："诉讼非常昂贵，它创造了宣传价值，但没有人从中受益""我们正在寻求更有价值的与其他伙伴合作产生利润的商业关系，而不是直接索求现金"。

4. S. 23 & HR 1249；之前被命名为 2011 年专利改革法案。

5. 讨论在不同情况下，法院对于是否转移了"所有实质性权利"的认定，建议许可方和潜在被许可方都阅读 Jeffery Newton 在 2009 年 12 月那一期的 *Les Nouvelles* 上发表的名为《独占许可中保证所有实质性权利》（Assuring All Substantial Rights in Exclusive Patent Licenses）的文章第 235 – 254 页。

6. 专利中的"利诱"许可与商标中的"利诱"许可是完全不同的尝试。对于商标而言，对于被许可的知识产权并不需要在业务中并入相同的技术投入，因此"利诱"许可在商标中更为常见。例如，人们可以在许多经许可的商品上看到可口可乐的商标，也仅仅是能看到这些商标而已。如果还有其他的，那也是潜在被许可方自愿想要使用这些标志，而非因为可口可乐公司就未经许可使用这些标志提出诉讼或威胁要提起诉讼。

7. 见普华永道于 2009 年 8 月发表的《专利诉讼研究》（*Patent Litigation Study*），第 6 – 7 页。

8. 547 U. S. 388（2006）.

9. 549 U. S. 118（2007）.

10. 550 U. S. 398（2007）.

11. 553 U. S. 617（2007）.

12. 480 F. 3d 1372（Fed. Cir 2007）.

13. 497 F. 3d 1360（Fed. Cir 2007）.

14. 587 F. 3d 1358（Fed. Cir 2009）.

15. 可以帮助评估专利组合在线软件包括 Aureka 和 Innography。

16. 向后引用是指在诉讼期间被作为背景技术引用的专利；向前引用是指在利益相关专利之后申请的专利，而利益相关专利又已经被其他专利作为背景技术引用。

17. 在 *Uniloc USA*，*Inc. v. Microsoft Corp.*，632 F. 3d 1292（Fed. Cir. 2011）中，CAFC 以不符合 FRE 第 702 条的规定为由，拒绝使用专家证词中的有关专利侵权损害赔偿的"25%规则"。尽管如此，还是有很多许可专业人士仍然认为这种方法在许可谈判中作为初始使用费费率是非常可行且有用的，其他使用各方以及市场的财务信息用以计算使用费的方法就显得既麻烦、昂贵又耗时。参见：GOLDSCHEIDER R. The Classic 25% Rule and the Art of Intellectual Property Licensing［J］. Duke L. & Tech. Rev.，2011（6）.

18. 对于方法权利要求，没有必要进行标记，所以损失可以从专利申请之日，而不是涉嫌侵权人收到通知信之日起计算。标记应当是将专利号标记在按照装置权利要求制作的产品或包装上。

19. 这篇文章的网址是 www. mbbp. com/resources/iptech/patent_medimmune. html。

第八章
知识产权货币化：许可与被许可

凯莉·M. 斯拉夫

　　许可是知识产权所有者（许可方）与希望使用该知识产权的一方（被许可方）之间的合同。知识产权所有者"对外"许可其知识产权以增加收入，并获得其早期努力的回报（诸如已完成的研究和开发、已经产生的商誉，和/或已经创造的内容）。反之，公司从拥有知识产权的第三方获得许可以节省研发费用，并利用另外一家公司的特长，将其与自己的品牌结合起来。

　　一份糟糕的许可协议会损害公司在（当前的和潜在的）客户中的声誉，并使公司登上头条新闻，甚至可能吃官司。近年来的例子如：①黑莓的制造商和黑莓专利所有者之间的专利纠纷[3]；②退休的 NFL 球员们和他们的联盟之间就他们的姓名、肖像、传记，及未能获得许可机会的纠纷[4]；③纽约市与被许可销售纽约市警察局（NYPD）和纽约市消防局（FDNY）商品的被许可方人之间的纠纷[5]；④Topps 及其在南美的独家泡泡糖制造商、销售商和流通环节商人之间的纠纷[6]；⑤Martha Graham 舞蹈作品的所有者和她的非盈利舞蹈中心之间的纠纷[7]。

　　在许多不同的行业中有许多不同类型的知识产权许可，[8] 因为许多类型的知识产权具有各自的特殊关注点。知识产权类型包括版权（包括音乐版权[9]、应用服务提供商版权[10]和软件版权）、商标、专利[11]、商业外观和商业秘密。知识产权许可类型包括使用、销售（包括零售）、促销、制造和分销。许可证的常见格式是许可协议、点击生效协议[12]、浏览生效协议、开封生效协议，以及网站上的条款和条件。本章广泛地描述了许可，并指出了所有许可中要考虑的问题。

　　当考虑许可或被许可或二者皆有时，公司必须对其知识产权进行审计。一个潜在的许可方需要知道它对市场中的其他人有什么价值。许可方的某些知识产权可能已经得到知识产权保护，但是有些没有。因此，潜在的许可方应该密切关注它们拥有的可以被商标、版权、专利和/或商业保密[13]保护所涵盖的知识产权。相反地，潜在的被许可方应该知道它的知识产权中有什么"差距"，妨碍将其已有产品和/或服务货币化，因为通过"被许可"来填补知识产权的差距可以节省内部开发知识产权所需的时间和金钱。

对市场需求进行评估后，可以确定知识产权的使用价值。通过评估，可以确定出售知识产权是一种更好的选择，这取决于许可的时间成本和知识产权对公司的重要性。评估在第十章中有更详细的讨论。

在选择与之签订许可协议的公司时，各方应对另一方进行尽职调查。特别需要调查的事项包括财务、信誉、过去的记录、在市场上的其他产品，以及该公司的其他许可协议是与谁签订的（以确保它们会投入足够的时间和精力，以及另一方之前所从事业务的体量、质量水平和国家）。尤其是在国外，应该检查参考的协议。此外，许可方应调查被许可方在特定市场和特定商品上是否存在利益冲突。在谈判开始前，双方应签订保密协议。

书面许可是为了保护知识产权的所有权（针对许可方）和如何使用知识产权（针对被许可方）。在书面许可中要考虑的关键概念是授予权、关键限定条款（知识产权、许可产品、区域、配送渠道、特许权使用费），知识产权的质量控制协议期限和权利终止、保密，以及风险和成本管理。下面将更详细地讨论这些问题。

权利的授予

权利的授予规定了许可方授予被许可方的权利。这是许可协议目的的本质所在，对于被许可方来说是至关重要的，因为知识产权对于其业务的运行是必需的，而对于许可方来说则是主要的收入来源。双方还应该清楚地知道哪些权利是被授予的，例如使用、销售、专业制造、制造和/或分销许可产品或服务。许可协议必须处理基础知识产权法律规定的每一项权利。例如，版权许可应该处理版权法中提到的五项捆绑权利中的每一项，因为如果许可方没有特别授权，则被许可方无权使用这些权利。

典型授予权利的语言确定了谁可以使用知识产权、使用多久、在哪里使用，以及费用支付。所使用的法律语言是以下一些术语的变体：非排他性、非从属性、不可转移性、不可撤销性、永久性、世界范围内的，以及免特许权使用费、有特许权使用费。

非排他性许可授予被许可方以及同样拥有该项权利的其他人使用该知识产权的权利。软件是一个很好的例子，很多消费者有使用软件的非排他性权利，并且不需要或不想要使用软件的排他性权利，例如 Microsoft Word 软件。相反地，排他性许可禁止其他人也使用该知识产权。[14]它还禁止所有者自己使用该知识产权，除非在书面许可中保留了所有者的权利。排他性许可是某种形式的垄断，只有在仔细考虑到其他可能的机会被放弃后，才应予以授予。作为排他性许可的回报，支付的费用通常要比非排他性许可高得多。排他性许可通常是由拥有特定领域（比如制造或分销）专业知识的被许可方所为。

非从属性许可禁止被许可方允许他人使用许可方授予的许可。例如，如果被许可方有生产产品的权利，则不允许与第三方签订合同，让它们从事实际生产。

不可转让的许可仅适用于指定的许可方，不能转让给另一方。不可撤销的许可不是针对特定的期限，而是许可方不能撤销。[15]永久许可同样不适用于特定的期限，而是永远有效。[16]世界范围许可没有地域限制，而且，作为警告，双方都应该确保，如果在权利授予中使用这个词，书面许可中其他地方的地理限制不会相互冲突而造成歧义。最后，免特许权使用费许可是免费许可，有特许权使用费许可是一种付费许可。

在授予权利时，起草者应谨慎。如果许可授予上附加了条件（与约定相反）用以限制被授予的权利，那么应在书面许可中使用"在……前提下"这样的词语来详细说明[17]（例如，在被许可方实施 Y 的前提下，许可方将 X 授予被许可方）。

关键限定条款

双方应就关键限定条款使用大量细节进行书面确定。这些包括知识产权、许可产品（或许可服务）、允许使用的地理区域（地域）、产品/服务通过哪些渠道进行分销（分销渠道），以及作为使用知识产权回报（特许权使用费）的费用支付（如果有）。

为许可目的定义知识产权构成是至关重要的。不仅在许可开始时，而且在许可终止时，[18]每一方必须清楚自己拥有什么。在某些协议中，将区别对待在许可之前由一方或双方拥有的知识产权（先前的知识产权）和在许可过程中开发或获得的知识产权（新的知识产权）。如果在许可期结束后，双方决定允许对方出于内部非商业目的使用某些新的知识产权（甚至可能免使用费），可以在许可协议中明确说明。

许可协议必须定义许可产品或许可服务是什么。这通常是经过高度协商的许可条款。例如，"珠宝"并不是很具体，"耳环"则更具体，"金耳环"甚至更具体，而"穿耳金耳环"是最具体的。

许可产品或许可服务定义还应涉及与许可产品相关的其他服务，例如，包括对产品或服务的任何修理或维护。所有相关费用应在书面许可的支付特许权使用费部分解决。

区域的定义可以是"世界范围的"或划分得更狭窄。例如，许可方可以授予一方生产其产品，同时许可多个被许可人在不同地方分销其产品。因为不同被许可人在某些区域有渠道或专业知识。各方应该清楚区域的覆盖范围。例如，"美国"可能会或者可能不会包括美国领土和/或军事基地，以及"东欧"包括的地理边界在许可期限内可能会改变。

分销渠道指的是许可方允许被许可方在哪里销售或分销其产品，例如在零售店或通过互联网。它的定义应该考虑到许可方想让其品牌如何被消费者感知，这可能是"与许可方过去的做法是一致的"，但是，理想情况应该是给出哪里允许销售而哪里禁止销售。高端奢侈品的许可方可能不想让其产品在特定发展中国家销售，或者销售给大规模销售商、仓库式商店、销售点或者打折销售商。这个定义可以为许可方提供保留渠道，被许可方无权在保留渠道下销售产品，例如通过互联网。

付款也是书面许可的一个需要深度协商的部分，应该包括特许权使用费的定义。知识产权的估值将和费用结构挂钩，通常是市场所能承受的。虽然一些较老的行业中有关于什么是典型专利使用费的指导方针，但较新的行业必须形成一个估值，并让其他人相信他们的商品/服务是值得的。费用结构可以是基于使用的（拷贝数量或用户数量，例如软件许可）、统一费率、年费或特许权使用费（通常，这个费率是按销售费的百分比按季度支付的）。由于特许权使用费是最常见的费用支付结构，本节将使用特许权使用费这一术语代表所有支付形式。

除了特许权使用费，还包括预付款、营销承诺、维护费、支持费和/或改进版本的知识产权的费用。预付款是许可人常常要求的预付款项，特别是在出版行业。它可以是针对特许权使用费的，也可以是在提供产品和/或服务之前向许可方支付的独立的保证款项。此项费用通常不与被许可方出售的货物和/或服务的数量有关。[19]许可方可要求营销承诺，即被许可方用于将产品/服务作为一种保险，进行 1 美元金额的营销，被许可方可将其一定的资源用于使产品/服务在市场上获得成功。为了长期维护软件或提供客户支持，被许可方可能会要求例如维护费用和支持费用。如果改进或新版本的软件没有明确地包含在书面许可中，被许可方将向许可方收取额外的费用。[20]

特许权使用费根据许可时间的长短可以有所不同。虽然一方可能想要"锁定"一个长期许可的提成率，因为它可以帮助预测成本和收入，但如果成本上升或者卖方没有达到预期的目标，它可能会对另一方不利。妥协的处理方式可能是包括锁定条款，该条款规定将销售的产品/服务的数量与特许权使用费挂钩，双方在一定时间间隔内可以对许可进行重新评估和谈判。

付款部分的另一个应该定义的重要术语是销售的构成，因为这将影响支付金额。定义的术语销售（或售卖）应说明是批发销售还是净销售，以及产品/服务何时被视为"已售出"，例如它们是"已开账单、发票，已交付或支付的，以先发生的为准"。净销售价格应证明应付的特许权使用费的计算，根据销售总额减去现金支付，提前付款，与广告、运输、退货、样品、促销和无法收回的账目有关的某些津贴和折扣。

许可方通常会要求被许可方提供报告和记录。最常见的是特许权使用费季度报告。这使得许可方可以监视销售数量和地点并且赚取特许权使用费。许可方还有权根据合理的通知，检查被许可方的账簿和记录。如果被许可方支付的特许权使用费的缺额超过一定比例（通常为3%~5%），许可方有权要求被许可方支付所欠特许权使用费和审计费用。

质量控制

许可方作为知识产权的所有者，应负责保护知识产权（包括许可的登记和备案）。然而，许可方应让被许可方承担义务，保护许可方的知识产权——保护其名誉和商誉不受价值下降的影响。对于商标而言，这一点尤为重要。如果许可方未能监督被许可方对其商标的使用，则许可方可能会失去商标权。[21]在对被许可方的标准要求中，被许可方应当与许可方保持相同的质量水平，或与竞争产品的水平相当。然而，这些都是主观标准，因此应寻求被许可方遵守更具体的标准，如许可方的品牌指南和风格指南，或行业认证或机构测试的标准。

许可方应保留对名称/商标与被许可方使用许可方的知识产权有关的所有使用的批准权。这包括印刷和数字复制（网址）用途中与许可产品相关的营销、广告、推广和展示其名称/商标的材料中。此外，许可方应说明被许可方是否可以将许可方的商标与自有商标或第三方的商标联合使用，或在被许可方的网站名称或 URL 中使用许可方的商标。

制造产品引起更多的质量控制问题。被许可方生产的产品，由许可方检验生产的产品和生产过程。许可方应要求被许可方从每个地域的市场中向其发送 2~5 个免费的产品样品，以供许可方审核。许可方应定期对工厂进行检查，不仅要检查产品和生产过程，还要确保遵守适当的安全要求，并确保工厂符合人权标准（例如不得使用童工）。

许可方的批准可能会延迟被许可方制造、分销和/或销售产品/服务的时间。因此，应指定批准的时间范围，以使得被许可方免于对许可方造成的延迟负责。被许可方可提出一项条款，如果被许可方在提供材料后的若干天内没有收到许可方的答复，则视为许可方已经批准。

许可协议应该指定负责客户支持的一方。通常，被许可方提供客户支持，因为它更熟悉产品/服务。然而，许可方可能想要被许可方为其提供关于客户投诉的所有资料以便其对产品或服务作出必要的改进。对于产品，许可方应要求被许可方提供关于客户与安全相关的投诉的所有资料，并保留召回产品的权利。被许可方应该明确任何召回的代价都由被许可方承担，不论是政府要求的召回还是许可方合理地要求的召回。

一旦质量控制条款商定并书面写入许可协议中，许可方必须确保被许可方遵守相关条款。除了检查被许可方所选择的工厂外，如上所述，许可方还应积极调查其产品是如何在市场上进行广告和销售的。

尽管许可方知识产权的保护和执行是许可方的责任，但被许可方更接近市场上的产品和服务，必须是保护的一部分。被许可方的义务应是向许可方报告其获悉的任何潜在侵权和假冒行为。许可方应随后接管执行（控制和支付与其知识产权保护有关的费用），但要求被许可方在协助许可方保护知识产权方面提供应有的配合。

期限和终止

许可的时间长短各不相同。受版权保护材料复制的许可可以是一次性许可，而将新产品推向市场的许可可以是多年许可。

在决定合适的时间长度（许可协议的期限）时，各方应考虑是否有可再次更新的短期条款，比能够在特定书面条件的情况下终止的长期期限更可取。例如，在许可是新建立的关系的情况下，如果不合适，各方不想被长期锁定。相反地，如果被许可方不得不做充分的准备才能使得它的工厂生产产品，将不会愿意为短期合同承诺资源。折中的解决方案是一个短期许可，一旦一些特定的节点达到，该许可可以自动更新。

各方能够终止关系的条件是必不可少的。这些被称为终止权利，因为它们允许在发生某些事件时终止许可协议。终止权利对双方都是至关重要的：许可方会担心它们的品牌和声誉被许可方的行为影响，而被许可方会担心它们的资源投入可能结束的关系中（也因为它们的业务可能依赖于许可方知识产权的使用）。

通常在合同中，某些事件允许立即终止，而其他事件允许在通知另一方违约并希望终止后终止，然后允许一段时间补救违约事件。例如未支付 1 个月的特许权使用费不太可能是这样一个恶劣的事件，任何一方都不希望在所有的时间和资源都投入这段关系之后立即终止这种关系。然而，在 12 个月内不支付 3 个月或 3 个月以上的特许权使用费将会严重到许可方希望终止许可。

合同中典型的是因事由或无事由（也称为没有事由）而终止的权利。无事由的终止意味着当事人可以不给出理由就终止。当授予这样一个宽泛的权利时，授予人至少应该确保它们有一个较长的终止通知期，这样它们就可以在结束这段关系前寻找替代的合作伙伴。终止事由应以书面形式说明当事人终止许可协议的理由（如以后讨论的破产理由）。

此外，合同终止条款通常包含违约终止条款。但由于字面上的违约行为可能包含延迟 1 天支付特许权使用费这种情况，双方应澄清允许终止的重大违约行为（称为实质违约）。有时候实质违约允许立即终止，而非实质违约允许在终止之前有一个通知期和补救期。

几乎所有合同都允许在合同的一方破产时终止合同。这可以是为了债权人的利益而转让，也可以是自愿或非自愿的破产事件。

特别是在许可协议中，许可方通常会因为被许可方不支付特许权使用费，不遵守许可限制，不履行质量控制义务，不履行装运、启动和交货日期而寻求终止权。许可方寻求的另一项终止条款可能是针对销量不佳的终止，因为这可能表明被许可方没有按照许可协议中对被许可方的明确要求，尽其"最大的"或"合理的"努力销售或分销产品。对于许可方来说，这是很难证明的，即使在许可协议中规定了销量目标。

许可方可以寻求包括基于被许可方违反伦理/道德的终止权（可以参考许可方的书面合作政策），其中可能包括将该权利扩展到任何可能支持许可方产品的名人。这对许可方是很重要的，因为它的商誉和公司信誉与其许可给被许可人的知识产权是挂钩的，因此如果被许可方与丑闻挂钩或是聘用了与丑闻挂钩的名人来推广产品，那么与被许可人或该名人的关系将会给许可人带来损失，所以许可人会想要和被许可人保持距离。如果被许可方是非营利性机构，那么这尤其重要，因为资金限制了其开展公关活动来修复受损信誉的能力，并可能破坏该组织为其事业筹集资金的能力。

如果被许可方正在生产许可产品或提供许可服务，则许可方应寻求权利终止许可协议，以解决被许可方仍未解决的产品缺陷和服务失误。再一次重申，许可方将其品牌和声誉与被许可方产品挂钩绑定，如果被许可方提供的产品和服务的水平不能达到许可方赖以成名的水准，这将损害许可方的信誉。因此，许可方会想要权利来终止其与被许可方之间的关系。

如果许可协议终止，双方应该清楚哪些款项是应交款。例如，如果许可方无理由终止，被许可方可能希望有权按比例退还已支付的费用。相反，如果被许可方无故终止，许可方可以寻求在短时间内获得未支付的担保金和特许权使用费。

当许可协议结束时，无论其是否在规定的终止日期之前终止，双方通常都不能够在该日期立即终止关系，因为双方将需要时间逐步减少许可产品的销售和与之相关的广告。在通常情况下，在许可协议期限的末期，许可方要求被许可方提供未出售许可产品的库存列表，被许可方可以寻求一个抛售条款，允许其在期限终止后的一段特定时间内出售剩余的库存和用尽剩余的营销材料。作为许可方授予被许可方抛售权的交换，且在被许可方完全遵守其在许可下所有的义务的前提下，在通过禁止许可方生产授权产品的终止或停止更新之前的最后期限的几个月内，许可方寻求立即限制被许可方制造产品的数量，以使得被许可方合理预计协议终止之前的销售量。在抛售期限终止后，许可方应要求被许可方出示销毁所有授权产品和与之相关的材料并出示与销毁相关的证据，或者将许可产品退回许可方（由许可方承担费用）。

当许可协议结束时，许可方还应设法使被许可方承担义务，告知其经销商许可已结束，以便经销商不会继续将带有该公司知识产权的产品投放市场。这对于许可期有限的许可产品尤为重要，因为消费者在折扣市场购买此类产品可能是购买许可方最初投放市场的劣质产品，为此许可方的商誉会因此而降低。

保密性

如前所述，在双方进行可能形成书面协议的讨论之前，签署保密协议（或不透露协议）。许可方通常是需要这样协议的一方，由于它们是拥有知识产权的一方，并且希望保护有关其产品和营销策略的机密信息。

此外，与所有合同一样，许可协议应包含一个保密性条款。许可方寻求一个强有力的保密条款来保护其知识产权（如许可协议定义的）、"专有技术"以及在双方关系中可能产生的任何知识产权。

管理成本：保险、赔偿、代理和保证

在所有合同中风险分配和风险成本都经过严谨的协商，许可协议也不例外。这是寻求法律顾问建议的一个关键领域。

许可协议中应包括标准合同声明和保证条款，例如，每家公司都运行良好，且各方对协议的签署和履行不会违反法律或违背其与第三方的合同。许可方可能寻求的其他标准保证包括针对特定目的的适销性和适用性。这些应在知识产权的背景下考虑，以确定它们是否适合许可协议所涵盖的特定产品和服务。

被许可方应总是绝对地要求许可方就其拥有的知识产权提供声明、保证和赔偿条款。[22]如果许可方不同意，这对被许可方来说应该是关于知识产权所有权的红牌警告。一旦出现第三方声称拥有知识产权的所有权，被许可人将承担额外的风险。

许可方也可以寻求被许可方的声明，表明其拥有制造技术，并将尽其最大努力推广和销售其制造的产品。许可方寻求的另外一种声明可能是被许可方有足够的人员来履行其在许可协议下的义务。

所有的许可方都会有一些特定于它们行业的问题，它们在起草许可协议时应考虑这些内容。例如，在动物福利行业运作的组织可能要求被许可方表态并保证不会进行动物试验，或在任何许可产品中包含毛皮。

与所有合同一样，许可协议应规定，如果第三方提出与许可协议相关的索赔，那么哪一方将承担哪些费用。这些被称为"赔偿"条款，其中一方在某些情况下支付另一方的费用，通常与产品/服务的索赔相关。例如，当伤害引起的诉讼是由被许可方生产的产品导致的情况下，许可方可能向被许可方寻求广泛的赔偿，或者是当购买者使用被许可人过失生产的产品受伤而引起诉讼情况下，许可方向被许可方寻求更加具体的赔偿。当第三方诉讼许可方不拥有知识产权时，被许可方可以向许可方寻求赔偿。

如果在多数情况下允许广泛的赔偿，那么这样一项起草不力的赔偿条款可能会造成高昂的代价。有几个例子涉及索赔的辩护、费用的类型和与之有关的赔偿（下文将进一步详细描述）。

对于各方来说，重要的是要弄清楚是否对索赔进行辩护，因为索赔可能是毫无根据的，但辩护起来却代价高昂。合同中使用的典型语言是"进行赔偿并使……免受损害无害"或"进行赔偿、辩护并使……免受损害"。

当事各方还应注意，如果有赔偿，它们需要赔偿哪些类型的费用。损害赔偿可以完全排除、限制或以一定数额为上限，如所提供的保险金额。例如，即使赔偿是"损害赔偿"，也应该进一步说明，因为损害可以是直接的、间接的、特殊的、附带的、惩罚性的。此外，其他成本可能包括索赔、业务报酬、债务、和解金、罚款、价值减值、支出费用、律师费和法庭相关费用，因此这些也应加以说明。双方应注意对"因本协议产生与本协议有关"或类似情况而产生的广泛赔偿的语言表述，因为这些可能是非常昂贵的。相反地，各方应明确陈述赔偿覆盖哪些索赔。在许可协议中，这些可能包括违反任何声明或保证、任何实际或宣称侵犯的知识产权有关的任何一方的授权产品/服务，和/或任何人使用授权产品引起的任何损害索赔（包括产品责任索赔）。

根据可能赔偿的法定时效，在许可期限内以及期限终止后数年内，被许可人应持有保险，并承担其成本，许可方应要求被许可方每年提供保险证明的副本。此外，许可方应要求被许可方提前 30 天向其提供保险取消、终止、失效、重大修改或到期失效的通知。如果失效发生，许可方应自行争取新的保险，费用由被许可方负担。各方应认真核查其保险经纪人的承保范围，并应仔细考虑是否同意按每个事件提出索赔，放弃其对额外保险人、广告商的责任，人身伤害保险、产品责任保险的代位求偿权，并指定第三方为额外保险人。许可方还应要求被许可的制造商在其生产的产品造成伤害引起诉讼的情况下，将许可方列为附加被保险方。

结　论

许可协议可以为公司提供利润丰厚的收入来源，是在全球推广品牌知名度的有效方法。但是，为了保护许可方和被许可方，应该签订书面协议。协议应解决上述考虑的问题，并应在具有知识产权许可经验的法律顾问的协助下起草。一份写得很清楚，针对双方关切起草得很好的协议，将适当地设定期望，为双方之间富有成效的关系奠定基础，同时在关系结束时保护双方（以及知识产权）。

注　释

1. 由于适用合同法，本节将不讨论基本合同法的原则，而将讨论特定于许可协议的合同条款。

2. 参见：RITCHIE L. Reconciling Contract Doctrine with Intellectual Property Law：an Inter - Disciplinary Solution［J］. Santa Clara Computer & High Tech. L. J.，2008，25（1）：105；

WINSTON E l. Why Sell What You Can License？：Contracting Around Statutory Protection of Intellectual Property ［J］. Geo. Mason L. Rev. , 2006, 14（1）：93.

3. 参见：Blacklberry Patent Dispute Settled［N/OL］. Washington Post, 2006 - 03 - 04. www. washingtonpost. com/wp - dyn/content/article/2006/03/03/AR 2006030301489. html.

4. 参见：Retired NFL Players Win ＄28 Million in Royalties From Union［N］. Bloomberg, 2008 - 11 - 11.

5. 参见：What's "Even Worse" About Buying Fake Handbags［N/OL］. New York Times, 2008 - 05 - 16. http：//cityroom. blogs. nytimes. com/2008/05/16/whats - even - worse - about - buying - fake - handbags. 引自纽约市法律部门的新闻通讯（网址：www. nyc. gov/html/law/downloads/pdf/pr041404. pdf）。

6. 参见：Judge Lets Foreign Bazooka Maker Use Bubblegum Recipe［EB/OL］. wave3, 2006. www. wave3. com/story/5363027/judge - lets - foreign - bazooka - maker - use - bubble - gum - recipe？redirected = true.

7. 参见：Martha Graham Center Wins Another Round in Legal Fight［N/OL］. New York Times, 2005 - 06 - 29. www. nytimes. com/2005/06/29/arts/dance/29grah. html？scp = 3&sq = Martha%20graham%20center%20wins%20rights%20to%20the%20dances&st = cse.

8. 为律师和商人写的关于时尚法很好的解释，参见：JIMENEZ G C, KOLSUN B. Fashion Law［M］. New York：Fairchild Books, 2010.

9. 参见例如：BLAISE F. Game Over：Issues Arrising When Copyrighted Work Is Licensed to Video Game Manufactures［J］. Alb. L. J. Sci &Tech. , 2005, 15：517.

10. 参见例如：WIDMER M P. Application Service Providing, Copyright, and Licensing［J］. J. Marsball J. Computer & Info. L. , 2007, 25：79.

11. 参见例如：SCHLICHER J W. Patent Licensing, What to Do After *Mdeimmune v. Genentech*［J］. J. Pat. & Trademark Off. Soc'y, May 2007, 89：364；COOLLINS J L, CICERO M A. The impact of *Medeimmune* upon Liensing and Litigation［J］. J. Pat. & Trademark Off. Soc'y, 2007, 89：748.

12. SLAVITT K M. U. S. Appeals Court Provides Guidelines for Enforceable Online Contracts［J］. World E - Commerce and IP Report（BNA）, 2002.

13. 参见例如：TRACEY A J. The contract in the trade secret ballroom：a Forgotten Dance partner？［J］. Tex. Intell. Prop. L. J. , 2007, 16（1）：47.

14. 参见：SLAVITT K M. Licensing Your Intellectual Property：Benefits and Risks of Granting Exclusivity［EB/OL］. Thelen Reid&Priest LLP, Intellectual Property and Trade Regulation Journal, Fall 2004. www. thelen. com/resources/documents/IP_TradeReg_journal_Fall2004［1］. pdf；重印于 *Global Intellectual Property Asset Management Report* 中，网址为 www. mhmlaw. com/article/GIPAMR1004. pdf；在破产的背景下进行的讨论，参见：TURNER K, BLUMSACK C S. The Licensing of Intellectual Property in Bankruptcy［J］. ABIJ, 2005, 24 - 8：2.

15. 参见 *Nano - Proprietary Inc. v. Canon Inc.* , 537 F. 3d 394（5th Cir. 2008）中关于不可

撤销的、永久性条款。

16. 同上。

17. 参见 *Jacobsen v. Katzer*，535 F. 3d 1373（Fed. Cir. 2008）（在合同法里，"在……前提下"类表述会造成限制许可的情况，而不仅仅是契约）。另见：GOMULKIEWICZ R W. Conditions and Covenants in License Contracts：Tales from a Test of the Artistic License［J］. Tex. Intell. Prop. L. J.，2009，17：335；REDDY H R. *Jacobsen v. Kalzerv*：the Federal Circuit Weighs in on the Enforceability of Free and Open Source Software Licenses［J］. Berkeley Tech. L. J.，2009，24：299.

18. 作为一个很好的例子，也是一个很好的案例问题，参见 *Toppes Co. v. Cadbury Stani*，526 F. 3d C3（2d Cir. 2008）。

19. 这有时被视为一种激励被许可方高效生产和/或勤奋营销的方式。

20. 在软件许可协议中频繁被定义的术语是改进、升级和更新。

21. 参见：SLAVITT K M. U. S. Ninth Circuit Sets Naked License Standard for "Simple Products"［J］. World Licensing Law Rep.（BNA），2002（August）；另见：CALBOLI I. The Sunset of "Quality Control' in Modern Trademark Licensing［J］. Am. U. L. Rev.，2007，57：341（争论认为，法院更关注产品质量，而不是什么是商标和稳定质量的充分控制）。

22. 这种开源软件的使用导致了一些利益问题，此处不予讨论。

第九章
与政府合作

戴维·J. 里克尔

作为商品和服务的购买方和创新工作的资金提供方，美国政府为企业提供了许多机会。[1]政府同公司一样，要购买许多商品和服务。为了在使用纳税人的金钱时获得最大的回报，政府通常根据每一种商品或服务的商业条款来购买，从而可以从商业产品中获益，并利用制定价格与条款的商业市场竞争优势。当现有的商业现货（Commercial – Off – The – Shelf，COTS）替代品不能满足政府需求时，政府会征求提案，确定一方或多方开发定制解决方案。在某些情况下，政府资助的发展项目不仅形成政府需要的解决方案，还成功促成技术在非政府方面的应用。

早期由政府资助的发展项目取得商业成功的案例包括微波炉、半导体和全球定位系统（the Global Positioning System，GPS）。20 世纪 40 年代，雷达研究致力于发现敌机，但美国雷神公司（Raytheon）的珀西·斯宾赛（Percy Spencer）发现雷达系统的组件能用来烹调食物，这促使雷神公司成功地推出第一台微波炉——阿马纳·拉达兰奇（Amana Radarange）。半导体技术作为当今电子学的基础方面，由 AT&T 贝尔实验室、仙童半导体公司（Fairchild Semiconductor）等开发。全球定位系统是另一个政府资助的项目，并取得商业成功。

本章探讨在知识产权方面与政府合作的主题。要注意的是，这些探讨应仅视为说明性指南，因为任何与政府具体合作有关的法律问题均受多种因素影响。与任何交易一样，当事双方之间的合同很重要。但在与政府合作时，包括政府部门或机构的具体条款和各种法律规定在内的许多规定，往往需要附加的要求。部分监管规定的内容和方式随着时间推移已发生改变。建议咨询律师以确保对具体情况有适当理解。

整体情况

政府感兴趣的知识产权可能部分由大多数商业消费者中不普遍因素驱动。导致政府希望获得比一般商业客户更多的知识产权。这些因素包括：相较于项目的政府预期使用而言，较短的商业产品周期；多年采购相同产品，或采购时间间隔长，甚至时隔多年；政府不同部门采购的产品要具有互用性；特殊用途，如敌对军事环境或太空探索等。政府利益的其他方面包括对其采购项目的长期维护、对操作人员和维护人员的培训以及对于项目改进或改造的选择，以实现与不同项目协作。

再来谈谈承包商，除被政府选择为供应商之外，承包商的利益还包括可持续的商业模式。这通常包括最大化投资回报、产生使产品及方案在市场上与众不同的创新。重要的是，承包商要避免失去对知识产权的有效控制，例如政府拥有如此广泛的许可或所有权，使得政府即使没有承包商参与也能生产很多承包商的产品或对产品进行改进。

政府的收购政策在过去几十年中有所变化，政府寻求的知识产权权利范围也有明显变化。这种趋势已经从政府拥有权利转向政府仅获得所需权利的许可，使承包商能够更好地促进技术商业化并从中获益。目前，重点再次转回增强政府知识产权方面的权利，而牺牲了承包商保护构思和创新避免竞争对手随意使用和修改的能力。

政府的监管方法一般通过允许承包商防止相应的技术数据和软件被竞争者公开或使用，从而为私人投资提供回报。然而，如果政府提供开发资金，则有权自由分享已交付的技术数据或软件。

然而，在众多开发项目中，政府现在普遍寻求非常广泛的权利，包括通过免费使用任何或全部技术数据和软件，让任何政府承包商直接与私人资助开发的公司竞争充分的权利。这可能既会降低与政府合作的意愿，还会减少仅对政府有利领域的私人投资，使政府受损。政府还将需要开发的采购项目划分为更小的部分，以在竞争对手间提供更多共享技术数据和软件的机会，从而进一步降低私人开发投资的价值。例如，美国国防部（Department of Defense, DoD）经常将大型开发项目划分为至少三个部分，每一部分都有独立的竞争阶段和合同，随着后续阶段赢家越来越少，导致在最后阶段仅有一位竞争者胜出。越来越普遍的是，每一阶段的招标都建立评价标准来降低"专有"方案等级，表明政府希望拥有下述权利：与以任何目的从事任何政府项目的任何承包商免费共享所有技术数据和软件，某些情况下甚至能够向广大公众公开。

　　政府使用这些技术数据和软件的常用方式包括：交付项目或系统的操作、支持和维护、修改和升级，以及采购附加项目或系统。如果政府拥有足够的权利，所有对政府权益的使用都可以由原始供应商的竞争者承担，而无需原始供应商的参与。因此，在考虑接受政府开发资金时，聘请政府合同方面的专家顾问以确保提案和由此产生的合同能恰当地维护承包商利益，这一点至关重要。在履行任何政府合同时，深入理解合同的程序要求非常重要，因为许多内容有别于普通商业开发合同。

　　商业现货产品是一种普通商业市场出售的未经修改产品。政府很可能根据美国联邦采购条例（Federal Acquisition Regulation，FAR）第 12 部分规定通过自行购买方式获得商业现货产品。按照该方法，政府要求的知识产权权利不会超出提供产品在商业市场销售的权利。然而，根据美国联邦采购条例第 27 部分，对商业项目和与非商业项目一起购买的商业项目进行实质性修改，往往会使得政府希望获得广泛的对产品及其制造商的商业竞争地位至关重要的知识产权权利。

　　技术变革扩大了政策转变的影响，使复制和传播技术数据和软件变得更加容易。伴随着技术数据的电子存储、传输、复制、获取和共享，现在信息的分发和使用也更加容易。例如以前，政府对详细技术数据和软件的获取在很大程度上局限于通过在各种设计评审会议上查看副本，然后在签订合同时获得一份正式的、最终交付的文件副本。现在，政府通常会提出一项合同要求，即使用共享的电子空间或服务器设置，使政府能够获取所有的技术数据和软件（包括底层设计模型）的临时草案和最终版本的电子副本。

　　确定如何应对这些挑战和不断变化的环境，同时使公司能够执行长期的、可生存的商业模式，需要熟悉监管环境的重要方面。与政策进行的任何特定交易的影响将在很大程度上依赖于政府需求和具体项目或流程的基本情况。

商业性或非商业性

　　在计划与政府合作时，重要的是要根据美国联邦采购条例第 2.101 条（美国联邦法规第 48 编第 2.101 条）了解提供给政府的项目或服务是否有资格作为商业项目。适用于销售给政府的商业项目或服务的知识产权同样受制于承包商选择提供给所有商业客户的商业条款，使承包商能够更大程度地控制条款。对待政府与对待每个购买项目或服务的其他顾客基本一样。

　　通常情况下，如果一个项目以非政府目的供公众购买，或将很快提供给公众，则该项目具有作为商业项目的资格。[2]有些类似的是，在商业市场中大量以竞争方式提供和销售的服务具有这种资格。如果服务基于既定目录或市场价格来执行特定任务或得到特定结果，并在标准的商业条款下提供给政府，则该服务也具有这种资格。[3]如果项目或服务不具有商业资格，则被视为非商业项目或服务。

商业项目

与非商业项目相比，提供给政府的商业项目在权利方面通常存在显著差异。如果项目或服务具有作为商业项目或服务的资格，政府通常作为商业市场的参与者，并根据通用条款获取项目或服务，法律禁止的条款除外。例如，商业软件许可中要求政府赔偿软件供应商的规定将不能实施。一般来说，承包商向政府销售商业项目或服务的事务要求与其他客户没有什么不同。本章后面将讨论承包商提供非商业项目的许可权利和事务要求。

利用政府资金修改商业现货

向政府提供的商业项目不需要与商业现货产品相同。在保持商业状态的同时，允许对商业产品进行两种类型的修改。[4]首先，允许商业市场中普遍使用的修改。例如，存在市场将计算机售卖给飞机制造商和在非理想条件下安装和操作计算机的其他用户。在每种情况下，计算机可以提供定制安装布置、定制冷却链接和特定电源接口。普通商业客户可以使用不同程度的加固，以避免计算机操作中断，例如在湍流飞行或硬着陆过程中的操作。由于这些类型的定制配置可供大众使用，因此政府也可以作为普通商业客户参与市场并以商业项目获取定制计算机。

商业产品允许修改的第二种类型是通常在商业市场是不可用的，但要满足美国联邦政府要求的微小修改，同时还要保留商业地位，例如包括但不限于，在军用货运飞机上增加额外的把手以帮助提升或固定物品，或用特殊的军用级油漆涂刷产品。这种修改不能明显改变物品或组件的非政府功能或基本物理特性，或改变程序目的。决定是否修改时要考虑的因素至少包括修改的价值和大小以及最终产品的比较价值和大小。[5]

非商业项目

如果对商业项目的修改超出前面规定的范围，如果是对产品的初始开发，或者如果是对已有非商业项目的进一步开发，则政府资助的努力将受非商业项目规定约束。普通商业开发项目和非商业项目开发的政府合同之间的主要区别包括对技术数据、软件和发明许可权的确定，对分包商的处理限制，以及对具体内部程序和流程的要求。

对于政府的许多分支机构而言，非商业项目规定处理用于项目、组件、过程或软件的每个子组件或部分的开发的一个或多个资金来源，以确定有哪些限制，如果有，则适用于后来向政府提供的相关技术数据或软件。美国政府机构内部存在明显的监管差异，许多机构使用的美国联邦采购条例规定没有修改。美国国防部使用自己的补充规定——国防部联邦采购条例附录（DoD FAR Supplement，DFARS）在美国联邦法规第 48 编第 2 条。其他机构也如此，包括美国能源部（Department of Energy）在美国联邦法规第 48 编第 9 条，美国国家航空航天局（National Aeronautics and Space Administration，NASA）在美国联邦法规第 48 编第 18 条。

重要的是，要认识到在确定政府在技术数据和软件方面获得的许可权时，必须始终参考适用于特定合同的具体合同条款和规定。[6]以下讨论以 DoD 合同受 DFARS 约束为假设前提。[7]

由于政府的长期产品使用、支持要求和修改需求的性质，政府在获取技术数据和软件（包括源代码）的权利方面往往有很大的兴趣，而在商业市场交易中通常不提供这种源代码。由于获取和管理这种技术数据和软件的频率很高，法规通常使用标准术语如无限权利（Unlimited Rights）、政府目的权利（Government Purpose Rights）、有限权利（Limited Rights）和限制权利（Restricted Right），详细规定了技术数据和软件中默认权利。[8]就国防部而言，DFARS 还提供具体谈判许可权（Specifically Negotiated License Rights）。[9]下面将详细解释各种许可权。在支配政府使用、公开和授权他人使用、公开的技术数据和软件方面权利中，许多方面类似于商业市场中商业秘密和相关许可的概念。

除了具体协商权利之外，提供给政府的许可权的默认级别取决于确定基础项目、组件、流程或软件的开发资金。"完成开发"（Developed）术语在美国国防部法规中的使用与通用商业含义存在区别。

非商业项目开发

"完成开发"术语在 DFARS 的 252.227 – 7013 和 252.227 – 7014 中有定义。[10]就技术数据而言，值得注意的是，分析不致力于技术数据的开发，而是致力于现有的和可行的基础项目、组件或流程的开发和状态。在分析或测试足以向应用领域的技术人员证明其很可能按预期运行时，确立其可行性。奇怪的是，监管定义明确指出项目、组件或流程不必付诸专利法意义上的实施。[11]

在展示一个项目如何被认定为基于私人资金开发的项目的法庭判决示例中，用于从航空母舰甲板上发射战斗机的位持器杆的制造商在合同授予之前就有过私人资助的设计。[12]承包商后来使用政府资金改变设计，使其能够承受 2000 次成功的发射，而不是合同前设计的 700 次循环发射能力。法院总结说，政府资金用于提高性能，而不是用于实现可操作性。可行性由合同前设计确定。[13]

对于软件，完成开发的定义有两个部分，每个部分指向不同类型的软件。第一类涉及"计算机程序"，即能够使计算机执行特定操作的内容。当其成功地在计算机中运行且测试达到足以向该领域技术人员证明可合理预见实现预期目标的程度时，该程序完成开发。[14]第二类涉及"计算机软件"，即"计算机程序、源代码、源代码列表、目标代码列表、设计细节、算法、过程、流程图、公式和使软件能够复制、重建或重新编译等的相关材料"。[15]当计算机软件"已经过测试或分析足以向该领域技术人员证明能够合理预见软件能实现预期目标时"，该软件完成开发。第二类更为宽泛，并允许对设计细节、流程图或其他相关材料进行分析，证明可以合理预见其能实现预期目标。[16]这为承包商提供一种在没有计算机执行代码的情况下寻求"完成开发"的可行方法，如通常按照第一类的定义来要求。[17]

由于确定项目、组件、流程或软件完成开发的时间很重要，要注意保留可能对以后确定项目、组件、流程或软件（包括"计算机程序"或"计算机软件"）完成开发的具体日期有价值的文档。该文档应包括预期操作/目标的信息，并满足上面阐述的"完成开发"测试中的证明要求。如本章后面将详细讨论的那样，开发活动的资金来源也很重要，应与确定完成开发的记录相关联。因为多年以后相应的技术数据或软件可适用于另一份合同，在开发后 10 年或更长时间需要引用或生成有关这一问题的文档。

非商业项目开发资金

简而言之，虽然可以协商提供给政府的特定级别的许可权，而不是法规所指内容，但是法规提供了在没有协商情况下的默认协议。正如本章其他地方所解释的，承包商需要满足附加的程序要求，以避免政府资助开发的监管默认推定。对于完全由政府资金开发的项目、组件、流程或软件，政府享有任何相应技术数据或软件方面的无限权利。或者，当完全由私人资金开发项目、组件、流程或软件时，政府享有任何相应技术数据的有限权利或相应软件的限制权利。[18]最后，当用私人资金结合政府资金开发项目、组件、流程或软件时，政府享有任何相应技术数据或软件的政府目的权利。[19]注意，政府目的权利在交付后 5 年内自动扩展为无限权利，而无需不同时间段的协商。[20]

非商业性政府许可证

尽管 DFARS 提供了详细信息，[21]但一般来说，无限权利意味着政府可以以任何目的的使用、修改、公开技术数据或软件，并且授权其他人这样做。政府目的权利为政府内部的此类活动提供类似的权利，但限制非政府团体的授权目的的出现在政府参与的一些活动中。这包括美国政府的任何行动或合同活动。注意，涉及美国政府向外国政府出售军事产品的国外军事销售合同被认定为美国政府行动。由于需要美国政府参与，非政府相关的商业市场受到保护。然而，默认 5 年后政府目的权利自动到期，应用的技术数据或软件自动获得无限权利许可。

有限权利与限制权利有类似之处，但有限权利仅与技术数据使用相关，而限制权利仅与软件使用相关。简而言之，有限权利允许在政府内使用、修改和转让。政府不能向政府以外公开技术数据，除非特定情况（如紧急修复）但必须遵守进一步公开的限制并应通知发起人或政府资助的承包商。[22]限制权利限制政府每次仅能在一台计算机上使用软件，该软件的副本可转让给另一个政府机构，并允许备份副本。允许修改软件，但修改仍然受相同规定的约束。执行服务合同的其他承包商被允许在特定情况下获取限制权利软件以响应紧急战术形势。政府也可以允许涉及的政府支持承包商使用和修改软件。[23]

DFARS 中另一项重要的许可权是具体协商许可权的类型。[24]正如标题所示，这些都是协商权利，不需要具体资金类型。可以用来定制权利，以满足政府采购的需要，同时力图让承包商保持额外竞争优势。例如，承包商受益于将政府对技术数据的使用限制为用于特定程序或与特定产品一起使用，而不是用于任何政府目的。这类许可权的另一个好处是避免后面在用于开发相应项目、组件、流程或软件时资金性质方面的争议，因为其具体协商权利已由各方提前商定。创意不是要求的许可范围。例如，在具体协商权利许可中授予的权利可以但不要求与有限权利或限制权利授予的权利范围相同。使用具体协商许可类别消除了在有限权利或限制权利中固有的（私人专属）资金要求。

非商业项目可分离性原则

分析和相应许可权适用于最低可分离级别。这意味着分析很少聚焦在特定的整体承包交付项目或软件程序上。相反，最低可分离级别，例如子组件或部分，可以用来确定何时该子组件或部件开发完成以及可适用的资金。这意味着授予政府相应技术数据中的权利在最终整个项目的各部分上会有所不同。承包商可以有策略地使用这种方式，防止政府在完整技术数据包方面享有足够的权利，从而与承包商的竞争对手分享全部数据包。例如，政府可以在其资助开发的许多组件的技术数据方面拥有无限权利或政府目的权利。然而，对于那些完全由私人资助的组件，政府通常不会在相应技术数据方面获得超过有限权利的权利，从而很多情况下阻止政府分发技术数据。[25]

同样，在软件方面，例如，在源代码中，子程序的开发可能是完全由私人资金资助的。如果这种子程序按合同交付给政府，通常向政府提供限制权利。如果政府资助了另一子程序的整体开发，政府通常会在任何此类交付的子程序方面获得无限权利。由私人和政府资金联合资助开发的子程序通常向政府提供政府目的的权利许可。因此，一个或多个共同组成运行计算机软件程序的子程序可以向政府提供不同级别的权利。政府通常被禁止向政府以外的第三方提供仅有限制权利的软件。[26]

在某些情况下，除了子程序级别，源代码的每一行也可以分离，尤其在代码行预期目的已知的情况下。这有助于在源代码行上进行分析。

不同类型的软件，如源代码、目标代码、设计细节、算法、过程、流程图、公式等，通常用于相同的预期目的。这使可分离性分析变得更加复杂，并为尚未完成目标代码开发的承包商提供机会。由于该领域没有实质性的判例法，而且可以从不同的角度看待该规则，因此最好在软件流程的每一步都要注意可分离性问题。

例如，在可执行软件级别上，如果要避开混合资助的确定，保持拥有不同许可权的编译代码的可分离性是一种较佳做法。不这样做，并编译完全由私人资金资助开发的子程序，而子程序至少一部分由政府资金开发，会导致编译代码的开发被确认为混合资助的，进而会导致交付产品确认为政府目的许可权。如前所述，政府目的权利使政府在内部能够自由使用并与代表政府的任何第三方分享可执行代码。相反地，分开编译代码，以避免完全由私人资金资助的代码与其他代码类型混合，即使是可执行形式的代码，这样才能更好地保护承包商的投资。实际上，可以通过使用向政府交付安装程序的策略，实现交付后将限制权利代码与其他代码类型组合，但产生的组合代码受到的限制更强，即前面详细介绍的限制权利许可。总之，承包商不以交付为目的进行合并，避免了混合资助情形。政府后来将这些代码组合起来，例如通过安装程序，不会产生混合资助情形。因此，更多的限制许可权适用于政府组合代码。

非商业项目声明表

在程序上，当政府在根据合同规定交付的非商业性技术数据或非商业性软件方面获得非无限权利时，承包商必须在声明表中详细说明这些技术数据或软件，[27]说明提供的权利和权利的基础（例如资金来源）。该声明表应先提交一份提案并经政府同意，然后在授予合同时作为合同的正式部分。为应对使得声明表变更的任何合同修改或技术方法方面的预期变化，在采用不同技术方法或同意修改合同之前，任何声明表变更应与政府进行协商。主要承包商和高级承包商负责向政府提交自己的任何声明和分包商确定的任何声明。完成开发和资金来源的文件是需要保存多年的重要记录。近年来，政府在质疑声明表内容方面表现出浓厚兴趣，可能需要查询这些记录。

标　记

标记是另一关键的程序活动。如果交付政府的项目没有限制性标记，政府则有权假设在技术数据或软件中拥有无限权利。DFARS 在 252.227－7013 和 252.227－7014 规定了美国国防部合同中的标记。这些标记应与授予政府的非商业技术数据和软件有关权利一起使用。

同样重要的是，政府在某些情况下采取的立场是，政府无意间获取的技术数据或软件足以满足交付要求，据称政府可以采取行动，就好像可以根据标记的许可权继续开发一样；如果技术数据或软件未标记，则授予政府无限权利。在正式合同未交付的情况下还未确定政府有权享有这些权利。然而，需要认真考虑政府访问电子阅览室的要求，以及使政府获得未交付的技术数据、软件或任何类型文件的其他合作成果，且只有在通过程序和监控确保不会因疏忽而授予政府过多权利的情况下才能确定。其他对象也有类似问题，例如分包商或主承包商，他们可以获得这些合作工具和未标记的数据，因为保密协议通常要求标记数据以避免确定文档不能自由披露或使用。

延期订购

政府合同中越来越常见的条款是 DFARS 252. 227 – 7027，也称为延期订购条款。简而言之，美国国防部延期订购涉及向政府提供履行合同中产生的任何技术数据或软件的潜在义务。[28] 政府可以在按合同交付的所有项目验收后 3 年内提出这种要求。为实现复制和交付，承包商需要将技术数据或软件转换成规定形式，并可以获得补偿。然而，受以上讨论的可分离性概念影响，政府有权根据默认许可级别接收这些项目，默认许可级别通过基础项目、组件、流程或软件的开发资助确定。

由于政府能够单方地根据有延期订购约束的合同大幅增加所要求交付的成果，通常额外的预防措施是有必要的。谈判延期订购条款或限制其范围是首要的，也是最理想的选择。如果延期订购条款要求交付相关的技术数据或软件，需要考虑为许多内部工具和流程在专有性方面存在的风险和损失定价。这是一种谈判该条款适用性的有效方法。根据条款保留的程度，计划了解什么样的现有知识产权会因合同预期的技术数据或软件受到损害，并监控计划的执行，有助于降低风险。如果要求接受延期订购，那么要进行声明表更新。一旦对该表相互达成一致，确保正确标记对应延期订货要求交付的任何技术数据或软件，对避免授予政府非必要权利至关重要。

谨防原型

即使承包商已经采取了所有预防措施，并就技术数据和软件权利进行谈判获得有利地位，仍然要注意政府可以通过其他方式在竞争对手之间进行技术公开和共享。值得注意的是，由于没有合同条款，政府对硬件的使用不受任何限制。某案例中，美国空军（Air Force）没有足够的权利在参与多阶段采购的竞争对手之间共享技术数据，但能够在所有承包商中共享从每一个承包商获得的交付原型。竞争后期阶段的中标者能够自由地还原设计和合并其他原型的特征。[29]

非商业合同成果中的发明与专利

除了确定非商业性技术数据和非商业性软件的许可外，确定发明方面的权利也很重要。如前所述，交付技术数据的权利和软件权通常受基础项目、组件、流程或软件的开发资金来源类型支配。相反，政府对发明和相应专利申请的许可权不取决于交付，其通常由两种不同情况的资金来源支配。如果政府资助该发明的构思或该发明的首次实质性实施，则该发明被认为是职务发明。[30]职务发明是指政府获得特定权利的发明，下面将对此进行解释。重要的是，推定完成的专利法概念，如通过提交专利申请，不适用于该分析。

对于任何职务发明，政府通常会得到全球性的、已付费的、免特许权使用费的许可。[31]规定将发明的部分权利授予获得发明构思的工程研究的资助方，这样的条款在商业市场中并不少见。然而，不同寻常的是 DFARS 的另外一个方面，规定政府资助发明首次实施，也为政府提供全球性的、已付费的、免特许权使用费的许可，即使政府没有为该构思提供资金。例如，公司可以私人资助发明构思，提交专利申请，甚至获得授权专利，然而，如果公司在签订政府合同之前没有真正实施该发明，例如通过建立原型，或者在软件发明的情况下编写一些软件代码，那么该发明很可能在政府资助首次实施该发明时，被认为是职务发明。

对于那些认为在接受政府资助之前简单地提交专利申请就足以充分保护其发明权利的人来说，没有意识到完成该职务发明应用于首次实施的重要性是非常遗憾的。提交专利申请被认为是专利法意义上的有益实施，但满足专利法的实施要求并不被视为 DFARS 目的的首次实施。

相反，如果承包商不是借助政府合同力量而是私人资助构思和首次实施，后续政府资金可以用来扩大工程成果，但政府不享有发明的任何权利。

无论政府机构如何，承包商及时、恰当地告知政府有关任何引发职务发明的事件[32]是至关重要的。在某案例中，承包商通过简报和报告让政府知道该发明，但报告内容不完整并且提交方式不适当，法院支持政府提出的享有发明所有权的主张，而承包商不享有该发明的任何许可权或其他权利。[33]

发明创造的权利与任何相应的技术数据或软件的权利是分别对待的。政府对职务发明拥有权利并不提供在任何相关技术数据或软件方面的政府权利。同样地，政府拥有技术数据或软件中的权利，并不意味着政府拥有技术数据或软件或任何基础项目、组件或流程方面反映或固有的任何发明的许可权或所有权。

非商业项目的影响

为了向政府出售非商业项目或服务，项目或服务的提供者可能会承担许多公司通常不需履行的义务，如特定记账、公开和许可授权义务。例如，美国联邦采购条例第 12. 504 条[34]提供了许多豁免商业项目采购的法律规定清单。[35]

私人资助和政府资助

作为限制承包商为政府进行非商业项目开发的例子，承包商的成本会计原则受到额外的规定约束。成本会计原则与知识产权权利有关，因为将资金募集为私人资金可能与如上所述的提供给政府的许可权有关。

从 2011 年起，政府似乎正在改变长期以来部分机构关于将各种基金募集为私人资助的规定。具体而言，在美国法典第 10 编第 2320 条中，2011 年 1 月通过的一项修正案将在某些情况下募集用于独立研究、开发、投标和提案成本的资金作为联邦基金。实施条例似乎被推迟了，预计将有进一步的立法修改。重要的是，任何与政府合作的承包商都应该了解任何政府资金或补偿具有影响承包商知识产权权利的性质，即使在没有签订合同的时候。

此外，一旦签订政府合同，要注意的是，如果属于合同特别要求的任务，则禁止履行合同时利用私人资金影响权利。这一领域的判例法一直在发展，但美国联邦巡回上诉法院（Court of Appeals for the Federal Circuit）[36]最近作出的裁决解决了，先前下级法院判决的结果和处理类似问题另一案件的结果之间标准不一致的问题。[37]简而言之，如果承包商在签订政府合同时使用非合同资金，则需要咨询律师的意见，因为决定正确的成本指定取决于若干因素，包括承包商公开或建立的成本会计实践。然而，最近法院判决提供的一般指导意见是，现行标准是如果政府合同不对开发活动作"具体要求"，可以在政府资助合同的同时进行私人资助。[38]

复用禁令

鉴于政府项目可能带来诸多益处和进步，承包商通常希望全部或部分地重复利用与政府项目相关的技术数据、软件或发明。妨碍这样做的最常见因素是承包商没有对于整个产品的完全的知识产权。例如，不同承包商（无论主承包商还是分包商）完成的工作不会自动导致权利在其他项目上的使用。举例来说，政府工作的主承包商可以从分包商那里获得软件和技术数据。虽然主承包商通常因履行其合同，享有根据合同获得的软件和技术数据的充分使用权，但在没有单独商定许可或转让的情况下，这些权利几乎不能延伸至任何其他活动。

承包商应该意识到，一些政府项目要求项目的有关信息不得向公众公开。

如果政府征集包括 DFARS 252.204 – 7000 题为"信息公开"的条款，承包商应意识到与项目相关的活动会受到潜在的广泛限制。建议就这一条款对特定主题或交付成果的适应性进行协商，以限制其对承包商是否能够在其他地方利用通过政府工作了解的信息或经验产生影响。分配声明常常是对该项目产生的技术资料的必要说明，为请求列出的联系人提供有限的预先核准的分配范围，以获得更广泛传播的许可。

包含已分类主题的合同涉及许多具体问题。在这种情况下，已分类是指以常用术语表明项目拥有的信息，如绝密、秘密或机密。已分类项目的知识产权权利问题需要咨询律师。

需要注意的是，影响承包商是否能够重复使用与政府项目相关知识产权的其他潜在因素包括先前在涉及知识产权的更早合同中协商的限制。而且，根据所需的再使用、出口管制禁令，并且某些情况下按照美国国际武器交易条例（International Traffic in Arms Regulations，ITAR）的限制也可以适用。

分包商的待遇

当政府资助非商业项目的开发时，禁止主要承包商和任何上级分包商或供应商利用其权力将授予合同作为经济杠杆从分包商或供应商获得技术数据或软件权利。这完全不同于商业市场做法，但认识到使用纳税人的钱，并帮助小公司保留与其产品相关的知识产权权利。

因为政府资助知识产权的权利对后面项目会很重要，该项目包括不涉及政府的项目，保留分包商知识产权权利是重要的考虑因素，因为承包商考虑要执行什么工作以及要分包什么工作（如果有）。如果在具体的政府合同征询之前，对技术在与政府签订特定合同的机会之外的其他用途充分了解，则可以订立各种合作协议和许可协议，因为此时主承包商没有权力授予政府资助的分包合同。

政府工作外包

相对新近的趋势是利用非政府雇员从事政府工作。这是由政府的招聘公司完成。这些公司被称为政府支持承包商，拥有技术娴熟的员工，从竞争提案评估、收购计划管理、测试项目的创建和管理等各个方面提供帮助。[39]直到最近，法律还没有规定非政府人员从事这些活动所需的政府以外的知识产权共享级别。因此，在需要此类人员的政府项目中，政府通常会在与卖方签订合同时进行谈判，从而能够为这些非政府雇员/公司提供必要的、卖方拥有的知识产权来完成他们的工作。最近，美国国会通过了一项法案，该法案实质上使政府能够与非政府工作人员和支持承包商分享信息，前提是签署保密协议。[40]承包商在探索任何此类合同中的潜在谈判点时，应权衡考虑获得技术数据或软件的风险和其他方，采用政府保密协议，以降低广泛分发所固有的风险。

知识产权所有者相对于政府活动的权利

以上讨论主要集中在为政府工作时的各种知识产权问题上。[41]然而，知识产权权利持有者无论是否与政府合作，都可能在某种程度上认为其知识产权权利因其他人与政府合作而受到侵犯或直接受到政府侵犯。简单地说，涉及知识产权权利的类型很重要。

尽管政府不能授予自己或代表其行事的其他人侵犯技术数据或软件方面的权利，但它通常拥有与专利和版权相关的权力。这一学说被称为授权和同意（Authorization and Consent）[42]原则，往往给专利所有人带来惊喜。简而言之，一项专利常常无法阻止任何人为了政府利益而实施该发明。虽然可以实施发明，但专利所有人有权要求补偿。然而，专利所有人通常不能起诉代表政府侵犯专利权的任何商业公司。在应用授权和同意原则的情况下，专利所有者必须要么通过受益于侵权的政府机构，要么通过美国联邦法院，寻求政府补偿。[43]

结　论

总之，提前规划，了解濒于险境的资产，并掌握各种知识产权规定，能在拥有与政府成功合作和长期可持续性商业模式方面获得巨大的收益。了解具体的监管规定和拟议的或现行的合同条款是必要的，通常需要咨询律师的意见。

注　释

1. 作为定位和了解政府需求的例子，政府建立了网址为 www. fbo. gov 的网站，以便寻找与政府合作的机会。

2. FAR 2. 101（2010）.

3. 同上。

4. 同上。

5. 同上。

6. 尽管这里没有明确阐述，但版权法也适用于与政府合作，如同在任何非政府的商业交易中一样。建议对任何需要授予政府的版权许可或所有权，咨询适用的合同和规章。通常，版权许可授权与授予政府的技术数据权利或软件权利允许的活动范围相似。

7. 因为规章定期更新，所以在数量和日期上核实应用的规则很重要。合同通常包括给双方的具体参考。请注意，2010 年底美国国防部提出一份草案，更新 DFARS 第 227 部分多项条款。该草案截至 2011 年中没有实施。

8. DFARS 252. 227 – 7013 和 252. 227 – 7014（2011. 03）（48 CFR 252. 227 – 7013 和 48 CFR 252. 227 – 7014）。某些机构的一些项目被指定用于小型企业创新研究（SBIR）状态。SBIR 项目通常有三个阶段，在此期间可以应用 SBIR 数据权限。DFARS 252. 227 – 7018 细化实施 SBIR 项目时非商业技术数据和软件权利的美国国防部处理方式。

9. DFARS 252. 227 – 7013 和 252. 227 – 7014（2011. 03）。

10. 当前"完成开发"定义的基础与技术数据权利相关，首先在 *In re Bell Helicopter Textron*〔85 – 3 B. C. A（CCH）para. 18, 415（1985）〕中提出。

11. DFARS 252. 227 – 7013（a）（7）（2011. 03）. 另外，专利法在美国法典第 35 编。

12. *Dowty Decato v. Dept. of Navy*, 883 F. 2d 774（1989）.

13. 法院的意见包括提及在履行合同时承包商的收据，声明"一种全新设计完成开发"。然而，法院没有发现这一决定性情况，而是寻找完成开发的定义（883 F. 2d 780）。尽管超出本文范围，完成开发在该案例所处时间的定义是监管结构的前身，监管结构现在包括本文所讨论的 FAR 和 DFARS。

14. DFARS 252. 227 – 7014（a）（3）和（7）（2011. 03）。

15. DFARS 252. 227 – 7014（a）（4）（2011. 03）.

16. DFARS 252. 227 – 7014（a）（7）（ii）（2011. 03）.

17. NASH R C, JR RAWICZ L. Intellectual Property in Government Contracts〔M〕. 6th ed. Chicago：CCH Inc. , 2008：768.

18. 值得注意的是，不管资金来源如何，需要交付的计算机软件文档都向政府提供无限权利。计算机软件文档是指所有者手册、用户手册、安装说明、操作说明和其他类似项目，无论存储介质如何，解释计算机软件的能力或提供使用该软件的说明。DFARS 252. 227 – 7014（a）（5）和（b）（l）（ii）（2011. 03）。

19. DFARS 252. 227 – 7013 和 252. 227 – 7014（2011. 03）。

20. DFARS 252. 227 – 7013（b）（2）和 252. 227 – 7014（b）（2）（2011. 03）。请注意，在技术数据或软件的交付时间之前，5 年的期限可以协商。某些情况下，谈判的期限很持久，意味着政府目的权利后来不会变成无限权利。

21. DFARS 252. 227 – 7013 和 252. 227 – 7014（2011. 03）。

22. DFARS 252. 227 – 7013（a）（5）和（a）（14）（i）（B）（l）（2011. 03）。

23. DFARS 252. 227 – 7014（a）（6）和（a）（15）（vii）（2011. 03）。

24. DFARS 252. 227 – 7013（b）（4）和 DFARS 252. 227 – 7014（b）（4）（2011. 03）。

25. 参见 DFARS 252. 227 – 7013（a）（l4）（2011. 03）（关于美国国防部有限权利范围

的详细信息）。

26. 参见 DFARS 252. 227 – 7014（a）（l5）（2011. 03）（关于美国国防部限制权利范围的详细信息）。

27. 参见 DFARS 252. 227 – 7017（2011. 01）。

28. FAR 52. 227 – 16（1987）.

29. *Night Vision Corp. v. U. S.*，469 F. 3d 1369（Fed. Cir. 2006）.

30. DFARS 252. 227 – 7038（a）（2007. 12）.

31. DFARS 252. 227 – 7038（d）（2）（2007. 12）. 当与美国国防部签约时，DFARS 通常允许承包商保留所有权并授予政府许可。与其他政府机构的非国防部合同通常适用有关专利权的 FAR 52. 227 – 11。然而，如果合同是与美国能源部或美国国家航空航天局签订的，那么它们默认对 FAR 的监管补充是承包商不保留本发明所有权，而是获得职务发明的许可。在这种情况下，政府对职务发明享有所有权。

32. 参见例如 DFARS 252. 227 – 7038（DEC 2007）和 DFARS 252. 227 – 7039（1990. 04）。

33. *Campbell Plastics Eng. & Mfg. v. Brownlee*，389 F. 3d 1243（Fed. Cir. 2004）.

34. 也称为 48 CFR 12. 504（2010）。

35. 10 U. S. C. 2631，海上货物运输［除 47. 504（d）所列分包合同类型以外］；15 U. S. C. 644（d），有关根据小商业法案（参见第 19. 2 部分）的劳动过剩区域的要求；41 U. S. C. 43，沃尔什 – 希利法案（参见第 22. 6 部分）；41 U. S. C. 253d，专有数据限制认定（参见第 27. 4 部分）；41 U. S. C. 254（a）和 10 U. S. C. 2306（b），或有费用（参见第 3. 4 部分）；41 U. S. C. 254d（c）和 10 U. S. C. 2313（c），检查承包商记录，当分包商不需要提供成本或定价数据时［参见 15. 209（b）］，除非使用通过 2009 年美国恢复和再投资法案（Pub. L. 111 – 5）获得的拨款或其他资金；41 U. S. C. 416（a）（6），美国联邦采购政策法案办公室的最低答复时间（参见第 5. 2 部分）；41 U. S. C. 418a，技术数据权利（参见第 27. 4 部分）；41 U. S. C. 701 等，1988 年的无害工作场所法案（参见第 23. 5 部分）；46 U. S. C. App. 1241（b），政府人员和特定货物的美国船只运输（参见第 47. 5 部分）［除 47. 504（d）所列的分包合同类型以外］；49 U. S. C. 40118，美国航空规定（参见第 47. 4 部分）；Pub. L. 102 – 190 的第 806（a）（3）部分，由 Pub. L. 103 – 355 的第 2091 部分和第 8105 部分补充，分包商和供应商的付款保护（参见 28. 106 – 6）。

36. *ATK Thiokol v. U. S.*，598 F. 3d 1329（Fed. Cir. 2010）.

37. *U. S. v. News Shipbuilding*，276 F. Supp. 2d 539（E. D. Va. 2003）.

38. 598 F. 3d at 1332.

39. 尽管不是这本书的主题，追求这种类型工作的公司应该根据律师的建议，权衡对向政府出售其他商品和服务的影响，因为有权获得他人专有信息的公司通常被禁止提供类似的产品或服务。参见例如 10 U. S. C. 2320（f）（1）（2011. 01）。法律上这一领域通常被称为组织性利益冲突（OCI）。

40. 10 U. S. C. 2320（f）（2010），参见执行条例包括 DFARS 252. 227 – 7013（2011. 05）和 DFARS 252. 227 – 7014（2011. 05）。

41. 以美国国防部为例。

42. 28 U. S. C. 1498（1998）.

43. 同上。

第十章
破产程序中的估值、货币化以及处置

费尔南德·托雷斯

经过漫长而激烈的谈判，破产拍卖程序在凌晨 3 点左右结束。中标人的代表们对他们获得了近 400 万美元的宝贵资产感到满意。他们艰难地购买了包括两个简单词语的由商标注册、一沓合同以及相关的域名和电子商务网站支持的无形权利。这些无形资产体现了足够的商誉，值得几乎以每个字 200 万美元的价格购买，尽管经过 40 年的营业最后 90 个拥有该品牌的美国商店已经关闭数个月，整个库存已经被清算。

"Tower Records" 知识产权因而是最后被转换成现金来满足众多债权人索赔的资产，但这两个词是电子零售业务在几周内为新的海外所有者继续创造价值的基础。

知识产权与破产背景

无形资产，尤其知识产权占企业总资产的比例越来越高，这一点到目前没有争议。像制药、通信和媒体这样的行业更为明显。医药产品依赖专利保护建立一定程度的利基垄断（Niche Monopoly），以提高价格并收回巨额投资成本。许多司法管辖区的专利局会按惯例恢复专利所有者因审批而缓慢丧失的期限。各竞争厂家生产的不同通信设备之间的兼容性依赖于标准和体现标准的专利池。媒体公司越来越依赖于控制内容——版权，而不依赖如报纸或电视台等具体传播媒体。

在经济周期的适当阶段，股票分析师通过将增加值总体归因于内生商标、专利等无形资产的未报告价值，来解释明显过高的市盈率。[1]这种观念很普遍，但并不是衡量企业知识产权价值的最佳方法。这一点可以在以下事实中得到证明：如果有形资产账面价值保持不变，会导致在随后不可避免的熊市中知识产权价值明显蒸发。[2]

尽管存在这些困难，但显然大多数企业发现商标、专利和一般无形资产具有独特的适应性和灵活性价值，例如商标可以续展或许可，专利也可以许可和交易。相比之下，有形商业资产可能很快会处于错误地点、错误规模，使用过时或缺乏竞争力的生产工艺，专门制造过时产品，以不多或比较昂贵的方式重新定位、重新组装或销售。

相应地，在企业破产程序（重组和清算）中，知识产权资产已被公认为是债务人拥有的最灵活、最可挽回的、最有价值的资产之一。

从经济学的角度来看，破产程序可看作清理债权、规范债务人资产转让给债权人的一系列相关准则。因此，债务人的资产和负债必须以双方满意的、合法的方式来估价，以实现当事人双方合适的转移比率。这是明显的行政管理过程，而不是竞争市场上自由谈判的交易。而且，无形资产是唯一的，很少有（如果有）系统的二级市场像对待金融资产那样提供确立价值的公平价格。[3]

因此，破产估价过程必须在竞争利益背景下进行，在必要或强制下出售或购买，同时确保所有可用的、相关的和有价值的资产都被考虑在内。因而在21世纪，知识产权成为一个重要的、相关的、可行的和有价值的资产类别，它解决的索赔比例越来越高，在某些情况下为重组原有业务并在很大程度上保留其价值提供可能。

在知识产权和无形资产的一般领域，面对上述日益增长的需求，公认会计准则（Generally Accepted Accounting Principles，GAAP）没有反映内生资产，如商标、专利和其他知识产权的事实成为一种障碍。因此，很难一开始就确定债务人实际上拥有什么样的知识产权和无形资产，以及它们的账面价值具体如何。然而，由于过去几年的财务会计准则委员会（Financial Accounting Standards Board，FASB）的声明141和142以及国际会计准则委员会（International Accounting Standards Board）企业合并指导原则（IFRS－3标准）的实施，获得的知识产权和某些无形资产已在GAAP财务报告中得到承认。[4]

在实践中，简单的比率和主观"经验法则"用来填补这个信息缺口，而关闭、清算、融资和重组决策都是在这种不完全的基础上作出的。在当前环境下，这些做法已不再被认可，而且现行标准倾向于根据适度的行业幅度变化、债务人企业规模大小和历史长短，具体对知识产权和无形资产进行审计。

质量、等级和价值

经历破产过程的企业所拥有的无形资产必须接受严格审查，以确定其货币化的现实前景。这一过程中首先要考虑知识产权清单的执行情况，从而回答所有注册和申请所处状态的基本问题，并清楚确定被许可人、许可人以及所有其他相关的无形资产。

业务主管及其顾问必须参考这个清单，分离核心资产和外围资产。核心无形资产是持续运营构成债务人核心竞争力的一项或多项业务所必需的。随着时间的推移，通过兼并和收购（Merger – and – Acquisition，M&A）活动，多数主要公司的无形库存聚集了未使用的、过时的和多余的资产，这些资产必须加以标识。所有非核心资产对破产公司的重组或清算起到辅助作用，作为外围资产，其主要特征是与核心活动的可分离性。

该分类的一个明显例子出现在一个主要创新主体的破产中。该主体多年来一直致力于化合物研发及相应的专利开发，却只将部分化合物转化为自己的核心产品。[5]一些没有进入公司核心产品的专利也与拥有注册商标的品牌以及在其他应用中说明其最佳用途的大量科学文件捆绑在一起。从管理层的角度来看，任何知识产权的货币化似乎从一开始就注定要失败，因为它们的核心产品和技术在技术快速发展的背景下，随着企业主要业务出现重大突破而突然变得过时了。但在知识产权全面审计之后，归类为外围资产的专利、商标和商业秘密，不仅具有高于核心知识产权的公平市场价值，而且足以满足大多数涉案债权人的要求。数年之后，核心商标资产仍然是全球经济中的有价值的、活跃的资产，在不同化工产业中的应用受益于确认为原始公司外围资产并货币化的技术。

因而，一般来说，知识产权盘点过程有两个维度：定性审计和战略核查。知识产权盘点的定性审计方面涉及对公司拥有的无形资产进行全面检查，以基本的核心/外围框架对资产进行分类；而战略核查涉及识别资产的替代用户、产业、流程和开发方法，尤其是外围资产方面的有关情况。

通过此过程可以发现巨大的价值，借此，知识产权专家可以与债务人公司管理团队的合适成员及该过程中提供适当意见的其他分析师紧密合作。

估价过程

虽然并非所有参与重组过程的专业人员都需要进行知识产权估价，但他们都需要了解这一过程，以便作出明智决定并提供最佳建议。无形资产的估值既要应用评估企业价值时使用的财务和经济评估技术，又要对价值驱动因素和这些资产的潜在应用进行专业的分析。与任何估值一样，被衡量内容定义的清晰度是解读数值结果的核心。这是我们将要介绍的估价标准的第一要素。

估价标准

通常，破产分析中应用的价值概念是由美国国税局（Internal Revenue Service，IRS）建立的常见概念。它参考了更普通的公正和公平谈判的概念和公平市场价值的概念。通常还使用在 FASB 指导下的财务报告中使用的公平价值的概念。这些令人困惑的相似概念在量化方面有很大区别，因而了解它们的区别对制定合理决策非常重要。

公平市场价值被定义为"（对应的知识产权）在公开市场上出售的价格。这是在买方和卖方之间自愿达成一致的价格，双方无须采取行动而要对相关事实有合理认识"。[6]该定义中的关键概念是销售/购买对应资产的市场参与者的前提性质。当事人没有特定信息或优势是这一定义的一部分。

相比之下，出于财务报告目的，公平价值的概念是"一份资产可以在交易双方之间的当前交易中自愿购买或出售的数量，而不是强制或清算拍卖"。[7]在这种情况下，正如 FASB 其余部分所指出的那样，双方的具体情况非常重要。例如，在资本化专利获取成本中，买方可以通过在现有组合中额外增加关键技术的覆盖部分来巩固其竞争地位，这对其价值而言很重要。对同样的专利来说，如果一个新的所有人由于成本效益不足而无法执行许可策略，或者由于相对于现有竞争者谈判地位较弱而必须接受较低的特许权使用费，该行业新入者掌握的专利将不值钱。因此，无论如何知识产权的公平市场价值是相同的，但如果该产权由已确定的许可方购买，则公平价值会更高。

破产背景对公平市场价值的基本前提提出了重要挑战。显然，卖方实际上"需要采取行动"，买方缺少对"相关事实的合理认识"。就公平价值而言，该标准明确排除了"……强制出售或清算拍卖"。

在这些原则在破产和重组方案方面的实际应用中，一个关键的程序是对具体相关方式的分析和说明，其中局势、资产和市场参与者均与标准不同。为了推导出买方愿意为资产支付的最大金额和具有偿付能力的（假设）卖方理性接受的最小数额之间的范围，分析者必须对在每一重大情况下导致估价失真的情况进行补偿。法院的管理程序力求确定公平价值，但只有在当事人都精确考虑这些失真时，才有可能。

因此，对所有使用信息的专业人员而言，在估价过程早期明确适用价值标准和必要的调整是至关重要的。

方 法

一旦给定了标准，下一个决策点是如何实际执行估值。在各种财务评估方法中，成本法、市场法和收益法最为常用。这些方法之间的差异很重要，不仅因为各种方法从不同角度衡量经济价值，还因为其所考虑的概念和时间框架也有所不同。

成本法采用一种观念，即资产现在的价值是过去开发它的实际花费，或者当前环境中用等价效用的新资产再生产现有资产的花费。这个概念与相对容易再现的知识产权具体项目相对应，例如具有特定功能的软件。但开发创新性或突破性想法，或创建和维护商标注册的实际成本，与这些资产可以为企业获取的经济价值不存在逻辑关系。一般来说，只有当基本假设成立时，才可使用这种方法，因为在很大程度上，知识产权与黄金那样的有形商品不同，很少可以归因于内在价值。

然而，市场法力求通过在相关市场实际观察到的价格范围来衡量价值，假设知情的市场参与者足够多并执行足够数量的公开交易。这当然一直是无形资产长期存在的问题，尤其是知识产权；知识产权往往是唯一的，[8] 且知识产权二级市场正在逐步发展。然而，作为合理价值范围的象征，它已经被足够频繁地应用，以便积累适当的知识产权许可和销售交易的数据库，并且可以在电子、医药和通信等最活跃的行业中作为价值范围的参考点使用。然而，市场法的应用远未如它在房地产交易和常见的华尔街（Wall Street Finance）市盈率中那样被普遍接受。

最后，收益法更具体地审视现实，这些现实可望通过在事件中使用的知识产权创造的经济价值来确定。在该方法中，通过评估经许可财产产生的潜在净收入（或毛利）流、独特专利技术的增量价格溢价或著作权的独家开发以及调整这些预测以反映预测中隐含的风险适用度和货币时间价值来估量价值。[9] 如果被考虑的实体由于内部使用自有资产而没有在知识产权上赚取使用费，那么免于支付的使用费的机会成本被视为价值的量度，也就是普通竞争者在市场上需要支付的与该价值等同的资产，其被称为减免使用费法（Relief From Royalty Method）。

新方法

目前描述的方法都依赖于将知识产权和无形资产纳入有形资产和货币资

产。然而，尤其在考虑专利时，知识产权实质上是一组权利，即排除他人实施发明的权利。这种特性没有反映在常用方法中，需要其他评估工具。

一种方法是将专利纳入金融期权中，从而测量附加价值成分，例如因基础资产（专利）和/或产业的价值波动而导致的价值。因此，专利资产可通过以下方式评估：

■ 相对于实施无保护发明，实施有保护发明使专利所有者获得的增量利润。[10]

■ 从许可或利用该发明的其他实施例或发明应用领域获得的增量利润。

■ （例如）行业的波动性，可以增加排除竞争等待实施的权利的价值，直到发明的盈利潜力的不确定性较小。

■ 根据专利权的法定期限，必须作出实施决定的时间点。[11]

这种估值框架被称作实物期权法（Real Options Approach）。通常将专利视为传统的金融资产投资项目，显然使价值分析得到了丰富。

经验教训

在我们的实践中，在对一家曾经世界知名的汽车零部件制造商的欧洲工厂和知识产权资产出售时的分析和谈判中，对价值标准和专利组合的估值细节的考虑变得尤为重要。在 2003 年开始的竞争加剧和油价急剧上涨之后，该制造商是美国汽车工业衰退的首批失败者之一。[12]

这家欧洲子公司的债务和资产大致处于平衡状态。英国的管理[13]案例则集中于这样一个事实：在债权人接管有形资产之后，在美国破产法第 11 章中，营销和无形技术资产的知识产权价值是债务人财产中唯一可以获得的现金流。汽车产业供应商的营销无形资产通常被认为是最小的，因为基于技术和价格比任何品牌杠杆更能获得订单。因此，专利组合的剩余价值对管理者和债务人具有强烈吸引力。按照合同生产方案的剩余寿命有限、已公布专利在生产过程中不能充分实施以及根据收益法使专利组合价值最小化的高风险溢价，导致债务人的估价顾问认为该专利组合价值很低。估值过程中的一项重要障碍是几项专利在欧洲司法管辖区到期，由破产前一年采取的包括暂停专利维持费在内的"削减成本"措施所导致。因此，根据管理者顾问意见主张的专利组合价值约为100 万美元。[14]经核查后我们认为，债务人拥有的除专利组合本身之外，还有工厂的运行依赖于一系列不可缺少的、有文件证明的（非专利的）调整、改进和创新，以及作为商业秘密系统保护的系统知识库。这些无形资产对专利组合形成了有益补充，足以证明一旦考虑营销资产的过渡性许可的价值时，无形资产价值出现几乎 10 倍的差异，从而使知识产权/无形资产组合的总价值增加约 100 万美元。

由于制造设施的剩余潜在购买方就最终价格进行了谈判，我们分析中提出的额外无形资产为债务人的立场提供了坚实的支持，即附加于工厂的技术和营销无形资产的价值远远超过了一些专利的折现值。谈判结果与 100 万美元的初步评估相比更接近 1000 万美元上限，为美国债务人和无担保债权人注入了大量资金。

再次强调，从破产中无形资产的实际估价和处置中得出的一个重要经验是彻底尽职调查程序至关重要。在此过程中，可以确定完整的知识产权/无形资产组合及其优先次序，并对估价过程、特定资产和适用于某种情形的技术有清晰的理解。对专利相关收益采用传统方法，将商业秘密、技术诀窍和营销资产等无形资产排除在外，将严重影响资产的结算金额。

破产对价值的影响

在破产条件下获得一项知识产权的事实显然对其实现价值产生不利影响。然而，在进行资产出售、清算或重组的谈判过程中，经常会问到的问题是，究竟会对债务人的诸如商标的具体知识产权价值有多大影响？

在实践中，我们有机会收集和研究足够的经验证据，并从统计学方面回答这些问题。首先，根据减免使用费法，利用目前的财务报告标准，在破产过程中和之后披露的商标销售数据，我们已经开发和测试了一种框架结构在不同行业和条件下分析商标的统计价值。[15]

按每美元销售额进行标准化，商标统计价值在增长型行业中较高，但在高风险行业中则较低。这并非令人吃惊的抽象结果，而在考虑具体公司时很重要。例如，在低波动性情况下操作时，以医疗服务领域（12% 的波动率）为例，增长缓慢企业的商标可以被估价为每美元年销售额 0.48 美元，而增长迅速的竞争对手的商标可以被估价为每美元年销售额 0.69 美元（见表 10.1）。相应地，在消费电子行业（30% 的波动率）等高风险行业中，增长缓慢和增长迅速的市场参与者的商标价值分别为 0.15 美元和 0.18 美元（见表 10.1）。高风险的影响包括两个方面：增加了所需的回报率并通过续展扩大各行业的平均商标使用费率的范围，同时通过增加行业的适用贴现率来降低未来现金流的价值。在估值模型中考虑的整个预测期间，增长通过更高的销售额直接增加了商标价值。

表 10.1 销售风险和增长情景下的每美元商标价值

销售风险	缓慢增长（2%）	快速增长（5%）
高风险（30%）	0.15 美元	0.18 美元
低风险（12%）	0.48 美元	0.69 美元

基于破产过程中和之后的交易数据，该经验模型还允许计算破产中的销售对平均商标公平价值的影响。在商业消费品行业中，破产中获得商标的 2/3 是按总公平价值的 8.8% ~ 18.5% 的折扣出售。[16]平均而言，我们的研究表明商标价值仅为持续经营价值的 13.6%（见表 10.2）。[17]这是一项严重的价值损失，反映了一个不可避免的事实，即商标通常承受破产公布带来的信誉损失和消费者负面看法的冲击，商标买方的兴趣反映了这一现象。然而，技术资产通常能够经受住重组和清算谈判中杠杆作用的损失，并取得更大成功。

表 10.2 重组风险和增长情景下的商标价值

重阻风险	缓慢增长（2%）	快速增长（5%）
高风险（30%）	0.02 美元	0.02 美元
低风险（12%）	0.06 美元	0.09 美元

价值提取：货币化与配置

由于破产中附加于知识产权价值的高价值破坏率，价值提取成为一个潜在的高回报率的过程。以我们的经验，首先，关键是从尽职调查过程开始，不仅要确认企业拥有的注册知识产权，还要确认任何机构运作中创建的所有类型的附加无形资产。其次，这样确认的知识产权/无形资产组合必须和资产的新扩展性应用一起重新考虑。企业通常有充分理由以破产方式终结，而以企业"一贯如此"的方式看待资产肯定会错过潜在价值的应用机会。

零售案例研究

一个典型的例子是 2009 年一家著名纽约家居、珠宝和家具店零售商的破产清算。这是该公司自 2007 年底经济衰退以来按照美国破产法第 11 章进行的第二轮破产清算。[18]

在迅速清算包括拥有和租赁方式在内的不动产之后，商品库存被出售给专业清算人。然而，随着在早期引入知识产权货币化咨询团队，至少部分清算销售按照商标许可进行。清算人不得不承认商标 "Fortunoff Diamonds" 相对于普通"钻石清算"的市场影响力,并支付费用。无形资产的许可使用往往会被忽视,错失货币化机会。还应该密切监控商标作为域名的使用和在线清算。

另一种在尽职调查过程中确定的额外无形资产是客户数据库,特别是结婚登记信息资产。鉴于这一过程中的隐私政策和尊重第三方权利,商店的悠久历史对新的类似商店不是必需的,但方有价值的新用途一定会创造有价值的资产。为了确定信息的合适买家,并让他们意识到机会的价值,知识产权货币化团队参与了一项全国性活动,通过公共关系、在线促销和直接联系过去曾对利用无形资产感兴趣的投资者。数据库信息货币化的两种主要方式是:(1)按产品类别划分信息,以吸引专业买家而不是同类型的百货商店;以及(2)确认信息的新用途。例如,结婚登记数据库包含关于在过去 20 年中众多夫妇选择和获赠餐具套装的详细信息。一家专门经营淘汰餐具的公司精准地看到这一信息的价值,即消费者可以受益于用他们库存中的特定餐具维护或完成其餐具套装。在处置过程中,这家公司积极参与竞标购买该数据库的非独占许可。其他非独占使用也可用于来自不同部门和产品类别的信息。在某种程度上,只要数据采集过程进行得当并遵循适当的隐私政策,同一核心信息无形资产就可以由不同购买者货币化,从而大大提高公司资产的总价值。

最后,由于竞争对手、专业买家和零售商的前业主表示出兴趣,对核心知识产权资产、商标的投标很容易就超出了无担保债权人委员会的预期。在最终拍卖后的几个月内,该品牌已经改建成一个新所有权下的新的、更小的、更专注的商店。

银行案例研究

在完全不同的背景下,2008 年金融危机之后,一家著名银行的查封、破产和出售为无形资产的保存和货币化提供了其他经验。[19]

在企业重组开始时,彻底尽职调查的目的之一是确认知识产权和其他无形资产的所有权结构。根据我们的经验,在这一银行案例中,收购银行和监管机构忽视了被质押和出售的实体不拥有由银行经营、最重要的是由收购方继续经营所依据的商标。因此,简而言之,收购方有存款和分支系统的控制权,但没有银行的商标、版权和专利的所有权。收购方无缝衔接地进行银行运营,因而侵犯了不受监管机构控制的实体的知识产权。

该银行的控股公司在零售分支机构被扣押和这种意外情况发生之后申请美国破产法第 11 章的保护。在此情况下,我们的团队被聘请来确认和评估控股公司有权出售或许可给收购银行的知识产权。即使考虑破产对商标价值的影响,这种许可继续使用知识产权以保留原来银行客户并促进收购银行进入新领域的价值是巨大的。在接下来的 30 个月里，这一价值是控股公司在其诉讼努力和与债权人谈判中举足轻重的杠杆因素。

教训：尽职调查与市场营销

破产评估和货币化实践中必须教导的唯一最重要的经验是，尽职调查过程是关键。必须仔细检查破产企业所拥有的无形资产以确定：

■ 知识产权和无形资产的完整库存；

■ 所确认的知识产权/无形资产的所有权结构；

■ 现有知识产权/无形资产的潜在新应用；

■ 知识产权/无形资产库存要素的全球潜在买家；

■ 在同一范围、部门或行业中除排他性持续使用之外的价值的现实前景。

如果这一完整过程没有得到遵循，那么在同一用途上知识产权货币化的前景很可能仅限于价值的一小部分，与重新获得小于申请前商标价值的 14% 的历史标准相差不远。

最后，随着彻底尽职调查的完成，全面、富有想象力的市场营销过程对于从确认的资产中充分提取超常价值是必要的——从许可商品清算到为商标或专利构建多个非排他性许可，以与潜在投标人密切合作，确定资产再利用的潜在价值的全部范围。

21 世纪的知识产权货币化

在 21 世纪的所有经济过程中，时间是知识产权尽职调查和市场营销努力的关键。因此，尽早开始尽职调查过程很可能会产生更高的回报。将来要克服的一个主要障碍是传统信息收集的低效率，特别是专利质量评估工具的低效率。

在现代全球经济中，大型专利组合并不少见，跨辖区管理技术领域交叉的众多专利族需要使用计算机化的数据库。然而，除了期限监控、专利年金和维护跟踪外，缺少单个基础专利的精确经济意义信息。专利追踪系统在很大程度上仍然缺乏明确可靠的专利评估领域。考虑到任何未商业化资产的估价过程具有复杂性，此类信息只能在知识产权数据库管理系统中间接地得到。不久的将来，计量经济学分析技术的应用将最终为专利提供价值的评估范围。文献中已提出几种模型，但大多数基于专利参考文献资料的评估，只有少数专有模型使用附加数据，例如按部门增加的经济价值（或产业 "GDP"）。对大型专利组合进行系统、最新的分析，会增加并购交易中估值和货币化程序的重要价值，必然会降低尽职调查成本。

商标也越来越多地通过软件应用进行管理，其中部分已经开始运用基于商标销售/收入信息的简单算法进行评价。在商标所有者之间推广这些技术时，必须解决的问题是整体品牌的价值评估，和在许可情况下或者当分销网络或销售过程是一种独特、可分离的无形资产时的价值归属。

版权、商业秘密和其他无形资产的情况在系统化到可以迅速追查尽职调查的程度方面落后很多。

在不久的将来，我们应该看到自动化评价指标的研究和开发成果，而不是已经过时的、那些核查具体商业案例的专业人员组成的跨学科团队继续提供的想象性分析。

结　论

破产程序实质上是为了转让债务人资产来解决债权人损失。评估是建立资产与负债之间公平转让比率的一种方法。知识产权的确认、评估和最终转让不是简单的过程。它们需要深思熟虑的合同、程序，并认真贯彻落实在起诉、监督和实施知识产权方面的最佳做法。

正如本章所表明的，知识产权评估常常是从破产向重组企业过渡的一个决定性因素。如果货币化和处置过程不能顺利地进行以利用 21 世纪企业创造的无形资产，则可能造成巨大的价值损失。

注　释

1. 由于美国和国际公认会计准则（GAAP）不允许报告内部产生的无形资产价值，因此只有通过收购，才能在上市公司的资产负债表中确认知识产权的市场价值。

2. 还假设市场参与者根据其（假定）对上市公司使用的（难以察觉的）无形资产准确价值评估来评估股票。

3. 然而，在房地产泡沫之后，所谓金融"有毒资产"的价格不容易确定。这与它们创造和发行的假设背道而驰。

4. 企业合并的新会计框架要求收购实体执行详细的采购价格分配，从而将归属于商标和其他知识产权的价值与一般企业信誉分开，一般企业信誉一直以来作为反映总支付额超过账面价值的笼统概念。

5. 该案的债务人是经历过多次重组过程的知名品牌公司，现已成为纯粹的商标许可机构，不再生产产品。

6. 这一定义的典型参考来源是评估捐赠背景下的第 561 号美国国税局（IRS）出版物。

7. FASB SFAS 157，于 2006 年 9 月发布。

8. 当然，这一特征与确定这种估值方法中的"可比性"的必要步骤是不一致的。

9. 具体的金融方法是基于净现值概念的折现现金流量法。

10. 换言之，考虑到市场的竞争特征和使用的技术，先驱优势可能是什么？

11. 例如，权利推迟实施的价值随着截止日期的临近而下降。

12. 该案件中的公司是 Collins & Aikman 公司及其子公司，在美国北部和南部以及欧洲的几个国家获得了制造业务。

13. 英国的行政制度受 1986 年英国破产法管辖，通过 2002 年的英国企业法修订。总的来说，这有点类似于美国破产法第 11 章破产程序。

14. 这种情况下的货币价值已经取整。

15. 该方法已在几项破产估价报告中应用，包括我们对 Interstate Bakeries 公司的重组工作，且该方法由本书作者在 2007 届西方经济学协会国际会议上展示（可在线获得：Trademark Values in Corporate Restructuring ［EB/OL］.（2007 - 07 - 01）. http：//ssrn. com/abstract =10l4741）。

16. 技术上是衡量折扣的统计参数的 95% 可靠区间。

17. 出于普遍性考虑，简化表中所示的计算，对整体预重构销售水平的价值损失有轻微的敏感性；与更大量相关的商标更具弹性。

18. 最初的家族企业 Fortunoff，成立于 1922 年。

19. 由于持续诉讼，这家银行的身份并未披露。

第十一章
品牌与营销的外包

特里·赫克勒

　　自20世纪90年代中期以来，基于桌面出版系统的兴起及以计算机为驱动力的沟通设计和营销工具的日益成熟和广泛使用，我们见证了外包品牌与营销的大幅减少。以前，大型企业拥有内部营销团队，外包则是为了提供高度专业化人才和执行顶级大众传播活动而保留的。中小型企业通常依赖于将大部分正在进行的营销和品牌作业外包，直到意识到这类工作更多地可以由对其感兴趣或接受过沟通设计培训的员工处理，并利用他们与时俱进的计算机能力进行武装。现如今，我们的行业已经作出调整，提供更多的专业化服务。这些服务更具战略性、创造性和集约性，即使是在最小规模的企业中，也能提升企业内部的能力。无论企业规模的大小，品牌和营销业务已经卷入了传媒变革的浪潮之中。广播传媒的受众越来越少。有线网络已经遍布全球，同时，随着不断增加的移动网络访问，互联网提供了历史、新闻报道、广告、公共关系、娱乐、购物、教育和公众舆论服务。这些在很大程度上由精通数字技术的公众即时创建和编辑。如何将外包业务完美地移植在媒体上已经成为该行业的一大挑战和崭新领域。

　　消费者研究作为另一个有外包需求的领域正在不断发展，前所未有的技术为创建和挖掘消费者行为数据提供了空前的速度。20年前，品牌经理更依赖于直觉而不是指标。现在，当大量的研究没有执行、海量的数据没有深度解析时，我们会很犹豫并对营销人员缺乏信心。营销思维模式发生了从右脑到左脑的明显转变。

　　科技手段也为营销经理提供了信息和工具，使他们免于被日常战术管理所累，从而投入更多的精力以关注有价值的战略。而且，目前与我们合作的大多数品牌经理都希望业务效率比几年前更高。[1]人们普遍认为，每个人都在全天候工作。如今，外包比以往任何时候都更需要对各方制定明确的日程安排。随着成功品牌在全球范围内扩张、多样化经营和扩大授权，品牌监管变得更加重要。拥有品牌管理和专业品牌成长能力的 MBA 毕业生开始变得更加炙手可热。来自商业、学术、广告、市场研究和设计等不同领域的从业者将以多学科的能力展示自己作为"品牌专业人士"的价值。品牌项目的目标和交付产品有清晰的定义。这是最基本的，但比以往任何时候都更重要，以确保能最佳地符合基本原则。

品牌命名项目动态

有效的品牌名称对于品牌创建来说是个重要工具。在这个问题上外包专家的建议是明智的。大型企业的品牌名称项目外包可以来自许多不同的领域、人员和环境。项目动态情况很少一致。协议、程序和术语可能有很大的不同。因此，对于达成这一目标的最佳方式并没有太多的共识。

法律漏洞可能在开发过程的不同阶段发生，有时会造成不可预见的后果。在缺乏法律保护的情况下，先前向经理提出的备选名称会使人对不受法律保护但可能进入成本高昂的最终评估阶段的备选方案产生情感依赖。在这个过程中，由于过度保护性的法律审查，如果过早地否定备选名称可能会埋没创造性的想法并限制可选范围，最终使决策受挫。

外包品牌经理必须有足够的信心对项目最终结果提供保护，并且要了解在命名过程中任何阶段对于备选方案的法律审查力度。在自身的品牌命名开发过程中，我们尽可能多地呈现通过在线调查得到的备选名称。

我们在自身品牌开发过程中明确表明，提供的任何备选方案均是通过国家和国际在线商标检索的。检索网站数量众多，但我们主要使用 USPTO、Thomson & Thomson 的 Dialog Trademarkscan，以及 RIC 国际的翻译解释。在 Dialog™ 检索，我们首先要确保提出的备案方案作为商标在所有国际分类代码中都不存在，然后将检索范围缩小到行业相关的分类代码来检索近似的名称。自从互联网出现以来，我们只提供明确的域名的备选方案、检索引擎首页的名称，并且在社交媒体网站上对可能存在的名称通过代码进行审查。我们从来没有将其作为一种具有法律效力的检索，仅将其称为"粗略检索"。我们建议对所有备选方案进行全面的具有法律效力的检索，由客户律师直接管理。我们在必要时提供推荐服务。

让人耳目一新的是，优秀的品牌营销人员、设计师和商标律师都一致认为独特的品牌名称和图形化名称是"创建和保护品牌资产的最佳选择"。虽然这些重要的共识很前卫，但在法律和沟通设计的角度上一直存在令人感兴趣的区别。法律用语和基于设计术语之间的区别，有如下简单生动例子所示（参见表 11.1）

表 **11.1** 法律用语和设计术语的不同

法律用语	设计术语
标准字符/文字商标	品牌名称
风格化标记	标识
合成标记	带标记的标识
设计/设备标记	标记

在任何品牌的平面包装设计中，无论是正式的还是非正式的，公众接触最多的是标志。大多数人都知道这意味着什么，但对如何选择标志的特定构成元素却没有帮助。这就是为什么在设计界经常听到关于对品牌名称整体配置引用的原因。这种整体配置通常被设计成包含多种视觉和语言元素，比如作为"品牌标志"的广告口号、地址拷贝和网址。这就是品牌如何标示它的名称。许多人甚至是营销专业人士都倾向于将品牌名称视为品牌的本身，而品牌的塑造就意味着品牌命名的过程。这导致了对于品牌和品牌资产的严重混淆。我们试图通过确保人们将品牌名称视为品牌的标志，而不是品牌本身或品牌的资产，以此来避免这种情况。

毫无疑问，最重要的品牌标志是品牌名称。它提供了持久的品牌创建动力和品牌资产的法律保护。因此，接下来分享一些我们经常遇到的关于品牌命名的常见错误认识。

品牌命名与参考命名

品牌命名经常与参考命名混淆。品牌命名是一种不同于我们称为参考命名的单独命名方式。品牌名称是需要执行品牌角色和促进长期品牌资产创建的名称，而且将伴随整个上市和商业计划启动过程，有时还会涉及许多市场定位问题。这些名称需要合法的所有权和法律保护，并争取在众多消费者的脑海中留下深刻的第一印象。

参考名称没有参与到品牌塑造的角色。它们被赋予特定指代某事物的名称，而不是使用通用类别名称来指代一组相似事物。这些名称通常使用字面上描述性的词语和字典中现成的短语，但也有一些例外。

与品牌名称相比，人们对直接参考命名一直存在很大的需求。为了便于沟通或区分，任何事物都需要名称来区别于通用类别。例如，在度假村的开发项目中，社区、建筑物、房间、道路、公园、小径、池塘、溪流、马匹、饮料、主菜、活动等，都需要参考名称。

我们已经做了几个度假村的参考命名系统，其中需要数百个名称，例如，比弗溪（Beaver Creek）度假村的非描述性名称：

- 博尔德小屋（The Bordes Lodge）；
- 百年小屋（Centennial Lodge）；
- 溪边小屋（Creekside Lodge）；
- 公园广场小屋（Park Plaza Lodge）；
- 汤森德小屋（Townsend Lodge）；
- 帕斯泰山小屋（*Paste* Montane Lodge）。

参考描述性名称具有压倒性优势的一个主要原因，是许多人误认为品牌名称必须从字面上准确描述被命名的客体。

我们经常为客户开发非品牌名称。其通常是描述性的，有时使用品牌标志因素来强调它们之间的区别。我们在使用带有品牌标志的描述性名称时非常谨慎，因为它们会自然而然地效仿品牌角色，并在没有什么品牌意图的情况下受到品牌竞争的影响。有时，这些名称会被附加到被证明是有品牌价值的事物上，并引起严重的保护问题。举个例子，"Procare"是我们为客户提供的名称。它是作为一个内部项目开发出来的，进入了消费者的世界，并不断地被法律保护问题所困扰。我们在品牌命名的部分工作是澄清真正的品牌意图与纯粹的描述性意图之间的混淆。

描述品牌名称的问题

认为品牌名称必须是描述性的，在字面上描述品牌是什么做什么，是对品牌名称最具破坏性的误解之一。传达品牌是什么或做什么的基本步骤是抓住其相关性。很多营销者都把描述性名称看作通往相关性的最快捷径。

需要解释的是，使用描述性品牌名称现如今已经有三个明显的劣势：第一，它们过多地透露了品牌的实体信息，使人们没有了想象的空间；第二，任何人任何时候都可以使用它们，使得描述性名称的保护变得艰难和高昂，尤其当客体是成功品牌的时候；第三，描述性品牌名称缺乏持久性。

我们已经作了很多名称更改，而进行名称更改的最常见原因之一是描述性名称对动态品牌的严重限制。大多数情况下，描述性名称要么遇到保护问题；

要么限制品牌的成长。

我们从未与不希望自己品牌创建成功的客户合作。品牌创建可以刺激创业之外的扩张和扩展。描述性名称总是不能表达不断变化的品牌定位。这就是我们经常看到短语"而且更多"附加在描述性名称后的原因。上述行为造成了更多的麻烦，甚至更长的名称都是在浪费空间资源。可见，描述性的品牌名称实在是一无是处。

独特品牌名称的价值

我们强调独特品牌名称的效用，但指出独特的名称必须具有一定程度的可信性和相应的关联性才能有效。这是对那些嘲笑我们"名不符实"理念竞争者的反驳：我们知道，任何虚构的词并不是真正的名不符实。"名不符实"的词中始终包括有价值的含义，我们努力寻找具有足够含义的词以获得有效的附加意义。

在学习词汇时，人们几乎立刻就能学会单词和含义之间一对一的对照关系。学习品牌名称同样如此。实际上，品牌名称比单词词汇更容易学，因为它们通常是在丰富多彩的感官环境中呈现的。因此，当人们需要花费大量时间和资金来解释独特的名称并赋予意义的时候，就会把词汇的学习过程与品牌资产的构建过程混为一谈。创建品牌资产确实需要时间和资金。但是，通过数百个命名项目成果，我们已经了解到，独特的名称实际上对于构建品牌资产更有效。更少的时间和资金被用来捕捉更精确的品牌标志来对抗干扰，并且用于所有权保护的资金显著地减少。多年来，我们一直试图用一个简单的例子来解释这个问题，在客户面前抛出一个虚构的品牌名称，问他们这是什么意思，"你听说过 Twoyet 公司吗？"他们说："没有"。然后我们说："它们制造了令人难以置信的镜框设计。它们不在温哥华。"之后，我们继续做其他的事情，过了一段时间后，我们再次问道："你听说过 Twoyet 公司吗？"大多数客户可以立即证明他们了解了我们的用意。他们了解了独特品牌名称的意义，而且没有花一分钱。

我们有时会遇到这样的情况，即某个品牌名称不需要合法拥有，因此不需要独特的名称。这可能是纯粹的参考命名，就像开发前文项目中的街道名称一样，但是对于商业品牌名称来说，如果名称不合法，至少人们多少会有些耿耿于怀，并且在某种程度上一直期望获得合法的所有权。在没有合法注册的情况下，你可以冒险把一个品牌名称带入公共市场，但是知晓谁会反对使用总不失为明智的做法。

其他企业可能在保护相同名称或类似名称。通常情况下，直到你的品牌成功以及其他人害怕产生混淆或者看到雄厚的财力，都不会构成问题。但这种情况也可能发生在初创企业中。同样，我们也会被欺骗，误认为自己正在开发细分 B2B 市场中严格控制的品牌名称，然后发现它在意想不到的情况下进入更广阔的消费市场并被人们误解了初衷。

令人印象深刻的品牌名称

通常，名称应当是令人印象深刻的。我们祈祷给予我们理解人类记忆的钥匙。每个人对于事物的记忆方式都是与众不同的。一次又一次，我们经历过名称团队审核六个名称的备选方案，每个团队成员都以不同的方式记住它们。我们的客户经常向我们展示这一点。他们会审核我们的简短名单，选出那些对他们来说"令人印象深刻"的名称，而每个人选出的都不一样。

常见的误导品牌名称标准

通常，名字是要简短的。请不要超过四个或五个字母。有时其作为一个记忆关键进行表达。使用缩写的名称都很简短。但许多人似乎很难记住首字母名称，感觉满世界都是它们。有时由于品牌的目的和基于微小空间应用的限制会要求使用简短的字符名称。最近，我们发现了四个字母名称的变体被广泛地用于统一资源定位器（URLs）。[2]这种现象是如此常见，以致他们在传统的标准实践中做得太过了。考虑到上述情况，为实现灵活性和体现完整价值，我们更倾向于使用较简短的单词。然而，我们并不认为这是有效名称的标准，并试图劝阻我们的客户期待超短的名称。

朗朗上口也是对名称的常见需求之一。朗朗上口是什么意思？它意味着容易记住的名称，并且脱口而出。有些客户把朗朗上口定义为"创意"或者是人们"喜欢说"的名称。一般来说，我们愿意让客户意识到，朗朗上口实际意味着名称容易流行起来且效果很好。这就是有效名称的作用，但"朗朗上口"并不是指导我们命名工作的功能标准。

有时，也会遇到这样的请求：名称应该是真实的，而不是虚构、设计或抽象的。这要求描述性名称是字面上的或字典中现成的另一种表达方式。独特的可保护名称通常是被设计和组合出来的。换句话说，有效的名字是被创造出来的。有时，我们会遇到这样的客户，他们会认为"过于装腔作势"的替代方案是合格的。在这个问题上吹毛求疵是没有效果的。因为对一个人来说是做作的，但对另一个人来说是有创意的。

有个特别难以摆脱的请求是，名称必须用故事来解释，或者有真实的发展故事——"来源何处"。这是使用描述性名称的另一个论据。命名的理由必须被看作与品牌目的直接逻辑相关的事物，或者，如果不是的话，以一种有意义的方式简单快速地进行合理化。当我们与必须用名称体现上级领导的客户一起工作时，这种命名的需求就会增加。这是一种说辞，我们并没有与真正的决策者一起工作（尽管我们总是被告知是这样），我们的流程将会更复杂。同样，在所有名称变化情况下，故事或解释的必要性都有所增加。

当名称发生变化时，我们会听到这样的说法："如果名称能够被快速解释或几乎被自然地理解，那么名称的改变转换就会简单得多。"这增加了另一个程度的复杂性，迫使名称作为品牌的解释，而不仅仅作为品牌的标志。确实有两个故事的需求，但通常它们是紧密结合在一起的。一个是"这个名称有什么含义？"的说明故事，以及一个是"怎么想到这个名称？"的解答故事。

在这个过程中总有一个问题反复出现："这个名称有什么含义？"通过对有效命名的详细解释，我们尽力减少客户对此事的关注，同时对使用描述性或字面上的名称绝口不提。（再次提醒，我们讨论的是涉及品牌命名的情形。）我们尝试并解释，正在命名的事物需要使用它自己的名称来识别、关联和代表自己，并尽可能与其他事物划清界限。如果这个名称也能代表其他事物，那么共享的主要含义就会使本想被代表的含义相对弱化。

当人们询问名称含义的时候，这是一个向他们讲述品牌本身的机会。有时，客户会说："我们不希望人们一直问这个问题。"我们反问："你不希望人们对你的品牌感兴趣吗？"当然，客户需要立即向其他重要决策者以及命名程序外的合作伙伴解释名称开发流程，他们认为这是关乎声誉的关键因素。他们希望事情能变得更有趣，而不是"我们和 Heckler Associates 合作，提出了我们认为有效的名称"。他们希望获得"真实故事的联系"，使得名称的解读是与其他事物联系起来的。他们需要很清楚地了解故事，才能欣赏名称本身。我们认为，他们对围绕着名称构建浪漫故事的渴望，并不是因为本身内在有效性的需求。依据我们的经验，名称的发展故事大多是公司的"演义"，有时自然需要将其融入各种文化议程中。在选定名称以满足即时需求之后，围绕名称开发一系列故事。在大多数情况下，这似乎能解决问题。但有时也不会，并且会给命名流程带来严重的缺陷。故事部分成了生成或评价备选方案的主要需求。

有效品牌名称的六个标准

　　每个聪明的营销人员都可以提出品牌命名的标准。有时会被仔细地阐明，涵盖范围广泛的目标。"名称必须是描述性的"通常在列表的顶部，我们在前文已经重复多次了。早些时候，我们在许多命名项目中苦苦挣扎。这些项目都是按照标准进行的，直到我们意识到无论这个项目是如何被框定的，直觉指引我们遵循以下 6 个基本的标准来获得有效的结果：

　　（1）独特性。独特的名称会减小与现实的联系，从而为分享想法留下更多的潜在空间。法律保护的成本更低，并提供即时和持续的市场分化。真正独特的名称将永远能够吸收和传递不断扩大的定义和不断增长的业务差别。这是我们名不符实的概念。然而，我们清楚地知道，没有某种程度的关联性，就没有任何名称，特别是当涉及国际受众时。我们只是努力去创造出具有最大关联性且尽可能名不符实的名称。

　　（2）可信性。品牌名称必须做到令人满意的适当性和可信性，以达到品牌持续性的基本目的。名称关联性的类型和程度必须是可信的，并且与品牌的风格或功能相一致。无论是多么独特的名称，这些关联在某种程度上都应该被人感知。

　　（3）可重复性。名称必须能被容易正确地说、写、拼、读和听。除了国际要求，这是最明确的判断标准，尤其如果您是一个差的拼写者并且有轻微的发音问题。然而，大多数的名字都可以通过强调不同的音节，从而得到不同的发音方式。我们对多重发音的测试是要确定不同的方法是否会带你误入歧途。例如，我们在结尾时会慎用或不用任何带有"tique"变形的词，比如"mystique"或"antique"。例如"Montique"就可以读为"Montie – Q"或"Mon – teak"。当名称中有一个重复出现的小瑕疵时，产生的问题会导致必须更改名称。由于这个原因，我们对很多名称进行了修改。

　　（4）易读性。基于可重复性标准的延伸，在某些情况下，应该仔细考虑易读性。因为在某些情况下，名称严重受到特定媒介（如电话或小屏幕设备）的影响。在理想情况下，名称应易于在所有通信媒介中具有可重复性，以避免干扰因素。不管在哪以何种方式遇到名称，易读性都是名称能否正确表达和产生影响力的标准。

　　（5）持续性。名称需要经得起时间的考验。它不仅要经受住企业的起伏和增长，还要承受市场和文化的调节。在此，关联性最小和冲突问题最少的名称，能够在长期运行中提供支持。

（6）兼容性。名称必须能预见到那些可能立即出现或紧随其后出现的日常词汇、短语和品牌。例如，在电话前台工作中或者在"我在和 X 合作"这样的对话中，公司的品牌名称将被如何讲出？当我们为微软开发名称时，我们必须始终把微软的品牌名称放在前面。现有品牌的架构都适用于这种兼容性。

没有名称会全部满足这六个标准，使每个人都满意。每个人对名称的衡量和情感共鸣都会有不同的看法。这是对存在问题的某些瑕疵可能产生的判断。这就是我们的直觉和经验所适用的地方。我们知道符合这些标准的名称将是有效的品牌名称。

在没有合法商标保护的成功公司里有很多有效的品牌名称。但是，忽略知识产权资产的保护，尤其是富资产的品牌名称，这并不是明智的商业行为。正如前面所提到的，我们用有限的工具和判断，尽可能确保所有备选的品牌名称都没有法律问题。但是，正如我们向客户解释的那样，即使可以注册，最终名称将受到怎样的保护必须由专业法律判断给出。据我们所知，法律保护不是静态的。由于商业成功程度、曝光程度以及模仿竞争对手的出现，进入市场的注册名称很快就会被迫妥协。而且，美国的商标法并不是普遍适用的。以下是一种常见的假设，虽然本地或地区的小型品牌不需要考虑国际风险，但有些拥有海外生产部分的品牌，在某些国家没有预先保护就进行使用的话，就相当于给别人的盗用提供了便利。中国在这方面做得很好，品牌受到首次使用的保护。对任何成长品牌的最佳保护都需要持续的法律监督。

描述性短语的辅助作用

当独特的、可保护的品牌名称与七个词汇或更少的描述性文字直接相邻出现时，是更合理和有效的，特别是在品牌早期发展阶段。短语负责按字面意思描述或定义名称。这对于发掘名称随着品牌的发展变化而改变的潜力是至关重要的。描述性的短语易于调整以重新聚焦定位品牌，而不必面临改变名称风险。

我们将品牌名称的描述性样本分为以下四组。

（1）单个通用描述性词汇。一般来说，单个通用词汇指定了品牌主要涉及的产品类别。

■ Starbucks——Coffee。

■ Panera——Bread。

■ Pagliacci——Pizza。

（2）通用描述短语。

■ Lowe's——Home Improvement Warehouse。

■ Doubletree——Hotels、Suites、Resorts、Clubs。

■ Qpoint——Home Mortgage Loans。

（3）差异描述性短语。这一短语不仅描述品牌所涉及的内容，而且还包括区别于竞争对手或广告特殊性的突出方面。

■ Cinnabon——World-famous Cinnamon Rolls。

■ Beaver Creek——Colorado's Alpine Resort Hideaway。

■ Courtyard——the Hotel Designed by Business Travelers。

（4）广告语。广告语通常是用来强化特定营销或强调品牌变化目标的词汇或短语。广告语通常是通过广告活动发展起来，并融合情感联想来激发想象力、抱负、品牌或号召行动，以实现短期促销。这里需要注意的是，广告语在许多营销人员的心目中已经产生了思维定式，描述性短语必须是酷的、灵巧的，或者在某种程度上是朗朗上口的。当他们觉得品牌名称本身在上述方面不够优秀时，尤其如此。我们对广告语没有异议，但是要有选择性地使用，主要是针对那些已经获得了显著品牌知名度的品牌。对于刚起步的品牌或者为构建品牌资产而挣扎的品牌，我们试着让客户明白优秀描述性文本的价值，并将其从广告语中引导出来。

拥有大量现有资产的品牌可以更有效地使用广告语：

■ Vaila——There's No Comparison。

■ Nike——Just Do It。

■ Marlboro——Come to Where the Flavor Is。

品牌名称的图形实现

在工作的初期，当我们确定了固有品牌的构建对象之后，品牌的图形被忽略了，因为很多成功的品牌缺少这个元素。想想所有成功的 B2B 服务品牌以及提供许多专业服务的消费者品牌，它们的品牌都是纯通用型的，没有任何区别对待或附加标记。

品牌标志图形并不是固有的品牌构建对象，但却是非常重要和有效的品牌构建工具。我们从未尝试在没有独特品牌图形的情况下进行品牌构建。品牌图形通过视觉非语言能力以吸引人的注意力，传递丰富的信息内容，唤起情感上的联系。这对一个好的品牌构建对象很重要。这里艺术发挥了重要的价值。

在日常生活中，我们面对着各种品牌标志的图形结构。图 11.1 ~ 图 11.6 示出一些常见的示例（示出的品牌标志图形示例除了 Kovacs 和 Poliform 都是由 Heckler Associates 设计）。

图 11.1　通用型标识（标准字符词汇）

图 11.2　标识（风格化标记）

图 11.3　带标记的标识（复合标记）

图 11.4　集成标记的标识

图 11.5　融合的标识和标记

图 11.6　合作品牌建设

　　信息需求常常使品牌标志复杂化。这种需求越复杂，图形的实现就越具有挑战性。整个结构需要呈现舒适的单元，同时也必须呈现清晰的品牌名称。此外，整体标志中的某些元素需要显示适当的法律保护信号。这是一个法律洞察力很重要的领域。

图形实现的价值

　　将图形应用到品牌名称有几个原因。但从历史的角度来看，主要价值在于快速地表明品牌的独特性和所有权，就像命名标记动物一样。多年来，通过在品牌名称标记领域的不断努力，已经建立了传统的图形实践，即"品牌存在"。举个例子，从字典中取出任何单词，比如"桅杆"（mast），用一般的方式将它呈现给 100 个人，并询问他们有什么含义。然后，用桅杆在图形实现中仿效品牌标志的惯例来重复相同的调查，并注意图形刺激响应范围的扩大（参见图 11.7）。

　　我们认为将图形应用于品牌名称的首要价值是表示"该商品为本品牌经营"，使得商品易于区分并仅归其所有人。当品牌名称自身缺乏独特性时，图

图 11.7 桅杆图形

形功能就变得尤为重要。聪明的营销人员知道这一点，并将品牌标志应用到产品（或任何事物）中，以表示品牌特殊性，而没有任何真正的品牌构建意图。有时，这些标志基本上代表了整个营销计划。了解和尊重这些标志的价值对于大企业来说是很重要的。在大型企业中，有大量对于不同类型的品牌构建工作。理解品牌构建的意图至关重要，而如何用正确的方法来诉诸实践也是一个挑战。

图形实现的另一个关键价值是其向沟通从业者提供的最好信息。这一点，在我们为客户实施自有品牌或专有品牌项目的工作中一再得到证实。举个例子，当在为 K2 作滑雪板装饰设计并为某些滑雪零售商设计私人标记的滑雪板时，我们发现自己通过在作滑雪板装饰来扩展或补充零售商的品牌图形标记。这成为滑雪板上的关键品牌标志。零售商的品牌标志越复杂，越时髦或越具有吸引力，整体的滑雪板装饰性就越复杂，越时髦或越具吸引力。多年来，这种做法多次出现在我们与银行、啤酒等众多行业的客户进行私人品牌的沟通中。品牌形象标志为设计师奠定了设计的"基调和旋律"。品牌标志越好，后续的沟通效果越好。

比较"标识"和"标记＋标识"的品牌开发能力

对品牌名称来说，最基础的图形实现是通用字体标识。它用最少的视觉信号来区分自身和其他任何普通的字体。有时，这种策略被合理化，以表示简单的、无修饰的、没有商业化炒作的、直截了当的、含蓄的、微妙的、合理的商业方法。即使要塑造最不易于传播的品牌，也不推荐这种图形化的实现。这太普通了。

品牌构建力量最强大的标志性图形形式是带有标记的标识、集成标记的标识，或与标记融合的标识。这三种方式提供了最完整的编排和最丰富的"调色板"，能够充分调动观众的感官和思维。

接下来是律师要考虑的问题。正如我们所理解的，全面的保护来自独特的品牌名称本身。如果将该名称与其他可视元素相结合，则可能需要分别保护每个附加元素或特定设置。这些调整实际上开辟了更大的信息范围，可能与其他标记类似，使得对品牌名称本身的保护更具挑战性。另外，标记的多种风格或呈现形式的多样化会削弱对主要商标版本的保护。需要强调的是，充分尊重商标保护的价值。这对于保持品牌资产价值至关重要。笔者将试图进一步解释为什么推荐使用标识形式来创建品牌。[3]

与使用通用标识相比，它有更大的信息潜力。简单的类型风格变化、发音和扩展在传达非语言关联的能力上是相当有限的。极度夸张的类型往往会使易读性变差。随着对标识增加视觉标记，用具有大量内容的图像和呈现方式去创建品牌标志，利用非语言情绪来吸引观众并且进行互动，远比单独的词汇更有效。

非语言识别被视觉标记所强化。在很多应用实例中，对于识别来说，可能只有短暂的曝光。标记识别的线索不需要语言认知。我们知道单词本身是完整形态的视觉识别活动，但它们需要首先进行语言学习。根据字母形式的独特程度，部分曝光的标识可能无法提供足够的识别线索。好的品牌标志对环境干扰具有很高的抵抗力，并且可以通过最少的曝光来识别。

品牌标记提供了更广泛的表达灵活性。对于风格化太过明显和过于商业化的应用场合，它本身能够以低调的方式呈现出来。品牌设计更像是艺术品或者品牌的内涵展示，而不是品牌的确切名称。标记在媒体领域内提供了广泛的品牌展示方式。我们以联合航空公司为例，在红地毯房间里使用它们的品牌标记作为装饰主题。我们也意识到这种方式是过度使用品牌标记。

品牌标记可以超越语言障碍。大多数生活在工业化国家的人都能迅速识别并学习视觉标记的设计。通用类型和标识类型就带来了读写方面的挑战。[4]

虽然我们偏爱标识加标记的方式，但早在涉及战略问题的时候就了解到，不是所有人都认同强化标记能有助于品牌的构建。我们记得一位备受尊敬的设计师曾提到标记或符号实际上会分散大众对名称的识别。只有当品牌名称家喻户晓时，才可以使用，并且在传播资金有限时绝不能使用。显然，我们对此并不同意。世界上有多少成功的品牌真正实现了"家喻户晓"，而且从何时开始，大多数品牌在早期阶段能享有无限的资金？如前所述，我们认为标记为独立成长的品牌提供了有价值的帮助，但在某些情况下，我们只考虑没有标记的标识本身。应谨记，我们并不是在讨论普通类型的标识，而是在讨论引人注目的文化图形。

　　对于不具有品牌成长意图而只需要在竞争市场中加以区分的产品，通常会只给予标识。它们通常是计划淘汰的产品、有限促销活动的项目名称以及为特定产品周期提供的专门服务。

　　例如，看看日产汽车的后备厢。中间是日产的主品牌标志，最左边是标识"Sentra"名称。在与 Sentra 相同的类型样式中，"GXE"出现在最右边。笔者不是汽车迷，不确定 Sentra 是日产子品牌，还是产品线或车型的名称；也不确定 GXE 是否为 Sentra 名称的一部分，还是 Sentra 的型号变体。这并不重要，因为日产的主品牌对笔者来说都是通过其品牌标志实现的。如果是带有Sentra 或 GXE 的标记，笔者会想知道它们的主品牌。

　　在某些类别中，标识有时更受青睐，因为它们已经在多年的激烈竞争中成为经典。电影名称，以及用于吸引儿童的大多数名称，例如糖果产品名称，都是示例。在标识的演变过程中，其可靠性趋势一直都在简单、反商业主义、以自我为中心、不修饰技术细节或极简主义占据主导地位的某些特定细分市场中不断发展。与传统背道而驰的做法有时被认为过于冒险。最终，无论多么强烈地支持传统方式，总有一些主要决策者会不满足于仅有的标识形式。

图形标志有效性的标准

　　我们建议使图形工作进行有效性判断的标准与对品牌名称进行有效性判断的标准紧密一致。然而，由于语言和视觉信息的差异，存在一些有趣的不同。

　　正如我们所指出的品牌命名标准，无论有些多么反常，每个聪明的营销人员都能判断出品牌命名标准。相反，很少有人能够清楚地说出或使用词语来阐明对于名称进行图形化的标准。这是非语言的交流，如果没有亲眼所见，很难想象它的视觉效果。然而，有些客户为我们提供了他们的标准，并且通常反映了对于字面描述方面的命名要求。笔者记得有个客户给我们做了一个关于"好标志"的白板讲座。记得他的第一条标准："第一感觉良好。"笔者猜你不能打败这条标准。他还坚持"自然参考而不是抽象参考"。有时，积极主动的客户会准备精心设计的视觉生活方式剪辑，需要我们的标识与之兼容。最近，我们和一位拥有大型连锁快餐店的高层营销副总裁合作，他坚持说品牌图形必须"有参与感"。多年来的一个共同要求是"一定要酷"。在好的情况下，客户会研究竞争环境，并对喜欢和不喜欢的图形给出评论，然后交给我们。这种做法很好。

　　我们的五个标准如下：

（1）独特性。与品牌名称一样，图形使用必须具有一定程度的独特性，以有效地将其与竞争对手的图形区分开，并能够合理地在更大的市场范围内对其进行合法保护。有趣的是，这里有一点值得注意：大多数图形设计师对视觉细节的敏感度都高于未经训练或缺乏视觉沟通经验的人。他们更能清楚地意识到图形之间的细微差别，并且比一般大众看得更快、更清楚。

这一点已在我们的工作中一再得到证实。你可以看到它的走向。对于设计师看起来独特的，可能对客户看起来是非常熟悉的。很多次，当我们展示图形标志时使用的是基于圆圈形式的元素，客户会立即拒绝它，因为它和星巴克标志太相似了。整体图形可能是完全不同的，但圆圈被看作首要的图形标志，它和星巴克标志是一样的。在某种程度上，这是由于客户知道我们制作了星巴克标志，但并非总如此。

很难确定图形的独特之处或该如何解释它。我们试图保有一个丰富的品牌图形参考库，并浏览网站，如 TinEye、PicScout、Ginipic 和 Eyealike。[5]只有在进行商标注册的过程中，才能判断每个类别图形在视觉上与其他受保护的图形是否相似。然而，即使注册成功了，也不意味着其他人就不会反对。我们还记得一场被广为传播的诉讼，美国国家广播公司（NBC）的新品牌图形由于与内布拉斯加州一家小型电视台发生冲突而被迫撤回。NBC 花费了数百万美元才解决这个问题。这涉及拥有充足资源进行自我保护的大型企业，但在当时这向我们证实，评估图形实现的独特性或预期其可能获得的法律审查程度并不是一件简单的事情。一个十分复杂的事实是，相较于已被注册的图形，世界上还有更多未注册的品牌图形。品牌的图形注册有助于法律上的竞争，但在美国和某些其他国家/地区不能保证是合法享有还是名义上的所有。

（2）可靠性。品牌图形必须具有与品牌核心宗旨相适应且可靠的兼容性。这不仅适用于图形内容，也适用于形式和风格的呈现。可靠性通常是由业务中处于主导地位的常用图形进行判断的。现在的问题是，如何利用这些常用图形，且仍然符合独特性的标准。这与品牌命名的两个重要标准之间的权衡是相似的。

（3）易读性。图形内容、形式和风格都要确保图形实现易于在其主要和次要应用中被识别。这需要考虑所有媒介以及尺寸。如果有重要的小型或大型应用，则通常需要进行表格修订。在正常尺寸时有效的图形并不一定能适应任意方向的极端尺寸。

构成标志的图形组件的形态整体性对于保护自身免受周围环境干扰是非常重要的。缺乏内部的关联性，标志可以很容易地联系起来，成为毗邻上下文中的片段，失去了整体效果，并且易读性也变差。然而，过于紧密的整体形态会挤压图形，导致信息的混乱和易读性的丧失。优秀的设计师可以在任何标志上判断出最佳整体形态的界限。

有趣的是，图形通常不能满足像名称那样的再现性标准，尽管这是很好的功能。公众不需要像说出品牌名称那样绘制品牌图形。如今，即使是签名画家，手工绘制图形的必要性也被技术所淘汰。

（4）持续性。图形需要经受时间的考验。远离潮流与现实高度的关联。最近，我们不情愿地做了与房子形式相关的房地产品牌图形。品牌将自然而然地随着商业地产的发展，发现与特定住宅产生的相关摩擦。它们可能会需要新的标记。我们力求在图形中提供更经典的样式，并谨慎使用特定的关联，而不是进行描述。

（5）美观性。我们不仅要欣赏图形表达的情感，还必须欣赏它的外观。我们从没有直接要求客户评论哪个图形看起来最好。我们将演示讨论框定在基于前四个标准认为最有效的选择。毫无疑问，美学的吸引力必须是足够令人满意的甚至被考虑的选项。美学的吸引力很难清楚地说明，但却决定过程中必须考虑的因素之一。

我们经常使用棒球帽模型来评估和展示品牌图形，以确定它们的视觉吸引力。我们希望它们瞬间变成"给我"的帽子。

满足这五个标准需要经验的判断。在设计品牌标志时，我们尽量提供至少6~8个选择以有效满足这些标准，并使其在内容上具有显著的区别。

互联网变革对品牌命名和图形的影响

在 20 世纪 90 年代初期在线商业淘金潮期间，"虚拟"和"真实"商业世界之间存在明显的分界线。年轻的企业家们清楚地看到了技术的潜力，以及如何实施这项技术，从而推动在线商业的发展。他们中的许多人认为巨大和过度投资是实现率先面市的重要因素。他们针对的是全部类别，并选择了普通的品牌名称，如药店、酒店、鞋子和百科全书。我们对品牌名称独特性的偏执经常被嘲笑。在十年中，现实世界的品牌适应了线上媒介，并建立了传统品牌的公平竞争。如今，域名已经在以惊人的速度激增，使得创建和保护独特的品牌名称成为巨大的挑战。[6]想要获得一个可以拥有多个顶级域名的品牌是很困难的。即使名称获得了网络许可，它有时也会与其他网络名称短语、其他域标识符名称以及用于指定社交和商业网站的条目名称相一致，所有这些都可能导致保护问题。此外，域名所有权必须定期更新。如果没有给予适当的关注，就会输给大量的流氓"域名抢注者"，他们将夺取和转售域名作为日常业务。这些公司对域名研究非常有洞察力，并且会根据感兴趣的信号获得名称。

由于域名审批问题，在考虑品牌名称的选择时查看检索页面的上下文是明智的。举个例子，你的名称可能不会在驯狗师和肚皮舞者中间传递正确的信号。此外，准确的拼写也不一定总会发生，特别是那些可以很容易拼写成不同的名称（例如，"Seastar" "Seestar" 和 "Sister"）。在某些情况下，这并不会轻易被原谅。在品牌命名项目的初期，我们询问过网络许可是否能作为要求。现在是确定的。在接下来的十年里，对于名称和商标律师来说，这将会是一个有趣的问题。[7]

内容的数字便利化

在全面数字化出现之前，对品牌名称和品牌图形标志的控制是一项精心打造的业务。平面设计师，配合企业的法务人员，在各类主题下设立严格的品牌标志标准，比如"企业标识项目"或"商标指南"。这些标准经常被应用到公司的营销职能中。需要注意的是，要对品牌标志和商标注册指标进行适当和一致的展示。通常有许多适当和不适当的使用变化的例子。相对而言，几乎没有人有能力明显操纵这些标准。现在已经发生了巨大的变化，公司内部以及广大的公众中都出现了一些人，他们可以随心所欲地提出和操纵内容，无论他们是否关注过指导方针。指南仍然发布，但目的已经不同。数字革命打开了所有形式内容的闸门，以便于任何人进行扩散、改变、取样、盗版和修饰。这显然会带来两个方面的结果：增加创造性内容的前景与著作权不受保护和滥用。我们需要更多的时间来理解这一点。所以在那之前，让我们享受这段旅程。

结　论

技术的扩张和信息的操纵将有助于大品牌进行更多的整合，实现全球化发展，加强与世界各国政府的互动。中型品牌将变得更小，小型品牌也会变得极小。人们希望，即使没有政治支持，全球大品牌的忠诚度也会增长并更好地促进相互共存的价值。小型和微小品牌将回归到更多面对面的互动。这对健康的情绪至关重要。但在这种情况下，笔者猜想需要在未来十年内应对网络信息爆炸的意外后果。这在一定程度上基于社交媒体和身份盗用日益上升的强度和影响。2009 年，身份盗用上升 12%，达到 1110 万。[8]此外，2009 年互联网犯罪投诉中心接到的网络诈骗案件上升 23%，达到 336655 人。随着网络世界变得更有隐私侵犯性，人们将会找到退出或寻求更高级的方法。有可能，我们会有效地利用三种识别：安全、公众和网络。消费者对任何品牌的看法都将由品牌驱动的改写者来"逐字购买"。投机现象的中立地带将比以往任何时候都更能挑战商业、科学和学术研究。人们会越来越多地寻求更安全的信息，以及越来越愿意为不同程度的安全性、可靠性和透明性付费。[9]

一些有趣的品牌营销机会将会被提供。品牌可能会努力开发和完善自己的媒体系统，以刺激和奖励许多不同的目标受众。我深信，某些消费品牌将在必要的情况下会发展出自己的语言。专业的品牌顾问将被分配到市场营销任务中去创造新的外包形式。内部品牌管理和市场营销的专业技能将会变得非常熟练且绝对可靠。

这一切可能会给品牌和销售带来什么影响？只要人们对个性的渴望仍然存在，并且世界上某种让我们相同的力量仍然得到认同，品牌的差异总会在某种程度上被定义、交流和保护。我们坚信会实现。

注　释

1. 除非在本书另有规定，否则"我们"均指笔者和同事。

2. 另见本书第五章"域名"。

3. 编者注：作为商标律师，我们不会质疑带有独特图形的品牌名称所带来的价值，事实上，我们经常建议创设和使用这些图形。然而，当品牌所有者提供组合图形和单词标记来帮助保护时，我们通常建议客户除了注册组合或图形本身以外，还要寻求独立的名称注册。通过这样做，品牌所有者可以确保他们能够在必要或需要的情况下改变图形，同时仍然保留他们名称的注册，无论外观随时间如何改变。

4. 编者注：不同国家的品牌名称可能要求不同，例如，当另一方在一个司法管辖区拥有优先权时，使用图形将不同名称的品牌联系在一起能够有所帮助，特别是在消费者进行国际旅行的地方。参见，例如 www. unilever. com/brands/foodbrands/heartbrand/index. aspx，在不同的国家，冰淇淋的"Heartbrand"（和路雪）品牌标识上有不同的名称。

5. www. tineye. com；www. picscout. com；www. ginipic. com；www. eyealike. com.

6. 另见本书第五章"域名"。

7. 编者注：我们通常建议在注册域名之前提交商标申请。因为必要时，拥有注册商标能够有助于之后获得域名的权利，而仅仅拥有相应商标的域名，有时会导致其他各方最终拥有权利。

8. Javelin Strategy and Research. Hackers Aren't the Only Threat to Privacy［N］. Wall Street Journal，2010－06－23. 但是，参见 JavelinStrategy. com，News & Events，根据 2011 年 2 月 8 日 Javelin Strategy & Research 新的报告，在 2010 年身份欺诈下降了 28 个百分点。www. javelinstrategy. com/news/1170/92/1 报道了 2011 年身份欺诈调查报告的结果，发现 2010 年美国的案件数量比 2009 年减少了 28%，为 810 万例。《互联网犯罪投诉中心 2010 年的网络

犯 罪 报 告》，（Internet Crime Complaint Center's 2010 Internet Crime Report，http：//
ic3report. nw3c. org/national_report. cfm），该报告称收到 303809 份投诉，虽然少于 2009 年，
但却是自数据收集以来的第二高数字。

9. 参见例如 www. quora. com。

第十二章
商标检索

乔舒亚·布劳恩斯坦

　　一旦确定好了商标，在审批程序（Clearance Proceed）中商标的检索是必要和基础的步骤。商标检索是识别潜在问题的最简单、最具有成本效益的步骤之一，能够近距离地观察商标所要应用的"商业环境"，并对新的商标商品或者服务进入市场的风险进行管控。随着商标和品牌的日益全球化，人们对于它们创造和产生价值的关注也在增长。

　　进行商标检索可以让您更好地理解商标所将面临的挑战。实际上，它是"三思而后行"的重要能力。还有一些进行商标检索的其他原因，比如审计、监管或者诉讼，但是商标检索报告主要用于商标的审批层级（Clearance Level）。从成本的角度简单来看，进行检索的成本总是高于不进行检索的风险。当然，根据潜在的风险也会考虑检索的级别和范围，但是一定程度的检索一直是被建议的。

　　在确实发生冲突的情形下，商标检索可以作为一种"善意"的姿态，表明所作出的努力，并且在您的决定中已经重点考虑了潜在容易造成混淆的商标。但是，如果已经意识到对他人商标进行近似参考之后仍继续使用，则可以作为故意侵权索赔的基础。虽然在美国没有法律义务要求在申请商标之前进行检索（一些美国以外的地区，例如委内瑞拉要求在申请前进行检索），但也有一些判例法表明进行或者不进行检索对于法院在评估损害（*Internation Star Class Yacht Racing v. Tommy Hilfiger U. S. A.*，2d Circuit 1992）和判定是否恶意时（*Sands Taylor & Woods v. Quaker Oats*，7th Circuit，1992）会有影响。如果不进行检索，除了面临法律和经济风险外，您希望从这个商标中所获取的内在价值也将面临严重的风险。对于任何一个想要发布新商标的人来说，绝对有必要进行商标检索，而且根本不需要考虑是否应该进行检索，更多地应该决定如何检索以及在哪里进行检索。

在这一章中，将探索全面的检索过程，以及在每个商标检索中客观的"科学"和主观的"艺术"之间的平衡。本章还探讨了如何使用一家专业商标检索公司，以及如何使用不同层次的检索。在品牌审批挑战的背景下，对可用的检索类型、工具和产品的调查也进行了讨论。

商标检索过程

检索"令人混淆的相似"商标的前景是一个内在主观的过程。在大多数情况下，商标检索都被用来确定是否存在已有的商标或者品牌与您想要使用的标记足够相似，以致在市场上会引起混淆。根据所选择的标记名字独特的参数，为了检索那些可能或者不会在消费者头脑中引起心理反应的商标，需要随时间推移而不断变化的统一的有机过程。商标与商标商品或服务的使用者之间的关系可以看作精神契约，商标和它的所有者通过它们的品牌来定义它们的商品或服务的来源、质量和整体标识。反之，购买者或者用户必须接受这种定义并同意这些属性（来源、质量和目的）与该商标相关联。商标检索能够帮助您确认这种契约何时会中止——当另一个商标已经在使用或者已有的商标可能会使消费者混淆并使得这种精神契约弱化或者无效。在大多数司法管辖区域内，这并不仅仅是对商标的精确匹配，而是可能会对潜在的新商标造成问题的类似标记。类似地，在大多数司法管辖区域内，在判断是否发生混淆时，商标或者品牌与消费者互动的商业渠道也非常重要。

在基本意义上，检索的核心是围绕商标和与之关联的商品或者服务的相互作用。这两者可能被认为具有相互的反转关系。标记越接近现有的标记，即使其商业领域相差得很远仍然可能会引起潜在的混乱。标记与现有的名称相差越远，如果有可能发生混淆，则商业领域必须越相近。根据所处商业领域的不同，在考虑两个多少有些相似的商标的风险时也有不同的权衡。如果检索"MOO"这个词，准备将其用于非乳制奶油的商标，那么用于酸奶制品的已有商标"MU"可能比用于软件产品的商标"MOO"或者用于咖啡的商标"NOO"更重要。但是这也不总是正确的答案。

当然，在权衡标记的相关性和影响时，还要考虑其他因素。潜在存在冲突的标记的状态是非常重要的，它是否已经向商标局提交申请、注册、取消或者放弃？是否有实际使用或者仅仅在历史上使用过，或者为了在将来使用？伴随"全球足迹"带来的潜在声誉或者围绕商标的市场营销同样也可以发挥作用。您找到的商标仅在 1 个国家使用还是 20 个国家使用？是否有与该商标相关的主要营销计划？在特定空间中您的竞争者或者主要对手是否将保护他们的商标？这些所有的问题在检索过程中都发挥作用，并作为记录被返回和评估。

科学和艺术

检索的过程是科学和艺术之间的平衡。商标检索的科学性在于采用巧妙的检索式来获取单词的变形和词根，从而通过可定义和可重复的步骤来得到潜在的结果，以及分类和限定步骤，以确保检索到的标记位于相关的商业领域。

根据所应用的商业领域，在考虑商标检索结果的分类限定时，全球采用统一的标准。国际分类体系将商品和服务分类为 45 个不同的类别。[1]这个分类相对稳定并且被绝大多数工业国家所接受。这些分类大部分都配有标记在商业中如何使用的文字性描述。确定和使用合适的分类号的行为显然是科学的一部分。虽然在大多数国家分类都是标准化的，但是尼斯国际分类（Nice Classification）的使用和其对于检索的影响也各有不同。主要的影响发生在三个领域。

首先，不同国家对于申请人在根据分类提交申请时的要求不同。在某些司法管辖区，例如美国，您可以在一个申请里申请多种分类的商品；在其他司法管辖区，例如巴西，对于所请求的每个分类的商品都需要提交单独的申请。对于检索人员来说，这就意味着如果在类似巴西这样的地区进行检索时，对于每个要检索的商标，他们必须确保获取并浏览所有相关的申请，因为不同的商业领域可能被不同的申请所覆盖。

其次，即便分类已经标准化，但是在不同的司法管辖区内对于相应商品或者服务描述的规则也各有不同。在美国，USPTO 要求进行详细专业的描述，详细描述商标所要用于的商品或者服务；而在某些司法管辖区，商品列表可能会非常宽泛，甚至是对于整个分类下的商品或者服务都只有简单的总体性描述。例如，在美国注册的一个财务软件包可能会包含对该软件非常专业的描述，如这个软件用来做什么，客户群体是哪些（USPTO 要求提供）；在另一个国家类似的软件申请可能仅仅被宽泛地列为"计算机软件"，这个国家可能允许申请人申请在第 9 分类下都能得到保护的商标（第 9 分类下的所有商品使用宽泛的定义，包括软件，还包括从相机到消防车等商品）。在其他司法管辖区，例如中国，分类号是主要的限定方式，但是官方的子分类被用来标准化编撰这些分类下面的商品。这种变形影响了如何来构建检索式、如何来检查分类以及检索人员在浏览分类和对应的描述时如何构建检索策略。

最后，各个商标局如何根据分类来审批商标也影响了如何进行检索。在绝大多数司法管辖区，国际分类是决定两个标记是否属于相近商业领域的主要方法。然而，例如美国和加拿大这些司法管辖区，对于标记本身的描述比所指定的分类号更为重要。相对于那些采用实际分类来决定两个标记是否属于相近领域的国家来说，在美国销售咖啡（第 43 类）的餐馆更有可能对销售电动咖啡机（第 11 类）的公司构成侵权。基于此，根据检索的区域不同，检索的标准将会有重大的不同。在美国，检索需要关注在商品的描述上；而在欧洲，检索更应该关注在其实际的分类上。这些都是检索人员在设定检索的"科学"时必须考虑的因素。

商标检索的艺术性主要在于从浏览结果中筛选那些可能会造成混淆的商标的主观过程。这个过程就是忽略或者管理那些检索到的可能除了噪声（指既不足够构成混淆，也无助于检索人员来判断是否能检索到某个标记的检索结果）却一无所获的成百上千的检索结果。检索的艺术性集中在词的含义、语音或者拼写的相似性，以及每个术语的相关度。细胞设计快速连接与高速公路快速连接会混淆吗？"Xanopheks"发音与"Zenafix"是否相似？"V Vi-iile"是否容易与"While"混淆？在之前，没有非黑即白的正确答案。检索的科学性帮助我们在有限的范围内限定可能得到的检索结果。检索的艺术性是决定其中哪一个（如果有的话）是在使用这个商标前必须要考虑和报告的思考过程。

商标检索以及风险

进行检索和审查商业环境的行为在一定程度上降低了风险。当然，新商标面临的最大风险是，现有的商标权利人会声称侵权，并发出可怕的"停止或终止"信，或者反对在商标局的申请。如果市场营销或者实际产品已经产生，这可能会造成巨大的资金影响，并绝对会延续您的产品或者服务占领市场的时间。负面暗示是不进行检索的另一种风险，您的一个用来加速电脑程序的新软件工具可能不会受到任何商标权利人的反对，但是其销售可能会被负面暗示所影响，例如与一种产自 19 世纪 70 年代的加速特别慢、口碑特别差的汽车同名。同样，商标未来的使用和扩展也是需要考虑的一个风险点和决定商标检索广度的一个因素。您选择的商标对于太阳眼镜可能很有标识度，但是对于手袋或者化妆品以及其他未来您想进入的市场并不够清楚。同样地，在美国这个标记可能是广泛而清晰的，但是在英国这个您希望在未来三年进入的市场可能存在直接的冲突。您所愿意承受风险的程度将有助于决定您检索的地域和广度。这种微妙的平衡有助于您制定预算，指导内部员工、外部律师和合作的检索公司并管理预期。

互联网上可用数据和服务的爆炸式增长以及商业的迅速全球化使得人们越来越难以进行"全面的"检索。没有万无一失的方法可以保证在任何检索中都能检索到所有相关的标记或者名称。商标局的登记簿已经越来越多，而检索包括域名和网页内容在内的普通法行为已经变得越来越不确定。时间差的存在也会影响检索的全面性（您的检索可能没法涵盖刚刚发布和注册的商标），也必须将其作为风险策略的一个因素。检索报告比之前更加冗长，而包含的整体商业环境越来越少，某种程度上这本身就是风险。

考虑到这一点，每位商标权利人和未来的权利人都有责任去平衡可能遗漏风险的这种情况。商标权利人应该考虑他们公司的规模和声誉（是否是诉讼的大目标）、发布的范围（地方、国家、全球）、他们所希望的标记使用的司法管辖区域以及对诉讼的容忍程度。权利人必须评估当前或者未来对于商标的情感或者财务上的依赖：如果出现问题，他们愿意改变标记吗？这种改变对于他们的业务和声誉又会产生什么样的经济影响？

选择存在于整个范围中（从低到高的风险容忍度），随后将对其进行讨论。

使用专业的检索公司

不仅限于快速筛选出相同或者近似相同的记录，出于多种原因，将司法管辖区内的任何事情与商标检索公司的服务绑定对于相关方是最有利的。检索公司通常会提供更先进的、具有高级查询功能的筛选工具，并使得他们的客户同时检索多个登记簿。这样在决定进行全面检索之前，就提供了更高级的全面性以保证质量。声誉好的检索公司在构建检索策略、审查和选择商标登记簿和普通法源中的相关记录以及发现商标检索的细微差别方面都拥有专业的知识。专业的检索公司更有可能有效地执行、设计以及交付可靠的、（尽可能）客观的商标检索。大多数检索公司雇用的专家团队在检索过程中不断被锤炼，他们的任务是对数据来源、商标法以及正在检索的行业和市场的变化保持更新。不断磨炼检索技巧的检索专家在完成检索上相对于内部员工效率更高，结果更客观。他们通常可以访问那些可以使工作快速高效的专用工具和数据库，从而能够在商标局登记簿和普通法数据库中定位完全相同的、语音相似的以及相似至混淆的标记。通过雇用检索公司，您可以获取所有这些专业知识。

有些检索公司管理着详尽的数据库，既包括在商标局注册登记的记录，也包括那些专业检索公司以外的检索人员总是容易跳过的可获取的普通法源。这里经济规模起了很大的作用，因为检索公司每天都在检索，它们的数据必须尽可能全面和精确，所雇用的分析团队要与数据提供者同步更新、纠正和协作，以确保信息尽可能及时、完整和可检索。它们还可以有效管理普通法源列表，获取更好的批量折扣并管理比其他更稳定的普通法源。例如，当前我们公司所提供的美国全面检索服务包括检索贸易目录、出版物、目录、商业名称目录和其他信息来源。这些信息如果不是成百上千，就是成千上万。经过训练的专家团队可以通过从网上、CD 光盘和实际的精装资料对这些资源进行访问。具有检索和技术背景的分析师也持续不断地处理输入的数据，通过添加交叉引用检索（传入的关于 XLR8 的记录应该被交叉引用以加速）和对算法不断改进来确保检索到相关的名称。这些算法专门被调试过、通过自动检索语音和拼写相似性来进行商标检索。这些是任何不关注商标法的企业都无法有效处理的问题或者坦白地说，对匹配没有任何兴趣。从这个意义上来说，检索公司作为有价值、值得信赖的法律过程外包商，能提供更高的效率、准确性和专业知识。

当企业、律所或者个人向检索公司求助来帮助他们进行商标检索或者提供服务时。就迈出了重要的第一步，让检索公司在他们自身成功中站稳脚跟。由于工作的主观性，随之而来的关系主要建立在信任和相互成功之上的。检索公司依赖于自身的严谨、市场上良好的声誉，以及对不断变化的需求和业务发展的反应。检索公司的客户最成功的时候就是，他们可以依靠严谨的、专注的检索过程，来清楚地描绘出有关潜在的商标所面临的商业前景。检索公司在商标审批的过程中可以被看作合作的合伙人。

从很多方面来看，检索合伙人的选择依赖于信任。过去的历史、质量声誉、口碑、客户评价以及服务和关系是检索公司成长或消失的因素。在选择合伙的检索公司时，另一个考虑因素是信息的展示。对于商标记录，信息越多显然更有益，然而，重要的是要以有意义的方式来提供信息，以便对潜在的大量报告能够进行有效和彻底的审核。个人偏好会有影响，强大的在线平台、工具和内容的可用性也是如此，此概念将在本章后面讨论。

与检索公司进行内部合作或通过外部律师合作

除了确定是否使用专业的检索公司之外，还必须作出决定如何来管理检索过程：商标权利人是直接与检索公司交流？还是律所或者代理人来作为缓冲并在检索过程中提供专业的帮助？这个决定是多方面的，考虑的因素包括成本/预算、匿名性、检索审核和发表意见时保持的客观性。

在考虑是否采用外部律师时，公司员工会希望（尽可能）客观地考虑：

■ 他们在内部有适当的人力资源与检索公司来打交道，并提供所有的信息和反馈以确保创建最好的检索。

■ 他们拥有技能熟练的人员，能够开展有针对性和有效的淘汰筛查（后面详细讨论）。

■ 他们拥有人力资源，有时间和技能全面、客观地审查检索结果。

■ 他们不会在情感上受到影响，也不会受到其他个人或者部门的影响，这些人或者部门可能会改变他们的判断和决策过程；他们必须能保持一定的客观性；当您为完全出售并致力于新商标的首席执行官或者营销副总裁工作时，您很难拒绝他们。

■ 足够专业的法律知识，以便审核商标问题并发表意见。

如果能够满足这些条件，在内部管理检索过程通常会有好处，公司内部的员工将会是他们自己产品、竞争品和行业的最佳管理者。他们可能最适合描述哪个商标是被用于商品或者服务的，了解商标或产品的历史，并且可能有更好的技能来决定是否在相关的商业领域销售两种产品。内部的代表同样也可以作为与检索公司的联系人，告知他们公司的喜好，并让他们了解可能影响检索的行业或市场状况。例如，如果术语是通用的、描述性的或者甚至是行业内知名的术语，公司内部代表可以提醒检索公司注意。[2] 可以说，在检索过程中，外部的律所不太可能提供相同水平的行业专业知识。在许多情况下，大型和中型企业在它们的法律团队中都有专门的商标部门，这些部门与检索公司进行定期的交流和合作。

使用外部律师是另一个选择。尽管要为外部审查和管理付出潜在的额外成本，但是长远来看，使用外部律师可能会很好地节约时间和金钱，并对新商标的质量审查提供最好的机会。首先，外部律师可以提供审查新商标时所需要的客观性。公司报告链以外的人，除非明显是为了满足客户的期望，对潜在的新商标没有任何情感或者政治上的依赖，他们更容易说不，并为他们这样做提供客观理由。对于公司来说，开发产品之初，渴望得到看上去特别"完美合适"的名称或者口号是非常常见的。甚至在法律部门意识到潜在的的商标之前，市场营销部门可能已经对营销活动、包装和信息传播进行了投资。[3] 在这种情况下，外部律师可能是重新确定客观性标准的很好选择，而且应该尽早咨询他们以了解向前推进使用该商标的全部风险和回报。

外部的公司也可以提供影响其所有客户的专业商标知识。实际上，这同样是一种"规模经济"，使得检索公司能够高效工作。由于存在大量的客户，律师事务所雇用了商标和知识产权专家，他们可以把所有精力集中在商标问题上。特别对于中小型企业，其内部如果存在法律顾问（如果有的话），这方面则可以很有吸引力。最重要的是，使用外部途径有助于提供更全面的视角来看待在商业中商标可能面临的机遇和挑战。另外，许多公司非常关心如何向投资者和审计人员提供有关费用和投资的透明度。当雇用了外部律师，外部的公司会仔细跟踪雇用公司在每个项目上的工作，以及相关的费用和支出，并为公司的审查提供详细的发票。在这种情况下，通过开票程序，追踪与该商标审批相关的法律费用比由公司内部员工花费时间来追踪可能会更清晰，更容易被记录在案。

预算必须在决定是否使用外部律师时发挥作用。不用说，每个律师都会想要为所提供的服务收费（无偿服务除外）。如果没有预算，就不可能外包，除非这种服务需求是零星的和有限的。在这种情况下，每个公司必须自己决定如何平衡内部和外部的支出，以确保商标和知识产权需求能够被满足。最近这些年，有些律所已经开始将提供清查检索（clearance search）和意见的服务的收费模式从小时计费转向固定收费。虽然小时计费账单一直是惯例，但固定收费账单模式这些年受到了青睐。固定收费账单模式允许雇用外部律师的那些公司能够更可靠地跟踪支出并管理预算。这使得这些公司在规划它们的知识产权支出时感觉舒适。对于某些公司和某些项目来说，固定收费账单的方式可能使得使用外部法律顾问更加有吸引力。相对于内部律师业务量较小时支付的费用，外部顾问通过他们持续的关系和大量的业务量，可以一定的折扣提供检索服务。

如果选择了使用外部顾问，则必须作出进一步的决定来选择哪一家外部顾问。幸运的是，由于对商标权的察觉以及推广和保护商标和品牌需求在全球的增长，存在多种选择。如果律所拥有商标专家或者商标部门的话，可以选择业务主要是商标的律所。许多普通的律所有提供专业服务的商标部门。知识产权公司（几乎只涉及知识产权事务的律所）是另外一种选择。是否选择名牌律所也是必须要作的决定，取决于您打算如何使用和保护您的商标。地域、成本和个人偏好在选择所师时都起一定作用。此外，律所所触及的范围，例如是否通过其跨国办事处或者其广泛建立的关系网络能够与世界各地的律所建立联系，也会是相关的决定因素。在许多情况下，内部和外部律师会携手合作来处理商标注册，合作和协调是许多公司的准则。检索公司通常会发送两份报告，一份给公司，另一份给外部律所。一些在线审查平台允许内部和外部律师相互协作进行审查，外部律所的客观性和专业性与内部专家的行业专长相结合，可能会产生"两全其美"的景象。

检索前需要思考的问题

在进行检索之前，要做的最重要的事情之一就是确定您将如何以及在哪里使用这个商标，以及您需要什么级别的检索。通常，检索过程是在类似"饼干模子"模式下进行的，对于每种情形都进行相同的检索，不可避免地导致了过度检索或者检索不充分。问自己几个简单的关键问题可以帮助您预先定义您的检索需求：

■ 您是否希望只使用这个标记，或者仅仅在商标局进行申请和注册？

■ 您是否在乎其他人有类似的标记或者名称？是否会主动保护商标？

虽然这些问题听起来很简单，但如何使用这个标记就会影响您如何以及在哪里检索。商标申请无疑有助于区分和保护商标，有些时候甚至是必要的步骤，但实际上，申请商标会增加冲突的风险。提交商标申请的行为相当于是通知商业团体，您将计划使用和保护这个商标。作为这个过程的一部分，您的商标也成为商标局数据库的一部分。这就意味着当其他人进行检索时，您的商标会出现，商标局审查员可能会引用您的商标来阻止其他人，您的名字在其他相似商标权利人订购的观察报告中出现。这可能会影响您确定的商标检索的级别和类型。

您必须决定能否"与他人友好相处"，并允许其他公司使用类似的标记。如果您不愿意这样做，而且希望积极地保护您的商标，那么可能需要更高层次全面检索预告，从而确定没有潜在的混淆商标。就像之前所述，在美国境内，商标权利是通过使用来获得保护，而不一定是通过申请。具有先用权的人相对于在后申请或者使用名称的人可能有更高的权利。基于这一点，想要主动来保护和捍卫商标的权利人就需要进行尽可能全面的检索，以在发布之前确认任何有关名称和标记的普通法使用。这些决定必须根据选择使用术语的相对"强度"来权衡，我们将在本章稍后讨论。就检索而言，选择一个有力的术语（一旦被市场接受，就具有较高辨识度、不容易被混淆的术语。从广义上说，术语越不通用，描述性越差，这个术语就越有力）有点像一把双刃剑。选择不会在市场上被混淆的商标绝对是最聪明、最可靠的方法。然而，在采用之前，有力的术语更有可能与已经使用的另一个商标混淆。这就需要采用警惕和全面的方法来检索，以确保不会引入这个商标与另一个已经存在的有力商标竞争。

■ 商标将在哪里使用？核心市场是什么？

■ 我计划向哪里发展？

产品将要被使用的司法管辖区对于检索也有显著的影响。随着数据变得越来越容易获得，在更多的地方进行检索变得越来越容易。然而，必须在现实的预期、预算和这个标记未来的潜力之间找到平衡。很显然，如果标记只会在当地辖区应用，那么全球范围的检索就没有必要。如果标记要在全国或者某些地区使用，那么区域级别的覆盖率也够了。如果标记主要用于某一司法管辖区，且在其他辖区使用较少或者没有，则在核心管辖区进行全面检索，在其他区域进行简单筛选类型的检索就足够了。商标未来使用的发展也应该考虑到，必须对未来几年商标的发展进行监控。

■ 商标检索的商业领域是什么？

■ 商品/服务应该检索到什么程度？

■ 客户对象是谁？

商标将要被使用的商业领域对于检索报告有巨大的影响，在发布商标之前应该好好考虑并确定出来。应该注意的是，在美国这样的司法管辖区，需要证明您在申请的所有商品上都使用了商标。在这个意义上说，对于那些不一定实际使用或者可能很多年都没有使用的名称，基于极其宽泛的描述进行检索并不总是有意义的。在描述商品时，通常会有尽可能广泛的自然需求，但是越是广泛，检索报告越难聚焦在那些可能最重要的名称下。这也适用于"所有类"的检索，或者在没有产品描述时的检索。这些检索往往会产生最不聚焦的结果，也可能无法提供一个可靠的商业预期。

在检索过程中，需求有时会帮助优化商品和服务的优先级，以便进行更动态和个性化的检索。当整体需求是在非常广泛的商品和服务上使用该商标时，这一点尤其重要。举个例子，如果您的商标产品主要是书，但您对生产 T 恤、午餐盒和钥匙链感兴趣，那么在检索过程中你需要确认这个标记对于书是否清晰，以及是否对其他商品也很清晰。在商品上"撒网"的范围越广，在检索报告中您就会得到更多的"鱼"。对商品进行优先级处理有助于挑选最重要的"鱼"，优先级的商品描述通常也是帮助研究人员结构化聚焦检索结果的优良工具。

基于对商标和商品的反比关系的早期概念，通常情况下即便没有与您在检索中所使用的商品完全相同或者相近的标记，检索报告中也会出现相关的标记。检索的一般原则是在开始时尽可能宽泛，不要预先增加国际分类号和商品/服务的描述。检索者可以手动浏览这些大量的非常接近的命中目标，并在相关的商业领域中选择这些记录。当检索到的标记看上去与本人预期的产品或者服务相差太远时，在检索后期通常会增加分类号和描述性限定。例如，如果检索用于电脑的商标"Red Rocket"，用于立体声设备的"Red Rocket"也可能出现在检索报告中，因为商标相同而且广义上来说商品也相关（记住反比关系，商标越接近，商品关联越远，并且越具有潜在的相关性）。然而，在审视不太相关的记录时（也许是"Red Ship"或者"Blue Rocket"），检索可能会聚焦在提供的商品描述上。在任何层次上，检索报告的聚焦度和广度通常依赖于命中的结果。

如果很难决定如何去定义或者分类产品或服务，去浏览相似产业的其他商标记录则是非常好的方法。对 USPTO 的注册商标数据库进行检索是一种很好的查看其他人如何描述类似产品的方式。例如，如果检索的产品是半导体，对 USPTO 数据库的检索将会帮助识别其他商标名称中提到其商品中的半导体是如何描述的，还被称为芯片、处理器、集成电路和电容器。这是在检索过程中识别商品的很好方法。如果选择向相关的商标局申请该名称的话，也可以帮助您获得成功（需要注意的是，尽管有普遍适用的条约，例如《尼斯协定》，各国的分类标准也差别很大，可被美国接受的商品描述可能在英国知识产权局完全不被接受，反之亦然）。以这种方式进行检索有助于您选择适当的术语，以避免在描述阶段就侵权。"Rollerblade"是一个品牌，而不是对某一类产品（直排溜冰鞋）的描述。[4]各商标局在描述产品的具体细节方面也有所不同，如前所述，USPTO 在定义上通常更为严格，并要求对商品或服务进行详细和有重点的描述（在某些国家，提到计算机软件，甚至是通用分类都可以接受，例如将第9类定义为电子产品，USPTO 几乎总是要求定义软件的用途，是否可以被下载或者通过物理介质来提供）。

　　所涉及的商品或者服务也将对检索到的标记产生影响，根据商标之间的相关度获得检索记录，而这种相关度绝对受到产品所用于商品的影响。"Apple"可以被认为是计算机产品的任意名称（强相关度）、教学服务的暗示（较弱）以及食品的通用名称（较弱）。

　　在权衡和决定所要检索的产品时，还应该对将要使用和与商标产品存在关联的客户进行类似分析。客户是成熟的还是冲动的买家？他们是否了解市场和竞争产品？作一个购买决定需要多久时间？用户的复杂程度会对检索和分析产生影响。如果两种商品在同一个渠道内销售，消费者很有可能混淆两种商品（例如用于冷冻披萨的"Red Rocket"商标和用于包装冰块的"Blue Rocket"商标），即使它们不属于高度相仿的物品，由于销售渠道（冷冻室）是一样的，买家会自动假设它们是从属或者同一来源。相反地，对于软件服务器的购买者来说，如果是针对不同操作系统的，那么他们区分两个服务器可能没有任何问题（同样分别命名为"Red Rocket"和"Blue Rocket"）。在购买前，他们显然会对这些服务器商作大量的研究，不会因为它们的名字而混淆它们。基于这种考虑，销售渠道（个人销售、零售和互联网）同样对检索会有影响。对客户的考虑将有助于构建检索过程和要求，并有助于提供一个聚焦和相关的检索结果。

　　■ 这个名称要用多长时间？
　　■ 这个名称被使用的广泛度和积极度？（商标发布的范围有多大？）
　　■ 在这个名称已经被使用或申请后，如果需要放弃这个名称，会有多痛苦？

设想商标的使用类型有助于构建和衡量您的检索请求。如果商标只在短时间内使用，比如促销标语，检索策略可能与这个商标是准备长期使用时的检索策略不同。同样地，如果商标被用于全国范围，风险可能更高。例如，大型电信公司在大型体育赛事中通过著名代言人推出了新的服务计划，相关的风险可能会大大不同于其在当地的发布或者低调的发布。

如果商标遇到麻烦，必须评估撤回这个商标有多困难。这个问题可能在商标产品或者服务已经投入市场之后更为明显。除了已经讨论过的资金损失之外，整体的商标和品牌资产也可能受到威胁。想象一下，在重大体育赛事中发布之后，国家电信公司改变了服务计划的名称，这家公司不仅损失了已经投入市场营销和推出服务计划的资金，而且在新闻媒体报道和评论的情况下，整体声誉可能会受到打击。不出意料，这将使得整个品牌极度尴尬。同样，风险承受能力和愿意承担的风险构成了检索和注册过程的一部分。

■ 预算是什么？

这是最简单，也是最难的问题。在决定使用商标检索的程度时，必须对所能使用的预算进行权衡。如前所述，相关的预算必须对不检索或者少量检索时潜在的风险来进行平衡：就检索范围而言，标记拥有者或者其代表人想获知宽泛却不深入的筛选（或淘汰）检索对于标记或者口号是否足够，或者是否需要一个全面的检索。同样，还需要决定是进行内部检索，还是通过外部律所开展检索或者雇用专业公司的分析师来进行全面的检索。还要选择司法管辖区域，如前文所讨论的，全球范围内的检索必须考虑平衡检索的成本，预算也决定您收到全面检索结果的速度，这一决定通常是由每个新标记的特定需求所影响的。快速检索（通常少于 3 天，某些情况下仅需要几个小时）速度很快，但是价格也非常高。

■ 我应该什么时候进行检索？

在这方面有多个选择。但总的来说，美国的从业者们选择在标记被使用和申请前进行检索。这是管理风险最可靠的方法，也是真正"三思而后行"的唯一做法。

检索也可以与申请协调同时进行，意思就是检索和申请同时开展。这样可以在申请日得到"跳转"机会并阻止其他公司在这之前申请相同或者类似的名称，并且在这个名称已经在市场上使用之前就完成了检索。这在那些采用先申请制而不是先使用制的司法管辖区是一种更有效的策略。在美国，先使用的日期优于申请日，这种方法的优点就少了，但在那些决定很迅速、利益相关者想快速进行申请的司法管辖区可能是一个有效的方法。同时进行申请和检索（但是不向市场发布），可以在一定程度上降低风险。向商标团体发出了已经申请了商标的通知（USPTO 在官方公报中会公布通过审查的标记），这可能会增加异议的风险，但资金风险仅限定于申请上。可能发生的最糟糕的事情也就是标记被 USPTO 驳回或者撤销，潜在的损失也就是向 USPTO 缴纳的官费和当时所缴的所有流程和法律费用。应该注意的是，例如在美国的司法管辖地区，提交申请的行为能够自动获得自由检索，USPTO 将会对商标进行审查，并确定注册商标中是否存在另一个类似的标记。

通常不建议商标已经在市场使用之后再进行检索，因为这样做几乎不会减少风险。当然这样做总比什么都不做要好，因为可以对商标未来的风险提供指导和洞悉，但是这本质还是"事后"的方法。这种类型的检索可能会在法律顾问的变更、收购或者合并中发生，其中一方比另一方更警惕，或者标记实际上遇到了异议或者得到了"停止或终止"禁令。在这一阶段进行检索，可以让商标权利人准确地了解异议或者冲突是否有效，是否可以与其他类似的标记和平共存，或者是否接受异议并停止使用标记以最好地缓解风险。当品牌所有者准备扩大品牌的使用，无论是地域上的还是产业上的，在市场使用之后（或者申请之后）的检索也是有帮助的。

需要记住的信息

检索人员或者检索公司所了解的信息越多，检索的结果可能就会越好。不管是自己进行检索或者使用检索公司来进行检索，都应该获取一些信息，以帮助检索人员获得聚焦的结果，从而获得名称审批的最好情形。首先，对与商标相关的商品或服务采用准确、简单的英语描述，是帮助检索人员在其他商业领域找到其他商标的主要工具。如前所述，虽然可以在所有的分类中进行检索，或者提供非常广泛的商品描述，但这通常会影响检索报告的重点，并增加遗漏引用文件的风险，而这些引用文件可能对于审批非常重要。如果商标是外文术语，提供您所理解的翻译（它可能与检索人员所认为的不同，或者检索人员没有意识到它是外文术语）。如果标记有历史，或者是通过特定的思考过程选择的标记［例如，营销团队结合了公司的两大优势——integrity（正直）和 trust（信任），得到了 TRUSGRITY］，也应该让检索人员了解。如果知道竞争对手拥有的标记可能有些相似，或者在行业中有相同或者类似的著名商标，也建议将这些信息进行分享。尽可能多地向检索人员提供信息，并乐于分享，将会带来更好的检索结果。[5]

严谨的商标检索人员可能会联系终端客户，向他们描述检索的范围，并根据客户的喜好和需要来缩小检索结果（这通常在检索结果的范围过大，最后的报告中包含内容太多，或者由于检索人员集中于某种特定方式或选择不包含所有的检索条件，报告包含内容太少的时候发生）。另外，检索公司可能手头拥有客户档案，详细说明客户对于检索策略和结果交付的偏好。例如，客户可以明确提出他们总是希望看到更多而不是更少的结果，或者相反情况。这种定制化的服务进一步加强了检索公司和商标专业人员的联系，并增强了客户对于检索公司提供检索报告可靠性的信心。

标记的强度以及对于检索的影响

当选择商标的时候，"辨识度"是公认来表征标记的强度的标准，也是知识产权专业人员和市场营销团队的重要目标。强度更有力的标记有助于区分其所有者和其他人的商品或服务，但是如果已经存在类似的名称，将可能面临更强烈的异议。强度较弱的标记可能更难去维护，并且对品牌的区分也不那么明显，但是可能会从数量优势中获益。这意味着没有一家公司或者品牌能够宣称对这个商标享有独家权利。

商标被分为几个类别，可以用来衡量标记的相对强度。每种类型的术语都有自己独特的问题，在检索时必须采用不同的处理方式。

■ 臆造的：为了表示一类产品或服务，创建了臆造的标记。除了作为特定的产品或服务的名称或者商标，它们没有任何独有的定义或者意义。臆造的标记被认为是最强类型的标记，照相胶卷的商标"Kodak"就是一个例子。从本质上讲，大多数制药公司都倾向于选择臆造的标记。尽管可能是由于很多法律和监管方面的原因，但其中一个主要的原因就是药品采用臆造的标记不容易产生混淆。尽管商标或名称的混淆在所有产业都是一个问题，但是在制药行业，名称混淆的药物会导致身体伤害甚至死亡。由于上述原因，药品名称的审批是同时由 USPTO 和卫生监管机构（美国食品和药品管理局，即 FDA）来管理，并且制定和采用的名称都是强度最高且被混淆风险最低的、基于上述原因使用臆造的标记。在某些情况下，臆造的和暗示性商标之间的界限可能很模糊，虽然臆造的词语表面上是新的或者人为的术语，但是其词根提供了与暗示性用词接近或者交叉的推论。用于治疗过敏的药物"Claritin"和用于汽车的"Acura"就是臆造的商标的例子，它们试图在买家头脑中植入一些建议的种子。

检索臆造术语的挑战在于，查询必须是够充分和全面的，以获取全部相关的标记。这通常包括一定程度的语音核查和辅助查询逻辑。大多数检索公司在其在线筛选工具和综合检索中都利用了这种智能技术。使用免费的在线 PTO

数据库可能无法提供同样复杂巧妙的检索或达到同样水平的全面检索。

■ 任意的：任意的标记是普通的词，其定义与要销售的产品或者服务没有任何关系，例如"Shell"（壳牌）汽油和"Apple"（苹果）电脑。从本质上说，这些标记往往具有内在的强度，只要没有人在类似的产业中声称拥有这个名称。检索过程所面临的挑战就是，由于这些标记的强度，可能被认为相近的商业领域会比那些强度较弱的标记的应用领域更广泛。同样用于油漆和风扇的商标"Pilgrim"会导致混淆吗？尽管"Pilgrim"油漆或者风扇之间并没有直接的连接或者关联，由于它们经常在同一家店里销售，消费者可能会假定它们都由同一家公司制造。商品或服务的限定可能被认为是不同于其他类型的标记。

■ 暗示性的：暗示性的商标能够表明商品或服务的质量或特征，其目的是激发消费者的想象力，并推断出商品或服务的属性而不是直接说明。例如用于汽车的"Mustang"（野马）和用于除臭剂的"Arrid"（止汗），野马能够想象出速度和力量，止汗意味着产品能够保持干爽。暗示性商标的强度比任意的或者臆造的标记稍弱，但是比描述性或者通用性的标记更强一些。暗示性的标记的检索需要涵盖其他的用途或者类似会造成混淆的暗示。在暗示性的商标检索中同义词检索占了很大因素，对于"Cherry Boom！"苏打汽水的检索可能会发现具有相似含义的类似"Cherry Pow！"的暗示性用语。

■ 描述性的（包括姓氏）：描述性的商标实际上是描述产品或者服务质量的标记，对于消费者来说不需要去主动思考就能得到产品的特点。例如，对于"Quickdry"（快干）品牌油漆或者风扇的检索与之前的"Pilgrim"例子的检索就不同。描述性的标记通常由多个描述性的或者通用的术语构成，并且往往比暗示的、任意的或臆造的名称强度更低。这些名称同样给检索带来了挑战，因为在检索相同和相似记录时，在相关和不相关的行业内会获取大量的检索结果。由于这个原因，在处理描述性商标时，聚焦和范围常常成为问题，检索结果可能非常少或者过于全面。简单地说，如果一个术语真正描述了所要描述的产品，除非产品的概念本身是全新的，否则有人可能已经想到了产品或者接近产品的东西。

在这方面，相当数量的主观性必然是记录选择的一部分。例如，目前在USPTO 数据库中，在食品相关类别中，有超过 65 个有关"快速和简单"变化词的活跃记录，有超过 200 个有关"快速"的活跃记录，以及有超过 400 个有关"简单"的记录。基于证据考虑，如果检索"快速和简单"的冷冻主菜，那么"快速简单"的零售便利店是否比"快速方便"的三明治更重要？"新鲜简单"的冷藏食品是否落入范围？虽然这是可能的，但是大多数人没有时间或意愿去查看所有可能与他们的标记造成混淆的描述性商标。正如您所看到的，在处理描述性商标时，选择和优化记录的任务本身就很有挑战性。既然不太可能阻止市场营销部门创造和请求审批描述性商标，那么在检索时考虑到这些名称产生的挑战和限制，商标专业人士的角色就是培养和管理预期。

■ 通用的：通用的标记是实际上清楚地描述了产品或者服务类型的术语。假设将真空地板产品命名为"真空"，描述了一大类产品的通用性术语是不可能被注册为商标的，因为这些术语不能够将产品或服务与市场上其他人的区分开。更核心的是，通用性标记会使得卖方和消费者之间产生误解，因为消费者没有办法把这种商标只与一个供应商联系起来。有人尝试创建一些更具有识别性的通用的版本，以从更具描述性或者更通用性的术语中提高辨识度。例如最近的趋势是在通用术语前增加"e"或"I"以用在网页域名中（e - toys、I - trade、e - furniturestore 等）。这种在创造区分度和辨识度上的成功案例也各有不同，因为各国对于这种术语在法律上可授予商标的标准也不同。从检索的角度来看，通用术语具有挑战性，或者不可能根据潜在的商标和检索区域来进行检索。一般来说，对于通用术语的检索而言，执行任何的普通法或者互联网检索都是极其困难的，因为对于任何可靠的审查都会有太多的命中结果。想象一下，在一个商业搜索引擎中输入"电脑"来对潜在的商标名进行检索所获取的结果。相反地，商标检索可能有助于证明标记是通用的并且不可被保护的，通过获取样本的记录能够证明这个术语被广泛使用的程度。如果 USPTO 的审查员发现商标是对产品或者服务的一般性描述，他们可以在字典或者信息源中验证，并驳回商标申请。

除了前面所说的因素以外，前缀或后缀的相对强度，或者标记里的术语都能够帮助检索人员聚焦检索结果。商标检索首先要对整个标记名字进行分析，然后再对标记内的各个术语进行分析，以帮助识别并优先考虑与之相似且最重要的标记。标记的强度和组成的术语也有助于检索人员构建他们对商品和服务限定的检索策略，并决定如何对每个术语进行扩展和缩小范围的检索。对于同样的商品或服务，标记内每个术语所使用或者需要的检索策略不一定相同。检索人员必须牢记术语的相对强度，并根据商品缩小或者扩大它们的选择标准。如果检索"甜蜜斑马"糖果，检索人员在检索"斑马"时所用的商品类目可能比检索"甜蜜"更广泛。类似地，检索报告的审核人员也会期望看到"斑马"而不是"甜蜜"。因为在一个广泛相关的商业领域中，"斑马"对于糖果是一个任意的术语，与其他商业领域中的任意名称都可能相关；而"甜蜜"对于糖果而言是一个描述性或者通用性的术语，并不容易出现问题，除非加上类似"甜蜜长颈鹿"的术语。

清查检索能提供什么

首先，也是最重要的，检索应该揭示在所提交审批的司法管辖区内标记使用的任何明显的阻碍。使用的阻碍可以包括在同一地点和相同或相似的商品/服务中预先存在的"容易导致混淆的相似"的标记，或者不相关的产业中臆造或著名的商标。总的来说，清查报告的作用是在商标产品即将发布的市场中找到与其他标记相似以致混淆的标记。需要注意的是，在绝大多数司法管辖区，其他对于标记的申请或者使用的阻碍不一定会被覆盖在清查检索报告中。使用亵渎或者污蔑的术语、过度描述或者错误描述（例如将工厂叫作纽约城百吉饼工厂，而实际上百吉饼在俄亥俄州制作）、未经同意使用某人的肖像或者名称都是一些其他阻碍标记的例子。虽然清查报告获取的结果有助于您在这些问题上发表意见，但是这不是清查报告的主要作用。

商标检索有助于确定标记即将与用户交互的商业场景。对于商业场景的了解有助于决定标记是否可以与其他标记共存，还有助于在存在的标记族中，甚至存在著名标记时，确定所使用的术语是否是描述性的或者是通用的。商业场景同样包括所在行业的其他公司即竞争对手所使用的商标或者服务的类型。商业视野的范围和质量显然取决于选择的检索广度以及特定需求。

如果不需要或者不希望积极地防护和保护标记或者标记的一部分，而仅仅是简单地想要与他人和平共处，在清查过程中商标检索有助于澄清共存前景，在许多情况下，检索注册商标就够了。在美国商标的检索中，对于在商品/服务中提到软件形式的术语"link"的检索找到了超过 1000 条的活跃记录。这可能已经足够作出判断，只要整体名字不是过度相似，或者商品/服务与在前已有的标记相比是有辨识度并有特色的。还可以商标中使用"link"并面临较小被异议的风险。全面的检索，包括互联网和普通法在内，在帮助评估共存度的前景时是极其有价值的。基于对注册商标的检索，似乎仅仅有一家公司在使用特定的名称和词语来表示产品，但是普通法检索能够显示其他非备案使用，这可能使得您也可以使用这个名称。（对于特定的服务，越多的公司使用同一个名称，它们中的任何一个越难以要求排他的权利。）

商标检索还可以帮助判断，正在检索的术语是否是行业内通用的或者描述性的。考虑到这个因素，采用普通法检索，包括互联网网页内容检索在内，通常是非常重要的。商标在 USTPO 的检索记录中看起来是可允许的，但是普通法检索可能会显示已经有成百家公司在使用这个术语来描述自己的商品或者服务。提出申请的标记"Optical Medical Imaging"（光学医学成像）在美国商标检索中看起来没问题，但是普通法检索或者互联网检索中将显示该术语在整个医学界已经被广泛使用并具有描述性。当 USPTO 审查员在审查提出申请的名称时，他们会执行类似的检索，并驳回在某个领域中使用的描述性商标。

检索同样会帮助发现标记族。标记族就是同一公司在许多产品或服务上使用的同一术语。例如，一家化妆品公司有 10 个不同的关于"目的"的注册商标（醒目目的、清洁目的、保鲜目的、净化目的等），该公司可能对于目的有强烈的依赖和诉求，很可能会反对在发布的化妆品产品名称中采用"Purpose"（目的）。有经验的检索者将一直寻找这样的族，并试图在报告中体现这些族。不那么仔细地检索或审查可能会将族作为共存的证据。如果检索者和审核人员没有意识到每一个"Purpose"（目的）都属于同一个实体，那么可能会作出错误的假设，即认为对于化妆品来说，关于"Purpose"的多个使用表明共存是可能的。

类似地，检索还可以帮助揭示行业内是否存在驰名的商标。包括美国在内的许多国家，已经采用了驰名商标原则，为已有的驰名商标提供额外保护，包括跨行业更广泛的保护。例如，电脑制造商戴尔（Dell）会提出这样的观点，其名称很出名，消费者会假设任何带有插头并具有"Dell"名称的产品，即使与电脑毫无关系，也来自戴尔。这些原则的目的是保护驰名商标中固有的权益不被他人窃取或劫持。遗憾的是，不存在相应的原则来帮助识别或者检索驰名商标。商标检索可以在以下两个方面提供帮助，首先，检索可以展示特定的标记是否被广泛使用或者提交了申请，在戴尔电脑产品内检索"Farmer"将很快发现戴尔公司在美国拥有超过 35 个活跃的有关"Dell"的注册。普通法的检索将从全球各地的官方网站、零售商、新闻文章、博客和多媒体中"出现"对戴尔电脑的引用。这表明这个标记在美国是驰名的。其次，检索中揭示名称的全球化范围对于任何知名度分析都能产生影响。全球化的筛选检索（稍后描述）表明，在全球存在数百个关于"Dell"的注册，都属于同一个实体。这强有力地表明该标记在全球舞台上发挥作用，并且在全球范围内都有着很高的曝光率，使得它更有可能成为驰名的名称。更有可能的是，由于"Dell"这一特定标记固有的声誉，因此在检索之前就已经知道该商标的存在，但是检索报告绝对有助于证明或者反驳声誉的诉求，并发现在之前所不知道的行业内的驰名标记。

清查中在线平台和工具的重要性

在商标清查检索过程中，集成的在线平台变得越来越重要。在商标工作全球化以及更有效地审查和将信息联系在一起的需求的驱动下，商标清查已经发生真正的演变和变革。驱动这种变化的是工作复杂度的增长以及对效率的进一步需求；强大的在线平台通过提供海量的信息、功能和工具大大提高清查的效率和质量，从而使得商标清查过程变得更好。检索公司知道每个检索接收方的任务就是在不间断的基础上进行更多的检索，公司开发在线工具的主要原因是方便审核人员（不是考虑明显的环境影响而不将所有东西打印在纸上）。像Corsearch这样的公司与商标专家们携手工作来开发工具，并在工作流程变化时对其进行更新和扩展，使工具变得更复杂。不像以前那样，进行商标清查的人会购买全面检索服务，有时候会以总计超过400页的打印报告呈交全面检索结果。审核人员将一页页翻阅，添加可去除的注释并且给那些看起来特别有趣或者可能会对标记的清查过程带来潜在危害的记录贴上带有颜色的标签。任何可能有价值的额外调查都必须单独进行，并有可能在随后的诉讼中增加。图表和工作成果是根据标记的参考资料手工输入的，并遵照最终客户的意见和回应。

在线的商标平台会允许用户能够镜像在打印报告中通常所做的工作，但可以通过技术改进这项工作。在某些系统，审核人员可以采用注释和彩色标签等与此前所说的打印报告审核中一致的方法进行标记。高级过滤和排序选项使得审核人员以最方便工作的方式来审核报告，并精筛最重要的记录。以前花费数小时的图表和工作现在仅需数秒，客户相应地可以在平台上快速操作和直接保存。在线协作也是必需的，平台会允许多个从业者同时在线审核报告，并在审核过程中分享观点和评论。在线审核工具也会以新的方式量化和汇报数据，例如对标记族进行自动排序和报告，或者将记录与跨司法管辖区的共同所有者进行关联。

平台内工作流程的整合能够改善审核过程，并提供更多见解，例如，能够一次审核中整合筛查数据和综合结果的平台可以快速识别焦点和策略的差异，并通过消除在筛选环节中已经见过的记录来节省审核时间。

商标审核平台同样可以利用互联网的力量，将额外的文本内容发给审核人员。在使用来自检索报告本身的数据时，平台会调用互联网和专门的数据库来获取报告中所引用标记的额外信息。这在普通法的司法管辖区尤其重要，例如在美国，确认标记是否实际使用是最重要的。在回顾数月之前被放弃的商标时，审核人员现在会轻松地找回显示当前或者过去使用该名称的网站，以证明或者反驳标记被实际使用。在审核潜在受关注的标记时，审核人员现在会立即查看公司名称数据库，以了解申请人的规模、做生意的地点、甚至是否有良好的财务状况。通过显示在互联网上找不到标记的使用情况，或者申请的公司已经不再从事相关生意，在线工具还能帮助解释或证明没有被使用的标记被取消或者放弃。

作为注意事项，在线平台的选择显然是个人偏好的问题。首先，不管平台多复杂，多花哨，仍然依赖于数据和研究工作的质量。这应该是选择检索公司的首要考虑因素，平台应该是质量的延伸部分。您应该会发现，那些花费了最多时间来了解商标专业人士从事的工作、将自己看作您成功的合作伙伴的公司，自然会提供更好的检索服务和支撑检索的平台。

在线筛选的使用和选项

通常建议的是，在开展高级全面检索之前，作一个预先的筛选检索。最常见的类型就是"淘汰"（Knockout）检索。这是一种快速检索，查找与您希望使用的标记相同或者近似的标记是否已经在商标局注册或者在流程中。理由很简单，主要是因为花费和感知，全面检索可能花费数百美元以及大量时间来审查。应用预先筛选工具将有助于发现那些明显的阻碍（例如，相似行业是否有相同的标记，或者您的竞争对手正在使用类似标记），这将节约检索的成本和审核的时间。这样可能就不必在明知道存在阻碍的情况下来购买更全面的检索服务。这样可以节省时间，允许品牌和商标团队更快地重组并确定新的商标。一些检索公司提供在线筛选工具，这些工具可以在审批的全面检索步骤之前作一个预先筛选。淘汰检索会提供潜在新商标所面临商业场景的初步报告。通常不建议将筛选检索作为唯一的审批工具，但是它在这个过程中提供了健全且合理的第一步。如果您对自己的检索技巧和对较大结果的审阅能力感到满意，筛选工具也可以被用来撒更大的网，来创建相似标记的商标检索，而非检索相同和近似相同标记的淘汰检索。在筛选阶段，使用专业公司的系统可以增强和促进检索和审查。许多商标局，包括 USPTO，都提供免费的强大的在线工具并允许访问商标数据库。这些数据库有很多用途，特别是在检查特定记录和快速查找的时候。但是在决定使用免费资源之前，应该理解这些系统的功能和限制。首先，在付费系统中，检索功能要更强大得多。大多数系统，包括免费的商标局资源，只提供有限的检索功能，包括前缀、后缀等基本检索工具。然而，付费系统将提供更为先进和智能化的高级组合，无论检索多么简单或者复杂，高级交叉索引、语音引擎和智能查询技术都被用来保证获取到相关的标记。检索公司经常通过商标的手工编辑审核备份数据库索引。他们查找拼写排列，如果申请人或者商标局没有应用它们，他们就会在索引中加入非正式的翻译，合理地确认翻译并对语音引擎可能无法捕捉的单词加以特别注释。例如，增加从"Pig Chore"到"Picture"的交叉引用。付费系统还可以应用专有的语音字典，作为对于常用单词拼写变型的索引。例如，当输入 Quick 时，系统可以自动检查数十种拼写的变型，例如"Kwik""Quyx"或者"Cwic"。对每个常见排列的查询，语音引擎也应用了自动语音规则，例如用"PH"替换"F"（"Phone"替换"Fone"），"KS"替换"X"（"Kix"会得到"Kicks"）。为了说明这功能，在本章撰写时，在免费的USPTO数据库中对"Lion King"的检索得到了大概 30 个记录，同样的检索式在 Corsearch® 和 Advantage™中筛选获得超过 40 个记录，包括"Lien King"和"Line King"这些没有包括在 USPTO 检索结果中的记录。无论喜欢使用高级查询选项还是简单查询选项，检索公司所提供的系统都有助于获得更相关和更全面的结果。

除了更高级的查询选项以外，相对于在单个站点检索而言，采用专业的检索服务能够同时获得多个司法管辖区的检索报告。除了方便和快速以外，还可以发现（通过检索系统能够识别的）标记族，并获得全局化的商业场景视野。权威机构包括专业的药物使用选择以及涵盖最常见域名扩展的域名集名：gTLDs（通用顶级域名，如.com 和.edu）和 CCTCD（国家代码顶级域名，如.de代表德国和.uk 代表英国）。筛选检索的报价通常通过订购以及根据记录或者检索式的交易来确定，也可以采用混合模式，即订购核心数据库，并对不常使用的数据库和司法管辖区采用交易定价的方式。

淘汰检索可以在公司内部进行，也可以通过外部顾问，或者甚至通过检索公司来进行。如果准备订购全面的检索，有些检索公司会扣除掉淘汰检索的费用。

全面检索（美国和加拿大）

如果标记通过了淘汰检索，通常会进入全面检索阶段，其中有经验和专业的商标检索人员将对更广泛的商标检索结果进行分析和审查。许多检索公司，例如 Corsearch，在行业层面实际上提供专业化的服务，研究分析人员都在某些行业（如制药或者通信）受过良好的培训和教育。美国各州的商标检索和普通法检索会在通用和特定行业的产品数据库、商业名称、新闻来源、新闻稿和大量其他数据源中进行，目的是检索可能没有在专利商标局中注册的潜在的相关名称。在美国，大多数检索服务提供商的普通法检索也会涵盖互联网域名和互联网网站的内容。全面检索提供的结果范围包括新提交的商标申请、有效的注册、取消或者放弃的商标以及来自州办公室所有当前和全面的州内数据。应该指出的是，美国的检索结果还应该包括对世界知识产权组织（WIPO）的检索。该组织的国际注册是通过《马德里协定》提出并在美国得到保护。虽然这些标记最终将会成为 USPTO 数据库中的一部分，但是当标记在 WIPO 被处理和传递时，就会存在大量的延迟，对 WIPO 数据库的检索就降低了这种延迟带来的风险。（通常在淘汰检索时也建议遵循这一步骤。）

专业的检索服务

在商标审批的领域内，某些领域需要特殊对待，例如商业外观（三条纹是阿迪达斯的代名词）。无论是通过行业还是专业的检索需求，大量的产品和服务都是存在的，以确保审批是量身定做的并适应相关产品或服务的特定需求。

图像和标志也可以在审批阶段进行检索。图案设计的检索和审批需要专业知识，每个图案设计的种类代表能够被专业检索机构或者在线筛选工具所检索到的设计编码和设计短语。检索者应该清楚所检索的司法管辖区，因为设计编码随司法管辖区的不同而变化。在美国，USPTO 颁布了 USPTO 的设计编码，检索公司在美国联邦商标数据库中引用它们。非美国的商标数据库会引用不同的分类系统。虽然大多数设计编码以类似的方式进行整理，并且是基于维也纳分类编码中普遍一致的全球标准，但是在不同的司法管辖区之间的编码中仍存在形式和实质的区别。根据所检索地理区域的不同，检索者必须适应不同国家和地区之间的标准。检索者能够查看商标记录中的"设计短语"或者"标记的描述"，图案设计的检索可用于清晰的标志、格式化的字母与图形相结合的图片和色彩的要求。专业的检索能够在考虑商业外观的基础上进行，但是这些检索明显倾向于检索的艺术性，而不是科学性，因为它们严重依赖于申请人输入的书面描述。图案设计的检索审查比文字审查更主观，研究分析人员的任务是判断两个图像、标志或者图片是否足够相近到造成混淆。图案设计的检索所面临的内在挑战就是缺少真正可靠的图案设计编码索引。由于不同商标局缺乏一致且可靠的编码，许多检索公司都自行编辑或者重新索引图案设计。尽管最新的技术已经初步发展到帮助著作权人来识别对他们图片的非授权使用，即便是通过计算机来比较像素模式，但对于任何有经验的检索人员来说，图案设计检索的前景依然是挑战。

美国药物检索对商标专业人士和研究人员提出了另一个特殊的挑战：药品商标是独一无二的，其品牌和产品名称必须要在美国 FDA 和 USPTO 都得到批准。每年 FDA 都会驳回其审查的大概 400 个品牌名称中的 1/3。商标名称必须与其他可能会导致混淆的名称不相似，这是商标审批的标准。同时还要避免消费者在样式、读音和外观上与其他现有的药品或者设备上的商标产生混淆。Corsearch 提供的药物检索方法，结合了 FDA 在综合报告中指定的商标名称安全数据库。

酒精和饮料行业同样也有检索的细微差别和特殊要求。酒精和饮料检索的特殊在于需要将饮料标签与饮料关联的商标一起考虑。在考虑全面检索的审批时，这种目标化的检索就会提供从包含注册商标到普通法再到其他参考来源的完整检索记录，还会进一步检索由酒精烟草税务贸易局［TTB，该局此前被称作酒精烟草和武器局（BATF）］管理的酒精饮料标签的完整数据库。

娱乐行业的检索也需要额外关注和额外来源。在美国，关于商标的全面检索，客户在考虑是否能得到商标的名称并将其用于动画、电视、书籍、执照或者软件时，将需要评估是否在美国国会图书馆有注册的同时，还需要评估是否有商标登记簿、图书印刷、娱乐数据源和其他全方位的来源。对于特定行业类型的检索，需要手动检索在 1978 年以前（1978 年以前没有电子格式的数据库）的版权记录，将作为检索和报告中的一部分。

以上这些检索代表了由专业检索公司所提供的专业化检索类型中的小部分例子。

全球检索选项（美国和加拿大以外）

互联网的扩张和地理上贸易壁垒的瓦解，推动了与跨国公司关联的商标的全球化。商标和品牌通常是公司最有价值的资产。它们的创造，从概念到开发，再到包装、营销和信息材料对任何公司都是重要的投资。在客户确信商标的注册和使用没有问题之前，适当的商标清查对于确保没有对潜在的新商标进行投资是非常重要的。全球化的商标正在兴起，需要检索来对增长进行导向。越来越多的公司选择从核心迅速扩张，或者同时在多个司法管辖区发布新品牌。这是由商业的全球化推动的，也得益于通过地区和全球的申请机制［例如《马德里协定》和欧共体商标（CTM）］进行申请越来越便利。在全球范围内进行检索的任务是艰巨的，检索所需的资源将因为国家或者地区是先申请制还是先使用制的不同而变化。在先申请制情况下，商标检索公司会建议将检索限定在商标登记簿，因为商标的申请/注册决定了商标权的持有者。而在采用先使用制原则的地方，建议采用完整的普通法检索。普通法检索在这些地区对于识别出潜在的处于使用中但是可能没有在相关商标局提出申请的商标是非常关键的。即便在普通法权利最小的司法管辖区，也建议进行简单的普通法或者商业名称的检索。然而，通常来说，北美以外的检索报告都更多地倾向于聚焦在实际的商标登记簿上。在订购和审阅非美国的商标报告时，不要对于报告的结果以及后续关于使用和申请的观点灌输过多的以法律为中心的美国视角，这非常重要。检索报告与检索所在的司法管辖区的法律相关，基本原则和记录的选择也会与美国的检索截然不同。例如，在美国以外的绝大多数司法管辖区，检索会聚焦在国际分类上，而不是商品上，这可能会导致在美国从业者看来，检索结果是不够聚焦的。但是现实是，这个结果对于检索这个标记的国家而言，是满足申请和审批要求的。

在某些区域，当地的商标局记录以电子数据库的形式向检索公司和公众开放。虽然此种情况越来越多，但是在某些国家的商标局，有些数据仍然只能在商标局的现场使用，有些还是打印或者目录卡的形式。专业的商标检索机构会有当地的代理商伙伴，代理商能够访问当地的没有电子信息的商标局。除了可获取数据以外，在当地执行检索也有其他的好处，具备当地语言技巧，熟悉当地商标法律、文化和风俗习惯的代理商是执行检索的最佳机构。它们除了理解所检索的商标语言以外，还能够更好地处理发音以及商品描述，并能够识别当地的著名商标。这在所有的司法管辖区都是有意义的，尤其在与西方语言和文字完全不同的国家（例如中国）中越来越重要。

一旦开始检索，就需要决定是否采用当地代理商（有时候也是进行检索的代理商）来撰写使用和申请意见。尽管人们总是倾向于亲自对检索进行审阅，但是当地的代理商能够更好地基于当地的法律且不受其他司法管辖区对该标记的审批结果（例如未通过）的影响来提供客观的观点。当地代理商也会进行内涵分析，知道如果选择了这个名称或者类似的名称可能会有负面或者不想要的含义。它们还可能提出其他的建议，例如标记虽然能够在中东国家的商标局通过，但是由于道德规范可能会被海关封锁。随着数据越来越共享化，经济和文化更加全球化，在检索过程中当地代理商的作用和需求可能会发生变化，但是在审批过程中它们所带来的好处、价值和见识是显而易见的。如往常一样，在进行全球检索时需要作出选择，例如，代理商所带来的价值是否大于亲自或远程通过电子数据库进行检索的风险。这种选择可能会根据所检索的商标、公司和国家而不同，例如虽然可能对在澳大利亚亲自检索感到自信，但是对于在俄罗斯亲自检索却不那么自信。

许多从业人员遵循所谓的分层原则来进行全球化的审批，涉及根据预算和预期来对司法管辖区进行优先排序。首先，检索要在核心司法管辖区来进行（通过可能性的全球筛选来识别核心司法管辖区外的阻障），这被认为是第一级。对于美国的公司，第一级可能是美国，或者是美国和加拿大。假设名称通过了第一级，那么在第二级的司法管辖区（那些很可能首先扩张到的司法管辖区）可能需要增加一定的检索。为方便论证，对于美国从业者来说，第二级可能是英国、澳大利亚和日本。随着标记审批陆续通过，可能增加附加级以提供更加全球化的商标前景。例如，第三级可能是欧洲、中国和印度，而第四级可能是拉丁美洲和中东。在这个过程中的任一步，如果在关键的司法管辖区发现阻碍，商标持有者都可以放弃并停止检索。

同一时间在多个地方进行检索虽然很诱人，但是可能导致包含的内容不够或者成本太高。当然，可以选择在区域和全球层级进行筛选检索，然后依次讨论它们。然而，从本质上说，这些检索是粗筛的，意图仅仅是发现明显的阻碍。检索结果不能也不声称能够对商标在任何一个司法管辖区域的前景提供全面的意见，而且常常不能发现接近却不完全相同并可能会导致混淆的相似的结果。但是，在 200 个司法管辖区内开展全面的检索也会非常昂贵（可能花费数十万美元），并且会相当费时。

以分级的方式进行检索可以使您遵循严格的逻辑流程，该流程能够有效地识别最重要的司法管辖区中对您来说最关注的区域，管理预算并向终端客户提供高效的审批策略。当然，有多少分级以及检索程度取决于预算和风险容忍度。在笔者看来，除非标记是绝对全球化的，而且在全球 200 个国家都是家喻户晓的，商标所有者可以将最相关的司法管辖区（可能 20～50 个）进行优先级的排序，对它们进行分级来获取高效的审批，并制定全球战略。与此相关，商标所有者必须决定在每个司法管辖区是否采用相同的标记，或者在不同的司法管辖区使用略微有些不同或者完全不同的版本。如果标记在美国、加拿大、英国和法国得到批准，而没有在澳大利亚和德国得到批准，这种全球审批的分级方法就确定了。在这种情况下，所有者必须确定这是否是个缺陷，以及是否仍在得到批准的司法管辖区域内使用标记。

除了全面检索以外，地区和全球检索包也可以提供不同层级的全面性覆盖（从等同筛选到相似筛选）。以上检索将多个国家的检索合并为一个检索，使得审核人员能够更好地了解品牌所面临的有关地区或者全球的挑战。这种检索可以在各个国家通过代理商完成。例如，Corsearch 提供了交叉市场淘汰（Cross-market Knockout，CMKO）检索，覆盖了大概 60 个主要经济体。这种类型的全球筛选产品以合理的价格提供了广泛的覆盖面，并降低了发布全球品牌所面临的风险。在非美国或者全球的审批中，与专业的检索公司协作有助于减小全球检索所面临的挑战。检索公司通过代理商的网络不仅可以提供本地化的专业知识，还将以多种方式进行整合。这将确保在不同来源和地理区域采用一致的检索策略，并在报告中覆盖所有相关国家、区域和当局，并通过单一货币提供发票以方便预算和核算。通过规模经济，检索公司能够通过与当地代理商合作的体量来获得折扣价格，而大多数公司本身并做不到这一点。最后，在收到检索结果之前，检索公司还会基于检索结果进行质量检查。

全球的审批具有挑战性，但是协作和精确计算将有助于帮助减少风险，控制成本并为商标在美国以外提供合理和准确的预测观点。

结　论

"三思而后行"，在对产品或服务进行命名或者确定品牌时，进行商标检索是评估潜在新商标的最有效、最具成本效益的方式之一。事实上，在如今的经济形势下，公司的商标和品牌是最有价值资产部分。这意味着目前拥有商标的实体有可能得到更强的保护。因此，考虑创设新商标的人应该谨慎地清理标记。商标检索的问题应该聚焦在如何以及在哪里检索，而不是聚焦于是否进行检索。开展检索的成本相对于不进行检索的风险要小得多。

考虑到商标选择和审批过程的参与者在这方面付出的努力，所有各方，从选择潜在商标的营销团队，到为内部商标团队和外部律师事务所提供有价值的客观意见的商标检索机构都能在成果中分享利益。为确保最终的商标足够强大，在所位于的市场内或者将扩张的市场内能经受住不被混淆的测试，每个参与者都是不可或缺的。团队重点要考虑的包括：

- 风险容忍度；
- 决定使用专业检索公司，并指定一家；
- 使用企业内部或外部顾问，或者两者结合使用；
- 在检索策略中决定商标检索最有效的范围；
- 确定检索过程中最有效的地理范围，包括分级方法的可能性。

高效的商标审批需要艺术和科学的结合，招募合适的团队从概念到实施为商标提供最好的保护。当商标被引入市场并成熟时，将获得巨大的利润，并在过程中获得价值和认可。

注　释

1. International Classification of Goods and Services under the Nice Agreement ［EB/OL］. 9th ed. WIPO ［2010 - 08 - 20］. www. wipo. int/classifications/nivilo/nice/index. htm? lang = EN#.

2. 没有保密性/特权：内部/外部律师建议的检索公司享有特权吗？如果答案是否定的，最好保持对一般性的关注，或者对优先领域的关注的引用。

3. 另见本书第四章"商标成本：在汹涌的经济水域修整船帆"。

4. 美国注册登记号：No. 1326171。

5. 参见注释2。

第十三章
调查：挑选和指导外部
调查员的注意事项

耶利米·A. 帕斯特里克

　　获取准确信息对于创造新的知识产权是至关重要的。准确的信息包括：例如，已经存在的发明；已经被创作出来的书、歌或诗；或已经采用的标识、产品设计。以上这些都可以把商业计划、艺术品或新品牌从入场转变为提前退场，好之成为一个失败的企业，或者，坏之面临侵权诉讼和沉重的经济处罚。私人调查员可以提供一种可靠而有效的方法来收集必要的信息，以保护您、您的想法和您的品牌。

　　除了协助创建知识产权和保护您免受侵权外，私人调查员在保护您的知识产权方面也有重要的作用。收集潜在的侵权信息、协助对侵权信息进行审查、执行策略制定，以及获得高质量证据，都是经验丰富的知识产权调查员应当能够提供的业务。此外，私人调查员的一些传统或现代的技能也在知识产权界中发挥作用，包括追踪和定位个人、监视个人、将网络身份和别名与真实的人联系起来，以及发现匿名或隐藏的域名所有者。

　　与21世纪的许多其他职业一样，私人调查也变得越来越专业化。您雇用调查配偶是否出轨的人与雇用揭露被保险人欺诈索赔的人并不是同一个人，甚至，与您雇用帮助创造和保护知识产权的人也不是同一个人。专攻知识产权的调查员越来越常见，然而即使他们的行业日益壮大，但是从不同的调查员获得的业务质量也可能参差不齐。因此，在挑选调查员来协助建立和保护知识产权时，必须谨慎行事。

本章将就是否需要进行私人调查以及如何挑选和管理调查员等问题，为您提供指导。

为什么要雇用外部调查员

在决定是否雇用私人调查员时，您可能会遇到的第一个问题是："我真的需要雇人来做这件事吗？"在笔者看来，答案是肯定的。您可能会想，"为什么我不让实习生/律师助理/最不喜欢的孩子来做呢？"这些问题的答案包括：

■ 调查质量和所得信息的质量在很大程度上取决于调查员的经验。

■ 调查可能是危险的，尤其是深入调查假冒商品来源的时候。[1]

■ 收集、处理和维持证据的方式将对其使用产生重大影响，特别是在进行审判的情况下。[2]

■ 开展私人调查往往需要获得许可。[3]

■ 收集证据的人可能必须作为证人，尤其是在审判的时候，相较于雇员、熟人或家庭成员，调查员通常是更好的证人。[4]

经　验

就像所有的服务行业和技术行业一样，经验与私人调查员的能力息息相关。

优秀的调查员可能会让调查看起来很简单，但是对于突发事件或没有经验的调查员而言，收集信息和证据可能成为艰巨的任务。

在与私人调查员共事的多年里，笔者确实发现在调查领域里既有技巧，又有科学。揭开事实、检查并验证它们，审查可以从中提取的结论以及重新审查和重新检验这些结论，确实具有与科学方法相似的特征。然而，在任何调查中，最好的信息都是直接从人们口中获取的信息。而且，尽管现代技术、数据库以及人们越来越（有时是不负责任的）倾向于在互联网上公开自己及活动的信息，使得一些调查的科学变得更容易了，但能让人泄露关键信息的传统技巧并没有被科技推动。为此，您需要一个富有能力和经验的人。您需要一个知道如何以对话方式引出信息的人，这样被谈话的人就不会觉得是在接受采访或被询问。这类人能够提供给您任何数据库都无法揭露的信息，这类人是很好的私人调查员。作为一名律师，我可以告诉您我做不到上述调查员所能做到的事情，我与别人的交谈总是听起来像是在盘问某人。这是我依赖专业调查员的众多原因之一。

除了一般的调查经验外，雇用具有与所调查领域相关经验和知识的调查人员也是至关重要的。无论您是软件制造商、服装公司，还是重型设备制造商，您都需要一个了解您所在行业的调查员。

最后，您需要并且应该期望您的调查员精通知识产权。如前所述，抓到配偶出轨的调查员与抓到竞争对手侵权的调查员不是同一个人。因为大多数调查都是为了确定某人是否侵犯了您的知识产权，或者您是否（将要）侵犯别人的知识产权。所以如果您希望调查员提供有价值的证据和信息，那么他对侵权索赔知识的了解就是至关重要的。[5]

危险/培训

尽管在当今文化中存在某种程度的矛盾，但值得记住的是，假冒通常被认为是犯罪。[6]这种关于假冒犯罪性质的矛盾心理可能来自大多数人遭遇假冒和/或他们的假冒经历。在客厅里举办"钱包派对"售卖假冒手提包的邻家主妇，甚至试图在地铁站外卖给你 20 美元劳力士手表的人似乎不像是危险的惯犯。而且，很可能除了他们卖假货所犯的罪行之外，他们不会犯其他的罪。然而，当对他们进行足够充分调查并跟踪他们的供应链时，您很可能会遇到更有组织和更危险的犯罪分子。

出于责任以及员工士气的原因，不建议将员工置于可能遇到此类危险的情况下。当出现这类危险时，缓解和处理此类危险是调查员培训和经验工作的一部分。此外，支付给调查员的部分费用包括在这些情况下工作的保险。

因为最终会将您引向假冒产品的大型来源或制造商（例如，您需要的调查类型）的调查，可能会使调查员遇到各种各样的犯罪分子，很有可能会有一定程度的危险。所以最好把这项工作留给有经验的专业人员处理，并通过保险政策降低与这些危险相关的财务风险。

证据处理

收集和维持证据的方式会极大地影响证据的价值。如果调查涉及侵犯您的知识产权，这一点就尤其正确。在您可能最终成为侵权诉讼原告的情况下，证据的质量将对胜诉产生重大影响。

任何与您合作的调查员都应根据执法标准收集并处理证据。总的来说，这意味着证据应该被保存在完整的保管链中，而这是从调查员获得证据开始的。任何处理证据的人员都应记录在保管链中。如果证据被转移，转移的方式和转移的日期都应该经由发送方和接收方签名后一起记录下来。如果证据没有被检查或转移（被已经签署了保管链的个人），应将其妥善地保管起来。这一切似乎有点多余。然而，在提起诉讼之前，侵权纠纷可能会持续很长一段时间，甚至在诉讼提交之后，证据还需要几年的时间才能发挥作用。能够自信地重现证据的获得情况、存档证据的转移情况和处理人员有助于保护证据的完整性。

因为在收集证据和使用证据之间有很长一段时间，所以对证据的处理尤为重要。也许被告已经不再侵权了，但您仍在寻求损害赔偿和未来禁令。如果没有有效的、完整的保管链，您指认的假冒者可以轻易地提出所谓的假冒商品不是由他制造的，也不是来源于他。对所有证据来说，保管链和证据控制流程始终是驳斥此类争辩的最佳工具。创建此流程并确保其始终适用于每条证据是证据控制流程的基本要素。当获取证据和在审判中使用证据的时间间隔很长时，您必须能够肯定地说，除了那些在保管链上列出的人以外，没有其他人处理过证据。这将使您免于证据被不当处理/篡改的指控。您会自己创建并监控该流程吗？这是有可能的，但并不是有效的。取而代之，您应该找一个调查员，其已经拥有适当的证据控制流程，了解这一流程的重要性，并将该流程严格地应用到获得的所有证据上。提供和严格管理证据控制流程是私人调查员的两项基本职能。

许　可

美国大多数州，包括华盛顿特区，要求私人调查员获得国家监管机构的许可。截至本书撰写之日，对私人调查员没有许可要求的州包括：

■ 亚拉巴马[7]

■ 科罗拉多

■ 爱达荷

■ 密西西比

■ 南达科他

■ 怀俄明

除此之外的所有其他州，包括华盛顿特区，都要求私人调查员获得许可。如果您在一个需要许可的州雇用私人调查员，最好自己先作一些调查，以确保您的调查员是被许可的。[8]

各州负责授权许可私人调查员的机构有所不同。有些州拥有只负责许可私人调查员的专门机构。在其他州，许可证是由州部长、州警察、公共安全部门或其他的州机构颁发。然而，寻找负责授权私人调查员的机构可以通过简单的互联网检索来完成。此外，*PI Magazine* 私人调查杂志维护了含有州许可要求和负责审查私人调查许可机构的数据库。[9]

最后，如果想核实正在考虑雇用的调查员是否获得许可，大多数州机构都提供在线检索工具，允许核查调查员的许可证。值得注意的是，许多州向调查公司颁发许可证，此类许可涵盖了调查公司雇用的所有调查员。因此，以个人姓名检索可能不会产生结果，在核实调查员是否获得许可时，最好用公司名称和个人姓名同时检索。

需要私人调查许可的服务或行为类型也会因州的不同而异，并且可以从颁发许可的机构获知相关规定。但是，一般来说，下列行为可能是作为与知识产权有关调查的一部分，通常需要私人调查许可：

■ 确定任何社团、个人或群体的身份、习惯、行为、行动、行踪、联系、关联、交易或名誉。这可能是识别和/或追踪侵权者和假冒者所必要的。

■ 确定在侵权审判中可能需要的证人或其他人的可信度。

■ 寻找和/或收回丢失或被剽窃的财产。虽然知识产权是无形的，但往往具有有形的表现。例如，笔者曾参与调查寻找一个被工厂剽窃的设备，该设备涉及多项专利权和商标权。此外，该设备还用于制造其他专利产品，这些产品也涉及多项商标权。找到和收回该设备对于停止假冒商品的生产至关重要，因为假冒商品与知识产权所有者的合法商品几乎无法区分（在很大程度上因为假冒商品是由知识产权所有者自己的设备制造的）。

■ 在调查委员会、仲裁委员会或民事或刑事审判前的证据使用保全。[10]

同样值得注意的是，以下部分经常无需州调查许可：

■ 单独、专门、定期受雇为与雇主业务有关的调查人员的调查行为。调查人员不能为自己做广告，也不能为"雇主以外的任何人"提供调查服务。这通常只适用于雇员－调查员不携带枪支的情况。

■ 执法人员在工作过程中进行的调查。

■ 由其州保险机构许可的保险调查员或调解员。

■ 对保险申请人的财务状况或习惯性活动的调查。

■ 律师在他们的职业生涯和职业道德界限内的行为。[11]

■ 银行、信用社、贷款提供商和信贷报告机构。

■ 持有职业执照并在职业许可范围内提供专家意见的人员。

■ 专门为国家机构提供调查服务的个人。

■ 特许注册会计师在其执业范围内的活动。

必须指出，本节所包含的信息应该作为寻找私人调查员的指南，但不应被视为私人调查员许可的权威资源。本节的目的是告知读者，美国大多数州要求私人调查员获得许可，指导如何确定调查员是否获得许可，并介绍必须由许可的私人调查员进行的活动，以及这些要求的常见豁免。最终，应与州许可机构协商，确定在该州内哪些具体活动需要许可。更重要的是，应与信誉良好且值得信赖的私人调查员建立良好的关系。这些调查员能够而且应该引导您了解他们的职业性质及其服务的有效使用。

作为证人——调查员在证人席上的优势

正如本节所讨论的，收集信息和证据是私人调查员的主要任务之一。然而，随着越来越多的信息能够通过互联网上公共和易于查找的资源来获得，"为什么我不自己作调查？"的问题经常出现。希望本章能回答这个问题。但本节的重点是试图将您的思维集中在庭审的证词上，集中在您是否想作证、是否想让您的雇员作证，以及您想要谁的证据收集和维护接受审查和盘问上。这种前瞻性思维将指导您将任务安排给调查员。

一般而言，一旦收集到证据和信息，私人调查员的任务往往并不会立刻结束。如果您所追求的信息和证据最终被用来支持刑事起诉或民事诉讼，那么收集信息的人很可能就会站在证人席上。从一开始就为这种情况做好准备是很重要的，这意味着要找您希望成为证人的人来进行调查。

在法庭的对抗中，你方呈现/提供的证据及其收集方式和收集的人都将受到质疑。如果您、您的法律顾问、您的暑期实习生或者您最不喜欢的孩子偶然地或者是出于好意地承担了私人调查员的任务，您很可能会得到不合格的证据以及准备不充分的证人。换句话说，虽然喜欢获得自己想要的调查结果，却不是客观事实。[12]

相反，经验丰富的私人调查员会成为出色的证人。调查员获得信息的方式应进行充分记录并在法律允许的范围内。[13]他的证据和来源应该无懈可击。[14]他阐明收集信息和证据的方法以及从中得出的结论应该是不可动摇的。他应该是个泰然自若的证人。这得益于在证人席上获得的经验。此外，私人调查员作为证人是有益的，这样能够避免由于员工去作证而导致的生产力损失。最后，由非诉讼一方或犯罪行为受害人提供的证据和证词将更加客观，因此可以更好地得到陪审团的认可。

最终，当您所寻找的证据和信息被准确地收集起来后，私人调查员的任务也不会立刻停止。有经验的私人调查员结合良好的调查技巧和前期成果，对于成功和有效地推进您在法庭上的目标是至关重要的。

对调查员有何期待

优秀的私人调查员应该不仅仅是"另一双手"。优秀的私人调查员应该能在帮助您开发、利用和保护知识产权的过程中扮演积极的角色。好的决策和长期的战略规划是建立在良好的信息基础上的。作为信息的收集者，私人调查员对您的成长和成功至关重要。优秀的私人调查员应该被视为一个长久的团队成员而不是局外人。您越愿意将他们纳入其中，与他们分享信息，他们就能更有效地协助您。

就像任何一个您会带入您团队的人以及您会与之分享敏感信息的人一样，您需要花时间去审查潜在的调查员，以确保他们能够作出高水平的贡献，从而使他们对您真正具有价值。那么，您应该通过什么来确定您是否拥有一个优秀的私人调查员呢？这里有一些基本条件：

■ 经验。与任何职业一样，工作表现也会随着经验的积累而提高。优秀的调查公司应该既有经验丰富的调查员，也有"学徒级别"的调查员（他们将被发展成为公司下一批经验丰富的调查员）。这类调查公司的特点是注重持久，您可以与之建立长期关系。在过去十年中，互联网上的信息爆炸在某种程度上降低了调查行业的进入门槛。因此，退休警官和失业的刑事司法专业人员创立的仅有一人的调查公司的数量在不断增加。然而，优秀的在线调查需要具有超越高级谷歌检索的技能；彻底的调查需要与人进行互动，以获得在互联网上找不到（或无法有效地找到）的信息；尤其是当调查员在知识产权领域有丰富的经验时，知识产权调查的质量是最高的。

■ 知识产权知识。如前所述，专门关注知识产权的调查员越来越普遍。虽然调查员可能没有律师对知识产权知识的了解深入，但您应该期望他们精通知识产权领域的相关法律，并能胜任讨论与知识产权的开发和保护有关的问题。有些最好的私人调查公司也有律师，调查员和律师之间的密切工作关系为调查员提供了更为全面和深入的知识产权知识，并帮助调查员了解如何创建和保护知识产权、如何协助客户进行调查以及知识产权开发和保护的必要性。

■ 批判性思维。大部分的调查都是围绕如何解决问题开展的——弄清楚如何获取通常被隐藏的信息。目前，还没有关于如何进行知识产权调查的手册，每项调查都将涉及一些必须克服的障碍。一个能够持续不断地分析所面临的挑战以及具有能够战胜挑战能力的调查员，通常都能实现调查的预期目标。这就要求调查员要善于分析、有创造力和足智多谋。您应该及早了解您是否在和这种类型的调查员打交道。如果您没有，就需要继续寻找新的调查员。

■ 良好的书面和口头沟通能力。这在几乎所有职业中都是至关重要的，调查也不例外。然而，由于一些原因，良好的沟通技巧在调查员中尤其重要。首先，如前所述，调查并不总是按计划进行，障碍一旦出现，就必须克服。知识产权所有者必须明白这一点。然而，为了发展和维护一段牢固的调查员/委托人关系，调查员有责任明确他所面临的障碍、他克服这些障碍的计划以及实现该目标所需的资源。他不仅必须具备制订和执行计划所必需的批判性思维能力，而且还必须具备沟通技巧，以让委托人知道他的进展。其次，调查员的报告，甚至可能他的个人证词，都可能成为关键证据，尤其是在侵权或假冒的情况下。写得不好的报告或口齿不清的证人可能降低你成功的概率。一般来说，您应该允许调查员对于有关您所在的行业和特定知识产权问题的知识随着时间的推移而积累。然而，良好的书面和口头沟通技巧是您的调查员在一开始就应该具备的。

■ 知人善任的能力。调查公司不应该像引位员给服务员分配桌子一样（无论是谁都按顺序分配给下一个，或分配给不忙的人）给调查员分配任务。相反，调查应该根据哪个调查员能够最好地完成任务而分配给相应的调查员。调查员的知识和经验，以及他们的业余爱好，甚至他们的性别，都将在匹配最佳调查员的工作中发挥作用。例如，如果调查涉及假冒高尔夫球杆，那么就有理由把调查交给狂热的高尔夫爱好者。[15] 说到这个，我不建议采用细致入微的业务管理模式，给调查员分配明确的任务。相反，我建议与一些您所知晓的、对您所在行业了解并感兴趣的调查员或其所在公司建立信任关系，让他们对调查任务自行进行选择。

当您有一个在以上标准中评价很高的调查员，那么您离正寻找的理想团队所需要的成员就不远了。现在的问题是，如何利用调查员，使其对知识产权发展和保护的贡献最大化？如前所述，调查员不应只是一双"额外的手"。他应该是更深入、更广泛地参与管理和保护知识产权的人。为了充分利用您的私人调查员，他应该是参与您的计划和解决问题流程中的一部分，并且是可以进行苏格拉底式对话的人。要使这种驱动力发挥作用，他与您深入沟通的能力，以及您与他进行交流讨论的意愿，二者都是必不可少的。

以下是针对调查员的不同层次指令的示例：

■ "从 X 公司购买 A 产品样本，这样我就可以确定它是否侵犯了我的/委托人的专利、商标、版权等。"

■ "我认为 X 公司侵犯了我的商标；请确认该侵权是否成立，寻找并收集支持以上结论的信息，并提供具有证据支持的详细报告。"

■ "请帮助我开发和部署防止品牌假冒的策略，并在假冒出现时发现并解决该侵权行为。"

您应该认为调查员有能力执行第二组和第三组指令中体现的高层次类型的项目，您应该寻找能在这个层次上工作的调查员。一旦找到那些调查员，应该把他们的技能更深入地运用到实现知识产权目标的过程中。

私人调查员在帮助您制定防止假冒和侵权策略中发挥更积极作用的方式很大程度上取决于您的业务。然而，作为一般规则，建议咨询调查员的范围可以扩展到任何涉及知识产权相关的问题。例如：

■ 您是否考虑开设一家新工厂来制造品牌商品或使用专有材料或技术？从一开始就向调查员咨询可以降低您的工厂步入对知识产权松于保护境地的概率。

■ 您在推出新产品吗？咨询调查员可以让您了解您的产品是否易于被假冒、假冒可能发生的环节以及能够采取什么措施来减少曝光。

■ 您是进入新的区域市场还是扩大分销？咨询调查员可以让您了解如何减少分销渠道盗窃行为，从而减少灰色市场商品的流行。

此外，全方位服务的调查公司可以对您的流程（如果您有的话）进行审查，来识别和应对侵权和假冒活动。这可以提高您对知识产权相关问题的敏感性，并缩短您的响应时间，反过来又降低了知识产权问题的脆弱性以及您必须处理与知识产权相关问题的数量。最后，建议定期（每季度或每半年）调查假冒和侵权商品的市场情况。委托进行这些类型的调查能够提前发现即将出现的知识产权问题，并在它们对您的知识产权构成更严重、代价更高昂的威胁之前解决它们。

总而言之，好的调查员不仅仅是与您单方面对话或仅仅完成你所期望的简单任务的人。好的调查员可以做的远不止这些，关键是他们必须拥有上述特质。您只有与他们建立紧密的纽带关系，他们才能够为您百分百地贡献自己的力量。

对律师的特殊考虑

正如标题所示，本节将讨论一些对于律师来说是独有的且在雇用调查员时应加以考虑的问题。对于律师来说，值得注意的是，笔者在本节的评论基于当前（2010）ABA 职业行为示范规则（以下简称"示范规则"）。[16]对于任何专业责任问题，应该咨询您所在州的职业行为规则，向所在州的律师寻求咨询，并专门研究职业行为问题，以指导如何解决这些问题。本节仅仅是为了提醒注意在雇用调查员时可能出现的职业行为问题，并指导对这些问题的调查。

对于非律师来说，本节仍然值得一看，因为这里将提供您的律师在雇用调查员时可能面临的问题，还揭示了直接雇用和指导调查员的有利条件。还值得注意的是，律师从事的一些活动被管理其职业的规则（职业行为示范规则）所禁止，而对于其他人来说却并不是非法的。示范规则是指律师和非律师在其指导下进行的行为标准。它们一般不适用于公众。因此，下面讨论的行为，总的来说本身并不违法。只有当律师参与这些行为中，才会出现问题。例如，律师应避免联系另一位律师所代表的一方当事人。[17]该规则的目的是支持由律师代表提供的保护，并防止律师对当事人的骚扰。[18]但是，如果律师或指派的某个人与代表另一方的当事人接触所导致的制裁和惩罚，将不适用于与代表另一方的当事人接触的非律师。只有当该律师直接或受其指示的某人接触了代表另一方的当事人或有任何违反规则的行为时，才可能受到处罚。这些惩罚是由州律师协会作出的，可以采取警告、制裁甚至是取消律师资格的形式。接下来将讨论更多此类难题的示例。

道德问题[19]

示范规则8.4（a）规定，律师"故意协助或诱使他人违反或企图违反职业行为规则"是不道德的职业行为。[20]此外，关于被律师聘请或与其合作的非律师的示范规则5.3规定：

　　a. 合伙人、独立或与其他律师在律师事务所中拥有同等管理权限的律师，应作出合理的努力，确保公司有效地采取措施，以合理保证人员的行为符合律师的职业义务；

　　b. 对非律师有直接监督权的律师，应当作出合理的努力，确保人员的行为符合律师的职业义务；以及

　　在下列情况下，律师将对受聘于自己且违反职业行为规则的人的行为负责：

　　1. 律师直接要求或者在了解具体行为的情况下，批准该行为；或

　　2. 律师是合伙人或者在受聘人员的律师事务所拥有同等管理权限，或者对人员具有直接的监管权，在知道其行为后果可以避免或减轻之时未能采取合理的补救措施。[21]

示范规则5.3通常是律师助理、法务秘书等非律师雇员需要考虑的。然而，几乎可以肯定的是，示范规则8.4和示范规则5.3都将律师的道德义务扩展到他们雇用的调查员上，特别是当律师指导、批准他们的行为或知晓其行为非法或不道德时。因此，由律师协助或指导的私人调查员的行为，违反示范规则可能会导致律师行为不端。Jonathan G. Polak，一位来自总部位于辛辛那提的Taft Stettinious & Hollister律师事务所[22]的知识产权律师，经常与知识产权调查员密切合作，建议[23]考虑以下当律师/调查员的关系处理不当时可能会涉及的条款：

规则4.1　对他人陈述的真实性

■规则：在代表委托人的过程中，下列情况下，律师不得明知故犯：

（a）向第三人作出关于重要事实或法律的虚假陈述。

　　■考虑：调查员工作的重要一点就是掩盖自己的身份来获取信息并进行秘密调查。如果调查员被或不被直接询问他的身份，那么必须或不能提供别名，这是否重要？他的身份重要吗？除了他的身份之外，还有什么其他类型的事实，可能是调查员为了完成工作而需要隐瞒的？这些事实重要吗？[24]

规则 4.2　与律师代表的沟通

　　■规则：在代表委托人时，律师不得与在本案中应由另一名律师代表的一方当事人就代理问题进行沟通，除非律师获得了其他律师的同意，或被法律或法庭命令授权。

　　■考虑：您正在寻求调查的另一方当事人是由律师代表的吗？如果是的话，指导您的调查员与被代表的另一方当事人进行接触可能会被归咎于您。在这方面，明智的做法是给调查员调查的目标，并避免指定其调查目标的方式。

规则 4.4　尊重第三人的权利

　　■规则：在代表委托人时，律师不得……使用侵犯第三人合法权利的方法来获取证据。

　　■考虑：您的调查员是否使用非法方法获得证据？如果是的话，不仅您的调查员可能会承担刑事责任，您也可能受到制裁。

　　此外，Polak 先生还鼓励律师们考虑律师保留证据的职责是否可以延伸到所雇用的调查员、调查员的文件和档案是否可以被发现，以及律师/调查员的关系是否可以被塑造成"咨询专家"的关系，以避免披露行为。[25]然而，这些问题目前仍没有好的处理方式。

作为证人的律师

　　之前我们谈到了一些实际的考虑因素，以说明为什么求助调查员并使其作为证人比试图自己进行调查并自证更有利。然而，除了这些考虑因素之外，示范规则 3.7 还规定了律师因作为证人的潜在影响而必须回避的规定。更具体地说，示范规则 3.7 规定：

　　a. 律师不得在其有可能成为必要证人的审判中担任辩护人，除非：

　　1. 证词涉及无争议的问题；

　　2. 证词涉及案件中提供法律服务的性质和价值；或

　　3. 取消律师资格会给委托人带来巨大的困难。

b. 除属于规则 1.7[26] 或规则 1.9[27] 禁止的情况外，律师可以在其律师事务所的另一名律师很有可能被传唤为证人的审判中作为律师出庭辩护。

考虑到示范规则 3.7 中所包含的禁止性规定，如果律师试图自己承担取证职能，并因此而成为证人，可能就会危及其代表委托人的能力。这也是为什么建议律师将证据和信息收集任务以及与这些任务相关作为证人的职责外包出去，而不是独自完成这些任务并危及代表委托人进行辩护的机会的另一个原因。

如何找到知识产权调查员

正如本节其他部分所提到的，调查员应该是能够寻求与之发展并建立长期关系的人。调查员应该是有技能的、值得信赖的、对自己的行业和您的行业有一定了解的，并且最重要的是能够与您密切合作的人。尽管在组织中雇用全职调查员是很少见的，[28]但是寻找调查员的过程与寻找和选择任何新员工是不一样的。然而，您不会在报纸或 Monster. com 上为寻找知识产权调查员发布广告，也不会有知识产权调查员的猎头。所以，这里有一些可靠资源，可以作为寻找知识产权调查员的入口：

■ 国际商标协会（INTA，www. inta. org）。会员包括知识产权所有者、律师、调查员和其他与商标相关的服务提供商。这是一个拥有来自 190 个国家会员的全球性组织。对知识产权工作认真的调查员将成为会员。会员可获得会员（包括调查员）名单。INTA 将在个案基础上确认调查员是否为会员，但不会将其会员名单交给非会员。因此，如果知识产权在你的业务中发挥着重要作用，则成为 INTA 会员绝对值得考虑。

■ 国际反假冒联盟（IACC，www. iacc. org）。与 INTA 类似，会员包括品牌所有者、律师和调查员。然而，IACC 的焦点更局限于假冒，而不像 INTA 是对商标的广泛关注。

■ 知识产权所有者协会（IPO，www. ipo. org）。会员包括 IPO 所有者、律师和调查员。这个组织服务于专利和商标所有者。会员信息只供其他会员使用。

■ Thompson Delphion（www. delphion. com）。在专利申请之前进行专利检索的重要资源。

■ 参考意见。和往常一样，您的同事以及他们与调查员相处所积累的好的和坏的经验可能提供良好的指导。

知识产权所有者直接寻找和聘用调查员，而不是依靠知识产权律师来执行调查任务。这似乎是一个增长趋势。例如，Continental Enterprises 公司超过90% 的委托人都是知识产权所有者自身。Continental Enterprises 公司主要是接受知识产权所有者的指示，并直接与其合作，而不通过外部律师。这种安排似乎促进了更开放和直接的沟通，也降低了交易成本。此外，与律师的道德义务[29]有关的一些考虑也随着这一安排而减少。利用这些资源，加上"对您的调查员有何期待"的部分信息，以及自己对谁能信任和密切合作的直觉，能够使你选择一个能与之发展长期有效关系的调查员。

调查人员可以并且应能提供的其他服务

除了调查任务外，私人调查员还可以成为与保护知识产权相关的许多领域的有用资源。包括：

■ 送达服务。调查员还可以为送达提供服务，也就是说，将法庭文件移交给诉讼一方。最终，规定送达服务必须执行的方式是州法律的功能，而律师管理需要送达服务的诉讼时应该监督送达服务。大多数律师事务所都有通常使用的送达服务。然而，如果由于自己与调查员的直接关系，您更希望调查员被用于送达服务，您应该和律师讨论此项选择。在颁布规定的时候，美国有 8 个州需要送达服务的许可：阿拉斯加、亚利桑那、加利福尼亚、伊利诺斯、蒙大拿、内华达、俄克拉荷马和得克萨斯。

■ 提供勒令停止通知函（C&D）。这有点类似于送达服务，因为通常也需要将文档亲自交付给一方。然而，C&D 信件不是由法庭签发的，因此不受州法律送达服务的管辖。其他的州法律，例如与犯罪相关的法律可以应用于C&D 服务，但 C&D 的规定最终是由个人风格和法律共同决定的。需要谨记的是，提供 C&D 信件的调查员将会公开代表您和您的公司。因此，就像委托人/调查员关系的许多方面一样，有一个信任的调查员，并且使其认真负责地代表您和您的公司是至关重要的。

■ 监督产品销毁。大多数 C&D 信件都（或应该）包括要求侵权人/假冒者将其侵权/假冒的存货交给您销毁。只有当许多侵权人/假冒者放弃那些侵权/假冒的存货能使他们免受更严厉的民事或刑事处罚时，他们才会遵守这一要求。如果您要接受假冒者/侵权人的自愿性放弃，您必须经常清点货物并取得放弃方的签字，以证明货物是自愿向你放弃的。绕过这一步可能会导致您（或你的调查员）被指控盗窃货物，从而把您从原告变成被告。笔者目睹过这种情况的发生。因此，在接受自愿放弃之前，请务必确保货物已清点完毕，且放弃方已经签署了授权您接受货物的声明。如果您（或您的调查员）在没有签署声明的情况下接受"放弃"的货物，您（或您的调查员）就要自行承担风险。

谈到清点放弃货物，当货物数量很小时，这个过程很容易。然而，当货物数量很大时，在庆幸货物从市场上撤出的同时，必须有人将其全部清点，从而避免或减少侵权人/假冒者的反诉。在接受大量放弃的货物时，让您的调查员监督和管理这一过程通常是最有效和最划算的方式。

■　协助执法部门进行刑事调查。在美国，大多数的知识产权纠纷和假冒问题都是通过民事诉讼解决的，要么通过 C&D 信件和谈判，要么通过正式的诉讼程序。然而，假冒也是一种犯罪，[30] 就像任何犯罪的受害人一样，您有权寻求警察和检察官的协助以纠正这一违法行为。[31] 这样说来，收集越多的信息和证据来协助执法，越有可能得到他们的帮助。在这种情况下，收集证据时所采用方式的合理性变得更加重要。正如在前面证据处理部分所讨论的，调查员的证据控制行为应符合执法标准。如果目的是将证据移交给警方以起诉假冒的犯罪案件，那么恰当的证据处理方式就成为一个非真即假的命题。如果检察官不认为证据能够在刑事案件中经得起辩护律师的审查，对他们来说这将毫无用处。私人调查员，特别是许多具有执法背景的调查员，都理解这一点，因此他们能够非常精通地确保他们的证据收集行为符合执法标准。

■　尽职调查。调查员除了有助于制止假冒和侵权行为之外，还可以在帮您预防这些问题上发挥作用。他们能做到这一点的方法之一是对潜在合作伙伴进行尽职调查和背景调查。例如，如果您正在考虑将制造外包到海外工厂，而这个过程将引起敏感信息或材料的转移，调查员可以并且应该对您正在考虑的工厂进行调查，以进一步帮助降低商业秘密或特殊材料泄露的风险。这些调查可以在合同签订之前进行，也可以在合作过程中进行，以确保遵守合同条款。防止工厂商业秘密或特殊材料的"泄露"是防止假冒和灰色市场商品扩散的关键步骤，而调查是预防的关键。

所有这些服务都是具体示例，说明可靠且值得信赖的调查员如何成为开发和保护您的知识产权的重要资源，而积极参与知识产权开发和保护的调查员应该能够找到其他方法来帮助您实现目标。

国际调查

2010 年 4 月 15 日，《经济学人》关于新兴市场创新的文章讨论了中国的"关系"概念。这是中国企业有能力灵活适应市场和需求波动的因素。从本质上讲，"关系"是"私人关系"。根据《经济学人》的说法，它是 21 世纪中国经济快速增长的催化剂。这些私人关系是灵活网络的基础，它允许关系从业者利用专业技能、知识、设备等来调用个人或组织，并根据需求利用这些资源。当需求下降时，对个人或组织的直接需求也会减弱；然而，它们仍然在您的关系中，当需要时可以再次部署。

许多美国企业所有者和服务提供商，尤其是最有能力的调查公司，或许并不知道它们也经常实践"关系"。它们只是没有把这个概念简化成商业管理的理念，并给它附上听起来酷的、冠冕堂皇的名字。

在中国做生意的人可能对这个概念的表现方式很熟悉。这就是为什么从您卖球轴承的家伙那里也能买到火花塞，这就是为什么 T 恤工厂可以在 24 小时内开始制作溜冰鞋。您的球轴承经销商和 T 恤工厂不仅仅是在说大话；他们确实可以提供火花塞和溜冰鞋，可能还比自己去寻找类似质量的火花塞经销商或溜冰鞋工厂更快更便宜。这是因为他们的关系使他们能够更有效地满足您的要求。这一概念同样适用于私人调查，并应该被视为任何有能力的调查公司的资产。

私人调查公司通常很小，超过 20 名的全职员工将构成一个相当大的公司。事实上，大多数公司不能支持在蒙大拿州的米苏拉、佐治亚州的瓦尔多斯塔、纽约州的尤蒂卡同时拥有全职员工的费用，除非它们将以您所支付的费用补贴这些员工。同样的，即使是专注于知识产权的公司也可能没有对您的特殊问题有丰富经验的全职员工。在笔者看来，这不是问题。期望您的调查公司拥有全职员工，随时准备在任何地点部署，并在任何与知识产权相关的问题上都有专长，那就是期望您的调查员拥有小型军队的规模。这是没有经济意义的。

然而，这并不值得期待。事实上您应该期待您的调查员有深度的私人关系，以提供最好的结果。需要有调查员在瓦尔多斯塔吗？您的调查员仅需要认识这样一个人。需要调查员会说波斯语吗？您的调查员仅需要认识这样一个人。需要调查员是开发和调查电子商务网络的专家吗？您的调查员仅需要认识这样一个人。利用调查员的关系，而不是从头开始建立自己的关系，是实现调查目标最有效的方式。

正是因为这样，您对应该花时间去寻找并与调查员或调查公司发展长期关系以将其作为调查网络的枢纽。您应该能够和调查员开诚布公地谈谈您的需求和目标是什么。您应该期望调查员能够说到做到，以及当所要求的是在他和他关系的知识和能力之外的时候，诚实地告诉您。然而，一旦建立了您的枢纽，为提高效率您需要在创建自身的调查网络之前充分利用调查员的资源。

在笔者看来，这一概念及其价值可以延伸到国际调查领域。事实上，当您的需求离本国越来越远时，依靠值得信赖的调查员来恰当地将人员与调查任务相匹配变得更为重要。由美国的调查员负责在中国、巴西或印度进行调查似乎有违常理。然而，对于其他与知识产权相关的任务，例如专利和商标注册，这种基于国内管理和对海外服务提供商的监督是很必要的。通过合作伙伴和非正式的合作形式，法律行业在提供海外服务方面可能仍然领先于调查行业。这在一定程度上可能是基于这样一个事实，即注册等基础性与知识产权相关的服务往往先于调查和防止假冒的需求。但是，调查公司正在迅速追赶，通过靠近本国的中央枢纽进行世界各地调查的管理，对于知识产权所有者来说变得越来越方便。这一趋势很可能会继续下去。在笔者看来，这为在全球范围内进行调查提供了有效的尺度。

结论——未来

正如笔者所能想到的每个行业一样，调查工作的方式正随着技术和互联网的变化而日益改进。对技术工具的使用和依赖将继续增加似乎已成定局。不过，笔者对读者的建议是："对认为技术能解决所有问题的调查员持怀疑态度。"尽管互联网在对调查员提供信息方面来说是一件好事，但这些大量的信息也会延缓调查过程，分散调查员的注意力，并在揭示信息的同时造成混淆。换句话说，用于捞针的大海已经变得更大，因此捞针的难度通常会更大。而之前只有一根针的大海可能会出现五根针。

为了平衡互联网上现有的过剩信息，用来剔除信息的软件工具已经被开发出来，并将看似重要的信息从白噪音的其余部分分离出来。然而，在这一点上，这些工具仍然有局限性。在笔者看来，它们应该在调查过程中发挥作用，但还不能完全取代人的因素。如果存在将包括"Nike"的网站和来自世界上数十亿其他网站的变型隔离开来的软件工具会不会更有效率呢？确实如此。但是，在这一点上，还需要进一步的分析，以区分在检索结果范围内的良性威胁，确定威胁的优先级别，制定阻止威胁的战略，并将资源整合起来，以成功实施该战略。这仍然是调查员的任务，而且技术给他带来的每一个进步，也给予侵权者、假冒者和罪犯带来了同等的优势。

最终，成为优秀的调查员有两个基本要素：①充分并正确地收集证据；②分析证据，以确定其对实现客户最终目标的价值。技术正在改进这一首要任务，而且很可能会不断改进。然而，第二个功能更人性化，它依赖于训练、智力、经验、机敏和求知欲，所有这些都是一流私人调查员的标志。

注 释

1. O'DONNELL J. Raids Crack Down on Counterfeit Goods［N/OL］. USA Today（McLean, VA）, 2009 - 12 - 18. www. usatoday. com/money/industries/retail/2009 - 12 - 18 - counterfeit_CV - N. htm.

2. 参见"证据处理"部分，本书第 218 ~ 219 页。

3. 参见"许可"部分，本书第 219 ~ 221 页。

4. 参见"作为证人——调查员在证人席上的优势"部分，本书第 221 页。该部分将进一步讨论律师在作为证人时可能出现的一些纠纷，以及与作为证人的律师有关的一些具体问题。

5. 关于这个主题的更多内容包含在"对调查员有何期待"部分，本书第 221 ~ 224 页。

6. 例如，美国联邦法典规定："任何故意贩卖或企图贩卖货物或服务，并故意使用假冒标记或与此类货物或服务有关的……将要受到处罚，如果是个人，罚款不超过 200 万美元，或者监禁不超过 10 年，或者两者都有。"加拿大著作权法规定对侵权行为处以高达 100 万美元罚款和 5 年监禁。参见著作权法（R. S., 1985, c. C - 42），http：//laws - lois. justice. gc. ca/eng/C - 42/page - 3. html#anchorbo - ga：l_IV - gb：s_42. 加拿大还有联邦法规，对伪造和假冒的罪行判处最高 2 年监禁的刑事处罚。参见刑法（R. S., 1985, c. C - 46），http：//laws - lois. justice. gc. ca/eng/C - 46/page - 7. html. 。巴西对未经授权擅自购买、出售、出租、接收、进口和/或复制知识产权的人处以最高 4 年的监禁和赔偿。参见联邦法律 n°10. 695, de 1°7. 2003 §2°和 n°9. 426, de 1996_Ar180。

7. 虽然亚拉巴马州没有州际许可要求，但亚拉巴马州的一些城市需要许可证。

8. 同样值得注意的是，许可要求的变化超出了美国的范围。例如，私人调查员也需要在加拿大获得许可，并且许可在省级颁发。在中国台湾和马来西亚，调查公司必须获得不必是独立调查员的许可。相反，巴西、印度、泰国和中国香港对私人调查员没有许可要求。在中国，调查员许可的问题甚至更为复杂，调查员在国家和省级政府的默许下进行操作，但必须采取预防措施，不得从事可能被视为外国公司从事的间谍活动。错综复杂的系统最好是留给有经验和有信誉的中国调查员，他们能够指导您可以从事哪些活动，而哪些活动不能进行。

9. 参见 www. pimagazine. com/private_investigator_license_requi rements. html。

10. 以下活动通常需要私人的调查许可，但在知识产权调查中，由于出现的频率过低而被归为附注：

与政府分包合同，调查针对美国的犯罪行为；

发现失踪者、被骗的财产人或遗产继承人的下落；

揭露火灾、诽谤、污蔑、车祸、事故、损害或人身财产伤害的原因或起源。

11. 参见"对律师的特殊考虑"部分，本书第 224 ~ 227 页。

12. 而且，对于律师来说，也可能会无法代表客户。参见"作为证人——调查员在证人席上的优势"，关于律师作为其委托人的证人，本书第 221 页。

13. 试图收集证据的调查员可能会违反的法律包括：侵入、盗窃、侵犯隐私（英国侵犯隐私法，特别易于违反）和伪造。在最近几年，假冒他人的合法性也受到了一些关注，特别是涉及通过使用虚假的伪装来获取个人信息。以下两篇文章对此问题很有启发意义：

www. faegre. corn/showarticle. aspx？Show = 2721；

www. law. com/jsp/article. jsp？id = 900005478366。

14. 参见上文"证据处理"部分。

15. 更多关于允许您的调查员成功匹配人员任务的网站包括在"国际调查"部分，本书第 229～231 页。

16. www. abanet. org/cpr/mrpc/mrpc_toc. html.

17. 示范规则 4.2"与律师代理的沟通"（www. abanet. org/cpr/rnrpc/rule_4_2. html）。

18. 示范规则 4.2 的评论（www. abanet. org/cpr/rnrpc/rule_ 4_2_comm. html）。

19. 任何寻求职业责任问题指导的律师都知道，关于道德问题的判例法是很少的。然而，以下的案例直接解决了律师/调查员关系的相关问题，因此值得商榷，因为它们很可能是根据管辖权对这些问题的任何先例或有说服力的权威：

Gidatex v. Campaniello Imports，82 F. Supp. 2d 119（S. D. N. Y. 1999）；

Apple Corps v. International Collectors Society，15 F. Supp. 2d 456（DNJ 1998）；

A. V. by Versace Inc. v. Gianni Versace，2002 WL 2012618（S. D. N. Y. 2002）；

Midwest Motor Sports Inc. v. Arctic Cat Sales，*Inc.*，144 F. Supp. 2d 1147（D. S. D. 2001）。

20. www. abanet. org/cpr/mrpc/rule_8_ 4. htrnl.

21. www. abanet. org/cpr/mrpc/rule_5_3. htrnl.

22. www. taftlaw. com/attorneys/413 – jonathan – g – polak.

23. 2010 年 7 月 7 日，接受笔者的采访。

24. 再次，托辞的问题是相关的，关于这个问题的进一步指导，请参考以下文章：

www. faegre. com/showarticle. aspx？Show = 2721；

www. law. com/jsp/article. jsp？id = 900005478366。

25. 2010 年 7 月 7 日，接受笔者的采访。

26. www. abanet. org/cpr/rnrpc/rule_1_7. html.

27. www. abanet. org/cpr/rnrpc/rule_1_9. html.

28. 当要求在内部完成调查时，调查工作通常会归属于品牌保护经理、公司安全部门、损失预防经理，甚至是公司法律部门的成员身上。正如本节所指出的，笔者并不建议这样做。同样值得注意的是，一些普通的商业责任保险政策涵盖了商标侵权。因此，从防御的角度来调查商标侵权索赔时，保险公司的内部调查员可能也会发现自己处于不熟悉的环节。

29. 参见"对调查员有何期待"部分，本书第 221～224 页。

30. "任何故意贩卖或企图贩卖货物或服务，并故意使用假冒标记或与此类货物或服务有关的……将要受到处罚，如果是个人，罚款不超过 200 万美元，或者监禁不超过 10 年，或者两者都有。"

31. 作一个类比，假设您的邻居正在种植和销售大麻，您要求警察对此做点什么？他们说他们没有证据，而且还被其他案件搞得太忙，不能将人员分配到监视邻居的房子。所以，自己收集证据，也许会拍下邻居种植和销售大麻的照片和视频。您把证据交给警察，并鼓励他们根据您收集的证据逮捕邻居。也许他们根据您收集的证据逮捕了您的邻居，然后邻居被判有罪。知识产权所有者、调查员和执法者之间的关系与这种情况不同。知识产权所有者对特定犯罪（假冒货物）有兴趣。因此，知识产权所有者通过调查员收集证据，有助于制止犯罪，将证据转化为执法，并主张证据可以用来起诉犯罪。

第十四章
典型的知识产权实习项目：
在劳动法范围内的实习项目

芭芭拉·科尔森

　　法律实习项目存在的目的是协助培训与公司业务领域相关的律师。例如，工作主要由知识产权组成的时尚公司已经慢慢地意识到这些项目的价值，旨在为未来的律师提供特定于时尚领域的培训，如假冒。当笔者在 Kate Spade（一家专门从事奢侈品手袋的时尚公司）开始实习项目，帮助公司处理网上销售的大量假冒手袋时，很少有时尚公司使用实习生。时尚公司通常有小型的法律部门，实习生可以在了解行业运作的同时执行许多项目。最近，媒体报道了与无薪法律实习相关的劳工问题，这些问题在经济下行中激增。然而，只要公司给实习生提供具有挑战性的工作，利用和发挥他们的法律技能，并拥有以学术为导向的项目，公司几乎不会面临任何劳工问题。

　　在本章中，我们将讨论围绕聘请法律实习生的问题，包括：好处和弊端、雇佣法律问题、在哪里找到实习生、如何利用实习生、如何与实习生保持关系，以及如何在公司发展实习项目。

使用知识产权相关法律实习生的好处和弊端

　　聘用知识产权相关法律的实习生有很多好处，但是同时也有一些弊端。意识到它的优点和弊端是非常重要的，有助于为公司量身打造最好的实习项目。首先，就优点而言，法律实习生们渴望了解法律领域的实际运作，特别是在知识产权这样的专业领域。因此，法律实习生会认真对待他们的工作，并且准备接受新的任务。这意味着他们会勤奋和充分地准备工作。其次，法律实习生愿意以象征性的费用工作，而且通常不收取任何费用。法律实习生可以通过执行耗时的任务来节约公司的开支，比如研究离散的问题、更新政策、审查模板合同、起草协议草案、组织和创建客户档案的摘要。生产率的提高和资金的节省使得知识产权相关的内部法律顾问能够减少对外部律师的依赖，也可以使公司更有效地与外部法律顾问联系。[1]

聘用法律实习生的弊端包括培训实习生所涉及的时间承诺。实习生通常是法律系的学生，只致力于在有限的时间内工作。因此，必须在培训实习生的投入时间和实习生打算留下的时间以及实习生将要做的工作类型之间保持平衡。培训实习生是实习项目中至关重要的一步，因为大多数实习生都是需要指导的学生，而不是通过律师资格考试的律师。因此，必须修正和批准实习生执行的所有工作。这种做法可能很耗费时间，所以必须根据时间敏感性和重要性来分配实习生的任务。实习的基本目标是为实习生创造教育经历。因此，实习生经历的培训、教学和审查工作中都带有大量的时间承诺。此外，在建立无薪实习项目时，在时间和资源上都有更大的承诺，以确保项目不是利用实习生，而是为实习生提供独特的教育经历。[2]

雇佣法律问题

当首次考虑聘用法律实习生时，在确定所提出的实习项目是否要求支付实习生工资之前，必须先检查美国劳工部的劳动、工资和工时条例。[3]

这个问题的关键在于实习生是否会被归类为雇员，这取决于他或她的工作范围。50 多年前，美国联邦最高法院在里程碑案例 *Walling, Adm'r, Wage & Hour Div., US. Department of Labor, v. Portland Terminal Co.*，330 U.S. 148（1927）（以下简称"*Walling* 案"）中，通过对 1938 年美国公平劳动标准法的解释，缩小了"雇员"的定义。美国联邦最高法院在 *Walling* 判决中规定，根据美国公平劳动标准法，"雇员"的定义是"并不是在没有任何明示或暗示具有补偿协议的情况下，视所有人为雇员，而他们可能在另一个前提下为自己的利益而工作"。[4]因此，*Walling* 案判决确立了一类"学员"，只要他们能够从工作中获得"巨大的利益"，就不必支付法律上规定的报酬。[5]

一般来说，上述法律规定意味着，如果项目为实习生提供的经验促进了他或她的法律教育，并为了实习生的利益以学术为导向，那么实习生就不会被视为"雇员"而受工资限制。[6]具体来说，美国大多数州的劳动部门遵循美国劳工部制定的 6 项标准。这些标准衍生自 *Walling* 案判决中的意见。[7]值得注意的是，纽约和加利福尼亚的法律比联邦法律更严格，因为这两个州都要求"培训必须是由经过认证的学校或由公共机构批准的机构的既定课程的重要组成部分，从而提供执业培训或有资格从事熟练获得有技能的职业或专业资格"。[8]当分析学生的贡献是否使他或她具有"雇员"地位时，在美国公平劳动标准法的指导下，理想情况必须满足以下6个条件，才可以免除学生的报酬：

（1）培训与职业学校提供的培训类似；

（2）培训是为了学员或学生的利益；

（3）学员或学生不会取代正式员工，但会在他们的密切观察下工作；

（4）提供培训的雇主从学员或学生的活动中得不到立即的好处，实际上有时雇主的操作可能会受到阻碍；

（5）学员或学生在培训结束时不一定有资格获得一份工作；

（6）雇主和学员或学生知晓学员或学生在培训中所花费的时间不享有工资。[9]

为了设立无薪实习项目，许多公司采取结构性的预防措施，以避免与上述因素在法律上混淆。例如，公司和企业经常制定要求实习生为它们的工作获得学分的政策。[10]

这一做法有助于确定公司致力于提供类似于职业学校的培训。此外，为了确定项目具有教育意义并且是为了学生的利益，雇主可以与其他律师每周举办研讨会，讨论学生的经历以及他们日常工作中出现的问题。

同样，雇主可以召开会议讨论当前的事件以及在法律上任何的后续影响。此外，公司还可以要求实习生签署声明，承认他们被告知和知晓他们不会得到报酬，并且在实习结束时无权得到这份工作。最后，公司应该制定政策，规定实习项目的内容，包括：实习生的职责、监督雇员，以及实习生需要完成的具体任务。当学生的利益受到质疑，或者学生对公司的贡献受到质疑时，这将有助于避免任何可能出现的法律问题。此外，如果在跨国公司工作，也可能在美国以外的地方聘用实习生。在美国以外的地方雇用实习生时，公司应该考虑上述6个"雇员"标准。此外，雇主必须根据公平劳动标准法提交有关交流访问赞助事宜的申请。[11]

潜在实习生的来源与筛选

首要地，在考虑聘用知识产权相关法律实习生时，重要的是要将范围限制在法律专业的学生身上。法律专业的学生能接触到知识产权法律中出现的合同、财产协议和其他法律问题。一般来说，大学生不具备法律专业学生在特殊法律专业领域比如知识产权中的经验、理解或兴趣。例如，法律专业的学生在实习中熟悉合同的组成部分，了解合同关系中产生的法律问题，因此，他们可以解读合同，甚至帮助避免常见合同问题的产生。出于这样的原因，聘用法律专业的学生作为法律实习生将有助于充分利用知识产权实习项目。

可以通过很多资源来为公司找到合适的法律实习生。通过法学院的职业服务部门、知识产权教授或校友办公室联系当地的法学院。职业服务部门可以在其网站或分发给学生的材料上发布实习项目。法学院的教授可以向他或她的学生告知您的实习项目，并通常对符合要求的学生进行预筛选。此外，您还可以在诸如 Doostang、LinkedIn 和 Facebook 等社交网站上发布实习机会。虽然这种方法并不是专门针对法律专业的学生，但是在社交网站上的实习描述可以引导那些能推荐符合要求实习生的人。最后，口碑通常是招揽实习生建议的最佳方式。例如，时尚公司的内部律师经常向彼此推荐法律专业实习生。

一旦与当地法学院的关系建立起来，学生们开始发送简历，下一步就是面试最优秀的候选人。一个很好的经验法则就是选择在类似行业具有商业背景的候选人。例如，在时尚公司的内部法律部门，拥有与时尚相关的零售或商业背景的候选人将是理想的，因为他或她可能会了解公司内部定期进行的交易类型（例如，许可协议、采购订单）。

除了有相关行业的经验外，拥有横跨领域不同技能的实习生是有利的，特别是在需要完成大量工作的情况下。[12] 多样化的实习生类型可以让实习生互相学习，并在工作经历中互相帮助。例如，能讲流利法语的实习生可以为他或她的实习生同事翻译合同或租赁合同，或者有工程背景的实习生可以为他或她的实习生同事提供复杂的数学知识来起草许可协议中的许可使用费条款。

当聘用法律专业学生时，重要的是要记住一年中您希望聘用学生帮助的时间以及他或她的实习时间。法律专业学生通常在秋季和春季上课。因此，聘用暑期实习生与聘用在学年期间的实习生是不同的经历。例如，当聘用暑期法律实习生时，假设他们没有参加任何课程，可以合理地期望他们在暑假期间工作一整天。然而，当被 ABA 认可的法学院录取为全日制学生时，在学年期间被聘用的实习生每周只被允许工作 20 小时。[13] 此外，如果学生在他或她的实习工作中获得学分，许多法学院只要求学生在固定的时间内工作（例如，在标准学期中的 10～12 周）。[14] 由于这种限制，需要使实习生的计划相互协调，并满足您的需求，以便每天都有实习生，但不是所有的实习生都在同一天实习。因此，考虑到预期的工作量和接受实习生的时间，对所接受的实习生数量要有策略。对于全年的实习项目来说，在学年期间接受更多的实习生比在暑期更有好处，从而使部门能够全年保持同样水平的支持。

实习项目的结构

在实施实习项目之前，考虑各种细节是很重要的，以确保公司和实习生都能从项目中受益。实习项目有各种各样的组成部分，包括：设立实习项目、安排实习任务、指导和培训，以及对实习生的监督。

设立实习项目

在构建实习项目的过程中，公司应该首先与运营团队讨论是否有足够的空间给需要电脑和办公桌的实习生。在笔者曾经工作过的时尚公司，包括 Kate Spade、7 for All Mankind 和 Stuart Weitzman，通常设有 3 个实习生的位置，他们可能坐在法律部门或任何有自由空间的区域，包括坐在设计楼层的中间，或者与销售和营销人员甚至与生产人员在一起，视空间而定。考虑到这一点，实习生必须了解，如果与其他业务部门共享区域，那么法律部门的信息是机密的，必须仔细处理并在每个工作周期结束时归还给法律部门。实习生也需要单独的电子邮件地址，这涉及与技术部门进行协调。创建共享的法律数据库并教导实习生在适当的时候删除旧的草稿，以使数据库保持更新是很重要的。这为可能由多个实习生一起编辑文档创建了空间，并且可以在一段时间内进行扩充、更新和编辑（例如，编写租赁合同摘要、添加新的租赁合同）。最重要的是，当从事这类文件的实习生不在办公室时，法律部门也能够找到文件。

安排实习任务

对于实习生来说，最重要的是参与一个结构良好、组织有序的项目。这样实习生才能获得在实习中所期望得到的独特培训和知识。好的实习项目从制定实习工作大纲开始，换句话说，就是安排实习任务。为了提供对工作的准确描述，律师在实习发生期间必须对公司的需求有很好的了解。具体来说，律师应该知道将要面临的工作类型和工作量，以及实习生可以协助和学习哪些部分的工作。在安排任务时，谨记公司的目标和让实习生受益的目标也是非常重要的。分配给实习生无关的或低重要性的工作，并不能帮助达到公司的目标，也不能给实习生真正的工作经验。因此，只要有可能，给实习生具有挑战性的任务，让他们有效地整合其法律研究。

制定大纲的方法之一是列出作为律师每天或每周面临不同类型的任务（例如，房地产协议、许可协议、防止假冒的工作）。从这个列表中，可以找出法律实习生能够胜任并能从中充分学习的工作（例如，审查文件、研究表格、调查假冒零售商）。最后，确保每个实习生都能接触到各种不同的任务。工作任务的分配，能够使实习生有稳定的工作流程，学习如何高效工作，接触到不同类型的工作，最终，从每个任务中尽可能多地学习。[15]

指导和培训

聘用临时实习生所面临的挑战是，实习生通常在专门的法律领域没有足够的经验。毕竟，学生正是为了获得这样的经验才选择实习岗位。为了克服这一挑战，培训实习生和提供指导是非常必要的。

可以使用许多方法来培训实习生：您可以亲自培训他们、让以前的实习生培训他们或者制定教学备忘录。亲自培训实习生是让他们学会您安排的学习内容的最有效方式。实习生从浅层接触知识产权工作中获益。不过，提高实习生经验的另一种方式是，让他/她了解您的思维过程或对问题的分析。打破执业律师固守的陈规，有助于让实习生学会如何像律师一样思考。此外，您可以指导实习生研究常见的知识产权问题，然后与他或她对问题的分析和可能的解决方案进行讨论。

培训实习生的另一资源为以前的实习生。以前的实习生通过提醒实习生经常犯的错误，并从自己的经验中传授智慧成为非正式培训的良好资源。最后，为新实习生生成备忘录也很有用。备忘录应该包含关于如何在办公室使用设备的介绍和基本说明、示例文件，以及最重要的，关于如何完成常见实习生任务的详细说明。虽然提供书面文件对提醒实习生完成任务中的重要步骤是有帮助的，但还是有必要向实习生建议，应该就相关问题向您提出任何问题或意见，以丰富他们的经验。

一般来说，实习生能得到一些最重要的信息和建议都来自导师。作为雇主，指导实习生是至关重要的。提供职业建议和指导实习生来说是极有价值的。帮助实习生制定简历，协助他们求职，利用自己的资源和人脉来帮助实习生获得暑期职位和/或毕业后的永久职位，这些都是作为实习生导师帮助实习生的方法。在这样的经济困难时期，指导尤其重要。

对实习生的监督

由于实习生缺乏经验，必须仔细审查实习生的工作并给予实习生反馈。这可以确保实习生所做的工作符合公司的标准，同时也让实习生有机会不仅从实习生自己的工作中，也从雇主的要求中去提高和学习。

真实案例研究

在 Kate Spade 和奢华牛仔时尚公司 7 for All Mankind，实习生被安排参与协助"撤下"销售假冒商品的网站和 eBay 帖子。实习生们写了警告信，并协助培训与防止假冒执法有关的执法人员。他们参与了商标申请过程，例如，在世界范围内申请商标的流程和备案，并对知识产权中的诉讼请求作出回应。

在 Stuart Weitzman，实习生协助起草分销和许可协议，提交商标、版权、外观设计专利申请，甚至还起草了对 USPTO 审查意见的回复，并直接与审查员沟通。他们在建立和维护包括商标、版权、外观设计专利、欧洲外观设计注册和域名的知识产权数据库方面是不可或缺的。此外，实习生协助解决域名争议，准备警告信并起草和解协议。对于 7 for All Mankind 和 Stuart Weitzman 而言，实习生都帮助准备了与公司交易密切相关的资料。此外，考虑到与此类协议有关的许多知识产权问题，他们还协助设计师和顾问起草了设计服务协议。

由于笔者在全国范围的各种会议和讨论小组广泛地发言，并且合作编辑了一本关于时尚法律的书，[16]笔者出版的教材一直在不断更新。实习生一直为笔者的演示文稿协助编写提纲并提供法律教育材料，同时协助笔者撰写和编辑书籍和各种其他文章。笔者的第一个实习生帮助起草了一篇关于贡献和间接侵权的法律评论文章，以及图书《美国商标假冒》（*Trademark Counterfeiting in the United States*）的一章。[17]

实习后关系的保持和利益最大化

尽管实习是临时性的，但在实习结束后与实习生保持良好的关系是很重要的。在实习结束时，保持联系的好方法是记录实习生的联系方式；具体地说，开发实习生的数据库。实习生的数据库是一个开放的文件，应随着实习生的邮件和电子邮箱地址、电话号码和工作历史不断更新。事实上，实习生可以开发数据库，并与邮件列表中的当前和以前的实习生进行沟通。还可以通过适当的社交网站，如 LinkedIn 或 Facebook，与实习生保持沟通。例如，在 LinkedIn 上有个"Barbara Kolsun 实习生"小组，给当前实习生提供与以前实习生沟通的论坛，允许他们分享经验，询求就业机会，或者寻求任何类型的相关建议。

在一个独立却又相关的话题上，重要的是与实习生讨论社交媒体和电子邮件礼仪，特别是涉及保密的时候。此外，在这一点上，所有实习生在开始实习之前都应该签署保密协议。与实习生保持关系的好处是，您可以在前实习生的整个职业生涯中提供帮助，最终实习生也可以在未来帮助你。毕竟，您的法律实习生有一天可能会成为律师。因此，拥有实习后的关系有助于扩大您的人际网络，增加您在这个行业的人脉。

典型的知识产权法律实习项目

在法律实习生学习过程中提供帮助的最有效方法是建立一个组织良好和先进的实习项目。以下 7 个步骤将指导您创建成功的知识产权法律实习项目：

（1）使用法律专业的学生担任法律实习职位。

（2）在实习开始前，创建正式的任务。

（3）为所有实习生提供培训方法。

（4）给予实习生有意义的工作，例如：

a. 全球范围内商标申请过程：

i. 起草与外国同事沟通的文件。

ii. 编辑商标、版权、外观设计专利和域名的数据库。

iii. 执行、审查和分析商标的检索。具体来说，实习生可以在 USPTO 数据库中检索"形式名称"，并在全球互联网上进行检索，以消除不可用的名称。

iv. 准备版权和商标申请。

b. 商标执行：

i. 起草警告信与和解协议。

ii. 进行假冒调查，包括网站（例如 eBay. com）和零售商店。

iii. 协助准备有关执法部门检测假冒商品的培训材料。

iv. 培训执法部门检查假冒产品。

v. 记录和更新商标执行中所有步骤的数据库。

c. 组织有关事项的证据和其他文件。

d. 创建商标许可、特许经营和分销协议的修订草稿。

e. 进行法律研究，包括知识产权法的最新研究。

f. 合同审查：

i. 审查商业协议。

ii. 审查许可协议。

iii. 审查聘用合同和其他聘用协议。

iv. 审查和总结零售商店的租约。

g. 维护财务文档：

i. 审查和更新统一的商业代码（Uniform Commercial Code，UCC）文件。

ii. 审查并更新年度税务申报文件。

iii. 维护董事会备忘录和审批。

（5）给予实习生对其工作的反馈。

（6）实习结束后，帮助实习生找到其他实习机会和固定的工作。

（7）与以前的实习生保持联系。

实习项目的当前趋势

根据美国大学与雇主协会（National Association of Colleges and Employers）2010年的一项研究，[18]2010届毕业生中有52%在大学期间曾实习过，相比2008年50%的数据有所增加。[19]专家们估计，在这数千个实习岗位中，有四分之一到一半的人是无薪实习生，而且，在很大程度上，许多学生都希望如此。[20]特别是在某些行业，例如娱乐和时尚行业，学生们意识到，无薪实习是进入职场的第一步。

结　论

结构良好、组织有序的实习项目可以为公司的法律部门和参与项目的实习生提供许多好处。该项目可以显著提高公司的生产力，同时又符合成本效益。此外，实习项目将为实习生提供无法在课堂上通过讲授获得的真实体验。这将帮助实习生培养出一套能够在他们整个职业生涯中充分利用和巩固的技能。

注　释

1. 只有符合美国劳工部制定的必须遵守的标准，才能在聘请无薪法律实习生时不给予补偿。这些标准在本章的"雇佣法律问题"部分进行讨论。

2. FEELEY B. Examining the Use of for – Profit Placements in Law School Externship Programs [J]. Clinical L. Rev., 2007, 14（1）：37.

3. 美国公平劳动标准法，29 USCA § 203（e）。

4. 美国公平劳动标准法，29 USCA § 203（e）；*Walling, Adm'r, Wage & Hour Diu., U. S. Department of Labor, v. Portland Terminal Co.*, 330 U. S. 148, 152（1927）。

5. 同上，位于152。该法是美国联邦法规。具体要求见下文。

6. 同上，位于152。

7. 同上，位于152。

8. 参见：CA Dept. of Labor. Opinion Letter 1996 [EB/OL]. www. dir. ca. gov/dlse/opinions/1996 – 12 – 30. pdf（加利福尼亚州劳动部1996年的意见信）。

9. 美国劳工部工资和工时司2004年5月19日行政裁决信。规则：我们的立场是，教育或培训项目旨在为学生进一步的教育和培训提供专业经验，并为他们的利益以学术为导向，只要符合上述标准，学生将不会被视为他们所分配机构的雇员。但是，如果一个人在毕业后的实习中任职，那么毕业的实习生和聘用机构之间就会存在雇佣关系。

10. 参见 www. californiawagelaw. com/wage_law/2006/07/most – unpaid – internships – are – unlawful. html。美国大学与雇主协会法律顾问 R. K. Kaplan 认为，在考虑无薪实习项目时要问的其他问题：

（1）学生是否会得到工作的学分，或者是毕业所需的实习机会？

（2）学生是否必须准备他/她的经验报告，并提交给主管老师？

（3）您有没有收到学校的书面文件或其他形式的书面文件，说明与教育相关的实习是由学校批准/赞助的？

（4）学生是否会执行其他员工也要执行的工作，是否让学生为学习而工作，而不是必须为雇主执行任务？

（5）学生是否在工作中用了不到一半的时间为您提供了利润和/或学生处于模仿/学习模式？

（6）您是否为个人提供学习技能、流程或者其他业务功能或操作设备的机会？

（7）所做的工作是否有教育价值，也就是说，是否与该学生在学校所学的课程有关？

（8）个人是否受工作人员的监督？

（9）是否明确在完成培训或完成个人学业后不保证提供工作？

11. 参见美国联邦公报第 72 卷第 33669 页（2007 年 6 月 19 日）；美国公平劳动标准法与流动性和季节性农业工人保护法，IMLB § 2：31. 交换访问者项目的赞助——申请过程。

12. 请谨记从 *Walling v. Portland Terminal Co.* 的第四个标准中得出的"利益"问题。拥有相关横跨领域的技能同样能够使那些通常不会被选为某个职位的申请者由于他们与众不同的技能而被选中。

13. 第 304 条（f）"法学院的审批标准"；美国律师协会规定，参加超过 12 个课时的法学院学生每周的工作时间不得超过 20 小时。

14. 所有机构的实习期要求都是不同的。请向当地的法学院核查它们的政策。

15. 参见典型的知识产权法律实习项目的示例任务列表。

16. JIMENEZ G C, KOLSUN B. Fashion Law：a Guide for Designers, Fashion Executives and Attorneys [M]. New York：Fairchild Books, 2010.

17. KOLSUN B. Building a Comprehensive Anti-Counterfeiting Program [M]. Trademark Counterfeiting. New York：Aspen Law & Business, 1999：Chapter 7；Trademark Counterfeiting in the United States, International Anticounterfeiting Coalition, 2008.

18. Moving On：Students' Approaches and Attitudes towards the Job Market for the College Class of 2010 [C]. National Association of Colleges and Employers, September 2010.

19. GREENHOUSE S. The Unpaid Intern, Legal or Not [N]. New York Times, 2010 – 04 – 02.

20. 同上。

第十五章
绿色品牌展示最大化和
漂绿感知最小化

莫林·B. 戈尔曼

美国正在走向绿色，而那些不走绿色道路的公司正在落后于消费者的需求，[1]落后于政府政策，[2]也许，落后于时代。[3]然而，许多声称已经"绿色化"的公司，包括一些知名的主流公司，被指责夸大或谎称它们的"绿色"。[4]事实上，TerraChoice Environmental Marketing 公司[5]（以下简称"TerraChoice"）在其当前著名的有关绿色营销主张的调查中，对 1018 种产品的 1753 项环保要求进行分析，并对环保营销中当前最佳实践的主张进行测试。[6]其发现 2007 年调查的 1018 种产品中，除了一种以外，其他所有的产品都对目标消费者进行了虚假或潜在的误导。[7]2009 年，TerraChoice 在美国和加拿大的调查发现，在 2219 种产品的 4996 个绿色主张中，有 98% 是虚假或误导的。[8]"误导消费者认为公司有环保实践或者产品或服务有环保效益"的行为被称为"漂绿"。[9]

本章为商标从业者在当前市场中出现的"绿色"问题提供指导。具体而言，将通过讨论绿色品牌、竞争对手发起的漂绿指控（诉讼）以及确定影响环保营销的各种政府政策和代理规则，试图解决一些与绿色品牌最密切相关的法律问题和漂绿的法律陷阱。

绿色品牌

2008 年，USPTO 收到了 3200 多份含有"green"（绿色）字样的文件，比 2007 年增加了 32%。[10]eco 前缀和 enviro 前缀标记分别增加了 86%（超过 1700 份文件）和 22%（超过 500 份文件）。[11]包含"clean"（清洁）一词用以"表明环境友好"的文件增加了 30%（超过 1000 份文件）。[12]有证据表明，绿色营销不仅仅是一种时尚，"而是一项战略举措"。[13]然而，正如 TerraChoice 的报告所表明的，[14]在没有漂绿的情况下使用"绿色光泽"（green sheen）是很有挑战性的。

美国联邦贸易委员会（FTC）对绿色品牌选择的限制

令人惊讶的是，商标从业人员在分析绿色品牌问题时的第一资源不是 USPTO 的"go－to"来源——美国商标审查程序手册（TMEP），而是美国联邦贸易委员会的政策手册。[15]联邦贸易委员会连同美国环境保护署（EPA）于 1992 年、1996 年以及最近在 1998 年发布了关于环保营销的政策声明，通常被称为"绿色指南"。[16]

绿色指南涵盖：

> ……环保主张包括在标签、广告、促销材料和所有其他形式的营销中，无论是直接或间接地通过文字、符号、标志、标识、描述、产品品牌名称，或通过任何其他手段，包括通过数字或电子方式（如互联网或电子邮件）进行的营销。指南适用于任何关于产品、包装，或涉及销售、提供销售或营销此类产品、包装的服务，或涉及个人、家庭或家庭使用的服务，或用于商业、机构或工业用途的环保属性主张。[17]

绿色指南本身并不是"强制执行的法规"，也没有"对其他联邦机构或州和地方机构对环保营销主张的使用进行监管"。[18]在这方面，绿色指南指出遵守是"自愿的"。[19]然而，"自愿的"只是因为"它们的目的在于帮助遵守美国联邦贸易委员会法第 5 条（a）的规定，就像该法律适用于环保营销主张"，而不是作为法律本身。[20]因此，对绿色指南的自愿漠视可能会导致 FTC 根据美国联邦贸易委员会法第 5 条对不符合联邦、州或地方法律和环保要求条例规定的行为进行调查和执行。[21]

当然，美国联邦贸易委员会法第 5 条禁止不公平或欺骗行为，并在相关部分作如下陈述：

> 特此授权并指示委员会阻止个人、合伙企业或公司……在商业中使用不公平竞争或影响商业的方式，以及在商业中使用不公平或欺骗行为或影响商业的做法。[22]

美国联邦贸易委员会法第 5 条规定"在商业中使用不公平或欺骗行为或影响商业的做法"是违法的，[23]绿色指南阐述了"使用环保索赔的一般原则和具体指导"，[24]以避免产生环保欺骗行为和做法。在这方面，显然，绿色营销人员在提出主张时如果没有合理依据，则必须避免：

> ……对产品、包装或服务的环保属性提出客观断言的明示或暗示的主张。[25]

＊　＊　＊

> 合理依据包括有力和可靠的证据。在环保营销主张的背景下，这样的证据通常需要有力且可靠的科学依据，定义为测试、分析、研发、研究调查或基于相关领域业内人士专业知识的其他证据，由具备资格的人以客观的方式处理和评估，使用行业中公认的流程以提供准确可靠的结果。[26]

一般来说，环保营销主张应该："足够清晰、显著并且合情合理，以防止欺骗"；[27]明确指出"无论是环保属性或声明的益处均涉及产品、产品的包装、服务或产品、包装或服务的一部分或组成部分"，[28]没有夸大"明示或暗示的环保属性或益处"；[29]证实和清楚地陈述对比结果从而不会出现欺骗消费者的行为。[30]绿色指南专门论述欺骗行为和做法，它们涉及的环保主张包括以下具体术语：可降解/可生物降解/可光降解，[31]可堆肥，[32]可回收，[33]循环利用成分。[34]绿色指南还特别涉及源头减量（声称产品或包装已减少或降低重量、体积或毒性），[35]可再填充[36]以及臭氧安全和臭氧友好[37]的环保主张。在引入市场之前，品牌所有者应该谨慎考虑使用上述术语作为拟定的品牌名称、标识，或标签或产品包装的一部分。

绿色指南还列举了许多在品牌和商标中关于环保术语的恰当使用和不当使用的示例。这些示例是：

> 例如"生态安全"的品牌名称会具有欺骗性。如果产品在如此命名的情况下，会导致消费者相信该产品具有环保益处，而制造商却无法证实。如果"生态安全"遵循明确而突出的语言表达，将安全表现限制在特定产品的属性上，而使其能够被证实，并且在提供的上下文中没有其他欺骗性的含义，则该主张不具有欺骗性。[38]

正如在引言中提到的，2008 年，申请人向 USPTO 提交了超过 1700 份使用 eco 前缀的商标申请。[39]根据 TerraChoice 的调查发现，98% 的产品包括虚假或误导性的陈述，[40]人们不禁要考虑是否至少有 1700 份带有 eco 前缀标识的申请试图保护欺骗性的品牌和标识。

通过证实包含在品牌标识里的环保声明，可以成功地实施新的绿色品牌和标识。在这方面，"最佳实践"的示例是品牌名称 Pendleton ® Eco-Wise Wool。

根据 EPA，有以下说法：

> McDonough Braungart Design Chemistry（MBDC）是公认的关于可持续设计产品以及用于制造产品材料的权威。利用称为可持续发展设计协议的科学评估过程，[41]制造商提交产品进行评估。如果有必要的话，还将重新设计。通过 MBDC 严格审核成功的产品将被授予可持续发展认证。[42]

从 2002 年开始，一家羊毛制品制造商 Pendleton，声称从 1863 年起，[43]在羊毛磨坊行业，使用可持续发展协议"创造了经典的羊毛法兰绒"。[44]产品在 Pendleton Eco – Wise Wool 的品牌名称下销售。[45]利用 EPA 认可的可持续发展认证过程，以证实纳入品牌名称的环保主张。该产品是"环保"的，Pendleton 似乎符合 FTC 的绿色指南。

另一个绿色指南示例讨论了可能存在问题的标识类型：

> 产品标签包含环保标志，或者全球图标的形式，或者只有文字"Earth Smart"（地球智能）围绕的全球图标。任何标签都可能向消费者传达产品在环保方面优于其他产品。如果制造商不能证实这一泛泛的主张，主张就具有欺骗性。在上下文中没有产生任何其他欺骗性影响的前提下，如果有明确、突出的语言表达，将环保优越表现限制到特定产品的属性或能够被证实的属性，该主张就不具有欺骗性。[46]

截至 2010 年 4 月 18 日，USPTO 的 20 个现场注册包含了"Earth Smart"词语。[47]例如，如果广告商使用带有生物可降解产品的地球智能标记，则标签应表明降解程度和降解速率。[48]绿色指南表明，"可降解性、生物降解性或光降解性的主张在以下方面应符合一定程度的要求，以避免对消费者产生欺骗：（1）产品或包装在其常规处置的环境中降解的能力；（2）降解速率和程度。"[49]此外，"无条件的声明产品或包装是可降解的、生物降解的或光降解的，必须由有能力且可靠的科学证据证明，整个产品或包装将完全降解并回归自然，也就是说，在通常处理后的相当短的一段时间内，分解为自然界中发现的元素。"[50]由于大多数产品都是在垃圾填埋场处理的，如果产品在合理的短时间内无法在垃圾填埋场中进行生物降解，那么生物降解的主张就是虚假的。[51]如果广告商不能证实生物降解的主张，那么政府可能会考虑标记（例如"Earth Smart"）是绿色指南中所称的欺骗性环保营销主张。[52]

实际上，Kmart 公司于 2009 年向美国公开宣称其"American Fare"纸质餐盘是"可生物降解的"，但是却没有定义、描述或限定这种生物降解性。[53]

这样的广告促使 FTC 对 Kmart 公司采取了强制措施，指控：（1）"American Fare"品牌纸质产品无法"生物降解",即"在通常处理后的相当短的一段时间内,分解为自然界中发现的元素";(2）Kmart 公司在其广告中并没有给出并基于合理的依据来证明生物可降解性的主张。[54]强制措施以 Kmart 公司同意不宣传任何产品是可降解的、生物降解的或光降解的意见而达成和解,除非 Kmart 公司提出并基于有力和可靠的科学证据,证实生物降解性的主张。[55]然而,如果 Kmart 公司像 Pendleton 那样,事先寻求了第三方证明其广告的环保主张,那么就可以避免 FTC 的强制措施。

Clorox 公司是另一家在可能面临绿色挑战的危险化学品行业成功实施绿色品牌的实体。Clorox 公司开发的品牌"Green Works"目前与十种"天然清洁剂"一起使用。这些清洁剂由植物、生物降解成分制成,由可回收材料包装,且没有在动物身上进行测试。[56]EPA 已确认"Green Works"产品使用了更安全的化学物质,并允许该产品使用 EPA 的"Design for Environment"(环境设计)的认证标识。[57]此外,通过从 EPA 自身获得声誉良好的第三方认证,Clorox 公司是另一家明显能够实施新的绿色品牌而不进行漂绿的示例。

来自绿色指南的另一个示例提到了通常被称为"循环箭头"的符号使用:

> 全国范围内销售的 8 盎司塑料奶酪容器的前标签上,靠近产品名称和标识的地方显示了塑料工业协会(SPI)的代码(由三角形的箭头设计构成,包含用于识别组件塑料树脂的数字和缩写)。制造商以这种明显地使用 SPI 代码的方式构成了可回收性的主张。除非该容器的回收设施对绝大多数消费者或社区是可用的,否则该主张应按照要求去声明该容器回收项目的可用性有限。如果 SPI 代码设置在容器上不显眼的位置(例如,嵌入容器底部),就不会构成回收能力的主张。[58]

USPTO 外观设计检索代码手册列出了在设计代码 24.17.19 下的回收标志。[59]截至 2010 年 4 月 18 日,USPTO 数据库列出了 350 个注明了回收标志的外观设计代码的在线申请或注册。[60]对于绝大多数消费者或团队而言,产品是否可回收必须清楚。[61]人们必须考虑产品本身的特性是否带来了如何处置它的问题。[62]也许广告产品的可回收性对某种类型的消费者是有用的,但是,如果产品对于大多数的消费者是不可回收的,则绿色指南规定广告商应该限定回收标志以披露如何以及在何处可能回收产品,或者根本不应该给产品贴上"可回收"的标签。[63]

如前所述,FTC 在 1998 年更新了绿色指南。[64]在 2008 年,FTC 举办了三次研讨会,以确定绿色指南是否仍然有效、有价值或者是否需要更新。[65]这三次研讨会的内容都是特定主题,从而解决:(1）碳补偿和可再生能源证书;(2）

绿色包装声明；以及（3）绿色建筑和纺织品。[66]由于这些研讨会，我们预计修订后的绿色指南可能会解决与上述类别有关的环保主张。FTC 也很有可能在发布修订的绿色指南时，将"可持续"和"碳中性"的条款定义为"环保营销主张"。[67]在考虑新的绿色品牌和标识、设计产品标签和实施绿色广告时，商标从业者应留意当前绿色指南和预期修订绿色指南的发布。

USPTO 对绿色品牌注册的限制

在 2002 年，商标网络的繁荣被 USPTO 的商标审判和上诉委员会（TTAB）的决定以同样的方式打破。该决定指出，除非是在极少数情况下，[69]顶级域名的指示不能指明来源。[68]TTAB 在 2009 年和 2010 年的决定同样清楚地表明，绿色不能作为环保友好产品和服务的来源指示。企图注册的绿色标志由于"仅仅是描述性的"或者是"通用的"被驳回。在实施绿色品牌时，避免仅仅是描述性的驳回应该是一个关键的考虑因素。但是，避免美国商标法第 2 条（a）"欺骗"问题是最重要的。

关于 USPTO 驳回基于仅对所识别的特定商品或服务标记的描述，美国兰哈姆法提供了相关部分：

> 无法与他人商品相区别的申请人商品的商标，由于本身的特性不得在主登记簿上登记注册，除非——
>
> * * *
>
> （1）在申请人的商品上或与申请人的商品有关时，所使用的标记仅仅是描述性的或由欺骗性的描述组成。[70]

TMEP 规定：

> 根据美国商标法第 2 条（e）（1）［美国法典第 15 编第 1052 条（e）（1）］，标记必须仅仅描述性地或欺骗性地错误描述其所涉及的商品或服务，才会导致在主登记簿上登记注册被驳回。如果标记描述了特定商品或服务的成分、质量、特点、功能、特性、目的或使用，则被认为仅仅是描述性的。[71]

根据 USPTO 的政策，当审查员以"仅仅是描述性的"或任何其他实质性驳回理由驳回时，"审查员必须始终以相关证据支持他或她的驳回决定，并确保在审查意见中对证据作出适当的引用。"[72]审查员承担举证责任，证明术语仅仅是对相关商品或服务的描述。[73]

同样，USPTO 最初基于应用 Marvin Ginn 两部分测试，根据美国商标法第

2 条（e）（1）［美国法典第 15 编第 1502 条（e）（1）］拒绝对通用术语进行注册。[74]USPTO 首先考虑的是商品或服务的类别或类属的问题，[75]其次考虑有关的公众是否理解名称主要是指商品或服务的类别或类属。[76]TMEP 规定："审查员有责任采用明确的证据证明术语是通用的。"[77]为了证明通用性，审查员和TTAB 通常考虑"公众理解术语的证据"。该证据"可以从任何有力的来源获得，包括字典定义、研究数据库、报纸和其他出版物"。[78]

在 2009 年，TTAB 有机会考虑下列三个[79]"绿色"标志的可注册性：Green Indigo[80]、AllergyGreen[81]和 Green Key Stylized[82]。对这些案例的审查表明，TTAB 越来越不愿意允许绿色标志注册在 USPTO 的主登记簿或补充登记簿上，因为越来越多的证据表明第三方通常使用这样的术语来描述环保品牌和产品。

在 2009 年初，TTAB 撤销了审查员以标准字符标记"Green Indigo"用于"底部；［和］顶部"仅仅是描述性的为由而对该标记所作的驳回决定，认定组合词标志暗示着环保的服装，而不仅仅是描述性的。[83]尽管审查员提出证据，证明"Green"和"Indigo"这两个术语仅仅是对服装的描述，但 TTAB 认定组合词标记没有保留单个词的描述性含义。[84]

后来，在 2009 年 5 月，TTAB 维持了审查员以"AllergyGreen"用于"防护床上用品，即有拉链的，适合于床垫、棉被的被套；床单和防水床垫；可重复使用的床垫"仅仅是描述性的为由而对该标记所作的驳回决定，认定组合词标记仅仅是对商品的描述。[85]审查员对单个术语给出了字典定义，并且互联网的普遍使用均表明，第三方使用单个术语"*allergy*"和"*green*"来描述床上用品的理想特性。[86]TTAB 认为审查员的证据具有说服力。[87]在申请人的争辩中，TTAB 裁定，"尽管'绿色'床上用品可能有多种含义，但所有这些含义都描述了产品的环保特性。"[88]因此，TTAB 认定两个描述性的术语，即"allergy"和"green"，当组合为术语"AllergyGreen"时，在用于床上用品时仍然仅仅是描述性的。[89]

之后，2009 年 9 月，在 *Cenveo* 案的判决中，TTAB 更进了一步。[90]基于对通用性的认定，USPTO 驳回了用于"环保材料制成的纸板钥匙卡"的"Green Key Stylized"标志。在确定通用性时，TTAB 首先应用了 *Marvin Ginn* 案提出的测试。[91]在分析第一部分，即确定产品的类或属时，TTAB 确定类或属是"由环保材料制成的钥匙卡"。[92]然后，在分析第二部分即相关公众是否理解标记主要涉及的类别或类属时，TTAB 应用了额外的"子测试"。[93]TTAB 认为，标记必须归类为合成词标记或短语。[94]如果是合成词标记，则涉及 *Gould* 案的应用。[95]如果是短语，则涉及 *American Fertility Society* 案的应用。[96]如果应用 *Gould* 案，审查员必须通过明确的证据来确定：（1）每个词都是通用的；以及（2）所连接的合成词标记的含义与单独单词的含义是完全相同的。[97]如果应用 *American Fertility Society* 案，那么审查员必须明确地证明整个短语词组的含义是通用的。[98]

在 *Cenveo* 案中，通过对字典中"合成词标记"的定义进行司法解释，TTAB 认定该标记是合成词标记，而不是短语。[99] TTAB 认定，"green"和"key"对于商品"环保钥匙卡"都是通用的。[100] TTAB 还发现，合成词标记的含义与单独术语的含义相同，从而得出该标记对预期商品是通用的结论。

TTAB 进一步决定，根据 *American Fertility Society* 案的标准，即使将"Green Key Stylized"作为短语，也是通用的。TTAB 的决定仅仅基于该标记作为短语在互联网上的三次使用，[101]即使在历史上，审查员也很难根据短语如此低的使用频次作出通用性的驳回。[102]

TTAB 还考虑了另一个绿色标志"Green Cement"。[103] TTAB 注意到："我们面临的问题是'Green Cement'这一术语是否仅仅描述了申请人的水泥和水泥相关产品"。[104] TTAB 认定"Green Cement"是仅仅描述了申请人的水泥和水泥相关产品，而不考虑这一术语是否通用。[105]在作出这样的决定时，TTAB 考虑了证据记录，即字典定义、网页和第三方放弃的注册[106]。这些注册放弃了术语"green"或根据美国商标法第 2 条（f）[107]声称获得了显著性[108]。

如果绿色指南没有直接在建议的标记中提及绿色术语，商标从业人员应在为绿色品牌进行商标申请之前，分析 TTAB 在这四种意见中所考虑证据类型的适用性。例如，尽管绿色指南目前没有定义术语"Sustainable"，但是 USPTO 的记录、字典定义、互联网和美国新闻文章的检索都表明，在国际分类第 20 类（举例），用于家庭用品的术语"可持续"仅仅是描述性或者勉强是描述性的。[109]

将设计元素与非描述性口号相结合可能会避免仅仅是描述性的判决。例如，山姆会员店在 2008 年采用了标识"Simple Steps to Saving Green and Design"，以表明带有该标识的产品"在创建、处理和/或分销的方式上朝着更加环保的方向迈进了一步"。[110]

山姆会员店表示：

> 一些产品带有的生态标志均通过了为保护环境制定标准的第三方组织认证。带有该标志的其他产品被认为比它们的替代品对环境更友好。在正确的方向采取措施来识别产品，如浓缩洗衣液，有助于突出以支持可持续发展的选择。[111]

"Simple Steps to Saving Green and Design"标识可能不会面临仅仅是描述性

的驳回。

2001 年，S. C. Johnson 同样开发了"Greenlist™ process"，为其产品中考虑使用对环境和人类健康产生影响的成分进行分类。[112] S. C. Johnson 说："例如，通过重新制定 Windex® 品牌的玻璃清洁剂，我们减少了 180 万磅的挥发性有机化合物（VOCs），同时增加了 30% 的清洁能力。"[113] 2008 年，S. C. Johnson 在 Windex 产品上使用了符合内部设定环保标准的"Greenlist and Design"标识。

将可能具有提示性或仅仅是描述性的元素与独特的设计元素相结合，S. C. Johnson 的"Greenlist and Design"标识在 USPTO 第一次审查中并没有收到该标识仅仅是描述性的驳回决定。[114]

然而，如这里所讨论的，尽管环保标识最初可能会避免仅仅是描述性的驳回，品牌所有者在选择标记时仍然要小心谨慎地选择尝试如何使用，以避免因欺骗或不公平竞争而导致的撤销。例如 S. C. Johnson，虽然避免了 USPTO 的仅仅是描述性的驳回，目前却是加利福尼亚个人提起集体诉讼中的被告，原告声称 S. C. Johnson 的"Greenlist and Design"标识是"欺骗性地设计成看起来像第三方的认可印章，而它并不是，并且虚假地表示产品是环保的"。[115] 这项控诉在 S. C. Johnson 的撤案动议中得以保留。[116]

根据美国商标法第 2 条（a），绝对禁止欺骗性标记的注册，因为欺骗性标记是"误报或虚假"的资料，很有可能明显地误导买家决定购买。[117] 对 TTAB 美国商标法第 2 条（a）中欺骗性规定的三部分测试是："（1）术语对商品的性质、质量、功能、组成或用途的描述是否有误？（2）即便如此，潜在的购买者是否会相信错误的描述在实际上描述了商品？（3）即便如此，错误的描述是否可能会影响购买决定？"[118] 即使"消费者后来发现名称不具有欺骗性"，在消费者购买时发生的"欺骗"也不能被抹去。[119]

无论是采用新的环保品牌，还是用新的环保信息重塑品牌旧标识，风险在于新的讯息会给政府、竞争对手或消费者留下的印象是产品已被漂绿。为了避免漂绿或更糟糕的欺骗指控，最好的做法是知晓消费者如何认知打算使用的绿色标志。

为此，品牌所有者可能会参与品牌研究，在可持续关注的背景下，评估消费者对品牌的认知。"MapChange 2010"就是这样的品牌研究，它"追踪了 90 多家美国领先企业的气候变化行动和消费者对这些行动的看法"。[120] MapChange 2011 的目标在 2010 年秋季发布，目的是向品牌所有者提供有关"品牌在其行业内的'绿色'收入机会"的信息。[121] 了解消费者对标志在"绿化"前的认知，可能会帮助品牌所有者实现绿色形象的进化。

作为在"可持续发展品牌"方面取得成功的一家品牌和商业咨询公司以及 MapChange 研究的发布者，Maddock Douglas – Agency of Innovation ® 指出了"可持续发展品牌的 5 个 C"。绿色和可持续的品牌应该满足：

（1）有竞争力。与可持续品牌相关的产品应该具有切实的竞争优势。

（2）面向消费者。消费者应该能够体验可持续发展的举措。

（3）核心。可持续性的变化应该与品牌的核心业务相联系。

（4）对话。品牌所有者应该诚实和透彻地了解他们做得好的方面以及在可持续性领域还需要继续的方面。

（5）可信。在品牌所有者向消费者宣传可持续倡议之前，可持续发展的努力应该关注"到位、有效和可衡量"。[122]

行业中的灾难可能会引发一场消费者关于其理解与品牌意图信息之间的新"对话"。

政府和竞争对手对绿色品牌的限制

在不符合"绿色"法律的产品上使用的商标，夸大其环保影响，或者漠视不断发展的贸易和标记的规定，容易受到政府机构、竞争者，甚至是如上所述的品牌所有者和消费者的攻击。关于漂绿诉讼，我们"将看到这场诉讼的潜在浪潮——这只是时间问题"，[123]我们已经开始看到这三个实体——政府机构、竞争对手和消费者——发起的此类行动。

政府对绿色品牌的限制

2009 年，FTC 调查了 4 家声称其人造丝服装产品为竹纤维[125]的不同公司在广告[124]中对术语"bamboo"的使用。被调查者使用品牌名称为"ecoKashmere""Pure Bamboo""Bamboo Comfort"和"BambooBaby"来为它们的产品做广告。[126]相关广告声称，人造丝产品具有环保或可生物降解的抗菌性。[127]其中一方涉及的人造丝产品广告如下：

> PURE BAMBOO PURE QUALITY. PURE INGENUITY. PURE CLOTHING.
> 我们致力于提供高性能的穿着，汇集舒适、简单和自身独特的纯天然风格，创造一条环保的竹制品服装路线，致力于符合环保的生活方式。[128]

FTC 对被调查者提出控诉（竹制品被调查者），指控其违反美国联邦贸易委员会法[129]第 5 条（a）、纺织纤维制品鉴别法[130]以及纺织纤维相关规章制度[131]。纺织纤维制品鉴别法相关部分规定：

（b）凡已在商业上进行广告宣传或许诺销售的任何纺织纤维产品，

且该纺织纤维产品贴指标签或者作了虚假/欺骗地广告，与本分章或根据本分章颁布的规则的含义相同，其销售许诺销售、广告、交付、运输或引发的运输，都是非法的，是不公平的竞争方式，并且是联邦贸易委员会规定的不公平和欺骗性的商业行为。　[美国法典第 15 编第 41 条（2006）。][132]

关于纺织产品，美国联邦法规的规定进一步明确：

> 词语、创造词语、符号或描述如果存在下述情形，则不得从明示或暗示产品存在这种纤维的方式使用：（a）构成或暗示产品中不存在的纤维的名称或命名；（b）在发音上类似于这种纤维的名称或命名；或（c）仅仅是这种纤维的名称或命名的细微变化。[133]

＊　＊　＊

> 任何用于广告，包括互联网广告的术语，构成或暗示纺织纤维的名称或存在的，均被视为含有纤维成分。[134]

FTC 在针对竹制品被调查者的指控中指出：

> 在纤维素制造人造丝的过程中涉及危险化学品。参见美国联邦法规第 40 编第 63 部分（"有害空气污染物的国家排放标准：纤维素产品制造"）。从纤维素产品制造流程中排出的有害空气污染物（HAP）包括二硫化碳、羧基硫化物、环氧乙烷、甲醇、氯甲烷、环氧丙烷和甲苯。参见美国联邦法规第 40 编第 63 部分第 5480 条。许多植物来源可以用作人造丝织物的纤维素前体，包括棉短绒（短棉纤维）、木浆和竹子。然而，不管使用的纤维素来源是什么，制造过程涉及使用危险化学品，所得纤维是人造丝，而不是棉、木或竹纤维。[135]

因此，FTC 声称，除其他指控外，竹制品被调查者存在以下问题：①在被调查者的纺织纤维产品不是竹纤维而是人造丝的情况下，将其纺织纤维产品贴上竹制品的标签和用竹制品和竹纤维来宣传纤维含量；②制造粘贴假标签的纺织纤维产品或利用虚假和欺骗性的广告宣传其产品。[136]因此，FTC 指控竹制品被调查者违反了美国纺织品法和纺织品规章制度，并违反了美国联邦贸易委员会法第 5 条（a），构成了欺骗行为。[137]竹制品被调查者与 FTC 达成和解，同意修改广告内容。[138]

然而，FTC 之后声称，竹制品被调查者并不是唯一对竹制品进行虚假广告宣传的。[139]2010 年 1 月，FTC 向 78 家零售商发出信函，告知他们这个问题，并通告他们将人造丝服装产品错标为竹制品违反了美国联邦贸易委员会法。[140]

FTC 警告称，将评估对于把人造丝服装产品作为竹纤维产品进行广告一方的罚款。[141]FTC 在其"竹制品纺织品：问题案例和教育"网站上列出了收到信件的 78 家零售商。[142]

在将产品描述为"竹制品"之前，通过审查贸易特定的标签要求，竹制品被调查者有可能避免被采取执法行动。因此，品牌所有者的最佳实践包括分析和遵守特定贸易的标签要求。除了美国纺织纤维制品鉴别法外，还有许多其他特定贸易的法律规定了适当的标签和品牌要求。USPTO 在 TMEP 的附录 C 中列出了一些适用的法律。[143]其他类似影响品牌且可能适合重塑绿色品牌的特定产品的法律涉及皮毛、羊毛、种子、有害物质、肉类、家禽、食品、药品、化妆品和酒精，这里仅仅是列举出几个例子。[144]当采用绿色品牌时，考虑产品特定的标签要求和相关法律是很好的做法。

竞争对手与"合法使用"的复苏

就像 FTC 将美国纺织品鉴别法作为欺骗行为和不正当竞争指控的依据一样，竞争对手也可能声称违反了如美国纺织品鉴别法等特定贸易的标签要求，以防止高级用户声称"合法使用"。

背　景

合法使用原则源自 USPTO 局长在半个多世纪前的一项决定中对美国商标法的解释。[145]1957 年 *Coahoma Chemical Co. v. Smith* 一案提出，在其使用违反其他联邦法规的基础上，USPTO 应当驳回商标的注册。[146]在 *Coahoma* 案中，局长认为首要的问题是，在州际贸易中不能合法运输的商品上使用的商标，是否可以获得比之后合法运输商品的使用者的商标更高的权利。[147]他的结论是，在商业上非法运输的商品不能作为商标权的基础，根据不动产法和个人财产法所规定的一般原则，即所谓的所有者不得通过非法手段取得财产权，并评论说，"该原则已根深蒂固，以至于无须引用权威"。[148]美国海关与专利上诉法院以其他理由确认了局长的决定，明确地拒绝就撤销的合法使用基础作出裁决。[149]

商标规则第 2.69 条编纂的 *Coahoma* 案合法使用原则如下[150]：

> 符合其他法律。当寻求商标注册的任何产品的销售或运输符合国会法案规定时，专利商标局可以对于是否遵守该法案进行适当的调查，唯一目的是确定申请中列举商业的合法性。美国联邦法规第 37 编第 2.69 条。

该规则使得审查员决定"适当的调查"可能是什么，因此，USPTO 有很大的自由裁量权来评估所有者使用商标是否违反了美国联邦法律。[151]

USPTO 最初积极地运用合法使用原则，对被证明其产品的使用或优先权不符合 FDA 规定的销售者，拒绝授予商标权。[152] 然而，在 *Coahoma* 一案之后的几年里，美国许多适用于所有类型商标的新联邦法规和条例成为法律，TTAB 对就合法使用作出合理判断的任务之艰巨表示沮丧。[153] "这条规则长期以来一直被解释为不授予专利局负责监督所有不同的监管法规的权力，以确保它们得到遵守。"[154]

合法使用原则的现代应用

1992 年，批判合法使用原则的 TTAB 在 *General Mills Inc. v. Health Valley Foods*[156] 一案中提出了现代"合法使用"声明的公认标准：

> 当合规问题（发现不符合规定）事先已经被具有管辖权的法院或政府机构依据相关法规确定，或者本身就违反规范当事方商品销售的法规时，在一个或多个监管行为中试图确定标记使用是否合法的更好做法是仅将在商业中的使用视为非法使用。[157]

TTAB 的标准规定，以合法使用原则为基础而寻求使注册或申请无效的一方承担很高的举证责任，主张合法使用的一方承担相对较低的责任。[158]

也许因为 TTAB 的标准和较重的举证责任，至少有一篇论文的作者认为，除了极端不法行为的案例外，合法使用争论已经有点失宠了。[159] 诚然，报道承认该原则的当事人间诉讼数量相对较少，一方使用该原则用于积极辩护以攻击对手注册的合法性，[160] 对要求优先权的日期提出质疑，[161] 作为放弃指控的依据，[162] 基于非法使用相当于不使用并拒绝撤销起诉人的立场，因为根据美国联邦清洁空气法和各州法规[163] 或食品、药品和化妆品法，[164] 起诉人以享有优先权的依据使用是非法的。[164] 法院已经将这一规则的适用扩展到服务领域，在一个案件中，认定在违反美国联邦银行法的情况下商标使用不符合合法使用标准。[165]

应用于绿色品牌的合法使用

虽然法院狭义地适用合法使用原则，但在绿色标签和广告规定的背景下，特别是鉴于 FTC 最近依赖纺织品鉴别法作为其欺骗行为和不公平竞争调查行动的基础，该原则可能是充分可行的。[166] 一家美国联邦地区法院拒绝将合法使用原则应用于另一起违反 FDA 关于标签的规定的案件中，因为"尽管原告可能没有遵守对香水标签的要求，但是他们的违法行为并不是此类的材料性质问题，且未引起严重的消费者保护问题以至于使其标签无效"。[167] 然而，产生的问题是，在绿色品牌领域的消费者保护问题是否已经上升到适用合法使用原则的高度。虽然我们并不想把"每个审理商标侵权诉讼的联邦法官变成数百条标签和许可法律的潜在附带执法者"，[168]但我们既不想将"商标保护的益处扩展到基于卖方违反政府法律的行动"，也不想奖励"以牺牲勤奋为代价的草率行为"。[169]

美国联邦第九巡回上诉法院在 2007 年的 *CreAgri，Inc. v. USANA Health Sciences，Inc.* 案中明确采用了合法使用原则。Olivenol 膳食补充剂的制造商以侵犯商标、不正当竞争和不当得利行为起诉竞争对手，[170]认为"只有在商业上的合法使用才能产生商标优先权"，[171]由于原告未能建立合法的首次使用，法院同意了竞争对手的反诉，撤销了 Olivenol 的商标注册。[172]

此后不久，由于在撤销反诉中证明对原告注册商标的优先使用，加利福尼亚北部法院判 Target 公司在其努力避开侵权的主张中败诉。[173]在该案中，Target 公司基于销售不符合美国食品、药品和化妆品法规定标签要求的产品提出优先权主张。[174]

根据现行的法律规定，反对在不符合标签法律规定的产品上使用绿色标志的一方必须通过明确和有说服力的证据证明：①法院或相关行政机构确定产品不符合要求；或②违规使用本身违反了法律规定，并且不符合产品的材料规定。[175]

在 *General Mills* 案中描述实质性的含义是，这种使用是如此"影响不好，以至于从法律上讲，它不可能创设任何商标权——必须取消相关商标的注册"。[176]在 *CreAgri* 案中，法院裁定被告符合实质性要求，表明如果不是非法使用，被告将优先于注册人。[177]

希望以非法使用而向对方的注册提出异议的一方，也应准备进行抗辩并证明非法使用与商标有密切关系。[178]美国联邦第九巡回上诉法院在 *CreAgri* 案件中，既没有采纳，也没有拒绝由 TTAB 的判决产生的这种"关系"要求，[179]因为法院认为商标与为了消费而贴错标签的产品之间的关系很容易满足任何这样的要求。[180]然而，美国联邦第九巡回上诉法院随后确认了在商标所有人非法取得商标所涉及的业务并构成犯罪时，地方法院拒绝在案件中适用合法使用的规则，虽然该公司的业务是在商标与非法行为之间没有足够联系的基础上进行的。[181]

绿色诉讼可能会将欺骗行为和合法使用主张联系起来。2009 年，FIJI 水的个人购买者和消费者在加利福尼亚州法院针对 FIJI 的所有者——Roll 国际公司提起集体诉讼，声称 FIJI 绿色标志、绿色水滴以及口号"每一滴水都是绿色"的使用是非法的漂绿行为，这种行为违反了加利福尼亚州多项消费者保护和广告法。[182]虽然并没有根据 *Coahoma* 原则指控非法使用，但原告的指控听起来似曾相识。根据原告的说法，FIJF 这种广告的使用从广义上讲是非法的，因为该产品的分销据称需要巨大的能源消耗因而会对环境产生危害。[183]由于未陈述诉求，法院最终在 2010 年以偏见为由驳回了起诉。[184]然而，这种"非法使用"的主张引起保护消费者组织的注意，应该是品牌所有者在当前环境气候中所关心的问题。品牌所有者违反了一般消费者保护法的认定，可能是侵权和不正当竞争指控以寻求诸如取消商标注册等补救措施和政府执行其政策方法的"秘密通道"。

为了避免非法使用的指控，应该考虑 TerraChoice 所谓的"漂绿的七宗罪"。这实际上是涉及消费者保护问题和绿色广告的路线图。

（1）隐藏交易之罪，是指基于一组不合理的狭隘属性而不关注其他重要的环境问题来暗示产品是绿色的。例如，纸张并不一定仅仅因为它来自可持续采伐的森林就是环保的。造纸过程中的其他重要环境问题，包括能源、温室气体排放，以及水和空气污染，可能同等或更重要。

（2）缺乏证据之罪，是指由于不能通过容易获得的支持信息或可靠的第三方认证以证实环保主张。常见的例子是面巾纸和卫生纸产品，声称有不同百分比的消费者使用后回收，却没有提供任何证据。

（3）含混不清之罪，是指每项主张的定义都很模糊或宽泛，以至于真正含义很可能被消费者误解。"全天然"就是一个示例。砷、铀、汞和甲醛都是天然存在的和有毒的。"全天然"并不一定是绿色的。

（4）无关痛痒之罪，是指通过作出可能是真实的但对寻求环保产品的消费者来说是不重要的或没有帮助的环保主张。"无氯氟碳化合物"是一个常见的示例，因为尽管氯氟烃（CFCs）被法律禁用了，但它仍然是常见的主张。

（5）避重就轻之罪，是指声称在产品类别中可能是正确的，但可能会分散消费者对于整体范畴内更大环保影响的注意力。有机香烟就是一个示例，节能型运动多用途车也是如此。

（6）说谎欺骗之罪，是最不常见的罪，是指声称虚假的环保主张。最常见的示例是谎称产品是能源之星认证或注册的产品。

（7）崇拜虚假标签之罪，是指通过文字或图片给人的印象是通过第三方认可的，而这种认可实际上并不存在，换句话说就是虚假标签。[185]

避免 TerraChoice 的"七宗罪"可以帮助公司避免非法使用的指控。考虑到绿色指南背景下的"罪行"，针对特定贸易的立法和法规以及当前的市场可能在很大程度上有助于避免政府的执法行动、消费者的保护主张或竞争对手的不公平竞争和侵权控诉。它还可能对品牌所有者在建立"合法"的优先权和确立其主张的所有权方面有所帮助。

结　论

在当前的绿色环境下，使用不符合绿色指南、贸易特定标签法以及USPTO判例法的绿色品牌，会将所有者暴露于多重风险中：无法获得注册权，政府可能进行调查和/或惩罚，或即使注册真的被授权，也无法执行注册以对抗第三方。出于这些原因，商标从业人员应该超越商标法和政策来评估"绿色"品牌是否容易受到对其有效性的间接攻击。

绿色品牌实践思考的总结

绿色指南

（1）当前的绿色指南或预期修订的绿色指南是否直接处理拟议的标志？如果是，请考虑：

（2）第三方认证机构是否应该证实在拟议标志下提供的产品或服务所带来的环保效益？

（3）如果是，确保认证机构是合法的。

USPTO

（4）拟议标记中包含单词的字典定义是否与环境有关？

（5）是否有新闻文章讨论了包含拟议标记中已有术语的产品的环保属性？

（6）是否有第三方在网络上使用拟议标记中的术语讨论了产品类型的环保属性？

（7）是否有许多第三方在先要求注册包含在拟议标记中术语的标记？

（8）拟议标记是否听起来"环保"？

FTC 执法

如果是任何上述问题：

（9）审查 FTC 指南、特定贸易立法和联邦法规的产品特定标签要求/禁令。例如，如果产品是人造丝，那么就检查纺织纤维制品鉴别法。如果产品是口红，那么检查联邦食品、药品和化妆品法。

（10）审查使用/产品包装的样品，以防止任何疏忽的或无意的环保主张。

（11）根据"可持续发展品牌的5C"来分析新品牌和重塑品牌。

避免消费者和竞争对手提起诉讼

（12）定期审查 FTC 指南、特定贸易立法以及联邦法规的产品特定标签要求/禁令。为了客户产品了解当前的市场和消费者心态。

（13）建议零售商考虑执行对制造商要求有关环保产品的政策：①确定规

制其产品的有关贸易特定立法；②确保律师认定产品符合相关标签要求/品牌选择；或③确保在广告商提出环保营销主张时，产品符合第三方认证的环保标准。

（14）避免 TerraChoice 的漂绿七宗罪。

注　释

1. JONES K C. Consumers Demand Greener Products, and Tech Companies Are Responding［EB/OL］.（2017 – 05 – 03）［2010 – 05 – 08］. www. informationweek. com/news/global – cio/showArticle. jhtml？ articleID = 199203597.

2. White House. President Obama Signs an Executive Order Focused on Federal Leadership in Environmental, Energy, and Economic Performance［EB/OL］.（2009 – 10 – 05）［2010 – 05 – 08］. www. whitehouse. gov/the_press_office/President – Obama – signs – an – Executive – Order – Focused – on – Federal – Leadership – in – Environmental – Energy – and – Economic – Performance；美国联邦公报第 74 卷第 52 部分第 117 条（2009 年 10 月 8 日）。

3. MORRISON J. Students Looking for Green Practices When Choosing Local College Campuses［N/OL］. Flint journal（2009 – 01 – 28）［2010 – 05 – 08］. www. mlive. com/news/flint/index. ssf/2009/01/students_looking_for_green_pra. html；MAHANY B. A Greener Teen［N/OL］. Chicago Tribune（2010 – 04 – 15）［2010 – 05 – 08］. www. chicagotribune. com/features/family/sc – fam – 0415 – green – teen – 20100415, 0, 5077330, full. story.

4. 例如，关于 *Kmart Corp.*, No. C – 4263, 2009 WL 2189691, Compl.（FTC, July 15, 2009），请参阅 www. ftc. gov/os/caselist/0823186/090717kmartcmpt. pdf；参见 LANE E L. Consumer Protection in the Eco – mark Era：A Preliminary Survey and Assessment of Anti – Greenwashing Activity and Eco – mark Enforcement［J］. J. Marshall Rev. Intell. Prop. L., 2010, 9（3）：742.［引用 *Koh v. S. C. johnson & Son, Inc.*, No. 09 – cv – 00927 – HRL, Compl. paragraphs 5 – 9（N. D. Cal. Mar. 2, 2009）（以下简称"Koh 案"）指控被告在销售 Windex 清洁剂时进行漂绿］。

5. TerraChoice 公司是一家环保营销和通信公司。

6. 根据 TerraChoice 的说法，它们依据国际标准化组织（ISO）、美国联邦贸易委员会、美国环境保护署、消费者联盟以及加拿大消费者事务部的要求对环保主张进行测试。TerraChoice Environmental Marketing Inc. The Six Sins of Greenwashing™：a Study of Environmental Claims in North American Consumer Markets［R/OL］. November 2007［2010 – 05 – 08］. www. terrachoice. com/files/6_sins. pdf.（该报告以下简称"Terra Choice 2007"）

7. 同上。

8. TrerraChoice Environmental Marketing Inc.. The seven sins of greenwashing™：environmental claims in consumer markets summary report：North America［R/OL］. April 2009［2010 – 05 –

08〕. http：//sinsofgreenwashing. org/findings/greenwashing – report – 2009. （该报告以下简称 "TerraChoice 2009"）

9. TerraChoice 2007，前注 6。

10. Gunderson G A. 2009 Dechert LLP Annual Report on Trends in Trademarks〔R/OL〕. April 2009. www. dechert. com/library/Trends_in_Trademarks_2009. pdf. （该报告讨论了 2007 年 Gunderson 先生首次提到的 "绿色主题标志" 持续增长）

11. 同上。

12. 同上。

13. Brandweek. Green Strategies Not a Fad in Retail〔EB/OL〕. （2009 – 07 – 23）〔2010 – 05 – 08〕. www. brandweek. com/bw/content_display/news – and – features/green – marketing/e 3ide42830a4943f36c223a559cdbab326b.

14. TerraChoice 2009，前注 8。

15. FTC 公布的环保营销主张的资源请参阅 www. ftc. gov/bcp/menu/consumer/energy/environment. shtm（最后访问时间为 2010 年 5 月 8 日）。

16. Guides for the Use of Environmental Marketing Claims，16 C. F. R. §§ 260. 1 – 260. 8（2009）（以下简称 "绿色指南"）。

17. 同上，§ 260. 2（a）。

18. 同上，§ 260. 2（b）。

19. 同上，§ 260. 8。

20. 同上，§ 260. 8。

21. 同上，§ 260. 2（b）。

22. 15 U. S. C. § 45（a）（2）（2006）.

23. 15 U. S. C. § 45（a）（1）（2006）；另见绿色指南，前注 16，§ 260. 5。

24. 绿色指南，前注 16，§ 260. 3。

25. 同上，§ 260. 5。

26. 同上。

27. 同上，§ 260. 6（a）。

28. 同上，§ 260. 6（b）。

29. 同上，§ 260. 6（c）。

30. 同上，§ 260. 6（d）。

31. 同上，§ 260. 6（b）。

32. 同上，§ 260. 7（c）。

33. 同上，§ 260. 7（d）。

34. 同上，§ 260. 7（e）。

35. 同上，§ 260. 7（f）。

36. 同上，§ 260. 7（g）。

37. 同上，§ 260. 7（h）。

38. 同上，§ 260.7（a），示例 1。

39. Gunderson，前注 9。

40. TrerraChoice 2007，前注 5；TerraChoice 2009，前注 7。

41. EPA. gov. Environmentally Preferable Purchasing （EPP）［EB/OL］.［2010 - 05 - 10］. ht-tp：//yosemite1. epa. gov/oppt/eppstand2. nsf/Pages/Standards. html? Open.（以下简称"EPP"，声明"用于评估产品的标准以及已经获得认证的标准在其网站上列出"）

42. 同上。

43. Pendleton Woolen Mills. Company History［EB/OL］.［2010 - 05 - 10］. www. pendleton - usa. com/custserv/custserv. jsp? pageName = CompanyHistory&parentName = Heritage.

44. EPP，前注 41。

45. 同上。

46. 绿色指南，前注 16，§ 260.7（a），示例 5。

47. 2010 年 4 月 18 日，笔者在公开的 USPTO TESS 商标数据库中进行了如下基础检索：* earth *［bi，ti］and * Smart *［bi，ti］and registrant［on］and live［ld］，得到 20 个结果。Trademark Search—TESS. http：//tess2. uspto. gov（笔者保留检索结果）。

48. 绿色指南，前注 16，§ 260.7（b）（1）-（2）。

49. 绿色指南，前注 16，§ 260.7（b）。

50. 同上。

51. 同上，§ 260.7（b）。

52. 参见 *Kmart Corp*，前注 4；关于 *Tender Corp.*，No. C - 4261，2009 WL 2189692，Compl.（FTC，July 13，2009），请参阅 www. ftc. gov/os/caselist/0823188/090717tendercmpt. pdf；关于 *Dyna - E Int'l Inc.*，No. C - 9336，2009 WL 2810351，Compl.（FTC，May 20，2009），请参阅 www. ftc. gov/os/adjpro/d9336/index. shtm。

53. *Kmart Corp.*，前注 4。

54. 同上。

55. 同上。

56. The Clorox Company. Green Works Natural Cleaners and Sierra Club Celebrate Two - Year Anniversary；Doubling of Natural Cleaning Category［EB/OL］.（2010 - 03 -- 01）［2010 - 05 - 10］. http：//investors. thecloroxcompany. com/releasedetail. cfm? releaseid = 448538.

57. 同上。

58. 绿色指南，前注 16，§ 260.7（d），示例 2。

59. USPTO Design Search Code Manual［EB/OL］.［2010 - 05 - 08］. http：//tess2. uspto. gov/tmdb/dscm/index. htm.

60. 2010 年 4 月 18 日，笔者在公开的 USPTO TESS 商标数据库上进行了如下基础检索：241719［dc］and live［ld］。Trademark Search—TESS，http：//tess2. uspto. gov（笔者保留检索结果）。

61. 参见绿色指南，前注 16，§ 260.7（d）［规定"如果整个产品或包装（不包括附带的小配件）是可回收的，则产品或包装提出可回收的主张是不合格的。由于产品或包装是由可回收和不可回收的部分制成，可回收的主张应足够合格以避免欺骗消费者产品或包装的哪些部分或部件可回收］。

62. 同上，§ 260. 7（d）n. 4（讨论可回收电池中出现的特殊案例）。

63. 同上，§ 260. 7（d）。

64. 绿色指南，前注 16。

65. FTC. gov. Reporter Resources：The FTC's Green Guides［EB/OL］.［2010 - 05 - 08］. www. ftc. gov/opa/reporter/greengds. shtm.

66. It's Too Easy Being Green：Defining Fair Green Marketing Principles：Hearing Before the Sub - comm. on Commerce，Trade，and Consumer Protection of the H. Comm. on Energy and Commerce，111th Cong.（2009）（James A. Kohm 的评论，其为美国联邦贸易委员会消费者保护局执行部门副主任）；请参阅 www. ftc. gov/os/2009/06/P954501greenmarketing. pdf（最后访问时间为 2010 年 5 月 8 日）。FTC 原本计划在 2009 年初修订绿色指南，但在 2009 年 5 月决定，需要消费者在关于他们对其他环保主张的理解方面再进一步投入，特别是他们对绿色环保、可持续、可再生和碳中性等术语的理解。截至本书原书出版时，FTC 仍未发布预期修订的绿色指南。

67. It's Too Easy Being Green，前注 66。

68. 参见 USPTO、美国商务部（商标审查程序手册 § 1209. 03（m）（第 6 版 第 1 次修订 2009）［以下简称"TMEP"］［引用 *CyberFinancial. Net*，*Inc.*，65 U. S. P. Q. 2d 1789，1792（TTAB 2002）（规定"申请人寻求注册通用术语'bonds'，该术语与申请人的服务无关，与顶级域名标志'. com'无关，并且结合这两个术语不能创建能够识别和区分申请人服务的术语"）；关于 *Martin Container*，*Inc.*，65 U. S. P. Q. 2d 1058，1061（TTAB 2002）（保持"通用术语和域指示符都不具有作为源指示器的功能，并且将二者结合在一起不会导致以某种方式获得该功能的复合术语"）］。

69. 同上 § 1209. 03（m）［引用 *Steelbuilding. com*，415 F. 3d 1293，1297（Fed. Cir. 2005）（撤销了 TTAB 对"Steelbuilding. Com"这个术语基于通用性的驳回，注意到"在极少的情况下，本身没有特色的术语可能通过添加 TID 来获得其他的含义，比如'. com''. net'等。在这些不寻常的情况下，TID 的添加可以显示出与互联网相关的独特性，暗示着物品的某些'互联网特征'"（内部引用省略）；但是参见 *Advertise. com*，*Inc. v. AOL Adver.*，*Inc.*，616 F. 3d 974，979（9th Cir. 2010），其中，区别于 Steelbuilding. com，法院发现添加". com"到在线广告服务中并没有改变广告这个术语的通用意义］。

70. 15 U. S. C. § 1052（e）（1）（2006）.

71. TMEP，前注68，§ 1209. 01（b）。

72. 同上，§ 710. 01。

73. 参见 *ObjectStyle*，*LLC*，2008 WL 1741887（TTAB，April 8，2008）［持有标志不仅仅是软件咨询服务的描述，因为审查员提供的"几个"互联网引用在"面向对象的系统工程工具"中展示标记"OBJECTSYLE"的使用时，并未满足要求）；*Jones Investment Co.*

Inc., 2009 WL 273242（TTAB, January 21, 2009）［非先例］（规定"审查员有责任证明标记只是有关货物和/或服务的描述"）［引用 *Merrill Lynch, Pierce, Fenner, and Smith, Inc.*, 828 F. 2d 1567, 1571（Fed. Cir. 1987）（规定"委员会有责任平衡公众对标志理解的证据和对标志的描述程度，并根据惯例和先例，解决有利于申请人的合理怀疑"）］。

74. 参见 *H. Marvin Ginn Corp. v. International Ass'n of Fire Chiefs, Inc.*, 782 F. 2d 987, 990（Fed. Cir. 1986）［以下简称"*Marvin Ginn*"］。

75. 同上。

76. 参见 TMEP，前注 68，§ 1209. 01（c）（i）（引用 *Marvin Ginn*，前注 74）。

77. 同上，§ 1209. 01（c）（i）（引用 *Morvin Ginn*，前注 74）。

78. 同上，§ 1209. 01（c）（i）. USPTO 最终因为通用性驳回了标记，要么是根据 15 U. S. C. A. § 1052（t）（2006）由于未能显示获得独特性，要么是根据 USC § 1091（2006）由于不能在补充登记簿上注册。

79. *Cenveo Corp.*, 2009 WL 4086560（TTAB, September 30, 2009）；*Bargoose Home Textiles Inc.*, 2009 WL 1719383（TTAB, May 27, 2009）；*Jones Investment*，前注 73。

80. *Jones Investment*，前注 73。

81. *Bargoose*，前注 79。

82. *Cenveo*，前注 79。

83. *Jones Investment*，前注 73，位于 ＊3。

84. 同上，位于 ＊3（说明"由单个词组成申请人的标记通常理解为仅仅是对服装的描述。然而，我们不会认为，'Green Indigo'这类对词语特定组合会产生特定的名称，如果作为整体来考虑，其仅仅是对申请人商品的描述。"）。

85. *Bargoose*，前注 79，位于 5。

86. 同上，位于 4。

87. 同上，位于 4。

88. 同上，位于 4。

89. 同上，位于 5。

90. *Cenveo*，前注 79。

91. *Marvin Ginn*，前注 74。

92. *Cenveo*，前注 79，位于 4。

93. 同上，位于 4 – 5。

94. 同上，位于 5。

95. 同上。

96. 同上。

97. 同上。

98. 同上。

99. 同上，位于 6（发现复合词标记是"一个由两个或两个以上的基本语素组成的词，不论连接与否：英语复合词通常区别于通过减少其中一个元素的重音和意义变化的短语"）

［引用 Compound word mark ［EB/OL］//Merriam – Webster New World College Dictionary (2009). (2009 – 09 – 18). www. yourdictionary. com/compound. TTAB 同时规定，"委员会可对字典定义进行司法通知，包括印刷格式的在线词典"，参见 *CyberFinancial. Net Inc.* ，65 U. S. P. Q. 2d 1789）（TTAB，2002）；*University of Notre Dame du Lac v. J. C. Gourmet Food Imports Co. , Inc.* ，213 U. S. P. Q. 594 （TTAB，1982），aff'd，703 F. 2d 1372 （Fed . Cir. 1983］。

100. 同上，位于 3。TTAB 审议了审查员记录的证据，以 "证明有关公众明白 'green – key' 主要是指由环保材料制成的钥匙卡"。TTAB 审议的证据，有助于了解在通用性决定中，哪些证据被认为是相关的。关于证据的详细讨论可以在案例决定中找到，特别是定义的类型以及显示第三方使用和申请人自己使用的网站摘录。

101. 同上，位于 6。

102. 参见 *Merrill Lynch*，*Pierce*，*Fenner*，*& Smith*，*Inc.* ，828 F. 2d 1567，1570 – 71 （Fed. Cir. 1987）（撤销 TTAB 关于现金管理账户对于股票经纪服务是通用的决定，以及相关的金融服务发现 7 种通用的用途不足以确立通用性）。

103. 关于 *Calera Corporation*，2010 WL 1233877 （TTAB，March 24，2010）。

104. 同上。

105. 同上，位于 5。

106. 参见 TMEP，前注68，§ 1212. 02 （e）［引用美国商标法第 6 条 （a），15 U. S. C. § 1056 （a）（2006），该条规定，在某种程度上，"主管可以要求申请人放弃原本可注册标记的不可注册部分"］。

107. *Calera*，之前注释 103，位于 5。

108. 参见 15 U. S. C. § 1052 （f）（2006）［规定 "除本条 （a）、（b）、（c）、（d）、（e）（3）及 （e）（5）明确排除外，本条任何内容均不得阻止申请人注册在商业上使用的具有申请人商品特色的标记。主管可接受初步证据，证明该标记已变得与众不同，如在商业上使用或与申请人的商品有关，证明申请人在作出显著性声明的日期之前在商业上连续 5 年将其作为标记使用的证据。本条任何内容均不得阻止注册在使用或与申请人的商品有关时主要是地理上的错误描述，并在北美自由贸易协定实施法案颁布之前，在商业上成为申请人商品特色的标记。根据第 43 条 （c），可能因模糊或丑化而造成淡化的标记，仅可根据第 13 条提起的诉讼而驳回注册。根据第 43 条 （c）的规定，可能因模糊或丑化而造成淡化的标记，但根据第 14 条或第 24 条提起的诉讼，商标注册可能被取消。"］。

109. 2010 年 4 月 25 日，笔者在公开的 USPTO TESS 商标数据库中进行了如下基础检索：＊Sustainable ＊［bi，ti］and "020"［cc］and live ［id］，得到 221 个结果。Trademark Search—TESS，http：//tess2. uspto. gov （笔者保留检索结果）。2010 年 4 月 25 日，笔者在谷歌中检索 "sustainable and household goods"，得到了 34. 5 万个结果。2010 年 4 月 25 日，笔者在 Westlaw's NEWSUS – PRO 数据库检索 "sustainable and household goods"，得到了 205 个结果。2010 年 4 月 25 日，笔者在 Onelook. com 搜索术语 "sustainable"，得到了 24 个字典定义，其中来自 http：//oregon onstate. edu/instruct/anth370/gloss. html、标题为 "科学" 的定义写道："可持续——以不会危及子孙后代机会的方式使用自然资源和人力资源。"

110. SamsClub. com. Sustainability Simple Steps to Saving Green［EB/OL］.［2010 - 05 - 11］. www. samsclub. com/sams/pagedetails/content. jsp? pageName = sustainability - symbol.

111. 同上。

112. SCJohnson. com. Our Greenlist Process［EB/OL］.［2010 - 05 - 10］. www. scjohnson. com/en/commitment/focus - on/greener - products/greenlist. aspx.

113. 同上。

114. 美国商标注册第 3522370 号（2007 年 3 月 23 日申请，2008 年 10 月 21 日注册）。

115. *Koh v. S. C. johnson & Son, Inc.*, No. C - 09 - 00927（N. D. Cal. Jan. 6, 2010）（Order denying Def. 's Motion）；但参见 *Hinjos v. Kohl's Corp.*, CV 10 - 07590 ODW AGRX, 2010 WL 4916647（C. D. Cal. Dec. 1, 2010），其中，法院区别于 *Koh* 案，认为金钱损失或财产的索赔不涉及价格折扣；*Hill v. Roll Int'l Corp.*, A128698, 2011 WL 2041574（Cal. Ct. App. May 26, 2011）其中，法院区别于 *Koh* 案，认为 Koh 标签与 *Hill* 案的问题有显著差异。

116. 同上。

117. MCCARTHY J T. McCarthy on Trademarks and Unfair Competition［M］. 4th ed. 2004：§ 11：55.（以下简称"McCarthy"）

118. 同上。

119. 同上。

120. Maddock Douglas - Agency of Innovation®. Mapping the Future of Green Innovation MD's Sustainability Leadership Perspective, Sustainability Leadership Perspective 2010［EB/OL］. www. maddockdouglas. com/sustainability - leadership - perspective - 2010.

121. 同上。

122. Maddock Douglas - Agency of Innovation®，前注 120。

123. SMITH F. Wave of Litigation Over "Greenwashing" Poised to Break［N/OL］. Daily journal, 2010 - 02 - 10. http：//wflc. org/inthenews/forestcertnews/2. 10. 10（引用位于洛杉矶的 Winston & Strawn's 律师事务所诉讼小组主席 Neal Marder 的发言）。

124. *In the Matter of SAMI DESIGNS, LLC*, No. C - 4279, Compl.（FTC Aug. 11, 2009），请参阅 www. ftc. gov/os/caselist/0823194/090811samicmpt. pdf；*In the Matter of CSE, INC*, No. C - 4280, Compl.（FTC Aug. 11, 2009），请参阅 www. ftc. gov/os/caselist/0823181/090811madmodcmpt. pdf；*In the Matter of Pure Bamboo, LLC*, No. C - 4278, Compl.（FTC Aug. 11, 2009），请参阅 www. ftc. gov/os/caselist/0823193/090811purebamboocmpt. pdf；*In the Matter of the MGroup, Inc.*, No. 9340, Compl.（FTC, Aug. 11, 2009），请参阅 www. ftc. gov/os/adjpro/d9340/090811bamboosacmpt. pdf。

125. 同上。
126. 同上。
127. 同上。
128. 参见 *Pure Bamboo*，前注 124。

129. 同上，Part A。

130. 15 U. S. C. § 70 (2006).

131. 16 C. F. R. § 303 (2009).

132. 15 U. S. C. § 70a (b) (2006).

133. 16 C. F. R. § 303. 18 (2009).

134. 16 C. F. R. § 303. 40 (2009).

135. *SAMI DESIGNS*，前注 124。

136. 同上。

137. 同上。

138. 参见：FTC. "Bamboo" Textiles Issues, Cases, & Education [EB/OL]. [2010 – 05 – 09]. www. ftc. gov/bamboo.

139. FTC 网站新闻发布："FTC 警告 78 家零售商，包括 Wal – Mart、Target 和 Kmart，停止在人造纤维产品贴上'Bamboo'的标签和广告"。[EB/OL]. (2010 – 02 – 23) [2010 – 05 – 09]. www. ftc. gov/opa/2010/02/bamboo. shtm.

140. FTC. Model Letter [EB/OL]. [2010 – 05 – 09]. www. ftc. gov/os/2010/02/100203model – bamboo – letter. pdf.

141. 同上。

142. FTC. List of Companies [EB/OL]. [2010 – 05 – 09]. www. ftc. gov/os/2010/02/100203company – letter – recipients. pdf；也可参见前注 138。

143. TMEP，前注 68，app. C。

144. 同上。

145. *Coahoma Chemical Co. , Inc. v. Smith v. Howerton Gowen Company, Inc.* , 113 U. S. P. Q. 413（Comm'r Pat. & Trademarks 1957）（以下简称"*Coahoma I*"），*aff'd*, 264 F. 2d 916 (1959)（以下简称"*Coahoma II*"）。

146. 同上，*Coahoma I* 。

147. 同上，位于 417。

148. 同上，位于 418。

149. 同上，*Coahoma II*，位于 920。

150. *Western Worldwide Enterprises Group, Inc. v. Quiqdao Brewery.* 17 U. S. P. Q. 1137, 1990 WL 354566 (TTAB, 1990).

151. 然而，USPTO 在对申请进行单方审查期间，正式改变了对第 2. 69 条调查的频繁发布，下面讨论在 1991 年 3 月 28 日发布的审查指南第 1 – 91 号中，官方的立场是，将停止就有关符合联邦标签要求进行的例行调查。该指南被纳入 TMEP 的最新版，前注 68，§ 907。

152. 例如，审查员在一个案件中不满意申请人对第 2. 69 条调查的答复，甚至还得到了美国卫生和人类服务部食品药品司总法律顾问关于所提交的标签不符合美国食品、药品和化妆品法要求的意见。参见 *Garden of Eatin' Inc.* , 216 U. S. P. Q. 355 (TTAB 1982); Taylor,

133 U. S. P. Q. 490（TTAB，1962）（三明治）；也可参见 *Pepcom Industries，Inc.*，192 U. S. P. Q. 4100（TTAB，1976）（软饮料）。由于缺乏商业上合法使用的证明，TABB 驳回了包装食品样品中没有列出食品标签规定要求成分的申请。在另一个案件中，关于 *Cook*，188 U. S. P. Q. 284（TTAB，1975），在俄亥俄州向州外客户销售肉类不符合"商业"的要求，因为州际销售不符合美国食品和药品管理局的规定。USPTO 利用"合法使用"原则来解释申请人不符合美国联邦法规，这实际上是承认申请人没有达到"商业"的要求。

153. TABB 阐述了其在 *Satinine v. P. A. B.* 案中沉默的原因："在 *Coahoma* 决定后的几年里，委员会曾有过在涉及联邦食品、药品和化妆品法，联邦肉类检验法，联邦杀虫剂、杀菌剂、杀鼠剂法，联邦清洁空气法等这些法规下合法使用的案件。由于近年来联邦监管行为的激增，（原文如此）现在几乎有无数这样的行为，委员会可能被迫解释这些行为，以确定在商业中某一特定使用是否合法。由于我们对大部分行为知之甚少或不甚了解，因此我们面临一个严重的问题，即我们试图裁定当事方的商业使用是否符合可适用性的一项或多项法规的行为是否明智。" *Satinine Societa in Nome Collettivo di S. A. e M. Usellini v. P. A. B. Produits et Appareils de Beaute*，209 U. S. P. Q. 958（TTAB 1981）。

154. *Pennwalt Corporation v. Sentry Chemical Company*，219 U. S. P. Q. 542，553（TTAB，1982）（引用取消注册，无论违规行为多么轻微或无害……既不符合正义，也不符合常识）。

155. 参见 *General Mills Inc. v. Health Valley Foods*，24 U. S. P. Q. 2d 1270（TTAB 1992）[陈述"发现所有可能导致食品公司技术违规的全面政策，6 U. S. P. Q. 2d. 2045（TTAB 1988）]。

156. 同上（认定对手未能让 TABB 满意的是对手出售的纤维麦片包装上缺乏营养标签，这严重违反了 FDA 的要求）。

157. 同上，位于 1273 – 1274 [引用 *Satinine*，前注 153；*Kellogg Co. v. New Generation*；Stellar International，Inc.，159 U. S. P. Q. 48，51（TTAB 1968）；*Armour & Co.*，180 U. S. P. Q. 351（TTAB 1973）；关于 *Garden of Eatin' Inc.*，216 USPQ 355（TTAB 1982）]。

158. *General Mills*，前注 155（说明："从相关标签管理法规的粗略审查中可以清楚地看出，许多要求在本质上纯粹是技术性的，违反这些要求可能是相对无害的，并可能随后得到纠正"）。

159. ALTMAN L，POLLACK M. Callmann on Unfair Competition，Trademarks & Monopolies [M]. 4th ed. Thomson Reuters/west，2011：§ 20：15.

160. *Dessert Beauty，Inc. v. Fox*，617 F. Supp. 2d 185，190（S. D. N. Y. 2007），*aff'd*，329 F. App'x. 333（2d Cir. 2009）（如果明理的陪审团发现注册人的标签没有违反食品药物和化妆品法，或者这种违反是无关紧要的，则撤销申请就会失败）；*The Clorox Company v. Armour – Dial，Inc.* 214 U. S. P. Q. 850（TTAB，1983）（申请人被指控违反标签规定，但未能为其积极抗辩承担举证责任）。

161. *Lane Capital Mgmt.，Inc. v. Lane Capital Mgmt.，Inc.*，15 F. Supp. 2d 389（S. D. N. Y. 1998），*aff'd*，192 F. 3d 337，（2d Cir. 1999）（"合法使用"由于未能适当地抗辩而被放弃）；但是参见 *Dessert Beauty，Inc. v. Mara Fox*，617 F. Supp. 2d 185（S. D. N. Y. 2007），

aff'd, 329 F. App'x. 333（2d Cir. 2009）。其中，*Dessert* 案法庭拒绝遵循 *Lane* 案，认定未能提出"合法使用"抗辩并非出于恶意，被告可以主张抗辩而不对原告造成不当损害。

162. *Satinine*，前注 15。

163. *Geraghty Dyno – Tuned Products*，*Inc. v. Clayton Manufacturing Company*，190 U. S. P. Q. 508（TIAB，1976）。

164. *Erva Pharmaceuticals*，*Inc. v. American Cyanamid Co.*，755 F. Supp. 36（D. P. R. 1991）（由于违反药品标签法和条例，侵权原告未能确定使用药品名的优先权）；相对轻微的标签违规行为，例如没有列出成分的数量，已经成为拒绝注册的依据。参见 *Stellar International*，*Inc.*，159 U. S. P. Q. 48，1968 WL 8159（TIAB 1968）（申请人未能在标签上列出口腔清新剂的含量，违反 FDCA 标签规定，因此属于"非法使用"）。但是参见 *Dessert Beauty*，*Inc. v. Mara Fox*，617 F. Supp. 2d 185（S. D. N. Y. 2007），aff'd，329 F. App'x. 333（2d Cir. 2009）（基于非法使用的简易判决否定了合理的事实发现者可能得出的结论——在液体测量中列出香水成分是不重要的）。

165. *Intrawest Financial Corp. v. Western National Bank of Denver*，610 F. Supp. 950（D. Colo. 1985）。

166. 同上，Part C – 1。

167. *Advertising to Women*，*Inc. v. Gianni Versace S. P. A.*，2000 WL 1230461（N. D. Ill. Aug. 24，2000）。

168. 3 McCarthy，前注 117，位于 § 19：124。

169. *CreAgri*，*Inc. v. USANA Health Sciences*，*Inc.*，474 F. 3d 626，630（9th Cir. 2007）；但是参见 *Dessert Beauty*，*Inc. v. Mara Fox*，617 F. Supp. 2d 185（S. D. N. Y. 2007），aff'd，329 F. App'x. 333（2d Cir. 2009）。其中，美国联邦第二巡回上诉法院发现，与 *CreAgri* 案不同，*Dessert* 案的被告未能提供令人信服的证据来证明明显的违规行为。

170. 同上。

171. 同上（注册人不能依靠未准确标记的膳食补充剂的销售）。

172. 同上，位于 633 – 634。

173. *GoClear LLC v. Target Corporation*，2009 WL 160624（N. D. Cal. 2009）。

174. *GoClear*，前注 172，位于 ＊2.（法院同意原告 GoClear 的观点，认为 Target 公司没有"合法使用"，因为 Target 公司的标签违反了美国食品、药品和化妆品法）。

175. *Dessert Beauty*，前注 160（如果明理的陪审团认定注册人的标签没有违反美国食品、药物和化妆品法，或者这种违反是无关紧要的，则撤销申请就会失败）。

176. *General Mills*，前注 158，位于 ＊3。

177. *CreAgri*，*Inc.*，前注 169，位于 633。

178. 同上，位于 631 – 632。

179. 参见例如，*Satinine*，前注 153，位于 967；*General Mills*，前注 155，位于 967。

180. *CreAgri*，*Inc.*，前注 168，位于 631 – 632 ["也许可以设想一种情况，如果违反与商标产品有关的法律，将不会对该商标的权利产生影响，贴错标签的产品与该产品的名称

（特别是为人类消费而设计的产品）之间的联系非常接近，足以证明除非商标的侵权行为得到纠正，否则拒绝给予商标保护"]。

181. *Cash Processing Services*, *LLC v. Ambient Entertainment*, *Inc.*, 320 Fed. Appx. 494 (9th Cir. 2008)（确认地方法院在不顾被告反对原告标记先前使用是非法的情况下，对标记"Mustang Ranch"的所有者发出初步禁令）。

182. *Anaya Hill v. Roll Int'l Cotp.*, No. CGC – 09 – 487547,（San Francisco County Super. Ct. March 30, 2010）.

183. 同上。

184. 同上。

185. The Seven Sins of Greenwashing [EB/OL]. [2010 – 09 – 30]. http：//sinsofgreen-washing. org/findings/theseven – sins/.

第十六章
知识产权活动的财务报告影响

詹姆斯·多诺霍
马克·A. 斯派克

决策者除了考虑知识产权活动的战略和法律影响外，还必须考虑由此对财务会计和报告造成的后果。[2]虽然通常这些是事后才想到的，但知识产权活动经常要求在公司的财务报表中反映财务会计的记录和披露。知识产权活动如何处理取决于许多因素，包括交易的结构和记录。不断变化的会计指南增加了与知识产权相关的指导和披露，也使这一领域变得更加复杂。在评估知识产权交易时，从财务报告的角度理解知识产权活动是一个重要的考虑因素。

知识产权活动

在许多组织中，各个领域的知识产权活动每天都在发生。虽然很多人关注的是明显的知识产权活动，如专利许可或销售，但知识产权活动也包括许多不太明显的项目。例如，日常的研发工作会有各种各样与财务会计有关的结果。

虽然可能无法将全部的知识产权活动一一列出，但一般类别的知识产权活动包括许可和销售活动、研发、知识产权申请和审查、诉讼、和解、合并和收购、捐赠或放弃。每个类别都包含多个具有某种形式财务报表确认的组成部分。例如，许可活动包括收到预先支付的和即将支付的专利使用费，将立即或最终被记录为收入。实体可能会将预先支付的专利使用费记录为支出，或者在某些情况下，将资产负债表上的成本作为无形资产进行资本化。

查看这些知识产权类别的另一种方法是考虑知识产权的生命周期。例如，专利的生命周期将从开发该概念的研发工作开始。提交申请并获得授权的专利将产生法律费用。此外，还会支付各种申请费和维持费。授权的专利在其生命周期中可能涉及各种知识产权事件。有些专利可能只是简单地参与投资组合和保护产品，而其他的专利可能作为投资组合或者更大的企业集团或组织的一部分单独被许可或出售。专利也可用于专利侵权诉讼。该诉讼可能导致各种结果，包括诉讼费用、和解、损害赔偿、专利无效或未被侵犯的裁决。最后，专利可能会被捐赠、放弃，或者像许多专利一样，只是简单地到期。[3]

这些在知识产权生命周期中的活动可能在所有者的财务报表中需要某种形式的财务会计确认。鉴于这些活动财务会计的复杂性，我们使用生命周期来说明与每个知识产权事件相关的潜在财务会计处理和会计指南。在下面的章节中，我们首先回顾一些知识产权相关会计指南的示例，然后回顾一些上市公司如何进行特定知识产权活动的会计处理。

知识产权相关会计指南

与知识产权相关的会计指南从广义的概念陈述到具体的指导，明确地讨论了与知识产权相关的活动。虽然显然并不是包含所有，但常见的知识产权会计指南包括：[4]

■ 财务会计准则委员会（FASB）概念公告第 6 号，财务报表要素。
■ 财务会计准则声明（SFAS）第 2 号，研究和开发（FASB ASC 730）。
■ SFAS 第 5 号，或有事项会计（FASB ASC 450）。
■ SFAS 第 141（R）号（修订 2007），企业合并（FASB ASC 805）。
■ SFAS 第 142 号，商誉与其他无形资产（FASB ASC 350）。
■ SFAS 第 144 号，用于长期资产的减值或处置（FASB ASC 360）。
■ SFAS 第 157 号，公允价值衡量（FASB ASC 820）。
■ SEC 员工会计公告第 104 号，主题 13 收入确认（FASB ASC 605）。
■ 紧急事务委员会第 00 - 21 号，多因素合约收入确认（FASB ASC 605 - 25）。
■ 紧急事务委员会第 08 - 7 号，防御性无形资产的会计（FASB ASC 350 - 30）。

FASB 的概念公告旨在建立能够支持财务会计和报告标准发展的目标和基础。虽然概念公告没有建立 GAAP，但其在分析会计问题时通常是有用的工具。

FASB 概念公告第 6 号定义了财务报表的要素：资产、负债、权益、收入、费用、收益和损失。"资产是特定实体由于过去的交易或事件而产生的未来可能获得或控制的经济利益。"[5]资产具有 3 个基本特征：①它包含可能的未来收益，涉及单独或结合其他资产，直接或间接地对未来净现金流入作出贡献的能力；②特定实体可以获得利益并控制他人获得；③交易或其他事件导致实体有权对已发生的利益进行控制。

就知识产权而言，在决定知识产权的支付是资产还是费用的时候需要考虑资产的定义。例如，购买许可权利或专利组合符合资产的定义，其被认为是一项资产。专利组合可以体现未来可能的经济效益，有助于未来向买方提供现金流，买方可以获得该利益并控制他人对专利组合的使用权。购买专利组合可能会受到已经发生的协议和付款的约束。

收入被定义为"从交付或生产商品、提供服务或其他构成实体持续经营的主营业务的资金流入或其他资产增强或负债减少（或两者结合）"。收入表示由于实体持续经营的主营业务而发生或将最终产生的实际或预期的现金流（或等价物）。同样，产生收入的交易和事件以及收入本身也是多种形式的，并以不同的命名，例如，产出、交付、销售、费用、利息、股息、使用费和租金。这取决于所涉及的经营种类和收入的确认方式。例如，从专利许可中获得的收入通常是用现金支付的，被称为许可费。

员工会计公告（Staff Accounting Bulletin，SAB）第 104 号主题 13（ASC 605）［以下简称"SAB NO. 104（ASC605）"］讨论了与收入确认有关的会计指南，包括知识产权的一些具体的参考。总的来说，SAB No. 104（ASC 605）说明了实现和获得收入的需求。当满足以下所有条件时，收入被认为是可实现的和可获得的：

■ 存在安排的有力证据；

■ 产品已经交付或服务已经提供；

■ 卖方向买方的要价是固定的或可确定的；

■ 可收回性可以合理保证。

在评估知识产权许可收入时，经常引用 SAB No. 104（ASC 605）。当知识产权被许可时，许可人通常表示并保证正在许可的是一项他们将捍卫和维持到未来有效的专利。虽然这可能被认为是未来的义务，因此需要收入延期，但是 SAB No. 104（ASC 605）示例表明，这种通常的表示和保证不被认为是单独交付的，因此不一定会导致收入确认延期。[6]

SFAS 141（ASC 805）和 SFAS 142（ASC 350）于 2001 年发布，除其他事项外，商誉和无形资产的财务报告和披露具有实质性的改变。这些报表通常被认为增加了无形资产的披露，并要求额外的无形资产确认和减值测试。

SFAS 141（ASC 805）侧重于企业合并的财务报告，并具体阐述了关于无形资产更优信息的需求。例如，SFAS 141（ASC 805）为企业合并中除商誉外的无形资产的确认提供了明确的标准，并扩大了无形资产的披露。根据 SFAS 141（ASC 805），当无形资产从合同或法定权利（无论它是否与实体分离）中产生，或者能够与实体分离并出售、转让、许可、租赁或交换时，它们被视为与商誉分离的资产。SFAS 141（ASC 805）也提供了无形资产的具体示例（包括多种形式的知识产权）。这些无形资产在企业合并时应被确认为无形资产。由于 SFAS 141（ASC 805）的无形资产指南要求适用于企业合并（无形资产一般仅在收购后才被记录为资产），过去几年的兼并和收购热潮有效地在企业资产负债表中纳入了数十亿美元的知识产权和其他无形资产。

SFAS 141（R）（ASC 805）于 2007 年 12 月发布。就无形资产而言，一般由 SFAS 141（ASC 805）提供上述基本概念。[7]一些例外值得注意，包括正在进行的研究和开发（IPRD），现在被认为是无形资产，并且在被发现减值或被完全摊销之前仍然是资产。在 SFAS 141（R）（ASC 805）之前，IPRD 在收购时是公允价值，但在损益表上即为支出。

SFAS 142（ASC 350）说明了企业合并后以及单独或集体获得的无形资产的财务会计和报告。[8]SFAS 142（ASC 350）讨论了具体的无形资产概念，包括初始确认和衡量、使用年限、摊销和减值测试。无形资产财务报表的呈报和披露在 SFAS 142（ASC 350）中也有讨论。例如，在 SFAS 142（ASC 350）中阐述了如何判断无期限的商标权是否减值。

SFAS 144（ASC 360）说明了有限、长期资产减值的财务会计和报告，其中包括知识产权和其他无形资产。例如，在资产负债表上获得并记录为资产的有限年限的专利组合或许可协议将受到 SFAS 144（ASC 360）减值测试的约束。SFAS 144（ASC 360）中描述的减值测试需要两个步骤。第一步是将无形资产的账面价值与预期的未折现的现金流进行比较，以确定无形资产的可回收价值。第一步通常是在事件或环境变化表明资产的账面价值可能不可收回时完成的（有时称为"触发"事件）。[9]如果是不可收回的（账面价值大于未折现的现金流），第二步比较无形资产的账面价值与公允价值，确定减值金额。

美国证券交易委员会的工作人员还在各种演讲中对知识产权事件发表了评论。这些演讲是一种潜在的会计资源，通常会提供具体的示例。例如，2007 年 12 月 10 日，美国证券交易委员会总会计师办公室副总会计师 Eric West 在演讲中讨论了诉讼和解的会计核算问题。[10]诉讼和解是一种常见的知识产权事件，通常包含多种要素。演讲中还涉及识别并考虑与诉讼和解相关的每个会计组成部分的需求。演讲中使用的假设示例包括诉讼和解、不起诉契约和专利许可（授予和接受）的部分。

关于接受专利许可的部分，演讲中指出"除其他事项外，能否承认专利许可作为无形资产，取决于公司是否拥有专利的独家使用权，或者出售或转让专利的权利。当公司没有这些权利时，我们认为，将这些权利描述和估值为预付专利使用费或许更合适"。

关于授予专利许可的部分，适当的处理可能取决于许可的预期使用方式。如果所提供的许可期望被许可人在其操作中使用，则许可人可以"……确认收入或诉讼和解费用中相应增加的收入。但是，如果许可作为诉讼辩护策略的一部分且对被许可人没有价值"，许可人对收入的确认将是有待商榷的。

演讲中还指出，紧急事务委员会（EITF）报告第 00 - 21 号"具有多个可交付成果的收入安排"（ASC 605 - 25）在为每个要素分配公允价值时起到一定的作用。演讲者认为，"在为每个要素付款时考虑使用相对的公允价值"，并且如果其中一个要素不能被估值，那么可以采用剩余法。演讲者还认为许多公司无法可靠地估计诉讼部分的公允价值。

EITF 08 - 7"防御性无形资产会计"（ASC 350 - 30）论述了购买者没有计划使用，而是坚持防止他人使用的无形资产（称为"防御性资产"）核算。典型的示例是购买和保留专利或商标以便让资产远离竞争对手。

虽然买家历来很少对防御性无形资产赋予价值，SFAS 157（ASC 820）和 SFAS 141（R）（ASC 805）的指南要求买方以考虑资产最高和最佳使用的公允价值来衡量防御性无形资产。由于对许多市场参与者来说，最高和最佳使用可能是防御性的，资产必须有相应的公允价值。EITF 08 - 7（ASC 350 - 30）提供了与防御性无形资产相关的进一步指导，并要求收购的防御性资产应作为单独的会计单位核算。还建议，几乎所有的防御性资产都应该具有有限的使用期限。[11]

知识产权业务活动的会计核算

知识产权问题出现在各种各样的商业活动中。例如，知识产权必须被开发或获得，并最终在某些事务被企业使用。这种使用可以是知识产权的出售或许可交易、诉讼事项或最终处置。以下各节将对这些知识产权业务活动的会计核算进行综述。

开发知识产权

开发知识产权通常涉及研发活动。研发活动包括许多类型的费用，包括但不限于与开发创意或产品相关的材料、人员和合同服务。如果被视为研究和开发，则产生成本的实体将在发生成本时承担该费用。例如，在专利申请中用于开发创意的内部研发活动将被视为费用。这笔费用将会减少收益，而不会成为资产负债表上的资产。涉及该领域的相关财务报告会计指南包括 SFAS No. 2 "研究和开发费用的会计"（ASC 730）。[12]

相反，如果实体获得的研发活动作为企业合并的一部分，而不是在内部开展，则该研发活动的公允价值作为无形资产呈现在资产负债表上，未来将进行减值测试和摊销。[12]

该会计处理悖论是源于 SFAS No. 141（R）"企业合并"（ASC 805）。如上所述，SFAS No. 141（R）（ASC 805）要求收购方将在企业合并中获得的所有有形和无形研发资产确认为资产。在 SFAS No. 141（R）（ASC 805）发布之前，如果这些费用没有可供选择的未来使用方式，那么获得的研发成本则是公允价值，且在收购之日就会被支出。这一变化实质上将把数十亿美元的 IPRD 放在未来买家的资产负债表上。

例如，2008 年，在 SFAS No. 141（R）（ASC 805）之前，Ban – Pharmaceuticals, Inc. 被 Teva Pharmaceutical Industries Ltd. 以大约 75 亿美元的价格收购了。[13] 在此次收购中，将近 10 亿美元的收购价格被分配为 IPRD 估计的公允价值。根据交易时的相关指南，该 IPRD 在收购时是支出的，并没有保留在资产负债表上。

相反，SFAS No. 141（R）（ASC 805）将主要把数十亿美元的 IPRD 转移到未来买家的资产负债表上。例如，2009 年，辉瑞公司（Pfizer）以 680 亿美元收购了惠氏公司（Wyeth），将近 150 亿美元的购买价格被认定为 IPRD，并被记录为一种不确定期限的无形资产。之后，该无形资产将接受减值测试。例如，2010 年，辉瑞公司记录了 18 亿美元的减值支出，主要与从惠氏公司获得的无形资产（包括 IPRD）有关。一旦研发项目完成并投入市场，辉瑞公司将开始摊销该项目的公允价值。例如，2009 年 12 月，由于被收购的药物得到了监管部门的批准，因此从研发技术权被重新归类为已开发技术权。

2009 年塔尔甘塔治疗公司（Targanta Therapeutics Corporation）的收购案提供了另一个示例。塔尔甘塔治疗公司是一家被麦迪逊公司（Medicines Company）收购的独立生物技术公司。在被收购之前，塔尔甘塔治疗公司还是独立的实体，花费了超过 1 亿美元开发各种药物，并将这些费用作为研发支出。然而，当塔尔甘塔治疗公司被收购时，麦迪逊公司确定收购研发资产的公允价值为 6950 万美元，并将其记录为无形资产。[14] 麦迪逊公司将支付与被收购技术相关的未来研发费用，被收购资产将接受减值测试，当产品进入市场时还要进行摊销。

除了收购，对获得的无形资产的会计处理方法是相同的。单独购买的专利申请或授权的专利通常被视为将在收购者的资产负债表上资本化的无形资产。在资产负债表上作为资产记录的金额将主要基于购买专利申请或授权专利的成本，但也可能包括与收购该资产相关的法律和备案费用。[15]由于专利的使用期限是有限的，所收购专利的总成本将摊销在无形资产的使用期限上，还将受到 SFAS 144（ASC 360）的减值测试。

显然，同样的概念也适用于其他类型的知识产权。例如，与开发商标或商号相关的内部费用通常是视为支出的，而购买商标的费用将被资本化并作为资产记录在资产负债表上。可口可乐公司的资产负债表或许是这一概念最突出的示例。可口可乐品牌被认为是世界上最有价值的品牌，由于它是内部开发的，与被收购项目不同，可口可乐品牌价值数十亿美元的公允价值并未体现在可口可乐公司的资产负债表上。[16]

知识产权交易

一旦实体拥有了知识产权，就经常涉及某种知识产权交易。正如本书所讨论的，知识产权交易可以包括各种形式的许可和销售，范围从简单地直接出售单种专利到涉及数千种专利和各种实体的多部分许可和结算交易。

销售和购买

专利销售通常涉及将专利转让给买方以换取某种形式的补偿。例如，2002年，优诺发公司（Unova）以 2400 万美元向博通公司出售了大约 150 项专利和专利申请。优诺发公司记录了这笔交易的收益，并反映在损益表上。虽然购买专利组合可以在各种情况下资本化，但在这一特殊的交易中，博通公司立即支付了整个购买价格。将购买记录作为支出而不是作为资产的理由包括博通公司没有计划：①在其持续经营的业务中利用投资组合；②利用投资组合产生未来现金流；③转售投资组合。根据 SFAS 144（ASC 360），博通公司因此决定不可能合理预测与投资组合相关的未来现金流，并在收购后立即记录减值变化以注销资产。

博通公司随后以类似的方式处理了涉及凌云逻辑公司（Cirrus Logic）的1800 万美元专利和专利申请组合的购买。由于博通公司收购凌云逻辑公司的专利用于防御和结算目的，博通公司无法估计未来的现金流，在购买后立即将 1800 万美元作为 SFAS 144（ASC 360）的减值费用支出。[17]

对涉及专利收购的公开文件的审查表明，专利收购的费用与资本化是根据实际情况而变化的。正如上面讨论的示例中所指出的，博通公司立即支付了整笔购买价格。相反，阿卡西亚研究公司（Acacia Research Corporation）收购专利的目的是许可或将其出售给另一方，已经将专利收购成本进行资本化，并在其使用期限内摊销。

另一个投资购买专利和专利组合的示例涉及诺维尔公司（Novell, Inc）在第一商业公司（Commerce One）的破产过程中，诺维尔公司购买了 2004 项专利和专利申请组合。此次收购意在增强诺维尔公司的知识产权投资组合，并加强对开源代码产品专利指控的抗辩能力。诺维尔公司将 1550 万美元的收购价格作为无形资产进行资本化，并设立了 10 年的使用期限。诺维尔公司随后向合资企业提供这些专利，并利用其投资组合的价值作为其对合资企业的部分出资。[18]

RPX 公司通过购买可能对其客户构成威胁的专利，提供订购的专利风险管理解决方案，以公允价值将专利购买资本化。RPX 公司收购针对当前和未来客户的专利资产。作为订购费用的交换，RPX 公司将收购的专利资产许可给其客户，以保护他们免受与收购的专利资产相关的侵权指控。截至 2010 年12 月 31 日，RPX 公司已经购买了超过 2.5 亿美元的专利，并将其记录为无形资产。收购专利资产的公允价值一般是基于考虑交换的公允价值，包括与收购有关的法律费用和其他费用。[19]

许可

公司通常选择许可其专利和其他知识产权，以换取预付或未来的专利使用费。这些许可通常向许可人提供使用费收入，并代表被许可方的支出。对于大多数许可人来说，最基本的问题是何时确认收入。

收入确认的会计指南是广泛的，包括广义概念和具体指导。例如，FASB概念公告第 5 号（ASC 350 – 30 – 25 – 4）指出："……当实体已经基本上完成了必须做的事情，并有权享有由收入所代表的利益时，就被认为已经获得了收入。"虽然很难总结支配收入确认的权威会计指南，但一般来说，为了确认来自知识产权许可的收入，收入必须被认为是可实现或可变现的，并且是可获得的。正如前面所讨论的，要使收入被认为是可变现的和可获得的，必须符合下列所有标准：①存在安排的有力证据；②产品已经交付或服务已经提供；③卖方向买方的要价是固定的或可确定的；并且④可收回性可以合理保证。[20]

举例来说，当满足下列条件时，e. Digital 公司才确认了来自专利许可协议的收入：①专利许可协议已经执行的；②到期金额是固定的、确定的、可支付的；③已经向客户提供了许可权利的技术；和④最终应收账款的收取已经发生或可能发生。这种直接确认可能很大程度上是因为 e. Digital 公司已经履行了合同中的所有义务，并且客户可以使用被许可的技术。[21] 未偿债务或在未来需要提供某项义务通常会延迟收入确认。

许可协议有时规定根据实际销售额或单位来计算专利使用费。除非这些款项能够在可靠的基础上进行估算，否则此类协议下的收入通常是在专利使用费数额已知和可收取之后才能得到确认。例如，阿卡西亚研究公司在活动结束后的一个季度确认这些类型许可协议的收入，提供的数额是固定的或可确定的，并且合理地确保应收账款。将收入确认延迟到销售活动之后的季度，允许在确认收入之前收到被许可人的专利权使用费报告。[22]

此外，公司还必须考虑到许可协议的期限。即使公司确实收到了专利使用费的预付款，并且履行了协议规定的义务，在许可协议中规定的期限开始之前，也不能确认收入。[23] 期限的长短也会影响何时将预付款确认为收入。

例如，2008 年，高通公司与诺基亚公司（Nokia Corporation）签订了大量的许可与和解协议。协议涵盖了各种无线标准，并解决了双方之间悬而未决的所有诉讼。许可协议为高通公司提供了 25 亿美元的预付款项、持续的专利权使用费以及多项诺基亚公司的专利转让。高通公司在 2008 年确认 5.6 亿美元的收入，并在协议的 15 年期限内，确认剩余未获得的收入。除了已经实现和未实现的收入，高通公司还记录了由于诺基亚公司的专利转让而产生 18 亿美元的无形资产。在估计的 15 年使用期限内，对预期折现现金流采用收益现值法，确定了转让专利的预计公允价值，18 亿美元的无形资产将在 15 年的时间里以直线法摊销。[24]

诺基亚公司按照国际财务报告准则编制财务报表，计划在合同期内确认将 25 亿美元（170 万欧元）预付款给高通公司，因此，将预付款的大部分记录为预付费用。关于转让给高通公司的专利，诺基亚公司还采用折现现金流的收益现值法对其进行估值，但与高通公司不同，其得出了专利的公允价值并不重要的结论。[25]

知识产权交易：和解

知识产权和解也很常见，通常需要某种形式的财务会计和报告。由于和解协议往往能解决各方之间的各种问题（例如诉讼的和解和未来的许可），和解协议通常包含多种会计要素，可能需要单独的会计处理。例如，高通公司和博通公司在 2009 年达成了一项重大和解，签署了专利许可和互不起诉协议。与许多知识产权和解协议一样，该协议包含各种要素，包括现有诉讼的解决以及在实体之间专利权的转让。根据协议，高通公司同意向博通公司支付近 9 亿美元，其中一些在 2009 年支付，其余在之后支付。正如高通公司在公开文件中所讨论的，适当地确定这种协议的会计处理方式取决于许多因素，其中包括对所接收资产进行估值的能力。鉴于难以可靠地估计协议中各个要素的价值，高通公司将该协议视为会计目的的单一要素，并实际上立即将该协议中所欠付款的公允价值计入费用。2009 年支出的 7.83 亿美元与协议规定的应付总额之间的差额，是指前期应计的金额和估算的利息（未来的付款以适当的折现率折合成公允价值）。

博通公司从高通公司获得近 9 亿美元的付款，并将协议到期的款项分配给多个会计要素。博通公司确认了与知识产权相关的诉讼和解金为 6530 万美元（双方之间某些诉讼和解的近似价值）。与知识产权转让和其他未决诉讼和解相关的公允价值估计为 8.259 亿美元，在协议要求的 4 年执行期间将被视为单独会计单位并且被确认为收入。[26]

2005 年，另一项重大和解涉及美敦力公司（Medtronic，Inc.）和 Gary Michelson 博士。美敦力公司以 13.5 亿美元的总价和解了各种诉讼，并从 Michelson 博士和相关实体手中购买了脊柱相关知识产权和其他资产。由于协议对诉讼进行了和解，转让了各种知识产权和其他资产，也被认为具有多种会计要素。13.5 亿美元中有 5.5 亿美元用于支付过去的亏损，并于 2005 年计入费用。总金额中 6275 亿美元用于收购技术无形资产，其中包括一项大型专利和专利申请投资组合，并有 17 年的使用期限。其余 1.75 亿美元被视为 IPRD，并在收购时予以支付。该公允价值被归于 IPRD，因为获取技术的某些部分仍在开发中，并没有在未来可供使用的可能。[27]

Research in Motion（RIM）也参与了一项大规模和解，最终在 2006 年 3 月向 NTP 支付超过 6 亿美元。RIM 此前已累计 4.5 亿美元的负债，其中包括 2000 万美元的无形资产。在 2006 年，USPTO 发布了各种各样的审查意见通知书，驳回了 NTP 所有专利申请的请求。在很大程度上基于这些裁决，RIM 没有将任何价值归于 NTP 许可，并因此注销了现有的无形资产，基本上将全部 6 亿美元的费用支付给 NTP。[28]

企业合并中无形资产的收购

如上所述，SFAS 141（ASC 805）和 SFAS 142（ASC 350）显著地改变了在企业合并中知识产权和其他无形资产的核算方式。至少最初是在资产负债表上，这些标准导致更多的无形资产被披露和更多的无形资产价值被记录。特别是考虑到最近的经济衰退，无形资产减值或减记也更为常见，原因在地知识产权和其他无形资产不再被埋藏在商誉之中并且保持低调。

当公司被收购时，收购人必须确认，除商誉之外，所收购的无形资产是可辨认的。如果无形资产符合上述可分离性标准或合同法律标准，则被认为是可辨认的。SFAS 141（ASC 805）和现行的 SFAS 141（R）（ASC 805）专门辨识各种可能被视为可辨认知识产权资产，包括商标、商号、服务标志、商业外观、域名、专利技术和软件等。当将购买价格分配给所获得的各种资产和承担的负债时，公允价值被分配给这些类别的知识产权和其他无形资产。

因此，在收购专注于知识产权的公司时，很有可能，目标知识产权通常会在收购日期被披露并被确认为无形资产。虽然专利在 SFAS 141（ASC 805）和 SFAS 141（R）（ASC 805）中被列为无形资产，而且有时被认为是单独的类别，但专利的公允价值通常包含在更广泛的无形资产类别中，通常被称为获得的产品权利或开发的技术。例如，虽然 Macromedia 在 2005 年被 Adobe 收购时拥有专利，但被收购专利的公允价值包含在被收购产品权利的无形类别中。[29]

对一些公司来说，专利和商标是实体资产负债表的重要组成部分，并且是分开披露的。例如，截至 2009 年 12 月 31 日，强生的资产负债表上有 94 亿美元是商标和专利的公允价值，其中包括 590 万美元被视为非摊销商标价值，以及在 17 年加权平均使用期限中进行摊销的 35 亿美元的专利和商标价值。[30]

另一个说明 SFAS 141（R）（ASC 805）影响的示例是艾康尼斯（Iconix）品牌集团公司（以下简称"艾康尼斯"）。艾康尼斯是一家品牌管理公司，收购了多家知名的消费品牌。这些品牌被许可给其他公司，这些公司向艾康尼斯支付使用费。由于艾康尼斯主要购买品牌组合，而不是在内部开发，因此艾康尼斯的资产负债表在很大程度上反映了被收购商标在购买日的公允价值。例如，商标在艾康尼斯的 18 亿美元总资产中占有 12.5 亿美元。由于 12.5 亿美元的商标几乎都有无限的使用期限，将留在资产负债表上，未摊销收购成本，不计入未来的减值。如果艾康尼斯在内部开发这些品牌，资产负债表将不包括 12.5 亿美元的商标资产。[31]

知识产权诉讼

公司往往被迫承担诉讼费用，以捍卫自己的知识产权。诉讼费用通常是按实际发生的费用计算的，但在某些情况下可以作为资产进行资本化。

Rambus 公司经常参与诉讼并支付诉讼费用，其诉讼费用会在损益表中的营销、行政管理费用的项目里单独列出。例如，2009 年，Rambus 公司的总营销、行政管理费用为 1.28 亿美元，其中近 5600 万美元是诉讼费用。[32]

如上文所述，阿卡西亚研究公司收购专利的目的是许可或出售给另一方，同时也要支付诉讼和许可费用，并将其单独作为投资者的费用项目。2010 年和 2009 年，阿卡西亚研究公司的诉讼和许可费用约为 1400 万美元。

根据财务会计概念公告第 6 号 "财务报表的要素"，当专利的未来经济利益增加时，Intermec 公司为保护其专利而支出的外部法律费用将被资本化。例如，2009 年，Intermec 公司投入了 470 万美元的法律费用。如果未来的经济效益下降，这些费用将被摊销到专利使用期限的费用上或者被减值。[23]

销售、放弃或改变知识产权的价值

一旦出现在资产负债表上，由于企业合并或直接购买知识产权，各种知识产权事件可能会改变知识产权的公允价值，并需要额外的会计条目。销售或放弃知识产权可能需要从资产负债表中删除相关的账面价值。虽然公允价值的增加不会被记录下来，但公允价值的下降可能会造成减记的需要。

对于具有有限期限的知识产权（包括专利），摊销将降低其在使用期限中的账面价值。根据与特定知识产权有关的事实和环境，使用期限可以大不相同。使用期限通常也基于整个专利组合的使用期限，而不是特定专利的使用期限。虽然专利的法定期限代表了最大的使用期限，但由于技术的变化，经济期限通常较短。例如，诺基亚公司的公开文件指出，"所收购用于内部使用的专利、商标、许可、软件许可、客户关系和开发技术均用直线法计算其使用期限进行资本化和摊销，一般是 3～6 年，但不超过 20 年"。[34]

正如 RPX 公司在讨论摊销政策时所指出的，确定无形资产的经济效用需要重要的管理层决策。例如，由于 RPX 公司的商业模式为每个客户提供了绝大多数获得的专利资产许可（在某些情况下可以成为永久许可），RPX 公司无法可靠地确定专利资产是如何被用尽的。因此，RPX 公司将每项专利资产以直线法为基础进行摊销，期限为该资产预计使用期限和剩余法定期限中较短的时间期限。截至 2010 年 9 月 30 日，RPX 公司的大部分专利资产在 2～5 年的经济使用年限内被摊销。

除了摊销外，由于不断变化的市场条件，通常还要减记知识产权的价值。SFAS 144（ASC 360）要求，如果存在某些 "触发事件"，应对无形资产进行减值测试，并在其账面价值超过公允价值时进行减记。各种情况都可能导致知识产权的公允价值下降。例如，愈加激烈的竞争可能会导致专利权使用费降低。技术的变化会降低或消除无形资产的重要性，从而导致其公允价值下降。例如，2008 年，Rambus 公司确定大约 220 万美元的 "无形资产没有其他用途，由于客户对技术要求的改变而被摊销"。[35]

此外，公司可能选择退出或根据需要重组相关的产品线，因此需要消除或减少分配给相关知识产权的账面价值。关于重组诺基亚公司的码分多址（CDMA）业务，诺基亚公司在 2006 年记录减值支出 3300 万欧元。这与收购

CDMA许可有关。

2008 年，阿尔卡特－朗讯（Alcatel－Lucent）记录了 47 亿欧元减值支出。这与其重新评估近期前景、精简投资组合的决定和弱化预期 CDMA 业务有关。该公司核销的项目包括商誉、无形资产、资本化成本和在 2006 年阿尔卡特收购朗讯技术相关的记录于资产负债表中的有形资产；47 亿欧元中有 13 亿欧元与知识产权和其他知识资产有关。

未来过渡到国际财务报告准则

国际会计准则（被称为国际财务报告准则，或 IFRS）正在成为美国以外许多公司首选的会计和报告格式。从美国会计准则向国际财务报告准则的预期转变将使无形资产的会计核算更加复杂。虽然目前的国际财务报告准则的无形资产会计要求与美国的会计准则相似，但有一些主要差异。

■ 根据美国公认会计原则，所有与研究和开发相关的支出（除企业合并之外）都按实际发生的费用计算。然而，根据国际财务报告准则，如果满足某些条件，一些代表内部开发产生的无形资产会被资本化。

■ 在无形资产减值测试的方法上有显著的差异。如上所述，美国会计准则要求采用"最高和最佳使用"的概念进行两步减值测试。相比之下，国际财务报告准则测试是一个单步过程，基于"使用价值"或对当前所有者的价值。根据国际财务报告准则，如果可收回金额低于账面价值，则确认减值损失（IAS 36）。"可收回金额"是指使用价值较高、公允价值较低的销售成本。"使用价值"是指来自资产或现金产生单位的未来折现现金流。由于大多数不确定期限的无形资产（如品牌名称）并不独立于其他资产并产生现金流，可能无法独立计算此类资产的使用价值。因此，有必要确定产生现金流的最小可识别资产组，该资产组在很大程度上独立于其他资产或资产组的现金流，称为"现金产生单位"，以完成测试。

■ 美国公认会计准则不允许撤销先前记录的减值支出。然而，在国际财务报告准则下，当满足某些条件时，商誉以外资产的减值损失可被撤销。

■ 在 FDA 批准前收购的 IPRD 项目（不属于企业合并的一部分）在国际财务报告准则下进行资本化，但在美国公认会计准则下计入费用。

作为实现真正意义上的全球会计标准正式合并项目的一部分，国际会计准则理事会（IASB）和 FASB 正在共同努力消除国际财务报告准则和美国会议会计准则之间尽可能多的差异。例如，如前所述，企业合并中的 IPRD 过去根据美国会议会计准则是进行支出的，但现在是资本化的（就像根据国际财务报告准则那样）。虽然目前尚不清楚如何解决这些剩余无形资产的会计差异，但人们普遍预期国际财务报告准则的要求将占上风。

结 论

了解财务会计和报告结果是分析知识产权交易的一个重要因素。而在过去，知识产权和无形资产通常被归入商誉或埋藏在财务报表中，最近的会计资料正迫使这些重要资产被单独予以确认，并从财务报告的角度进行披露。重大的知识产权交易经常被披露，并可能影响收益和各种财务指标。虽然会计处理的结果不一定会推动知识产权交易，但决策者应该认识到这些问题，并在尽职调查过程中考虑财务报告的影响。

注 释

1. 本章的结论是基于独立的研究和公开的资料。本章所表达的观点是笔者的观点和意见，不反映或代表 Charles River Associates Inc. 和 J. H. Cohn LLP 或笔者所属的任何组织的观点。本章所表达的任何意见均不构成笔者、Charles River Associates Inc. 或 J. H. Cohn LLP 确定或预测未来事件或情况的任何形式的保证，而且不可能是推断或暗示。如果任何一方由于根据本章所作的决定或未作出的决定，或已采取的行动或未采取的行动而受到任何一方的损害，笔者、Charles River Associates Inc. 和 J. H. Cohn LLP 对任何一方不承担任何形式的义务或责任，也不承担任何损害赔偿责任。关于 Charles River Associates Inc. 的详细信息和 "CRA International, Inc." 的注册商标，请参阅 www. crai. com。关于 J. H. Cohn LLP 的详细信息，请参阅 www. jhcohn. com。

2. 虽然知识产权活动也可以有各种税务相关的影响，但本章仅限于财务会计和报告。

3. 虽然期限周期示例使用的是专利，类似的事件可能涉及商标、版权和其他知识产权。

4. FASB 最近发布了一项法典，简化了获取美国公认会计准则的途径。在每一份先前的会计参考资料之后都注明了新法典的参考主题编号，例如，SFAS No. 141（R）（ASC 805）、企业合并（ASC 805）。一般来说，新法典的层次结构包括主题、子主题、部分和子部分。

5. FASB 概念公告第 6 号。

6. SAB 第 104 号（ASC 605）。

7. SFAS 第 141（R）号（ASC 805）预期适用于收购日期从 2008 年 12 月 15 日开始或之后的首个年度报告期开始或之后的企业合并。

8. SFAS 142（ASC 350）也涉及商誉减值测试过程。

9. 可能的触发事件包括市场价格的显著下跌、对资产使用或状况的显著不利变化、法律因素或业务客户的显著不利变化、成本累积显著超过预期、经营或现金流损失结合过去的经营或现金流损失、当前预期（更有可能的）该资产将在其先前估计的使用期限结束前被大量出售或处置。

10. 2007 年 12 月 10 日，演讲包括以下免责声明："作为一项政策，美国证券交易委员会声称对其任何雇员的任何私人出版物或声明不负责任。这里所表达的观点是作者的观点，并不一定反映委员会或作者同事或委员会工作人员的意见。"

11. EITF 08 - 7，"防御性无形资产会计"（ASC 350 - 30）。

12. 值得注意的是，与内部开发许可和专利相比，收购许可和专利所产生的成本可以作为无形资产进行资本化，并进行摊销和减值测试。

13. SFAS No. 141（R）（ASC 805）自 2009 年 1 月 1 日起适用于 Teva Pharmaceutical Industries Ltd. ，距离 Barr Pharmaceuticals，Inc. 的交易结束不到 1 个月。

14. 另有 2600 万美元被记录为商誉。

15. 无形资产收购后的未来内部研发活动将按实际发生的费用计算。正如后面所讨论的，与保护专利相关的法律成本有时被资本化。

16. 虽然可口可乐公司 2009 年 12 月 31 日的资产负债表包括 60 亿美元的商标，但这是多年来已购买的其他商标。

17. Broadcom 10 - K❶，2004，第 37 页。

18. Novell 10 - K，2005，第 76 页。

19. RPX Corporation S - 1❷，2011，第 1 页。

20. SAB 第 104 号，第 10 页、第 11 页（ASC 605）。

21. e. Digital Corporation 10 - K，2009.

22. Acacia Research Corporation 10 - K，2009.

23. SAB 第 104 号（ASC 605）。

24. Qualcomm 10 - K，2008，第 92 页。

25. Nokia 20 - F❸，2008，第 196 页。

26. Broadcom 10 - K，2009，第 52 页。

27. Medtronic 10 - K，2006.

28. Research in Motion 40 - F❹，2007，第 123 页。

29. 专利公允价值通常也包括在 IPRD 无形资产类别中。

30. Johnson & Johnson 10 - K，2009，第 56 页。

31. Iconix 10 - K，2009，第 52 页。

32. Rambus 10 - K，2009，第 36 页。

---

❶ 10 - K：在美国上市的美国公司的年报。在每个财政年度末后的 90 天之内（拥有 7500 万美元资产的公司必须在 60 天之内），公司要向美国证券交易委员会递交 10 - K 表格，内容包括公司历史、结构、股票状况及盈利等情况。——译者注

❷ S - 1：美国本地股的招股说明书。——译者注

❸ 20 - F：注册地不在美国但在美国上市的外国公司的年报。——译者注

❹ 40 - F：由在加拿大注册的公司向美国证券交易委员会提交的文件。——译者注

33. Intermec 10 – K，2009，第 53 页。

34. Nokia 20 – F，2008，第 F – 12 页。

35. Ramhus 10 – K，2008，第 63 页。

关于编者

兰宁·G. 布莱尔

兰宁·G. 布莱尔是 Ladas & Parry LLP 纽约办事处的合伙人，也是该公司合并、收购和许可部门的总监。布莱尔先生是若干知识产权组织委员会［包括许可贸易工作者协会的商标许可委员会（美国和加拿大）和国际商标协会（INTA）的《商标通讯》（*The Trademark Reporter*）编委会］的活跃成员。他最近在国际商标协会国际编委会任职，担任《商标通讯》的主编。布莱尔先生撰写并讲授了大量关于外国商标实践和知识产权商业交易的文章，并定期为不同类型的企业客户提供有关知识产权收购、融资和许可方面的咨询。布莱尔先生是由 John Wiley and Sons 出版的《并购中的知识产权资产》（*Intellectual Property Assets in Mergers & Acquisitions*）、《全球市场中的知识产权》（*Intellectual Property in the Global Marketplace*）、《知识产权在商业交易中的新作用》（*The New Role of Intellectual Property in Commercial Transactions*）的合著者和合编者。布莱尔先生还是由 Clark，Boardman，and Callaghan 出版的《全球商标转让》（*Worldwide Trademark Transfers*）的合著者和合编者。他毕业于美国约翰·霍普金斯大学和霍夫斯特拉大学法学院。可致电（212）708 - 1870 或通过电子邮件 lbryer@ ladas. com 联系布莱尔先生。

斯科特·J. 莱布森

斯科特·J. 莱布森是 Ladas & Parry LLP 合并、收购和许可部门的合伙人。莱布森先生的业务主要侧重于向企业客户提供关于知识产权和相关技术的收购、销售、许可和证券化的咨询服务。他被公认为知识产权证券化发展领域的主要权威之一。莱布森还为客户提供咨询，帮助他们在世界各地的司法管辖区提交和备案有关专利和商标转让的文件。他是一位出色的演说家，曾在广泛的知识产权问题上发表过演讲和撰写过大量文章，是几家知识产权组织的委员会成员，包括许可贸易工作者协会、国际商标协会和纽约州律师协会知识产权部门。他毕业于维拉诺瓦大学和霍夫斯特拉大学法学院。可致电（212）708 - 3460 或通过电子邮件 slebson@ ladas. com 联系莱布森先生。

马修·D. 阿斯贝尔

马修·D. 阿斯贝尔是 Ladas & Parry LLP 纽约办事处的合伙人。尽管他在美国国内和国际上主要从事商标法相关工作，但他是一位知识产权通才。他在娱乐行业、信息技术和医学领域有丰富的背景，精通多种语言，并获得了社交媒体策略师的资格证书，为各种各样的企业客户处理复杂的知识产权问题，包括 Web 2.0 空间产生的问题。阿斯贝尔先生是美国律师协会的活跃成员，既是该协会知识产权法部门的青年律师会员，也是青年律师部的互联网和知识产权法律委员会的主席。他曾担任纽约州律师协会知识产权部门的青年律师委员会主席，并且是与知识产权相关的其他律师协会委员会的活跃成员。阿斯贝尔先生已经撰写并与他人共同撰写了几份出版物，并就商标、许可、版权、专利、广播、互联网和隐私法等主题发表了演讲。他毕业于本杰明·N. 卡多佐法学院、卡内基·梅隆大学和圣公会学院。可致电（212）708 - 3463 或通过电子邮件 masbell@ ladas. com 联系阿斯贝尔先生。

关于贡献者

乔舒亚·布劳恩斯坦是 Corsearch 的总经理。Corsearch 是一家全球领先的商标搜索和期限周期解决方案供应商，在美国和欧洲设有办事处。自 1996 年起，乔舒亚·布劳恩斯坦担任内容总监、研究运营高级经理，并以商标搜索分析师的身份在 Corsearch 开始他的职业生涯。可通过（917）408 - 5128、Joshua. braunstein@ wolterskIuwer. com 或 www. ctcorsearch. com 联系乔舒亚·布劳恩斯坦。

罗伯特·德夫勒是 SVP 环球的知识产权法律顾问，他负责该公司知识产权在全球的实施和执行。在进入该公司之前，罗伯特曾是 Kirkpatrick & Lock-hart 纽约办事处的商标代理人，并在南非比勒陀利亚的 Adams & Adams 从事诉讼工作。

詹姆斯·J. 多诺霍是 Charles River Associates 公司纽约办事处的副总裁。他是一名注册会计师，拥有维拉诺瓦大学会计学学士学位。多诺霍先生也是一名注册估值分析师，并获得美国注册会计师协会的商业估值认证。多诺霍先生负责广泛领域的咨询工作，包括知识产权、损害赔偿、估值、司法会计、证券、专业过失分析和破产。多诺霍先生为知识产权的许可和收购交易提供各种尽职调查服务，包括估值、公平意见、税务和财务报告的战略咨询，以及破产程序。他在知识产权诉讼方面的经验包括评估知识产权纠纷中损害赔偿的适当经济措施。可通过（212）520 - 7116、jdonohue@ crai. com 或 www. crai. com 联系詹姆斯·J. 多诺霍。

约瑟夫·M. 福希奥尔是 Gioconda 法律集团 PLLC 的商标执法主管。PLLC 是纽约一家专注于知识产权诉讼、调查和战略的品牌保护律师事务所。他曾在香奈儿公司的法务部门工作，在那里他参与了实体和在线知识产权执法。他拥有本杰明·N. 卡多佐法学院的知识产权法硕士学位（LLM）和法学学位（JD）。可通过（212）786 - 7550、www. GiocondaLaw. com 或 joseph forgive@gio-condalaw. com 联系约瑟夫·福希奥尔。

约瑟夫·C. 乔康达是 Gioconda 法律集团 PLLC 的律师和创始人。PLLC 是纽约一家专注于知识产权诉讼、调查和战略的品牌保护律师事务所。他在 Kirkland & Ellis LLP 律师事务所作了近十年的合伙人和合作伙伴，最近在美国 DLA Piper LLP 律师事务所担任股权合伙人，负责该事务所纽约办事处的商标诉讼和防止假冒业务。他拥有耶鲁大学法学院的法学学位（JD），并撰写了许多文章，提出了防止假冒和执法的创新方法。可通过（212）786 – 7549、www. GiocondaLaw. com 或 Joseph. Gioconda@ GiocondaLaw. com 联系约瑟夫・乔康达。

莫林・B. 戈尔曼是芝加哥 Marshall，Gerstein & Borun LLP 律师事务所的商标律师。她曾是美国专利商标局的审查员，之前曾就"绿色"商标法的主题进行过书面和口头发言。可通过（312）474 – 6643、MGorman@ marshallip. com 或 www. marshallip. com 联系莫林・戈尔曼。

特里・赫克勒是 Heckler & Associates 的创始人和总裁，提供全方位的综合传播设计、广告和品牌战略服务。他的公司在许多成功的初创企业中发挥了重要作用，比如 Starbucks、New Balance、K2、Jansport、Cinnabon、Redhook、Sage 和 Panera。可通过（206）352 – 1010 或 tsh@ hecklerassociates. com 联系特里・赫克勒。

芭芭拉・科尔森是 Stuart Weitzman Holdings，LLC 的执行副总裁兼首席法律顾问。该公司位于纽约，是一家奢侈鞋设计和零售公司。科尔森女士创建了该公司的第一个内部法律部门，就像她之前在 Kate Spade LLC 和 7 for All Mankind LLC 一样。她是第一本关于时尚法的教科书《时尚法：设计师、时尚主管和律师指南》（*Fashion Law：A Guide for Designers，Fashion Executives，and Attorneys*）（Fairchild Books，2010）的合著者和合编者。可通过（212）287 – 0704 或 barbarako@ stuartweitzman. com 联系芭芭拉・科尔森。

埃利奥特・利普斯是 Ladas & Parry LLP 纽约办事处的合伙人。他的业务涉及知识产权的所有领域。利普斯先生的经验包括在法院和行政法庭的审判和上诉级别的诉讼。除了诉讼经验，利普斯先生还在美国专利商标局从事各种各样的专利和商标事务。在众多的 ICANN 仲裁程序中，利普斯成功地代表了商标所有者。他在商标权方面也有经验，包括商标权利的选择、正确使用和执行。可通过 elipins@ ladas. com 联系埃利奥特・利普斯。

詹姆斯・马卡里安就职于西门子公司，担任该公司北美地区的高级法律顾问和许可经理。他管理西门子公司的出境许可项目和知识产权销售，处理输入许可事务和知识产权收购，谈判和起草各种交易协议（如知识产权许可、合资企业、软件许可、研发、代理和服务、资产购买或销售、NDAs 等）。此外，他还为西门子的并购活动提供支持，为西门子的业务部门提供关于知识产权资产管理和与标准组织相关的知识产权问题的咨询，并负责监督西门子对第三方版权和音乐版权的遵守。他拥有波士顿大学航空航天工程学位和布鲁克林法学院法学博士学位，被纽约和新泽西律师协会承认（作为内部法律顾问），是美国专利商标局的注册专利律师，而且拥有许可贸易工作者协会的 CLP™ 认证。

詹尼弗·R. 马丁是赛门铁克公司调查部门的高级企业法律顾问。她曾是技术咨询公司 Stroz Friedberg LLC 的董事总经理，以及美国司法部计算机犯罪和知识产权部门的高级法律顾问。马丁女士是计算机发现入侵和信息泄露方面的专家。可通过 jmartinloh@ gmail. com 联系詹尼弗·马丁。

耶利米·A. 帕斯特里克是大陆集团（Continental Enterprises）的副总裁。该公司是一家专门从事知识产权开发和保护的调查咨询公司。作为副总裁，他负责调查和许可部门以及总法律顾问办公室的所有运作，负责制定和实施战略以在全球范围内发展和保护其客户的知识产权。帕斯特里克先生在印第安纳大学获得公共管理学士学位，在印第安纳大学法学院获得法学博士学位。帕斯特里克先生的法律研究集中在知识产权、国际商法、公司法和人权法。此外，在印第安纳大学法学院学习期间，帕斯特里克先生还在北京的中国人民大学研究法治在中国的兴起。他获准在印第安纳州执业，是美国律师协会、印第安纳律师协会和印第安纳波利斯律师协会的成员。可通过（317）818 – 0523 或 jpastrick@ eip. com 联系耶利米·帕斯特里克。

丹尼斯·S. 普拉尔是 Ladas & Parry LLP 纽约办事处的合伙人，专门从事商标、版权、域名、许可和形象权或公开权的国际保护。他还担任顶级 ICANN 认证的域名注册机构 LadasDomains LLC 的总裁。可通过（212）708 – 1817、dprahl@ ladas. com、www. ladas. com 或 www. ladasdomaias. com 联系丹尼斯·普拉尔。

约翰·理查兹是 Ladas & Parry LLP 纽约办事处的合伙人和常驻人员。理查兹先生专门从事化学和生化专利事务，包括起草和申请在美国和海外该领域的专利申请。他在专利技术决窍和许可协议的谈判和起草方面也有丰富的经验。理查兹先生 1966 年开始在英国化学公司 Albright & Wilson 的专利部门从事专利工作。1973 年，他加入 Ladas & Parry LLP，1982 年成为合伙人。他是《产品美国的法律问题》（*Legal Aspects of Introducing Products to the United States*）（Kluwer，1988）一书的总编辑，也是《知识产权与欧洲共同体的内部市场》（*Intellectual Property and the Internal Market of the European Community*）（Graham & Trotman，1993）一书的合著者。他是福特汉姆大学法学院的兼职副教授，教授美国和国际专利法，在芝加哥的约翰·马歇尔法学院教授国际专利法课程。约翰·理查兹经常就国际知识产权问题，特别是在美国、加拿大、印度和远东地区的专利和版权领域进行写作和演讲。可通过（212）708 – 1915、jri-chards Ⓡ idas. com 或 www. ladas. com 联系约翰·理查兹。

戴维·J. 里克尔是 Raytheon 公司综合防御系统业务部门的高级知识产权律师。在担任美国空军上校期间，他是国际采购项目的总工程师。他后来在美国空军部门、采购总法律顾问办公室、联邦巡回上诉法院工作，并私人执业指导客户有关知识产权问题的工作。

马克·A. 斯派克，注册会计师，是 J. H. Cohn 的审计和技术咨询合伙人，也是资本市场和证券交易委员会的高级成员。他专门研究上市公司，拥有近 30 年多元化的公共会计经验。马克在四大会计师事务所工作了 15 年，为几家财富 500 强公司以及许多中间市场企业提供服务，目前也在许多新兴上市公司工作。他过去几年的重点一直是生物技术公司，以及跨国上市公司和私营公司。马克 1982 年毕业于维拉诺瓦大学，获得会计学学士学位。他是美国注册会计师协会（AICPA）和新泽西州注册会计师协会的成员。马克曾任德鲁大学经济系和蒙特克莱尔州立大学会计、法律和税务系的兼职讲师。此外，他的观点还在一些出版物（包括 *Venture Capital Journal* 和 *Journal of Accountancy*）中被引用，并出现在 AICPA 的继续专业教育视频中。可通过（973）618 – 6275 或 mspelker@ jhcohn. com 和 jhcohn. com 联系马克·A. 斯派克。

凯莉·M. 斯拉夫是 Reckitt Benckiser LLC 的北美商标和商业顾问。凯莉是一名事务律师，具有丰富的知识产权识别、保护和货币化经验。凯莉曾在通用电气担任法律顾问，在美国防止虐待动物协会（ASPCA）担任法律部门负责人，在纽约市的 Skadden Arps 和 Thelen Reid 担任合伙人，在澳大利亚墨尔本的 Allens Arthur Robinson 担任律师。她拥有文学学士、文学硕士、法学博士和法学硕士学位。可通过（973）404 – 2435 或 Kelly. slavitt@ reckittbenckis-er. com 联系凯莉·M. 斯拉夫。

费尔南德·托雷斯是 IPmetrics LLC 的成员和首席经济学家。这家咨询公司专注于对知识产权和无形资产的全方位战略分析、估值和专家证人评估。费尔南德是美国国家司法经济学协会的成员，定期在各种媒体上就与无形资产评估有关的主题发表博客、出版物和介绍。自从获得计量经济学专业的硕士学位后，他的职业生涯从学术界扩展到政府部门、私营企业以及在墨西哥和美国的咨询行业。可通过（858）754 – 9310，在 Twitter 上@ FTorresMSc，或者电子邮件 ftorres@ ipmetrics. net 联系费尔南德·托雷斯。

原书索引

说明：索引格式为原版词汇＋中文译文＋原版页码。

---

❶ Wikipedia：Acacia Research Corporation is an American company based in Newport Beach，California，that works to license patents and perform relevant legal action such as dealing with patent infringement. 维基百科：阿卡西亚研究公司是加利福尼亚州新港滩市的一家美国公司，负责专利许可以及开展包括处理专利侵权等相关法律行动。——译者注

❷ Wikipedia：The Anticybersquatting Consumer Protection Act（ACPA），15 U. S. C. § 1125（d），is a U. S. law enacted in 1999 that established a cause of action for registering，trafficking in，or using a domain name confusingly similar to，or dilutive of，a trademark or personal name. 维基百科：反域名抢注消费者保护法案是 1999 年颁布的一项美国法律，美国法典第 15 编第 1125 节第 1 条第 4 款规定了注册、贩卖或使用与商标或个人名义类似或淡化的域名的诉讼理由。——译者注

---

❶ Wikipedia：e. Digital Corporation is a public company based in San Diego, California that focuses on enforcing patents, primarily for a flash file system.（维基百科：e Digital 公司是一家总部位于加州圣地亚哥的上市公司，专注于实施专利保护，主要是针对 flash 文件系统。）——译者注

I

Iconix Brand Group, Inc., 艾康尼斯品牌集团公司, 299 – 300

In re 199Z, Inc., 关于 *199Z, Inc.*, 106, 108

In re AEG Acquisition Corp., 关于 *AEG Acquisition Corp.*, 111

In re American Fertility Society, 关于 *American Fertility Society*, 268

In re Avalon Software, Inc., 关于 *Avalon Software, Inc.*, 111

In re Cybernetics, Inc., 关于 *Cybernetics, Inc.*, 110

In re Gould, 关于 *Gould*, 268

In re Peregrine Entertainment, 关于 *Peregrine Entertainment*, 111

In re Transportation Design, 关于 *Transportation Design*, 110

In re World Auxiliary Power Co., 关于 *World Auxiliary Power Co.*, 111

Information management, 信息管理, 29 – 31

Intellectual Property Owners Association (IPO), 知识产权所有者协会, 242

International Anti-Counterfeiting Coalition (IACC), 国际反假冒联盟, 242

International Financial Reporting Standards, 国际财务报告准则, 301 – 302

International Trademark Association (INTA), 国际商标协会, 241

Internet. *See also* Domain names, 互联网（另见"域名"）

　IP address system, IP 地址系统, 86

　overview of, 概述, 85 – 86

　trade boards, monitoring, 监控贸易平台, 4

Internet Assigned Numbers Authority (IANA), 互联网数字分配机构, 89

Internet Corporation for Assigned Names and Numbers (ICANN), 互联网名称与数字地址分配机构, 88 – 93, 97 – 98

　Implementation Recommendation Team, 执行推荐团队, 97 – 98

　Uniform Dispute Resolution Policy (UDRP), 统一域名争议解决政策, 91 – 93

Investigations, 调查, 229 – 248

　attorneys, special considerations for, 对律师的特殊考虑, 238 – 241

　　attorney as witness, 作为证人, 240 – 241

　　ethical issues, 道德问题, 239 – 240

　IP investigators, 知识产权调查员

　　finding, 认定, 241 – 242

　　other services provided by, 提供的其他服务, 242 – 244

　hiring outside investigators, 聘请外部调查员, 230 – 235

　　danger/training, 危险/培训, 231

　　evidence handling. 证据处理, 231 – 232

　　experience, 经验, 230 – 231

　　investigator acting as witness, 调查员作为证人,

　　licensing, 许可, 232 – 234

　international, 国际, 244 – 246

　what to expect, 有何期待, 235 – 238

　　communication skills, 沟通技巧, 236 – 237

　　critical thinking, 批判性思维, 236

　　experience, 经验, 235 – 236

　　knowledge of IP, 知识产权知识, 236

J

Japan, patent issues in, 日本专利问题, 54

Johnson & Johnson, 强生公司, 299

K

Kmart Corporation, 凯马特公司, 265

---

❶ 全球最大的网络多媒体软件公司。——译者注

O

OAPI. *See* African Intellectual Property Organizatior, OAPI（参见"非洲知识产权组织"）

Online auction sites, monitoring, 监控在线拍卖网站, 4

Online service providers, contacting, 联系在线服务供应商, 4 – 5

P

Paris Convention,《巴黎公约》, 65, 77

Patent Act, 专利法, 109 – 110

Patent Cooperation Treaty（PCT）,《专利合作条约》, 48 – 50

Patents, 专利, 37 – 59, 109 – 110, 121 – 137

  costs, controlling, 成本、控制, 37 – 59

    alternative means of protection, 保护替代手段, 42 – 45

    avoiding duplication of effort, 避免重复劳动, 50 – 51

    patent prosecution highways（PPHs）, 专利审查高速路, 51

    deciding where to file, 决定申请地域, 39 – 41

    delaying costs, 延迟成本, 42

    EPO, particular issues in, 欧洲专利局的特殊问题, 53 – 54

    Japan, particular issues in, 日本的特殊问题, 54

    licenses of right, 权利的许可, 54, 56

    logistics of filing, 申请保障, 47 – 48

    objective, defining, 目标、明确, 37 – 39

    PCT formality advantages, PCT 程序优势, 49 – 50

    proper preparation, 适当准备, 45 – 47

    prosecution issues, 诉讼问题, 51 – 52

    United States, particular issues in, 52 美国的特殊问题, 52 – 53

  licensing, strategic and legal view of, 许可的策略和法律考虑, 121 – 137

    basic principles for, 基本原则, 125 – 127

    license agreement checklist of important legal considerations, 许可协议清单的重要法律考虑, 134 – 136

    licensee, strategic and legal considerations for, 被许可方的策略和法律考虑, 133

    licensing out, 许可出去, 127 – 132

    licensor, legal considerations for, 许可方的法律考虑, 132

    nomenclature, 术语, 122 – 124

    royalty audits, 使用费审计, 133 – 134

    state of the law, 法律情况, 124 – 125

  perfection of（U.S.）, 完善（美国）, 109 – 110

    UCC filing required, UCC 备案要求, 110

Pension Committee of the University of Montreal Pension Plan et al. v. Bank of America Securities, LLC, 20, 25

Phishing, 网络钓鱼, 96

Q

Qualcomm Inc. v. Broadcom Corp., 24, 27 – 28, 298

Quality control, 质量控制, 143 – 144

R

Rambus Inc., Rambus 公司, 17 – 18, 300, 301

原书推荐语

《21世纪企业知识产权运营》应该成为所有新知识产权从业者的内部标准操作程序（SOP）手册或强制培训指南，为您在构建和维护知识产权架构时将会面临的问题提供了全面的分析阐释。笔者能够看到，这本书的出版会使被客户关于知识产权保护、专利申请、政府基金以及破产等问题困扰的众多律师受益匪浅。知识产权这一法律领域常常伴随着错综复杂的问题，这本书列举了近年来不断变化的知识产权领域中的案例和法规，并将这些复杂的问题化繁为简，分解成为不同领域的问题。这本书可读性强，将会成为重要的参考文献，为想要在知识产权法领域中寻求运营之道的从业者提供指引。

——Susan E. McGahan AT & T 首席知识产权律师

《21世纪企业知识产权运营》是一本极具实践性和洞察力的指南，针对专利价值最大化提供了指引，也为如何保护和巩固企业最重要的财富——知识产权提供了咨询方案。这本书同样对新兴的周边领域有所涉及，例如政府服务和"绿色"品牌展示最大化等。

——Anne Foulkes PPG 工业公司助理首席法律顾问、企业秘书

企业的内部法律部门都面临着持续增长的压力，为了寻求高性价比及时的方案用以提供服务、实现法律流程以及企业价值——尤其是知识产权方面的价值最大化。Bryer、Lebson、Asbell 为企业律师和内部从业者提供了行动指南，以帮助他们找准核心问题和管理全球知识产权项目：从开发专利策略到聚焦品牌管理，从建立知识产权担保体系到破产期间的知识产权出售，从考虑域名注册成本到获取政府许可时解读联邦采购条例。这本书将会帮助您节省时间和金钱成本，提高工作效率，成为办公室最有用的行动指南。

——Vincent Cogen 硅谷银行金融集团法律顾问

如果您对影响企业知识产权律师的法律问题感到好奇，这本书就是答案。《21世纪企业知识产权运营》为企业中所有部门的每一位成员都提供了全球知识产权实践和保护方面的全方位案例研究。这本书针对企业当前的知识产权货币化、专利权许可以及专利买卖都展示了优异的注释、清单、规划和路线图。全书提供了最好的企业知识产权管理指南。

——David Postolski Cantor Fitzgerald 有限公司创新部